LES ÉTENDARDS DU TEMPLE

Le Roman des Croisades

* *

DU MÊME AUTEUR

(voir en fin de volume)

MICHEL
PEYRAMAURE

Les Étendards du Temple

Le Roman des Croisades

* *

ROBERT LAFFONT

ISBN 2-221-09550-2

Première partie

LES CROISADES DES FOUS

LIVRE I (1187-1197)

1

Les années d'apprentissage

Récit de Rachid (Guillaume)
Petit-neveu d'Étienne Josserand

Je n'ai pas, comme mon grand-oncle, Étienne Josserand, chevalier du Temple, mort à la fin du siècle précédent à l'ermitage de Saint-Saba, en Galilée, le culte du souvenir. Si quelques événements percent ma mémoire, que j'en eusse été témoin, acteur ou victime, cela se fait en dehors de ma volonté, et sans que je m'y attarde ou m'en délecte, mais, lorsque je les relate, comme l'a fait mon grand-oncle, c'est avec le même souci constant de vérité.

À l'heure où j'écris ces lignes, le chevalier du Temple que je suis moi-même se sent détaché des choses de ce monde, plus que jamais étranger aux vanités, peu soucieux de plaire ou de déplaire, et n'attend de ce récit que la satisfaction de sa conscience, l'indulgence de ses éventuels lecteurs et la grâce du Seigneur.

Les personnages et les événements qui ont suscité le démantèlement et la liquidation du royaume de Jérusalem sont encore gravés dans ma mémoire comme ils devraient l'être sur la pierre des sèches collines de Galilée et de Judée, pas en lettres d'or mais avec la vérité pour toute richesse. Les personnages ? certains ont eu un comportement odieux, et je le proclame ; les événements ? ils sont affligeants, et je l'affirme, conscient que Dieu jugera en dernier ressort. Je me souviens de ce que m'a dit

Étienne Josserand avant de se retirer à Saint-Saba, alors que je n'étais qu'un enfant : « La sincérité, avec moi-même comme avec les autres, a toujours été mon guide, dans ma vie comme dans mes écrits. Elle fut mon pain quotidien et la lumière de mes jours. »

À supposer que ce détail eût quelque importance, la date de ma naissance est incertaine. Je sais seulement que je suis né de Naïna, dans le village d'al-Shabha, en Galilée, à quelques pas des lieux où le Seigneur est venu au monde, où il a vécu le temps de sa jeunesse, où chaque pierre pourrait parler de lui. Nous n'avons, ma mère et moi, échappé au massacre qui a suivi la défaite des Cornes de Hattin que parce que nous nous trouvions éloignés du village. Je me méfie des souvenirs d'enfance, mais je n'ai pu oublier le spectacle que nous avons trouvé au retour : ces tuniques souillées de sang, ces têtes et ces membres épars : ceux des nôtres et de nos serviteurs. Le royaume de Jérusalem n'allait pas tarder à jeter ses derniers feux, qui n'avaient rien de glorieux.

Une autre image remonte de ma mémoire, à quelques jours de ces événements : notre arrivée à Jérusalem, ma main dans celle de ma mère. Mon grand-oncle nous hébergea, nous aida à surmonter nos malheurs et notre misère, avec la même attention qu'il a toujours témoignée à ce qu'il appelait avec un sourire sa *tribu*. Je n'ai pas oublié cette ville où je venais pour la première fois, son animation, ses bruits, pas plus que les odeurs et la chaleur grasse des grandes cuisines du palais où ma mère était employée, ou celles de la boutique de vêtements de la signora Salviati, chez laquelle mon grand-oncle m'avait placé, le temps que la barbe me vienne, avec la raison ; cette brave femme, veuve et sans enfants, veillait sur son protégé comme une mère poule, m'emmenait avec elle au hammam, me faisait épouiller par sa servante et me gavait de sucreries turques au point de me faire ressembler à un jars bardé pour la broche. Je dois à la vérité de dire qu'Étienne Josserand, pris qu'il était par ses soucis et ses occupations, ne me témoignait qu'une affection distraite, et que ses visites se faisaient de plus en plus rares. Dieu lui pardonne : il faisait office de maître du Temple en l'absence de Gérard de Ridford, prisonnier du sultan Saladin, à la suite du désastre de Hattin, près du lac de Tibériade.

Du siège de Jérusalem, de la prise de la ville par les hordes de Saladin, je n'ai gardé qu'une pénible confusion : une cité en armes, traversée par des groupes d'adolescents qui se portaient aux remparts avec des rires et des chansons ; j'aurais aimé me mêler à eux, partager ce que je croyais être un jeu, jusqu'au jour où les boulets des balistes crevant les toitures me laissèrent penser qu'il s'agissait d'une affaire sérieuse.

Un matin, mon grand-oncle nous conduisit, ma mère et moi, dans une cellule de la mosquée d'al-Aqsa et nous dit en me prenant sur ses genoux :

— La ville vient de capituler. Dans quelques heures les soldats de Saladin vont y pénétrer. Le seigneur d'Ibelin, Balian, a obtenu une reddition dans l'honneur, avec la promesse que la population serait épargnée, mais nous sommes à la merci d'un incident qui remettrait cette entente en question. Vous resterez dans cette cellule jusqu'à ce que j'en aie décidé autrement. Évitez désormais de parler la langue des *Franj* et, si l'on vous interroge, dites que vous êtes les parents d'un négociant syrien. Naïna, si je ne revenais pas, rends-toi chez la signora Salviati. Elle est pleine de ressource et prendra soin de vous.

Il me souleva dans ses bras, encore robustes malgré son âge avancé. Sa barbe toute grise avait l'odeur du gros savon des pauvres, et lui descendait au milieu de la poitrine. Il avait des larmes dans les yeux et sa voix vibrait étrangement.

Nous restâmes des mois sans le revoir. Il convoyait vers Antioche des réfugiés chrétiens qui, avec la permission du sultan, avaient refusé l'occupation et choisi l'exil. Une générosité qui allait se retourner contre lui car il allait retrouver beaucoup de ces gens prêts à l'affronter les armes à la main.

Est-ce à la fin de cette année tragique de 1187 ou au début de la suivante qu'Étienne revint de son odyssée ? Ce dont je me souviens, c'est que j'étais en train de balayer des feuilles mortes dans le jardin de la signora. Il me parut affaibli, les épaules voûtées, son visage rose de gale strié de rides sous la poussière et la sueur. Il s'assit près de moi sur la murette, ramassa une feuille de figuier racornie et la contempla, comme s'il jaugeait dans un miroir son délabrement physique. Il me dit d'une voix affaiblie :

— Guillaume, tu es en âge de comprendre ce que j'ai à te dire. Dans quelques jours, je vais quitter ce monde pour ne plus y revenir.

— Père, dis-je d'une voix étranglée, c'est donc que vous allez mourir ?

Je ne l'appelais plus que *père,* car il remplaçait celui qui avait laissé sa vie dans le massacre d'al-Shabha. Il eut un mince sourire, froissa la feuille dans sa grande main brune et sèche.

— Oui et non, dit-il. Je vais me retirer dans un monastère et tâcher de profiter de ce que ma mémoire est encore bonne pour raconter les événements qui se sont déroulés en Terre sainte depuis ma naissance, il y a quatre-vingts ans. J'espère que ce récit sera utile aux générations qui vont suivre. Est-ce que tu me comprends ?

Je devais avoir alors sept ou huit ans, et ce beau discours passait au-dessus de ma tête comme un nuage, sans que je comprenne autre chose que sa décision de nous abandonner. Il en dit davantage à ma mère et à la signora Salviati, notamment que nous aurions désormais affaire à un certain Ernoul, chevalier, écuyer du comte Balian d'Ibelin, qui avait lui aussi entrepris une relation des événements du royaume en poursuivant celle qu'avait laissée inachevée son ami Guillaume de Tyr, mort dans des conditions suspectes lors d'un voyage à Rome, trois ans avant la défaite de Hattin. Et c'est ce qu'il advint.

À la vérité, ledit Ernoul ne parut guère se soucier de nous ; il paraissait même nous mépriser un peu, au point de m'appeler plus souvent Rachid que Guillaume, afin de bien marquer notre différence de race. Je pense qu'il agissait ainsi par déception, ma mère, encore dans tout l'éclat de sa beauté, ayant repoussé ses avances. Je garde de lui, à cette époque, l'image d'un homme mûr, au visage coloré, aux manières affectées, plus généreux de discours que d'attentions.

J'ignore d'où mon *père* tenait le modeste pécule qu'il nous confia avant de disparaître chez ce qu'Ernoul appelait les *mangeurs de sauterelles,* car les chevaliers du Temple ne doivent rien posséder en propre, mais sans cet argent et les soins de la signora, nous aurions été réduits à la mendicité, ou pire encore. Je suppose qu'il a dû vendre aux Juifs ou aux Lombards notre domaine d'al-Shabha...

Lorsque j'eus dix ou onze ans, Ernoul me révéla qu'avant sa retraite Étienne Josserand lui avait confié son désir de me voir aborder le noviciat chez les chevaliers du Temple, en lui demandant d'y veiller personnellement. Comme il professait une vénération sincère pour celui qu'il appelait son *vieux maître,* Ernoul honora, tant bien que mal, sa promesse.

— Nous avons tout notre temps, me dit-il. J'exécuterai la mission qui m'a été confiée, mais à deux conditions : primo, tu devras quitter Jérusalem d'où la maison chevetaine a disparu, et te rendre à Tyr ou à Tripoli, en laissant ici ta mère et la dame Salviati. Secundo, tu devras maigrir, car tu ressembles à une courge, ce qui serait mal vu du maître. Le moment venu, je te présenterai moi-même au Temple. J'y jouis de bonnes relations...

Ernoul appréciait que j'eusse du goût pour l'étude. J'avais appris quelques rudiments disparates auprès d'un tabellion du palais, un vieil original qui se livrait à de singulières fantaisies, comme de se promener nu dans son appartement, ce qui ne me choqua qu'au premier abord et dont je pris vite l'habitude. Il s'était constitué une bibliothèque sommaire avec des ouvrages comme *Garin le Lorrain,* les premières œuvres de Chrétien de Troyes et, ce qui me ravissait : *le Roman de Renart.*

Autour de mes dix ans, alors que s'éveillait ma curiosité, je menais une existence qui me convenait parfaitement. Redevenue musulmane, la ville déployait une ambiance de fête chaque jour renouvelée. Les moindres promenades me révélaient des merveilles : les souks, les bazars, les tours des baladins sur les places inondées de soleil, les caravanes de pèlerins d'Orient et d'Occident, jusqu'au calme laborieux du quartier juif... Quitter cette ville ne me tentait guère, car j'ignorais tout de celles dont Ernoul m'avait parlé pour y effectuer mon noviciat.

Il fallait bien, pourtant, me plier au souhait de mon *père*. Un matin, Ernoul m'attendait dans la boutique de la dame Salviati pour m'annoncer que « l'heure était venue ».

— J'ai obtenu, me dit-il, l'accord du maître du Temple. Ça n'a pas été facile : tes origines, ta jeunesse... Mais, baste ! il a décidé de faire une exception, en souvenir d'Étienne. La signora te vêtira comme tu dois l'être, c'est-à-dire en chrétien. Vêtu comme tu l'es tu ressembles à de la graine de Turc ou d'Arabe...

Je bredouillai :

— Partir ? déjà... mais, je...

— Il n'y a pas de *mais* ! Quand tu auras du poil au menton, tu pourras enfiler les *mais* comme des perles. Pour l'heure, tu dois obéir. C'est d'ailleurs le premier chapitre de la règle templière. Nous partirons demain au lever du jour pour rejoindre mon escorte au pied du mont de Sion.

Je passai dans l'affliction ma dernière nuit à Jérusalem. Un pressentiment m'obsédait, que les événements ne tarderaient guère à justifier : je ne reverrais pas ma mère vivante ni la signora ni le vieux tabellion un peu fou... J'allais quitter Jérusalem sans espoir d'y revenir un jour. Mon petit monde allait basculer en quelques heures, et c'était comme si je devais me préparer à mourir.

Lorsque le marquis Conrad quitta sa forteresse de Montferrat, en Lombardie, entre Turin et Milan, pour effectuer un pèlerinage en Terre sainte, il emportait avec lui tout le bagage d'ambitions de sa jeunesse.

C'était à l'époque où Baudouin V, encore enfant, venait de succéder sur le trône de Jérusalem au roi lépreux, mort en odeur de sainteté. Il avait pour mère la princesse Sibylle de Jérusalem et pour père un personnage éphémère, Guillaume Longue-Épée. Le roi enfant disparu quelques mois après son accession au trône, sa mère, devenue veuve, allait épouser le sémillant mais incapable Gui de Lusignan, qui allait coiffer la couronne et sombrer avec elle.

C'est donc en l'an 1185, deux ans avant la fameuse défaite de Hattin, que le jeune Conrad, ayant affûté ses armes et poli son harnois, quitta ses montagnes pour la Terre sainte, avec une ambition : faire valoir ses droits sur le royaume, en vertu de sa parenté avec Guillaume Longue-Épée.

En plus de ses qualités de courage, de sérieux, d'esprit de décision, Conrad avait horreur du désordre. Il le prouva en mettant un terme, sur le chemin de Jérusalem, à la gabegie qui s'était emparée de l'Empire byzantin à la suite d'une querelle intestine, et en plaçant sur le trône un des compétiteurs : Isaac l'Ange.

En arrivant sous les murs de Saint-Jean-d'Acre, Conrad se frotta les yeux : des étendards musulmans flottaient sur les murailles, les cloches n'annonçaient pas son arrivée et aucune des notabilités de la ville ne se portait à ses devants. Il allait ordonner au capitaine du navire de faire voile arrière quand il vit arriver une barque montée par des Sarrasins [1] désarmés qui lui adressaient des signes de sympathie. Il les invita à son bord et apprit coup sur coup le désastre de Hattin, la capture du roi Gui, le massacre de la chevalerie chrétienne, le siège imminent de Jérusalem, le rétrécissement du royaume à la dimension d'une principauté, avec, aux alentours, quelques places fortes encore tenues par des barons ou par les ordres de chevalerie, comme le Krak des Chevaliers.

Le premier réflexe du marquis fut de reprendre la mer aussitôt, afin d'éviter un piège ou de sembler faire acte de collusion avec l'ennemi, mais le vent n'était pas favorable. Au cours d'autres entretiens à bord, Conrad apprit une nouvelle stupéfiante : le roi Gui et le maître du Temple, Gérard de Ridford, demandaient aux garnisons qui résistaient encore de mettre bas les armes et d'accepter un *modus vivendi*. Ils étaient devenus des agents de Saladin !

Le temps passé à attendre le vent qui pousserait son navire dans les eaux de Tyr, encore tenue par les Chrétiens, Conrad le mit à profit pour faire examiner, par des officiers déguisés en pèlerins, l'état des fortifications et recenser les forces de la garnison. Les remparts, à la suite de combats récents, étaient en mauvais état, mais la garnison, mi-égyptienne mi-syrienne, était importante. Le marquis sentait déjà des idées de siège bourgeonner dans sa tête. Il semblait qu'aucune situation, aussi grave fût-elle, ne pût le désarmer.

Le *donat*, postulant au noviciat du Temple que j'étais devenu, se trouva, peu après l'arrivée en Terre sainte des navires de Conrad de Montferrat, engagé dans l'aventure, sur la route qui sépare Jérusalem de Tyr. Cette voie, en principe, était libre et

1. Depuis peu terme général pour Musulmans.

sans danger, mais nous subissions, de la part des autorités locales, des vexations qui retardaient notre voyage. Pour éviter les montagnes de l'intérieur et les corniches favorables aux guets-apens, Ernoul choisit de nous faire longer la rive droite du Jourdain, en passant par le lac de Tibériade. Il tint à me montrer le champ de bataille des Cornes de Hattin, un lieu sinistre où, entre des touffes calcinées de bruyère et d'asphodèle, s'amoncelaient des cadavres rongés par les hyènes, les chacals et les rapaces. Autour d'un campement de Bédouins, des enfants revêtus des défroques de la chevalerie chrétienne jouaient avec des armes échappées à la curée. J'étais trop jeune, alors, pour m'apitoyer sur cette hécatombe. Ernoul, lui, priait et pleurait, agenouillé dans les cendres.

À travers les marécages, puis en longeant la riante vallée du Nar al-Qasmiya, nous arrivâmes à Tyr où semblait nous attendre une patrouille commandée par un lieutenant du gouverneur Renaud de Sidon.

Le marquis de Montferrat nous avait précédés de peu. On ne parlait que de lui, de sa sagesse, de son autorité, si bien que je brûlais de le voir, et Ernoul de même. Conrad était arrivé au bon moment ; la population, les barons, les chevaliers rescapés du désastre et ce qui restait des moines-soldats s'affrontaient autour d'un dilemme : poursuivre la résistance ou baisser pavillon. Les partisans de la reddition avaient déjà reçu les étendards du sultan, en prévision de cet événement.

C'est à Tyr que je vis la mer pour la première fois, et j'en reçus comme un éblouissement. Je restais des heures sur les remparts dominant le port, à contempler le mariage du soleil et de la mer, la course inlassable des vagues qui se brisaient sur les récifs avec un sourd grondement, les navires des marchands et des pêcheurs, le vide de l'horizon dont le mystère me fascinait. Cette ville n'a pas les dimensions de Jérusalem : elle est ramassée sur elle-même, le long de la frange littorale, comme si elle n'attendait d'autre protection que du large. Les maisons, hautes et blanches, semblent prendre racine dans les jardins et les terrasses qui les entourent. Je devais apprendre plus tard que cette cité est riche en histoire : la reine Didon y avait sa cour, le port était envahi par des nefs phéniciennes en bois de cèdre. Des conquérants : Sennachérib, Nabuchodonosor, Alexandre, s'étaient heurtés vainement à ses remparts ; Hérodote ne tarissait pas d'éloges sur la beauté et la puissance de ce « pays des sources fraîches et des bois sombres ».

Et pourtant, Tyr était devenue le réceptacle de toute la tristesse du monde : on n'y voyait que des visages graves, des groupes qui palabraient à voix basse, avec des mines sombres, une tension qui faisait éclater des rixes. L'air, malgré le vent qui soufflait du large, était empuanti de querelles. On ignorait encore ce que les autorités allaient décider quant au sort de la cité.

À royaume sans roi, maison chevetaine sans maître.

Gérard de Ridford — que le diable ait son âme ! — ne méritait plus son titre de maître des chevaliers du Temple, même s'il s'en prévalait toujours. Non content d'avoir poussé le royaume vers la colline de Hattin, il battait la campagne pour Saladin afin de vaincre les dernières réticences. Nous étions loin de l'esprit de loyauté qui animait les premiers chevaliers de l'Ordre qui s'étaient groupés en petit nombre autour d'Hugues de Payens, il y a près d'un siècle. Je remerciais le Ciel que mon grand-oncle Étienne eût échappé à cette infamie.

Le lendemain de notre arrivée, Ernoul me dit :

— Tu me suivras demain dans la demeure du Temple. Ne t'attends pas à voir un palais comparable à celui de Jérusalem, et ce n'est pas une sinécure qui t'y attend. Je ne serai plus là pour t'aider, mais tu pourras compter sur moi si quelque problème survient. Notre long voyage t'aura été bénéfique : tu as perdu du poids, tu as appris à monter à cheval et à vaincre la fatigue. Reste à savoir si tu accepteras la discipline de la maison. Je puis te dire qu'elle est sévère...

Au nombre d'une cinquantaine, les chevaliers du Temple

demeuraient dans une grosse tour dominant le port, la ville et la campagne environnante, avec en fond de décor les pentes d'une montagne couverte de cèdres et semée de villages grisâtres. Robert de Sablé faisait office de maître. C'était un personnage sans éclat : taille moins que moyenne, trapu, crâne rasé ouvert d'une balafre dont il disait par plaisanterie qu'elle était la fenêtre par laquelle le Saint-Esprit venait le visiter. Volontiers prolixe, cultivé, il se plaisait à déclamer les poèmes en latin qu'il avait composés avant d'entrer dans l'Ordre ; marié à deux reprises, il avait laissé en France des enfants dont il se désintéressait, car ils étaient à l'abri du besoin.

Robert de Sablé m'accueillit sans chaleur mais changea de comportement lorsqu'il apprit mon lien de parenté avec le frère Étienne, qu'il avait connu et dont il avait apprécié les mérites. Il me dit en adoptant un ton sévère :

— Mon garçon, garde-toi de te prévaloir de l'affection que j'avais pour ton grand-oncle ! Tu ne bénéficieras en aucun cas de mon indulgence et de mes faveurs. Si tu parviens à te montrer digne de l'honneur qui t'est fait, tu ne le devras qu'à tes mérites et à tes vertus d'obéissance et de foi.

Il me fit la lecture de la règle de l'Ordre, dont le tabellion de Jérusalem m'avait donné une vague idée, puis ajouta :

— Ce qui plaide en ta faveur, c'est, à ce qu'on m'a dit, que tu sais lire, écrire, et que tu as quelque connaissance des auteurs de l'Antiquité. Parle-moi d'Hérodote...

La question ne me prenait pas de court. J'y répondis sommairement mais sans commettre d'erreur.

— Fort bien, me dit-il. Tu pourrais en remontrer à beaucoup de nos frères, mais ce n'est pas ce que nous attendons de toi. Tu n'es rien d'autre qu'un *donat* et tu devras te conduire comme tel, sans nourrir les chimères de l'ambition. Nous allons t'affecter dans un premier temps au nettoyage des latrines. L'odeur de la merde t'incitera à l'humilité et t'élèvera l'âme...

Je m'acquittai de cette tâche répugnante avec rigueur et modestie, persuadé qu'il ne s'agissait pas d'une brimade. La même fonction m'était dévolue chez la signora Salviati, et mes narines n'en étaient pas révulsées.

Lorsque je bénéficiais d'un peu de temps libre, je parcourais la ville avec quelques-uns de mes frères, guère mieux lotis que moi. Les fortifications surtout retenaient notre curiosité. La ville jouissait d'une réputation d'invulnérabilité : elle n'ouvrait que par deux portes, l'une donnant sur l'intérieur, l'autre sur la mer ; on accédait à la première par un système compliqué de fossés et de chemins de ronde ; la seconde était flanquée de deux tours puissantes au pied desquelles les navires jetaient l'ancre, avec une chaîne pour en interdire l'entrée de nuit. À peine installé, Conrad s'était conduit en maître et avait fait compléter ce dispositif, faisant réparer les brèches, creuser des fossés, construire une barbacane... Par sa seule présence, son élan, sa rigueur, il fit de Tyr, cette cité de la peur, une forteresse inexpugnable.

Un matin de décembre, branle-bas dans la maison du Temple ! Abandonnant le service des tinettes, je me ruai avec mes compagnons au sommet de la tour, et restai ébahi devant la multitude de guerriers sarrasins qui dévalaient vers la ville, non comme un torrent mais comme un fleuve tranquille, dans un tumulte de tambours, de flûtes et de buccines. Ils prenaient leur temps pour dresser le camp et encorder leurs montures.

Nous savions que Saladin viendrait nous assaillir, mais pas si tôt, et pas avec une armée de cette importance.

Au troisième jour du siège, un groupe de soldats conduits par un émir coiffé d'un turban rouge à aigrette s'avança jusqu'aux fossés en faisant des signes de paix. Il demanda à parler au commandant de la place. Ses hommes tenaient par la bride un bourricot sur lequel était monté un captif en chemise, mains liées dans le dos, qui paraissait abattu par la fatigue.

Le marquis de Montferrat présent, l'émir lui lança :

— Reconnais-tu ce prisonnier ?

— Je ne me souviens pas l'avoir rencontré ! répondit Conrad.

— Alors c'est que la voix du sang ne parle plus en toi ! Ce vieil homme est ton père. C'est le sultan qui te l'envoie, avec quelques présents.

L'émir s'avança vers le prisonnier, le fit descendre de sa monture, lui souleva le menton.

— Le reconnais-tu à présent ?

Conrad parut ébranlé, mais, toujours sceptique, il lança :

— Demande à ton prisonnier à quel endroit j'ai fait une chute de cheval lorsque j'avais douze ans.

La réponse ne se fit pas attendre : c'était à Casale Monteferrato, dans le Piémont. Conrad chancela, se soutint au merlon et, sans surprise, entendit l'émir ajouter :

— Nous te rendrons ton père si tu nous livres cette ville. Il ne lui sera fait aucun dommage, et ceux qui voudront partir partiront. Notre maître mettra même des navires à leur disposition. J'attends ta réponse !

Celle que lui fit Conrad n'étonna personne :

— Dieu sait l'affection et le respect que je voue au seigneur Guillaume, mon père, mais la mission que j'assume au nom du Tout-Puissant m'interdit toute faiblesse. Vous n'aurez pas une pierre de cette ville !

Nous nous attendions, avec un sentiment d'horreur, à voir le vieux marquis mis à mort sous nos yeux, mais rien de tel ne se produisit. L'émir fit remonter le prisonnier sur le bourricot, nous lança un anathème et des injures avant de s'éloigner. Il fallut prendre Conrad aux aisselles pour l'aider à redescendre.

— Dieu sait, me dit Ernoul, ce qu'est devenu messire Guillaume. S'il n'a pas été sacrifié, aura-t-il survécu à l'émotion et à l'humiliation ?

Le siège ne tarda guère à entrer dans sa phase active, sous la forme d'un énorme boulet de pierrière qui, volant par-dessus les murailles, vint s'écraser dans la cour de notre couvent. Nous nous pressions autour de lui comme s'il venait de choir d'une planète, quand la voix d'un sergent nous ordonna de nous mettre à l'abri. Le bombardement dura plusieurs jours, nous réveillant à l'heure de prime, scandant nos prières de vêpres. La gravité de notre situation s'accrut lorsqu'une flotte égyptienne bloqua le port : c'était la perspective, à brève échéance, d'une famine et d'une reddition.

Conrad se montra à la hauteur des circonstances. Un soir de pleine lune, au début de janvier, il fit lever la chaîne qui barrait l'entrée du port et sortir son escadre. Des nefs égyptiennes furent prises à l'abordage, par surprise, et les autres s'enfuirent. Le lendemain, à l'aube, un autre spectacle, tout aussi réjouissant, nous attendait : Saladin faisait démonter son camp et, piteusement, sous les huées de la populace juchée sur les remparts, prenait, sans musique, la route du littoral.

Ce jour-là, par exception, nous fûmes relevés de notre corvée de latrines et eûmes droit à une double ration de viande et de vin.

Alors que je prenais mon matinel, assis sous un figuier avec quelques compagnons de corvée, je vis arriver Ernoul, tout fringant dans sa tenue d'écuyer, une fleur de laurier-rose aux lèvres. Il me dit avec une expression d'écœurement, après m'avoir embrassé :

— Bon Dieu, ce que tu peux puer ! Je vais demander au commandeur de te relever de cette corvée immonde. Il est temps que tu commences ton noviciat.

Il ajouta :

— J'ai une pénible nouvelle... Ta mère vient de mourir à la suite d'une épidémie de choléra qui ravage Jérusalem, et la Salviati ne va guère mieux. Je l'ai appris par le dernier courrier qui soit parvenu jusqu'à nous. Sache que je participe à ton chagrin.

Mon chagrin... À ma grande honte, je confesse que le fait de devenir orphelin ne me touchait guère. Les rapports que j'avais avec la bonne Naïna, pour affectueux qu'ils fussent, ne laissaient en moi que des souvenirs dépourvus de chaleur. Il s'agit moins d'égoïsme que d'une absence d'amour *partagé*, ce qui m'exonérait de tout remords.

— Cette nouvelle, ajouta Ernoul, ne semble guère te peiner.

Je savais que tu n'étais pas un fils exemplaire, mais je pensais que tu aurais au moins versé une larme.

Me souvenant de ses assiduités auprès de ma mère, je ripostai :

— Tu as autant de raisons que moi d'être peiné !

— Et pourquoi le serais-je ?

— Tu le sais... Bien que jeune, je ne suis ni sourd ni aveugle !

Il s'écria qu'il avait caché une vipère dans son sein, ou quelque baliverne de ce genre, et, perdant son contrôle, me gifla violemment en s'écriant :

— Espèce de vilain petit singe ! Ne compte pas sur moi pour défendre ta cause auprès du commandeur. Tu resteras longtemps à croupir dans ta merde avant que je daigne lever le petit doigt !

— Robert de Sablé, dis-je sans me démonter, sera informé des raisons de notre querelle.

Il haussa les épaules, me tourna le dos en me criant d'aller au diable.

Informé de cette algarade, le commandeur me demanda d'un air courroucé de lui en exposer les raisons. Je me gardai de lui dire la vérité : si l'écuyer de Balian d'Ibelin m'avait giflé, c'est que j'avais répondu avec insolence à sa remarque concernant l'odeur que je dégageais. Il sourit, frotta vigoureusement son crâne blasonné par la guerre et ajouta :

— Tout cela n'est pas grave. L'essentiel reste que tu aies gardé ta maîtrise. Ernoul... à vrai dire, je n'aime guère ce bellâtre prétentieux, qui se pique d'être un continuateur pour la chronique de Guillaume de Tyr. Tu as bien fait de lui rabattre son caquet.

Robert de Sablé m'annonça qu'il allait me maintenir un mois encore dans ma condition, afin que je fasse convenablement mes preuves. Quelle preuve de valeur autre que l'obéissance pouvais-je donner dans la tâche qui m'était assignée de vidanger les tinettes templières ? Je me gardai de manifester le moindre signe d'humeur et rentrai dans ma coquille d'où la conduite d'Ernoul m'avait contraint à sortir.

La retraite de Saladin sous les murs de Tyr, l'humiliation et le désir de revanche qu'il devait ressentir ne pouvaient occulter cette certitude : la situation du royaume demeurait précaire. Sans une intervention venue de l'extérieur — une nouvelle croisade — il était à craindre qu'une offensive générale du sultan ne balayât ce reliquat de royaume, sans espoir de le voir renaître.

C'est ce qu'avait compris Conrad de Montferrat.

Sans cesser de tenir ses positions d'une main ferme, il décida de faire appel à l'Occident et chargea de cette mission l'archevêque Josse de Tyr, successeur de Guillaume. Cet émissaire parvint à décider le roi de Sicile de lever une armée. L'avant-garde connut de telles tribulations que ce projet d'intervention échoua lamentablement.

L'idée de nouvelles croisades agitait l'Occident, mais, en dépit des prêches du pape Clément III, aucune ne parvenait à se concrétiser : les rois de France et d'Angleterre se livraient une guerre sans merci en Aquitaine et dans le nord du pays, les royaumes d'Espagne étaient en lutte permanente contre les Maures, l'Italie était déchirée par des guerres entre cités...

C'est de l'empereur d'Allemagne, Frédéric de Hohenstaufen, mieux connu sous son sobriquet de Barberousse, qu'allait venir le salut. C'était une belle nature d'homme de guerre et de foi. Quand il apprit la demande de secours venue de la Terre sainte, les dernières vagues de rébellions qui agitaient son empire venaient de mourir à ses pieds. Se refusant à être le dernier à partir, il fut le premier.

Frédéric prit la croix au printemps de l'année 1189. Il rassembla quelques dizaines de milliers de combattants et, partant de Ratisbonne, sur le Danube, conduisit cette armée jusqu'aux portes de Constantinople. Colère du basileus Isaac l'Ange en voyant cette horde de chevaliers germaniques, dont il connaissait la réputation de violence, déferler à travers ses terres. Cette invasion l'indisposait d'autant plus qu'il entretenait, lui, chrétien schismatique mais chrétien de toute sa foi, d'excellents rapports avec les Musulmans, auxquels il ouvrait largement les portes de sa capitale où le son des cloches et l'appel du muezzin se répondaient d'un quartier l'autre.

Je n'ai guère de peine à imaginer les tourments d'Isaac en voyant se profiler, à la tête de sa horde, l'image légendaire du grand empereur germanique bardé de fer, sa lourde épée à la ceinture. Il lui ferma ses portes mais accepta de recevoir ses émissaires ; comme ils se montraient insolents, il les fit mettre aux fers. Frédéric reçut cette nouvelle comme un camouflet. Sa vengeance fut terrible : il ravagea les belles provinces de l'Empire, revint à Constantinople chargé de trophées et de butin. Isaac prit peur et consentit à négocier : oui, il allait libérer les émissaires ! oui, il faciliterait le passage de l'armée sur les rivages d'Asie. Frédéric voulait des subsistances et des guides ? accordé ! Il aurait pu demander la lune : on la lui aurait promise.

Sur la fin du mois de mars, près de cent mille guerriers germaniques se trouvèrent sur le plateau d'Anatolie, en route vers la Palestine. Une route dangereuse : Frédéric n'avait pas oublié qu'une première croisade germanique avait sombré corps et biens dans les montagnes turques. Un message du sultan, ennemi à la fois d'Isaac et de Saladin, l'avait rassuré : Qilij Arslan l'informait que la voie était libre.

J'imagine ce fleuve humain chevauchant dans les premières chaleurs du printemps, à travers des solitudes inhumaines, sur ces itinéraires où tant de pèlerins, armés ou pas, s'étaient fourvoyés et avaient disparu en ne laissant d'autres traces que leurs ossements. Les choses ne tardèrent pas à se gâter : le ravitaillement promis par Isaac ne parvenait pas à l'armée ; il fallait essuyer, dans des passages difficiles, des attaques de bandes armées, des Turcomans pour la plupart.

Après une halte à Qonya, la capitale du sultan Qilij Arslan, où les hommes se gobergèrent en regardant danser les bayadères, l'armée reprit la route du sud vers la ville de Séleucie, proche de la mer. Le gouverneur apprit à Frédéric une nouvelle qui le combla d'aise : l'arrivée imminente de l'armée germanique avait soulevé un tel mouvement de panique chez les Sarrasins que Saladin venait de déclencher la *jihad*. La terreur qu'inspirait cette expédition était telle que le sultan avait fait évacuer les forteresses commandant les frontières de la Syrie et démanteler les fortifications des villes portuaires du nord, afin que les Allemands n'y trouvent que des ruines.

Dans la lourde chaleur de juin, lestée de vivres, dotée de guides sûrs, l'armée de l'empereur poursuivit sa route à travers des contrées fertiles. Au soir du 10, alors que les avant-gardes débouchaient dans l'heureuse vallée du fleuve Cydnos, dans les parages de Tarse, Barberousse se fit dévêtir par son écuyer et, en compagnie de deux de ses fils, alla se baigner entre les roseaux, quand soudain, comme aspiré par un monstre, il disparut. Lorsqu'on le ramena sur la rive il avait cessé de vivre.

À l'annonce de cet événement, un concert de lamentations monta de l'armée qui, soudain, se sentit orpheline.

J'ai vainement tenté de savoir ce qui se passa par la suite, et qui est proprement inconcevable. Réduite aux deux tiers de ses effectifs, cette armée était toujours redoutable, mais, son chef suprême disparu, elle avait perdu son âme. Avec Frédéric à sa tête, elle eût bousculé les hordes sarrasines terrorisées, mené son train d'enfer jusqu'à Jérusalem, restauré le royaume et rendu les Lieux saints à la Chrétienté. Tout cela semblait écrit dans l'Histoire et tous y croyaient. Or, en moins d'une heure, ce bel édifice d'illusions s'effondrait. Les fils de l'empereur, impuissants, avaient assisté à la désagrégation de l'armée. On ne succédait pas, dans de telles conditions, à Barberousse : cette pierre angulaire disparue, tout s'écroulait. Ce qui restait de l'armée se traîna en désordre vers Antioche, assaillie en cours de route par les Sarrasins. Heureux ceux qui purent prendre la mer pour regagner l'Occident...

Lorsque l'empereur d'Allemagne Frédéric Barberousse se noya dans la rivière Cydnos, le siège de Tyr, de nouveau, battait son plein. Il avait débuté au mois d'août de l'année précédente, sous l'impulsion, aussi surprenant que cela pût paraître, de Gui de Lusignan et de Gérard de Ridford : le roi de Jérusalem et le maître du Temple. Saladin leur laissait la bride sur le cou, persuadé qu'en rejoignant les leurs ils susciteraient des troubles, détestés qu'ils étaient l'un comme l'autre pour leur compromission avec l'Islam et le sultan. Saladin, en veine de complaisance, avait même fait libérer quelques barons, parmi lesquels Guillaume, père de Conrad.

Le sultan avait vu juste en prévoyant que Gui, souverain sans royaume, ne serait pas accueilli par les siens avec des larmes de joie. Lorsqu'il se présenta avec sa petite escorte de prisonniers libérés, cadeau de Saladin, accompagné de Gérard de Ridford et de la reine Sibylle, sous les murs de Tyr, les portes lui furent fermées.

— Passe ton chemin ! lui répondit Conrad. Tu prétends au titre de roi mais je suis, moi, le représentant des souverains d'Occident, et ils ne m'autoriseraient pas à remettre cette ville à un traître ! Quant à toi, Ridford, rejoins ton ami le sultan. Tu pourras lui rendre encore quelques services !

Riposte de Gui de Lusignan :

— Je vous le répète : ouvrez cette maudite porte, sinon il vous en cuira !

Un éclat de rire en chaîne répondit à cette gasconnade. La reine Sibylle intervint, promettant que rien ne serait changé dans l'organisation de la place et que l'on demandait simplement l'asile, au nom de Dieu. Cette supplique resta lettre morte. Un chevalier de Balian d'Ibelin lui lâcha même cette insolence :

— Va donc voir à Saint-Jean-d'Acre si j'y suis !

Sous une nouvelle bordée de rires et d'insultes, Ridford montra le poing. Les cavaliers se concertèrent avant de tourner bride, laissant au bord du fossé un vieillard en chemise qui tenait avec peine sur ses jambes.

— Père ! s'écria Conrad. Mon vieux père ! Dieu me l'a rendu...

On alla recueillir cette guenille d'homme pour le conduire à l'infirmerie du Temple où l'un de nos frères le soigna avec des simples et du vin. Mes compagnons de latrines et moi le voyions de temps à autre traverser la cour du couvent, s'asseoir sous un figuier et rester là des heures, immobile et silencieux. Le jour où il dut renoncer à cette promenade, nous sûmes que c'était la fin. Il mourut sans avoir prononcé une parole, en rêvant, peut-être, à sa forteresse d'Italie.

Sans doute pris de remords, Ernoul ne tarda guère à revenir vers moi, conscient de son rôle de tuteur pour le pauvre orphelin dont il avait la garde. Ce jour-là, avec son affectation d'élégance, il portait une fleur de gardénia à l'oreille, ce qui lui donnait un genre équivoque. Il me tapota l'épaule en me disant :

— Faisons la paix, veux-tu ? Je conviens volontiers que mon geste a dépassé mes intentions, mais reconnais toi-même que tu t'es montré insolent.

Il me tendit la main ; j'y posai la mienne ; il essuya la sienne à ses braies avec une mine dégoûtée. À vrai dire, j'attendais cette réconciliation : je n'avais d'autre soutien que lui, et je savais pouvoir compter sur sa célérité, sinon sur son affection, au moindre embarras qui me surviendrait. Je m'étais fait un ami d'un garçon de mon âge, nommé Abel, qui, à un moment de mysticisme exacerbé, s'était gravé une croix au fer rouge sur le front, mais qui s'était assagi et me témoignait de l'affection. Mes autres compagnons : vidangeurs, apprentis jardiniers, forgerons, palefreniers, étaient des rustres sans éducation qui auraient bien du mal à faire leur noviciat et à devenir, au mieux, sergents.

Ernoul me fit asseoir près de lui et me dit :

— Je me suis entretenu de ton cas avec le commandeur Robert de Sablé. D'ici quelques jours, je quitterai Tyr pour Saint-Jean-d'Acre où nous allons mettre le siège, avant que n'arrivent les renforts de Saladin. J'accompagnerai monseigneur Balian, avec l'espoir de pénétrer sans trop d'embarras dans la ville, par la mer. Veux-tu nous suivre ? Comme j'ai beaucoup d'ouvrage, tu seras mon sous-écuyer !

Un petit rire fêlé fit choir la fleur de son oreille. Je le laissai la ramasser. Il ajouta :

— Je ne te cache pas qu'il s'agit d'une opération dangereuse. Tu auras une épée, un cheval et un modeste harnois. Le commandeur m'a donné son accord.

La proposition me convenait et même m'enchantait. J'en venais à me dire que le *donat* que j'étais, libre de quitter le couvent quand bon lui semblerait, tirerait sans tarder sa révérence à ses compagnons de latrines pour chercher fortune ailleurs. Et voilà que l'on me proposait une équipée guerrière, un cheval, un harnois et une épée ! La vie, décidément, était pleine de surprises.

Ernoul m'informa de la situation dans le nord de la Palestine. Gui de Lusignan parcourait les derniers fiefs et villes encore tenus par les Chrétiens, prélevait ici et là, avec plus ou moins de succès, les contingents qui lui permettraient de faire impression pour sa reconquête de la couronne. J'appris avec stupéfaction qu'il avait juré à Saladin de « prendre la mer » et de renoncer à porter l'épée contre lui. À peine libéré il s'était hâté de trahir son serment. À ceux qui le lui reprochaient il répondait, en jouant sur les mots, qu'il avait passé la mer, mais pour aller de Tripoli à Antioche, et que ce n'était pas lui qui portait son épée, mais son cheval ! Il faisait preuve de beaucoup de courage ou d'inconscience pour chevaucher, avec une troupe modeste, à travers un territoire infesté de détachements sarrasins et de brigands, mais la chance semblait l'accompagner, si bien qu'il se trouva sans encombre sous les murs de Saint-Jean-d'Acre et, avec beaucoup de présomption, en commença le siège. C'est là que nous allions le retrouver.

Il ne me plaisait guère de m'incorporer à une armée commandée par un roi déchu, incompétent, et par un maître du Temple qui avait trahi sa foi, mais je n'aurais renoncé pour rien au monde.

Je me garderai de relater par le menu ce siège interminable : il y faudrait un livre dont les péripéties seraient lassantes à force de se répéter. Il allait se terminer en juillet de l'an 1191, soit deux ans après ses débuts. Ce n'était pas, il faut le dire, un siège banal : assaillis sur nos arrières par les Sarrasins du sultan, nous étions à la fois assiégeants et assiégés.

Le pays est agréable : il rayonne de splendeur dans le bel été syrien, face à la mer d'une part, de l'autre aux montagnes de Galilée qui changent de couleur selon l'heure et le temps. Un lac s'étale au pied d'une colline, le tell al-Fukhar, où nous avions installé notre camp, comme un poisson mort encore brillant de toutes ses écailles de soleil. Les longues plages des Sablons d'Acre courent à la parallèle du lac et touchent, vers le sud, à la presqu'île détachée du mont Carmel, avec, accrochée à ses flancs, la bourgade de Caïffa, occupée alors par les Sarrasins. Acre s'abrite derrière une double muraille qui touche par ses extrémités à la mer, avec, en son centre, face à la colline que nous occupions, le bloc monstrueux de la tour Maudite, couronnée par les étendards du Prophète. À toute heure du jour et de la nuit nous voyions défiler sur les chemins de ronde de cette double enceinte les turbans de couleur des sentinelles sarrasines, turques ou égyptiennes.

Tel est le décor de l'épopée guerrière dont je rêvais mais qui, à la longue, me déçut par sa monotonie. En revanche, je n'éprouvais aucune inquiétude : j'avais, ancrée en moi, la conviction qu'un prodige venu du Ciel, un miracle peut-être, viendrait récompenser notre ténacité et les exploits des chevaliers chrétiens. Ernoul, en revanche, macérait dans une angoisse qui transparaissait sous des allures bravaches. Il me disait :

— La situation se présente mal, mais si ces mécréants tentent une sortie en masse et nous livrent bataille, ils trouveront à qui parler, foi d'Ernoul !

La croisade germanique de l'empereur Barberousse anéantie, nous attendions avec confiance celle des rois de France et d'Angleterre qui avaient mis bas les armes pour venir à notre secours. Ils tardaient, si bien que, jour après jour, le désespoir s'emparait de tous. Nous avions appris par des pèlerins qu'ils avaient pris la croix à Vézelay, mais nous savions aussi que la belle entente qui les avait réunis commençait à s'effriter et qu'ils se méfiaient l'un de l'autre, ce qui ne laissait présager rien de bon.

Il ne se passait guère de semaine que ne surgissent des voiles latines à l'horizon. Elles nous apportaient un double réconfort : un secours en hommes et en chevaux, et un espoir, en nous laissant entendre que le temps travaillait pour nous. Le renfort le plus important nous vint du Danemark, de la Flandre, de la Frise et de la Bretagne, autant de pays de rudes hommes. Puis vint la fleur de la chevalerie française, et enfin, sous les pluies d'octobre, un contingent conduit par le vicomte Raymond de Turenne, descendant du héros de la première croisade : celle de Godefroi de Bouillon et du comte de Toulouse.

La joie d'Ernoul éclata lorsqu'il vit se joindre à nous celui que l'on n'attendait plus : le marquis Conrad de Montferrat, défenseur de Tyr. Il avait fait litière de ses préventions contre ceux qu'il appelait des *traîtres* et se disait qu'il ne pouvait être absent de la grande aventure qui se développait autour d'Acre.

À défaut d'avoir la maîtrise de la terre, nous avions celle de la mer, avec la certitude d'un ravitaillement permanent, car les flottes occidentales croisaient dans les parages. Nous reprenions, jour après jour, comme on dit, du poil de la bête...

Dieu sait pourquoi le conseil des barons, animé par Gui de Lusignan, négligea de faire camper un contingent au nord de la ville, face au quartier de Montmusart, au lieu du mince cordon de soldats qui protégeait cet endroit ! Une négligence qui n'échappa nullement à Saladin : il ne tarda pas à la mettre à profit pour effectuer une brèche dans cette défense dérisoire et faire pénétrer une centaine de guerriers dans la ville. Il assurait par ce couloir mis en défense le ravitaillement des assiégés, qui commençaient à ressentir les premières atteintes de la disette. Il se donna le plaisir d'y faire lui-même une apparition...

Je participais de mon mieux aux opérations qui conduisaient dans l'intérieur des détachements de fourrageurs, afin de compléter les approvisionnements venus par mer. J'avais appris, à al-Shabha, à tirer parti des ressources naturelles : herbes comestibles, serpents, lézards, grenouilles et rats. Les simples que je ramenais au camp permettaient de donner des soins aux malades et aux blessés. Nous avions des boissons en abondance : du vin et de la bière, ce qui provoquait quelque désordre, notamment chez les Allemands et les Danois qui, une fois ivres, se battaient comme des chiens, à l'arme blanche.

J'occupais une autre part de mon temps à travailler à la fortification de notre colline d'al-Fukhar : creusement de tranchées, installation de rangées de pieux acérés pour nous protéger des charges de cavalerie, installation de casemates, avec entre elles des couloirs de circulation protégés...

Ernoul venait parfois me rendre visite sur ce chantier et se moquait sans méchanceté, du moins j'ai plaisir à le croire, de ma saleté et des odeurs de sueur et de terre qui m'imprégnaient. Il me dit un jour :

— Décidément, ta vocation semble être dans les corvées. À Tyr, tu étais crotté ; te voilà terreux ! Il y a du progrès : tu ne sens plus la merde...

Il sentait, lui, le benjoin, ou quelque autre senteur orientale ;

ses mains étaient nettes de terre et d'ampoules ; on le trouvait toujours vêtu avec élégance, comme pour un conseil ou une montre, avec ses doigts bagués, sa chemise qu'il exigeait de changer chaque jour, obsédé qu'il était par l'odeur de sa propre sueur.

— Si tu veux entrer un jour dans la légion du Temple, me dit-il, il est bon que tu prennes des habitudes de propreté et de dignité.

Je sentis le vinaigre me monter au nez et répliquai vertement :

— Qui te dit que je compte devenir Templier ? Les Templiers... on voit bien comment ils se sont comportés aux Fontaines de Séphorie et à Tibériade !

Il riposta par une gifle retentissante. Je répliquai par un coup de pied au tibia. Il me prit au col, écumant de rage car la scène avait des témoins, et me mit du fer sur la gorge en vociférant :

— Plus jamais ça, tu entends, morveux ! Si tu recommences, je te saigne comme un porc. J'en ai le droit : n'oublie pas que tu m'appartiens.

Ce pauvre garçon déraisonnait : j'avais conscience de n'appartenir à personne, et il s'en doutait. Quant à ce que je lui avais dit concernant le Temple, j'en avais l'intime conviction : les Templiers avaient failli à la règle, et Dieu se vengeait en les tenant dans une méfiance générale. Le noviciat ne me tentait plus, et je me souciais peu de revêtir un jour la cape blanche à croix pourpre. À tout prendre, j'aurais davantage été tenté par l'ordre des Hospitaliers qui se compromettaient moins avec le siècle, faisaient peu parler d'eux, ne se prenaient pas pour des conquérants et des fanatiques.

Un soir, alors que je revenais d'une corvée de terrassement, Ernoul me dit :

— Rachid, tu vas abandonner la pelle et la pioche : j'ai besoin de toi. Tu vas recopier quelques chapitres de mon histoire, car, moi, je n'y arrive plus, trop pris que je suis par mes fonctions.

Il avait installé dans sa tente, qui jouxtait celle de son maître, monseigneur Balian d'Ibelin, une table sur tréteaux et une écritoire en bois de cèdre. Il me confia une liasse de notes rédigées sur un papier végétal de bonne qualité, en me disant :

— Je me suis arrêté à la prise de Jérusalem par Saladin. Tu vas relire ces notes, y mettre de l'ordre et en faire une relation correcte. Si tu peines sur ces gribouillages, je serai là pour t'aider à les déchiffrer. Si cela peut t'être agréable, tu y retrouveras ton grand-oncle, Étienne Josserand.

Cette perspective m'était agréable, de même que le travail qui m'était confié et dont je m'acquittai au mieux de mes compétences.

Le siège se poursuivit, avec des hauts et des bas, des actions d'éclat et des coups de chien, sans que rien ne changeât dans les chances de l'un ou l'autre parti. Je n'eus pas l'honneur de participer à ces opérations offensives ou défensives. Ernoul revint un soir, après un accrochage entre deux patrouilles, avec une plaie au flanc, qu'il me chargea de soigner et qui guérit vite. Il me raconta qu'il devait cette blessure à une veuve qui avait perdu son mari lors d'une attaque de nos retranchements et qui cherchait à le venger. D'autres femmes combattaient avec elle et pas avec moins d'ardeur et de courage que les hommes. On en avait capturé quelques-unes, que l'on avait livrées aux soudards allemands et danois.

Dans les premiers jours d'octobre, une grande bataille nous coûta la perte d'une centaine d'hommes sans résultat décisif. On n'eut ni le courage ni le loisir de les porter en terre. Descendus de la montagne proche, des fauves et des rapaces s'en délectèrent pendant des jours, sans que nul n'intervînt. Le voisinage de ces cadavres attirait des nuées de mouches qui se glissaient jusque sous nos tentes et nous donnaient l'impression d'être nous-mêmes réduits à l'état de morts-vivants. Cet énorme charnier engendra une épidémie de peste et de choléra. Ernoul et moi fûmes atteints d'une dysenterie qui nous laissa sur le flanc. Au bord de l'inconcience, je rêvais à cette masure que j'avais trouvée abandonnée dans la montagne, sur une terrasse rocheuse, face à une forêt de chênes, ombragée par un auvent de vigne folle, en me disant qu'elle était, dans l'enfer où nous vivions, une image du paradis. L'idée me venait, obsédante, de fuir le camp et de m'y réfugier pour le restant de mes jours, entre chèvres et moutons.

Curieusement, Saladin eut la même idée que moi, mais il la réalisa : atteint lui-même de je ne sais quelle affection, indisposé peut-être par l'odeur pestilentielle du charnier, il avait quitté la colline d'al-Ayadiya où il était cantonné, pour se retirer à deux lieues de la ville, sur le djebel Karouba où il resta quelques semaines.

Jusqu'au printemps, chacun campa sur ses positions. À part quelques escarmouches, la guerre de siège marquait une trêve. Les premiers beaux jours trouvèrent les protagonistes peu enclins à reprendre les armes. Les Francs dans leurs tranchées, les troupes de Saladin dans leur camp faisaient mieux que s'observer : ils fraternisaient ! Cette expression peut paraître exagérée ; elle ne l'est pas. Ces relations insolites débutèrent par des échanges de médicaments, de vivres, puis de cadeaux. Nous eûmes à diverses reprises le spectacle insolite de soldats francs et sarrasins franchissant leurs lignes pour aller se réjouir de concert, chanter, danser, boire, se livrer sur le sable à des joutes amicales, veiller autour des feux de nuit.

Ernoul me proposa de lutter contre un athlète turc qui réclamait un adversaire. Je regimbai ; il insista, me traitant de pleutre et de mauviette. Rouge de honte, j'acceptai, entrai dans la lice, accompagné d'un concert de tambours et de flûtes aigres, pour me trouver face à un jeune colosse huilé des pieds à la tête, qui me regardait d'un air narquois en faisant rouler ses épaules. Les jambes coupées, le cœur affolé, j'entendais autour de moi éclater les annonces des paris en diverses langues. Ernoul me souffla, en me poussant aux épaules :

— Guillaume, courage ! Dis-toi que tu es le champion de la Chrétienté contre l'Islam et que Dieu a l'œil sur toi...

Dieu n'était pas le seul spectateur de ce combat à mains nues : Chrétiens et Musulmans se pressaient autour de l'arène avec des encouragements et des vociférations. Je faillis renoncer et m'apprêtais à me retirer quand je vis la haute stature du seigneur Balian d'Ibelin me faire signe d'avancer.

Il ne me reste qu'une idée confuse du combat qui s'acheva pour moi dans une sorte de brouillard. Je me sentis pris à bras-le-corps, soulevé, jeté à terre, aplati. L'humiliation me donna le ressort nécessaire pour me dégager, me relever et assaillir ce bronze vivant de coups de pied et de poing qui le firent reculer. De ce qui suivit, je ne garde que le souvenir d'une nouvelle chute, d'un visage grimaçant contre le mien, d'une douleur fulgurante dans les reins et d'un chant de victoire qui ne venait pas de moi.

Je me retrouvai inconscient sur ma paillasse. Une voix féminine me demandait, en langue arabe, où j'avais mal. Je répondis dans la même langue que je souffrais de partout. La femme, ou la fille, je ne sais, me demanda mon nom. Je répondis : Rachid ; une voix, derrière moi, rectifia : Guillaume.

J'appris que cette créature, qui devait avoir mon âge, à quelques mois près, se nommait Shirin et qu'elle était une nièce de celui qu'elle appelait le *Grand Sultan*. Elle me débarrassa de la croûte de sable qui me recouvrait le corps et entreprit de me masser, avec de petits rires de gorge pour répondre à mes gémissements.

— Tu t'es bien défendu, Rachid, me dit elle, mais cette lutte était inégale. Nazim est plus fort que toi et l'huile dont il était enduit ne facilitait pas tes prises.

Elle avait un visage d'icône, brun et lisse sous le léger foulard de gaze liséré d'or qui laissait libres des nattes tressées, d'un noir intense. Elle me raconta qu'elle avait accompagné son père à cette fête Elle me demanda qui était le mien : j'imaginai une fable : mon père était le *raïs* d'un village de Judée rallié aux *Franj* ; j'avais quitté ma famille pour me faire templier, avec la faveur du maître, Gérard de Ridford, qui... Elle mit sa main sur mes lèvres, cracha à terre, s'écria :

— Ne prononce plus jamais ce nom maudit ! C'est un traître

à sa patrie, à sa religion, à mon oncle. Honni soit-il de l'humanité entière !

Shirin m'aida à me lever et m'accompagna jusqu'à une tente rouge blasonnée, située à quelques pas du cours d'eau qui sortait du lac. L'air léger de mars sentait le poisson frit et l'eau croupie. De grands oiseaux blancs, hérons ou cigognes, tournoyaient au-dessus des roselières. Un vieil homme vêtu modestement, aux yeux d'un noir profond, au visage ridé, à la barbe divisée en deux parties, posa sa main sur mon épaule, m'invita à m'asseoir sur des coussins posés à terre et à faire honneur à la collation qu'il s'apprêtait à prendre : beignets de fromage, riz au lait caillé, flacons de sirop et pâtisseries aux couleurs vives.

— On vient de me tenir au courant, me dit-il, de ce combat inégal et peu courtois. Tu as été courageux mais téméraire en acceptant d'affronter Nazim. Si le juge n'était intervenu, il aurait pu te tuer. Je sais qu'il a triché et je déteste les tricheurs.

Lesté de ces victuailles qui me changeaient du brouet que je préparais pour Ernoul, je pris congé avec les *salamalecs* d'usage, que j'avais appris à respecter. Shirin me raccompagna, son bras entourant mes reins meurtris, jusqu'aux limites de notre camp. Des Sarrasins et des Francs nous saluaient et plaisantaient sur notre passage.

— J'ai eu plaisir à rencontrer ce vieil homme, dis-je à Shirin, et je suis flatté de son accueil. Quel est son nom ?

— C'est mon oncle, répondit-elle : le *Grand Sultan*, que vous appelez Saladin...

L'humeur d'Ernoul était pour le moins acariâtre : comme j'avais été vaincu par mon adversaire, Nazim, il avait perdu l'argent qu'il avait étourdiment misé sur moi.

Au début du mois d'avril, un événement imprévu allait mettre de l'animation dans le camp, avec des conséquences singulières. Un navire italien venait de débarquer sur les Sablons des chaloupes chargées non de combattants mais de femmes, au nombre de trois cents, originaires d'Italie et de Sicile : rien d'autre que des pauvresses racolées dans les quartiers malfamés de Venise, de Naples ou de Palerme. Les chevaliers et les soldats se pressèrent pour faire leur choix, se disputèrent ces ribaudes les armes à la main, pour en faire leur compagne ou leur esclave. Elles prétendaient avoir volontairement renoncé à leur condition pour se mettre au service de l'armée chrétienne, et ne demandaient rien d'autre que la consolation de ces hommes éloignés de leur famille ou de leurs amours. Elles menaient la croisade à leur manière. Qui leur jettera la première pierre ?

Ce débarquement insolite n'avait pas échappé aux gens de Saladin. Ils franchissaient leurs lignes, venaient en groupes réclamer leur part de plaisir et se heurtaient violemment à l'hostilité des nôtres. Ces déçus de l'amour répandirent le désordre, affrontèrent au couteau des chevaliers plus chanceux. Persuadés d'avoir trouvé chez les Chrétiens le paradis d'Allah, certains désertèrent l'armée du sultan pour demander asile dans nos rangs.

Nous eûmes au cours de ce siège interminable l'occasion de recueillir divers témoignages sur la magnanimité du *Grand Sultan*, comme disait Shirin. Ernoul ne se faisait pas faute de les collecter, de les noter, en me laissant le soin de les mettre en forme.

Saladin vit un jour arriver un vieil homme épuisé qui, sur la route de Jérusalem où il se rendait en pèlerinage, s'était égaré dans la montagne ; il le réconforta, lui donna un cheval et le fit conduire dans notre camp. Une nuit, des voleurs turcs, trompant la vigilance des gardes, enlevèrent un nourrisson à sa mère ; elle alla se plaindre au sultan qui fit entreprendre des recherches, retrouva l'enfant et ses ravisseurs qu'il fit pendre haut et court. Il assista un autre jour à une scène révoltante : trois de ses fils s'apprêtaient à décapiter un prisonnier franc ; il le leur interdit, leur fit la leçon et renvoya le prisonnier dans ses quartiers...

Au cours de ce même printemps de trêve, nous nous retrouvâmes à plusieurs reprises, Shirin et moi, pour des promenades à cheval sur les premières pentes des monts de Galilée. Nous attachions nos montures à un arbre et, allongés dans l'herbe rêche, les mains sous la nuque, nous suivions la course des nuages et les vols d'oiseaux migrateurs, qui ne connaissent pas les frontières des hommes. Nos propos étaient d'une extrême banalité, mais nous n'avions nul besoin des mots pour nous comprendre. Dieu m'est témoin que nous ne nous laissâmes jamais entraîner au moindre égarement. Elle m'apprit à jouer aux osselets ; je lui enseignai la pratique des dés et des cartes. Les pistes de la montagne nous menaient à des fontaines et à des masures à l'abandon. Nous y surprenions les rares onagres et les chèvres sauvages qui avaient échappé aux affamés.

Nous savions, l'un et l'autre, que ce temps béni allait bientôt prendre fin. Un jour, Shirin m'annonça que nous allions devoir renoncer à nous voir de *quelque temps*, son oncle lui ayant fait comprendre ce qu'il y avait d'indécent dans nos rapports. Lors de notre dernière entrevue, elle me révéla que le calife de Badgad avait envoyé à Saladin un de ses maîtres artificiers, habile dans la confection des machines infernales, brûlots et autres pots à feu garnis de matières inflammables. Des émirs de Bagdad et de Mossoul étaient arrivés à leur tour afin de tirer Saladin de la torpeur due à son mal et lui rappeler qu'il avait à mener la *jihad* plutôt que de se répandre en générosités.

En descendant de cheval, Shirin posa ses mains sur mes épaules, ses lèvres sur les miennes, et me dit :

— J'ai vécu des heures agréables en ta présence, Rachid, et je ne l'oublierai jamais.

Shirin était une jeune fille bien élevée.

La guerre reprit, comme je le redoutais, mais là où nous ne l'attendions pas.

Pour combattre la disette qui risquait d'entraîner mutineries et désertions, Conrad était parti par la mer, au printemps, afin de ramener des vivres de Tyr. Sur le retour, il trouva une flotte turque en travers de sa route. De la plage des Sablons, nous pûmes assister à la bataille navale qui suivit cette rencontre, avec une alternance d'angoisse et d'enthousiasme. La flotte du marquis eut raison de l'escadre ennemie mais accosta en mauvais état, deux de ses navires ayant été envoyés par le fond. C'était bel et bien la reprise des hostilités. Saladin avait déplacé son camp pour se rapprocher du cours d'eau, et dressé ses tentes sur la vaste éminence du tell Keisan, à une demi-lieue de nos défenses.

Décidés à mener rondement l'affaire, le marquis et le roi résolurent de tenter un assaut aux machines, ce qui aurait dû se faire plus tôt. Ils en firent construire trois, dont l'une, à cinq étages, dominait les remparts ; ils les firent recouvrir de peaux fraîches, enduites d'argile pour les rendre incombustibles. À pied d'œuvre à la mi-avril, elles furent traînées jusqu'aux fossés. L'attaque débuta par des tirs de flèches et de carreaux d'arbalète qui semèrent la panique parmi les défenseurs, si bien que, ce jour-là, la ville aurait pu être prise d'assaut si Saladin, par une ruée sauvage, n'avait détourné nos gens de cette intention.

L'artificier de Bagdad était, dans sa partie, une sorte de génie : à l'aide de petites machines rapides et nerveuses installées sur les chemins de ronde, il inonda nos tours d'un déluge de feu grégeois. Malgré les précautions prises pour les protéger, elles s'enflammèrent comme des torches et s'effondrèrent, entraînant dans leur chute les combattants qui occupaient les cinq étages. J'assistai de loin à ce spectacle hallucinant, comparable à l'éruption d'un volcan.

Toute l'armée franque était au désespoir quand, un matin du début de l'été, des voiles latines surgirent sur l'horizon : des dizaines de navires ! Dire la frénésie qui s'empara de nos hommes est impossible. Nous étions persuadés qu'il s'agissait de l'escadre des rois et que Dieu avait entendu nos supplications. Ce n'était partout, sur la plage des Sablons, que rires frénétiques, invocations et actions de grâces. Il fallut déchanter : la flotte qui venait à nous était conduite par le comte Henri de Champagne, et par lui seul.

J'appris de la bouche d'Ernoul que ce personnage n'était pas le premier venu : neveu des rois de France et d'Angleterre, il était apprécié de la chevalerie des deux royaumes pour son bon sens, son habileté et sa fermeté. Il entraînait dans son sillage quelques barons parmi les plus valeureux du royaume.

À peine débarqués, les nouveaux venus se bouchèrent le nez : l'air qu'ils respiraient au-delà de la plage ne sentait pas la marée mais la pourriture cadavérique, car, à la suite d'une attaque récente des Sarrasins, on n'avait pas eu le temps d'enterrer les victimes. Ils dressèrent leurs tentes, qu'ils appelaient des *trefs*, vastes pavillons ornés de leurs blasons et de leurs bannières, sur la rive gauche de la rivière, à peu de distance de l'enceinte. Je serais resté des heures à regarder cette belle chevalerie de France évoluer avec suffisance, un mouchoir sur le nez, et traiter comme des chiens les indigènes qu'on leur proposait pour la servir.

Je tentai de lier connaissance avec un écuyer du comte de Clermont qui paraissait avoir mon âge, mais, me jugeant à ma mine, il me témoigna son mépris. J'eus plus de chance avec celui du comte Thibaud de Blois, Alain, garçon affable et disert, qui se moquait de mes origines. Je le harcelai de questions sur le pays d'où il venait et les gens qu'il avait suivis. Il me parla avec émotion de la Loire et de villes comme Orléans, Blois ou Tours : des noms et des descriptions qui me faisaient rêver. À mon tour, je le renseignai sur les gens et les coutumes du pays où il venait d'accoster, et sa curiosité égalait la mienne.

Sans nouvelles de Shirin — et pour cause — je me rabattis sur la franche amitié de cet aimable garçon qui avait l'apparence d'un moinillon plus que d'un soldat. Son père possédait un important domaine dans les parages d'Orléans, où il élevait des chevaux pour l'armée, si bien qu'il s'y entendait en la matière et m'apprit beaucoup, sur la monte notamment.

L'arrivée du comte de Champagne ne releva qu'un temps le moral de l'armée. La chaleur de l'été, plus lourde et malsaine que partout ailleurs, dans le voisinage du lac, la disette qui menaçait de nouveau avec cet apport en combattants, l'ennui des longues journées inoccupées, donnaient aux hommes des idées de désertion. Ils partaient subrepticement, par petits groupes, disparaissaient dans la montagne ou allaient chercher refuge dans l'armée sarrasine où certains — maudits soient-ils ! — reniaient leur religion.

Les marchands italiens qui avaient accompagné le convoi et avaient installé des comptoirs volants sur les Sablons, au milieu de la palmeraie, étaient les seuls à trouver quelque avantage à cette situation ; ils pratiquaient, avec un art consommé du commerce, sans le moindre scrupule, une spéculation éhontée sur la raréfaction des subsistances.

C'est seulement sur la fin de l'été qu'arrivèrent les contingents qui subsistaient de l'armée germanique désagrégée à la suite de la mort de l'empereur Barberousse et de la défection de ses fils. Cette horde de trois mille combattants était dans un état pitoyable : ils traînaient la jambe et nous jetaient des regards honteux, comme s'ils étaient responsables de la mort de leur chef.

Alors que les brumes et les pluies de l'automne noyaient le paysage, Henri de Champagne secoua l'inertie du conseil et apostropha sans ménagement les barons :

— Qu'attendez-vous, messeigneurs ? Que les gens d'Acre vous ouvrent leurs portes ? Ignorez-vous qu'ils sont mieux ravitaillés que nous et viennent de renouveler leur garnison à notre barbe ? Attendez-vous une attaque de Saladin ? Il doit jouir du spectacle de votre décrépitude et se dire que le temps travaille pour lui ! Par Dieu, plutôt que de vous enterrer dans vos tranchées et vos casemates, en attendant qu'une épée de feu descende des nuées pour faucher comme blé l'ennemi, reprenez l'initiative ! Moi et mes chevaliers sommes venus pour vous aider, l'avez-vous oublié ?

Ce seigneur champenois avait le verbe facile et l'énergie contagieuse. Je trouvais à ses propos, que m'avait rapportés Ernoul, une éloquence prophétique qui me ravissait. Que proposait-il ? D'attaquer Caïffa, ce port d'importance modeste, blotti dans une anse rocheuse, sous les dernières pentes du mont Carmel, par où les Sarrasins recevaient une partie de leurs approvisionnements. Caïffa... comment n'y avait-on pas songé plus tôt ? Outre qu'il avait du bon sens, le seigneur champenois se révéla un organisateur hors pair. L'armée qu'il constitua pour cette opération était la plus belle et la plus puissante qu'il m'ait jamais été donné de voir. Il fit entourer sa cavalerie par deux colonnes latérales composées de sergents, afin de constituer un bloc sans faille, bien protégé sur ses flancs.

Cette redoutable armée dut pourtant interrompre sa progression vers Caïffa. Il semble que l'on eût sous-estimé les forces de Saladin. On bousculait un escadron ? un autre surgissait. S'arrêtait-on pour se mettre en ordre de bataille ? On devait rétrograder sous un déluge de flèches qui affolaient la cavalerie. Il fallut retourner au camp de base, après seulement quelques heures de route, avec pour unique satisfaction d'avoir effectué une démonstration de force honorable.

2

Le lion d'Angleterre

La reine Sibylle de Jérusalem était une personne discrète. Nous la voyions se promener dans les allées du camp, montée sur une haquenée, les épaules voûtées par l'âge et les épreuves, parfois accompagnée par son époux, le roi Gui, mais le plus souvent par un simple écuyer qui tenait sa monture à la bride. Par coquetterie, elle cachait son visage sous un voile de gaze qui dissimulait les atteintes du temps et de la maladie maligne dont elle souffrait, et son corps squelettique sous un manteau flottant.

Elle mourut au mois d'octobre, alors que les bourrasques tombant des monts de Galilée balayaient la plaine et annonçaient un hiver précoce. Elle disparue, Gui de Lusignan devrait renoncer à sa couronne. Mais pour qui ? Pour l'héritière légitime du pouvoir, Isabelle, seconde fille du roi Amaury ? Comme elle avait épousé Onfroi de Toron, c'est ce dernier qui, dans la logique dynastique, devrait être sacré roi de Jérusalem. Cette perspective jeta le trouble chez nos barons. Ce brave garçon n'avait guère fait parler de lui, au point qu'il était devenu, pour ainsi dire, *transparent.* Il vivait avec sa jeune épousée (Isabelle avait vingt ans) une idylle sans éclat et sans ombre. Timoré, efféminé, disaient les mauvaises langues, il se terrait à la moindre alerte dans la ruelle de son lit ou dans les bras de son épouse. En faire un roi ou un prince consort, ce qui était exclu, apparaissait comme une gageure. Quatre ans auparavant, quand on avait tenté de le pousser vers le trône, comme compétiteur de Gui de Lusignan, il s'était dérobé. Il n'avait d'autre passion que son épouse et l'étude des écrivains musulmans, ce qui me le rend sympathique mais n'ajoute rien à sa renommée.

Le choix des barons se porta sur Conrad de Montferrat : il avait amplement démontré sa valeur en tant que chef et soldat ; personne n'avait oublié que, sans lui, la présence chrétienne en Palestine aurait disparu ; en s'accrochant à Tyr, puis à Acre, il avait donné le signal de la reconquête. Le seul ennui venait de ce qu'il avait épousé une Turque, cadeau du sultan de Qonya. Il eût fallu, pour qu'il fût candidat à la couronne, qu'il épousât une princesse chrétienne, héritière du royaume, à quelque titre que ce fût. Il n'en restait qu'une : Isabelle.

Informée de ce projet, elle regimba, proclamant qu'elle adorait son mari, mais on lui fit entendre qu'elle devrait s'en séparer. La raison d'État l'emporta. Quant à Conrad, il ne se laissa pas fléchir : il répudia sa femme comme on jette une défroque inutile sur son chemin, et se déclara prêt au double sacrifice qu'on attendait de lui : son mariage avec Isabelle et son accession au trône.

Pour faire admettre le divorce d'Isabelle, on chargea des légistes de rappeler qu'elle avait été mariée très jeune — elle venait d'avoir huit ans ! — sans son consentement et contre l'avis de sa mère. Plus personne ne pouvait s'opposer à ces arguments, sauf le pauvre Onfroi qui pleura, protesta, menaça, mais en vain.

Le 24 novembre, sous une tente de parade saupoudrée de lys de France mêlés aux premiers flocons, le marquis Conrad de Montferrat épousa la princesse Isabelle de Jérusalem et devint roi. Roi de quel royaume ? Celui d'Acre. Conrad fit mine de s'en contenter : il avait de l'ambition à revendre.

Rien de tel que le jeu d'échecs pour étudier la psychologie et les intentions d'un partenaire, surtout si l'on a des raisons de s'en méfier. Philippe de France et Richard d'Angleterre s'y vouèrent, au propre comme au figuré, durant tout un hiver, sous le soleil de la Sicile, à Messine. Plusieurs mois qu'ils passèrent à se divertir, à se chamailler, à chasser dans la montagne et à voguer sur le littoral en regardant monter dans le ciel le panache de l'Etna. Tout les séparait : les rivalités monarchiques et le caractère : Philippe, esprit tatillon, retors, diplomate, libéré dans sa vie sentimentale ; Richard, hardi, batailleur, peu doué pour l'intrigue qu'il tranchait d'un coup d'épée, comme Hercule le nœud gordien.

On s'interrogeait sur les raisons de leur retard sur le chemin de la croisade. Qu'est-ce qui pouvait bien les retenir dans le huis clos de l'île, où ils passaient une partie de leur temps à s'affronter et à se déchirer ? Les redoutables tempêtes d'hiver ? L'attente du ravitaillement et le regroupement des retardataires ? Ces hésitations pouvaient se comprendre pour Philippe qui n'avait pris la croix à Vézelay qu'à son corps défendant, mais Richard ? Il aurait dû bouillir d'impatience d'aller massacrer les infidèles !

Le premier à quitter Messine fut Philippe : le 30 mars de l'an 1191. Sa flotte mit une vingtaine de jours pour arriver devant Acre. Comme il était accompagné d'une belle chevalerie et de vivres en abondance, on le fêta. L'arrivée de Richard, la première semaine de juin, avait été précédée d'une épopée qui, avant même qu'il parût, l'auréolait d'une gloire prématurée. Trois de ses navires avaient été rejetés par la tempête sur les côtes de Chypre. Au cours de son séjour, il rencontra deux personnages dont il avait beaucoup été question en Occident : Gui de Lusignan et Onfroi de Toron. Ils tombèrent à ses genoux, remerciant le Ciel de leur avoir envoyé un sauveur. Richard écouta leurs doléances avec d'autant plus de complaisance que le fief des Lusignan relevait de sa couronne. Il s'associa à eux pour faire la conquête de l'île sur le Comnène, les aida à prendre Nicosie et à écraser l'occupant près de cette ville, en un lieu qu'ils baptisèrent Dieu-d'Amour.

La nouvelle de cet exploit fut accueillie devant Acre par un débordement de joie dont Philippe prit ombrage : il était arrivé en souverain et Richard en héros. Ce dernier, enfant chéri de la victoire, débarqua sur les Sablons entouré de sa sœur, Jeanne, et de sa fiancée, Bérengère, avec l'auréole d'un dieu sorti tout armé de la mer. La réception qu'on lui réserva éclipsait en enthousiasme et en splendeur celle du roi Philippe. Faisant contre mauvaise fortune bon cœur, ce dernier alla au-devant de son alter ego, le serra contre sa poitrine et ne le quitta pas tout le temps que durèrent les réjouissances.

Le lendemain, Richard s'informa de la situation. Elle n'avait guère évolué : on avait installé des machines qui bombardaient la ville, on avait comblé les fossés avec divers détritus, des cadavres de chevaux et de Sarrasins, pour y installer d'autres machines construites par des charpentiers pisans, on s'obstinait à lancer des assauts coûteux et inutiles...

Une apparence de bonne entente entre les souverains achoppa sur la question des soldes : Philippe offrait trois besants pour les chevaliers qui s'enrôleraient sous ses couleurs ; le Plantagenêt surenchérit et en offrit quatre pour ceux qui choisiraient la bannière aux léopards. Leurs relations périclitèrent quand on évoqua le problème de la succession, Philippe tenant pour Conrad et Richard pour Gui de Lusignan.

L'amertume se mêle à mon encre en racontant ces faits navrants qui discréditent la chevalerie. Unis pour le meilleur et pour le pire, fidèles à leur mission, qui était de restaurer la Chrétienté sur la terre du Seigneur, les deux souverains des plus puissants royaumes d'Occident auraient pu balayer les troupes de Saladin, emporter Acre, se lancer à la reconquête de Jérusalem et lui donner un roi dont nul n'eût osé contester les pouvoirs. Au lieu de cela, ils se querellaient comme des enfants qui s'arrachent un jouet ! On aurait pu pardonner cette inconséquence à de jeunes princes, mais Philippe avait vingt-six ans et Richard trente-trois : cette maturité aurait dû écarter d'eux le sentiment d'inimitié absurde et néfaste qui allait, de retour en Europe, les engager dans une guerre inexpiable.

Oubliant pour un temps leurs discordes, pressés par la situation, les deux souverains firent cause commune et se partagèrent les rôles : Philippe prendrait en main le siège d'Acre et

Richard irait batailler contre le sultan. Il leur fallut du temps pour entrer en action : Richard souffrait du scorbut et de la gale ; Philippe d'une fièvre pernicieuse occasionnée par la décomposition à l'air libre des cadavres d'hommes et de chevaux.

Ce fut un été de batailles. Philippe mit en action une puissante pierrière baptisée la *Malevoisine* ; les assiégés ripostèrent avec une machine de même puissance qu'ils appelèrent la *Malecousine*. Le principal objectif était la tour Maudite, cette énorme construction qui occupait le centre de l'enceinte. Philippe s'y acharnait, conscient que sa prise lui ouvrirait l'accès à la ville et que cet exploit ferait pâlir l'étoile de son partenaire. Le jour où un pan de cette tour s'effondra, ce fut du délire : on s'imaginait que cette brèche allait inciter les occupants à se rendre, mais il fallut déchanter. On savait en revanche que la situation des assiégés était des plus critiques et qu'ils avaient renoncé à tout espoir.

À la mi-juillet, un contingent anglais conduit par le comte de Leicester allait prendre position dans la brèche quand la nouvelle se répandit que le gouverneur d'Acre demandait à capituler ; elle fut bientôt démentie : Saladin se refusait à ce que quiconque, dans la ville ou à l'extérieur, baissât les bras ; il avait même décidé de lancer une nouvelle offensive, mais ses émirs, leur temps de service échu, refusèrent d'obéir et s'en retournèrent chez eux.

J'ai vécu dans les transes cette situation devenue d'une grande confusion. Depuis l'arrivée des deux souverains, chaque jour amenait un lot d'événements inattendus, souvent tragiques. Les deux camps restant l'arme au pied, attaques, guets-apens, coups de main alternaient sur un rythme hallucinant. J'aurais aimé payer de ma personne, recueillir quelques parcelles de gloire, mais Ernoul ne me le permit pas. J'enviais secrètement mon compagnon, l'écuyer Alain ; il accompagnait son maître, le comte de Blois, en toutes circonstances, et revenait vers moi le sourire aux lèvres, au bord de l'extase, la tête pleine de faits d'armes. À l'entendre, il aurait lui-même repoussé Saladin dans la montagne !

Lorsque la ville nous ouvrit ses portes, après deux longues années de siège, j'accompagnai le petit groupe de chevaliers de Balian d'Ibelin et accédai aux remparts pour substituer nos couleurs à celles de l'adversaire, au milieu des pleurs et des gémissements de la population. La fureur s'y mêla lorsque deux sergents ôtèrent des terrasses de la mosquée les emblèmes des Musulmans pour les remplacer par les nôtres, et qui plus est, un vendredi, jour sacré de l'Islam ! Richard les fit taire à coups de gueule : ils se plaignaient de ce qu'eux-mêmes avaient fait, pour se livrer à ce qu'il appelait leurs *mahomeries*...

Philippe prit ses quartiers dans le château, au centre de la cité, proche de la tour Maudite, tandis que Richard s'installait au sud, dans une construction précédemment occupée par les chevaliers du Temple, non loin du port. Conrad de Montferrat, Henri de Champagne, leurs chevaliers et leur maison, trouvèrent asile dans les demeures des bourgeois. Lorsque les Chrétiens, chassés quatre ans auparavant par les Musulmans, prétendirent rentrer en possession de leur demeure, il s'ensuivit des dissensions.

L'alacrité qui avait accompagné notre entrée dans la ville avait occulté un grave problème : celui de la succession au trône de Jérusalem. Écarté par les partisans de Conrad, Lusignan était revenu à la charge avec l'appui de Richard et quelques arguments fiables : sacré en toute légalité, le roi Gui, en dépit de la mort de son épouse et quel qu'eût été son comportement ultérieur, restait le souverain légitime. Pour démêler la pelote d'embrouilles qui s'annonçait, il fallut un plaid général. Il aboutit à un compromis susceptible d'écarter tout risque d'affrontement : Gui garderait le trône de son vivant et, à sa mort, ses pouvoirs seraient transmis à un personnage de son choix. Si Conrad persistait à ambitionner la couronne, il devrait prendre son mal en patience. Philippe défendait le parti du marquis lombard, favorable à une colonisation sage et profonde ;

Richard adopta le parti du roi Gui, partisan d'une véritable croisade qui mettrait l'Islam à genoux.

Le roi Philippe faisait peine à voir : son lourd visage blême, hérissé d'une chevelure rebelle, ses paupières cernées de rouge par la fièvre laissaient deviner, outre une santé précaire, des soucis constants. Richard, au contraire, ses maux vaincus, gardait, avec ses grosses moustaches, sa carrure d'athlète, son regard franc, rieur et provocant, l'apparence d'une puissance indestructible.

Ce qui surtout me tourmentait, c'était l'ignorance de Richard et de sa suite pour les véritables problèmes que posait l'occupation de la Terre sainte : où il eût fallu se montrer diplomates, ils se posaient en conquérants. Aucun d'entre eux ne parlait la langue du pays et rares étaient ceux qui cherchaient à s'informer de la religion, des mœurs et des traditions des gens qu'ils considéraient comme des ennemis et, pire, comme des indésirables qu'il faudrait pousser, l'épée dans les reins, devant les autels du vrai Dieu. Leurs rapports avec la population étaient empreints d'arrogance et de mépris ; ils capturaient les femmes comme on puise dans un vivier, les séparaient de leur mari et de leur nourrisson, pour en faire des bêtes à plaisir ; tous possédaient leur harem et s'échangeaient les créatures les plus belles et les plus dociles, quand ils ne les revendaient pas. Les gens d'Église, eux, fermaient pudiquement les yeux...

Ernoul s'était retrouvé avec le clan des Ibelin dans le quartier des hospitaliers, entre le château occupé par le roi Philippe et le littoral. On s'y trouvait à l'étroit, si bien que je fus contraint de coucher à la paillade, avec d'autres gueux de mon acabit, mais cela ne me dérangeait guère, habitué que j'étais à ces petites misères.

Au cours des allées et venues qui occupaient l'essentiel de notre temps, je ne pouvais manquer de croiser Robert de Sablé. Infatué de son titre récemment acquis de maître du Temple, il paradait dans le sillage de Richard, entouré de son maréchal, des autres personnages de notre maison chevetaine et d'une garde patricienne de sergents en manteau brun.

Un jour que je pansais nos montures, à l'entrée du souk du faubourg de Montmusart, au nord d'Acre, où s'était massée une population indigène je le vis jouer les guides pour la sœur du roi. Avec un sourire et des démonstrations d'amabilité qui me parurent outrées, il m'ouvrit ses bras et s'écria :

— Guillaume, quelle joie de te revoir ! Je croyais que ces maudits païens t'avaient dévoré tout cru. Tu ne sembles pas avoir trop souffert de ce siège, hein, mon gaillard ! Quand reviendras-tu dans ta maison ? Il serait peut-être temps de t'engager dans ton noviciat, si tu tiens à suivre la voie ouverte par ton grand-oncle, Étienne Josserand, que Dieu ait son âme. Viens me voir : nous en reparlerons...

Malgré toutes ces bonnes paroles, je n'avais nulle envie de retrouver la rude discipline du couvent et mes compagnons de corvée qui, eux, avaient entamé leur noviciat. La vie que je menais, entre l'écriture et les soins de la maison, me convenait parfaitement, malgré les rebuffades de mon maître et ses airs supérieurs, comme s'il prenait plaisir à m'humilier, Dieu sait pourquoi ! Je faisais figure de palefrenier plus que d'*écuyer en second*, comme il disait. Mon alter ego Alain, en revanche, jouissait de la sollicitude de son maître, Thibaud de Blois ; il avait fière allure, avec sa huque blasonnée aux armes de sa maison, sa ceinture tissée de fils d'or où pendait une jolie daguette, son bonnet brodé en laine rouge, avec toujours, dans sa bourse de cuir mordoré, quelques besants pour ses plaisirs. Il me proposa d'entrer au service de son maître ; je refusai en raison de mon engagement au Temple et du prix que j'attachais au travail d'écriture dont m'avait chargé Ernoul, ce que je lui cachai. C'est un peu de moi que je retrouvais dans le récit d'Étienne Josserand que mon maître m'avait confié, en me priant de le mettre au propre.

La nouvelle tomba sur nous comme la foudre : le roi Philippe s'apprêtait à retourner au pays, malgré les protestations de son entourage, sauf de Richard qui se trouvait débarrassé d'un adversaire plus encombrant que dangereux.

Pourquoi Philippe se serait-il attardé en Palestine ? Il avait accompli la mission que l'Église attendait de lui : diriger une croisade en Terre sainte et rappeler à l'Islam que la Chrétienté ne baissait pas les bras ; il avait participé, sans s'épargner, à la prise de Saint-Jean-d'Acre ; il avait tenté de redonner un roi à Jérusalem... Il était temps pour lui de regagner un royaume assailli par mille périls, en laissant sur ces terres lointaines de bons chevaliers et quelques milliers de soldats. Il justifia cette décision à l'occasion d'une assemblée dans les jardins du château, qui dominaient la ville où la vie avait repris son cours normal ; il accordait toute sa confiance à Conrad de Montferrat, persuadé qu'il serait à même, par son autorité et ses qualités de soldat, d'assurer la paix du royaume ; de Richard, il ne dit rien.

Dans les premiers jours d'août, au milieu de l'affliction quasi générale, Philippe reprit la mer. J'assistai à son départ, en compagnie d'Ernoul. Écœuré peut-être, soulagé sûrement, il ne se retourna pas une seule fois vers le rivage, comme s'il souhaitait l'oublier.

Il était déjà dans un autre monde.

Ernoul était comme fou. Planté devant les écuries, il vociférait et gesticulait comme s'il avait un frelon dans ses braies. Immobiles autour de lui, mine basse, grattant la poussière de la pointe de leur chaussure, des gens de la maison de Bourgogne l'écoutaient en silence.

Un moment plus tard, alors que je menais nos chevaux à l'abreuvoir, je me trouvai en présence d'un commis de tisserand, Idriss, et lui demandai de m'éclairer sur la nature de l'événement qui avait provoqué la colère de mon maître. Comme il était muet, il me fit comprendre que des prisonniers sarrasins allaient être exécutés par ordre du roi Richard. Pour m'indiquer leur nombre, il jeta au vent une poignée de gravier.

J'en appris davantage sur cette mesure inconcevable, un peu plus tard, dans le quartier tenu par les Hospitaliers : Richard avait attendu le départ de Philippe pour tenter des négociations de paix avec Malik, le frère du sultan Saladin, qui s'était engagé à restituer la Vraie Croix, à verser une indemnité et à accepter un échange de prisonniers, avec, pour les Chrétiens, la caution du maître du Temple, Robert de Sablé, lequel, sagement, s'était dérobé à cette redoutable marque de confiance. Les négociations traînant en longueur, Richard avait frappé du poing sur la table, déclaré que Malik le lanternait dans l'intention de préparer une nouvelle offensive. Il en était tellement persuadé qu'il donna l'ordre de faire passer par les armes les prisonniers qu'il détenait, au nombre de trois mille environ. À l'objection du maître du Temple le mettant en garde contre le risque de représailles du sultan sur nos propres prisonniers et de la perte définitive de la Vraie Croix, il fit la sourde oreille : il n'aimait pas remettre en question ses décisions, ce qu'il considérait comme humiliant. Il resta insensible à la protestation de ses barons dont certains, comme Balian d'Ibelin, menacèrent de l'abandonner.

Le lendemain, à l'heure prévue, les trois mille captifs, encordés comme un troupeau, furent conduits sur le lieu du supplice, au pied du tell Ayadiya où était installé le camp ennemi, à une lieue environ des remparts d'Acre. Les bourreaux avaient été désignés parmi nos auxiliaires, les Turcopoles. Agenouillés dans le sable, les prisonniers se comportèrent avec dignité, se contentant de prier ou de proférer des menaces.

— J'avais la gorge serrée, le cœur plein d'une atroce nausée, me dit Ernoul. Beaucoup parmi nos chevaliers protestaient contre cet acte de barbarie, mais en vain. Certains priaient, d'autres pleuraient. Quant à Richard... jamais je n'oublierai son attitude : il se tenait, immobile comme une statue, sur son cheval, sans la moindre expression de pitié sur son visage de marbre. Il a simplement levé la main pour faire débuter le massacre.

— Richard, dis-je, est un monstre ! Que Dieu le maudisse !

— Un monstre, oui, ajouta Ernoul. Un des quatre chevaliers de l'Apocalypse...

Du jour au lendemain, l'ambiance de la ville avait changé. La plupart des marchands, certains en signe de deuil, d'autres par crainte d'incidents, avaient renoncé à baisser leurs auvents. Les gens que je croisais portaient la honte et la tristesse sur leur visage. Musiciens et baladins refusaient de se montrer. La pesante chaleur d'août ajoutait à ce marasme. Je me demandais ce que la nièce de Saladin, mon amie Shirin, pouvait bien penser du massacre de ses congénères.

De plusieurs jours, Ernoul resta pour ainsi dire muet, comme Idriss : il ne me donnait ses ordres que du bout des lèvres, et ses nuits agitées le laissaient au réveil pantelant, privé de tout ressort. Il finit par me confier qu'il témoignait du plus profond mépris pour le roi Richard.

— Je l'admirais, j'étais prêt à le suivre au bout du monde. Aujourd'hui je souhaite qu'il expie pour son crime monstrueux, jusqu'à la fin de ses jours.

Les représailles du sultan ne furent pas telles que nous les attendions : il se contenta d'envoyer nos captifs à Damas, dont la plupart ne sont jamais revenus et ne reviendront sans doute jamais, massacrés par la populace ou vendus comme esclaves, ce qui n'était pas le moindre mal. Il conserva la Vraie Croix et, dit-on, la jeta dans une cave de son palais.

Contrecoup des épreuves occasionnées par ce siège interminable ? Traumatisme causé par le sinistre holocauste des captifs musulmans ? Toute honte bue, l'armée de la croisade sombra peu à peu dans la déréliction et la licence. Les vins de Chypre et d'Antioche, les produits des vergers et des plantations arrivaient par navires entiers, suivis d'autres embarcations chargées de femmes et de jeunes garçons à livrer à la luxure. Auberges, maisons de jeu et de plaisir, lupanars en tout genre ne désemplissaient pas, de jour comme de nuit. Des groupes de soudards avinés parcouraient les rues en chantant et en cognant aux portes des marchands.

Un soir, alors que je regagnais ma paillade, Ernoul pénétra dans l'écurie où je logeais. Il criait mon nom comme s'il ignorait où me trouver, brandissant une lanterne de corne d'une main et tenant de l'autre une créature qui gémissait et se débattait. Il bredouilla :

— Cadeau du bon Ernoul, mon garçon ! Du premier choix, à peine pubère, vierge de surcroît à ce qu'il semble. Elle est à toi !

— Laisse-moi ! lâchai-je. J'ai sommeil.

Il insista, me jeta la fille dans les bras. Je le menaçai d'une fourche ; il riposta en m'annonçant une bonne *escorgée* pour m'apprendre à mépriser ses bontés. Il posa sa lanterne à ses pieds, défit sa ceinture et m'ordonna de m'agenouiller. Furieux, je le saisis au collet et, comme il était pris de vin au point de tituber, l'envoyai rouler dans la paille. Je rendis la liberté à la fille qui me remercia en m'embrassant les mains. C'était une Syrienne à peine adolescente, dont je ne distinguais que le visage luisant de larmes.

Je suis fait comme tout un chacun, et il m'est arrivé de le démontrer jadis. Mes rêves, ceux des garçons de mon âge, ne sont pas à l'abri des visites des succubes, ces créatures de la nuit qui tourmentent le sommeil des pauvres chevaliers du Temple, mais l'idée d'un viol me répugnait. Ces considérations échappent totalement à cet épicurien d'Ernoul pour lequel, en dépit de mon engagement dans la maison chevetaine, mon abstinence constituait un absurde défi aux lois de la nature.

Il ne m'en voulut pas de mon refus, pas plus que de ma réaction violente. Le lendemain il paraissait avoir tout oublié.

Lorsque Richard annonça que la *fête* était finie et qu'il fallait songer à reprendre la croisade, ce fut la consternation. Bon gré, mal gré, les chevaliers, l'esprit embrumé de plaisir, le corps lourd de tous leurs excès, durent remettre le cul en selle. Je m'apprêtais à suivre le train, lorsque Ernoul m'annonça une décision singulière :

— Je vais te laisser, me dit-il. Tu seras confié aux Templiers de Tyr jusqu'à la fin de ton noviciat auquel il est grand temps de songer. La croisade n'est pas une promenade, celle que nous allons entreprendre moins que toute autre. Je te regretterai car tu m'as bien servi, malgré tes humeurs et tes rébellions.

Ce compliment mitigé, venant d'Ernoul, ne me fit pas rougir de satisfaction, d'autant que cette décision ne me convenait guère : cette croisade, je voulais en être, persuadé que mon destin se jouerait à Jérusalem et non à Tyr où je n'avais que faire. La Ville sainte semblait me tendre les bras, comme une mère longtemps absente. Je protestai, il m'injuria violemment, sans parvenir à ébranler ma résolution. Je lui annonçai qu'une fois rendu à Jérusalem je quitterais son service pour ne me consacrer qu'à ma mission spirituelle à laquelle je n'aurais jamais dû faillir.

Conduite par Richard d'Angleterre et les deux rois putatifs de Jérusalem : Montferrat et Lusignan l'armée se remit en marche dans la pesante chaleur de l'été de cette année 1191 qui allait semer tant d'événements sur mon parcours.

J'avais obtenu, pour assurer dignement mon service, un équipement convenable que mon maître dut payer de ses deniers, car j'étais pauvre comme le dernier des pèlerins. Il acheta à un fripier juif de Montmusart un coffret de cuir renforcé de baguettes de bois, qui prit place sur mon troussequin avec ma couverture, et dans lequel je rangeai ma petite écritoire, mes documents et des feuillets vierges.

— J'exige, me dit mon maître, que tu prennes des notes au jour le jour, afin de poursuivre la relation de mon *Histoire.* Je te fais confiance. Tâche de la mériter.

Je n'attendis guère pour mériter cette confiance et obéir à cette consigne : rester l'esprit en éveil et faire mon travail de chroniqueur. Au soir de la première étape, sous la tente, à la chandelle, je rédigeai mon rapport.

22 août : Nous sommes partis à l'aube. L'interminable colonne s'étirait sur environ une lieue, le long de la plage brûlante, dans l'odeur suffocante des chairs en décomposition qui nous venait du tell Ayadiya, sous lequel le roi Richard avait fait égorger comme des moutons les trois mille captifs musulmans. Nous pouvions voir distinctement des escouades de prisonniers occupés à ensevelir les cadavres.

Je ne me fais guère d'illusions : Saladin et Malik ne resteront pas longtemps inactifs. Alors que nous passions près du casal de Rainemonde, à deux lieues d'Acre, et que la fatigue se faisait déjà sentir dans nos rangs, ils ont lancé leurs premières attaques sur nos arrières tenus par les gens du duc de Bourgogne.

23 août : Ce soir, au cours du conseil qui s'est tenu sous la tente du roi Richard, la décision a été prise de laisser à

l'ennemi le moins de prise possible sur notre colonne. L'armée devra se ramasser sur elle-même : la cavalerie au centre, l'infanterie et les auxiliaires turcopoles sur les flancs. Cette initiative du roi Richard semble être des plus judicieuses. Ce fauve, il faut en convenir, peut se montrer un remarquable stratège.

Notre progression en direction de Caïffa s'est déroulée sans que nous ayons à supporter de nouvelles attaques, l'armée formant une masse compacte contre laquelle se briseront les charges de l'ennemi.

Nous avançons sous une double escorte : celle de la flotte latine qui a pris en charge nos bagages et nos vivres ; celle des escadrons de Saladin qui nous suivent à deux portées de flèche en attendant le moment favorable pour fondre sur nous.

Ernoul s'est couché de bonne heure, avec une poussée de fièvre consécutive à une maladie contractée dans les lupanars d'Acre. Je lui ai préparé une tisane dont Idriss m'a donné la recette.

24 août : Il convient que je parle de l'armée du roi Richard, qui est un modèle, à ce qu'on dit. Les chevaliers se présentent avec leur équipement ordinaire : de la maille des pieds à la tête contre les volées de flèches. Les fantassins, sergents et turcopoles, sont eux-mêmes protégés par une cotte de mailles à laquelle s'ajoute un corselet de feutre ; certains sont armés de puissantes arbalètes, efficaces contre la cavalerie ennemie : lors de la dernière attaque sur nos arrières, j'ai pu voir ces soldats hérissés de flèches poursuivre le combat sans broncher. Ces harnois pèsent fort lourd et ralentissent la marche.

À la halte de la vesprée, des marins pisans sont venus à nous sur des barques chargées de ravitaillement et sont demeurés pour la veillée. Ils chantent en s'accompagnant de curieux instruments à cordes dont j'ignore le nom. Certains proposent aux chevaliers des compagnes de plaisir.

J'écris dans la première fraîcheur de la nuit, à la chandelle dont la flamme vacille sous le souffle léger qui tombe des collines proches où scintillent les feux des Sarrasins. De temps en temps mon maître s'agite dans son sommeil, geint, repousse sa couverture.

25 août : Journée sans événement notable. Ernoul, toujours accablé par la fièvre, le visage couvert de pustules, sommeille en marchant, le menton sur sa poitrine, et ne se réveille que pour réclamer sa gourde.

Un étrange édifice tracté par des buffles suit l'armée : une sorte de tour de bois, basse, divisée en cellules comme une ruche géante ; c'est là qu'ont pris place la sœur et la fiancée du roi Richard, ainsi que leurs dames d'honneur qui, à la moindre alerte, s'y enferment avec des cris de perruches.

Lorsqu'elles se produisent aux heures les plus chaudes du jour, les attaques des Sarrasins transforment notre marche en enfer. Turcs, Syriens, Bédouins sont pourvus d'arcs et de petits boucliers ronds en métal ou en jonc tressé ; des roulements de tambours et des hurlements sauvages accompagnent leurs assauts. Chaque fois qu'une rumeur annonce une attaque, je sens mon cheval frémir sous moi et faire tête de droite et de gauche. Et soudain, brutal comme un orage, ce cri mille fois répété : *Il n'y a de Dieu qu'Allah !*

26 août : Nous avons atteint Caïffa dans les premières heures de l'après-midi. La ville est déserte, mais, de crainte de s'y laisser enfermer, le roi Richard a choisi de faire camper son armée dans les palmeraies qui tapissent les premières pentes rousses et bleues du mont Carmel.

27 août : Ce matin, Richard a changé la disposition de son armée. Une centaine de chevaliers du Temple se sont portés à l'avant, et le même contingent d'Hospitaliers a pris position sur les arrières. Avec son poing au creux de la hanche, l'œil fixe, comme s'il défiait les cohortes de l'enfer, Robert de Sablé a une allure conquérante.

Parvenus à Khan al-Kanisa, que les Latins appellent Capharnaüm, nous avons constaté que les défenses avaient été démantelées par l'ennemi.

Alors que nous traversions le fleuve des Crocodiles, quelques-uns de nos hommes, qui ne purent résister au plaisir d'un bain, ont été happés par ces reptiles et ont disparu. Le danger est partout, souvent imprévu. Ernoul s'est réveillé en hurlant, au petit matin : il avait découvert deux vipères sous sa couverture.

1er septembre : À Césarée, même spectacle de dévastation que dans les villes précédentes. La tactique de Saladin : détruire, faire le vide derrière lui, se confirme. Sans la flotte qui nous accompagne nous serions morts de faim et de soif.

Au cours d'un engagement bref mais violent, qui s'est produit dans la matinée, nos Turcopoles ont abattu l'émir Ayaz al-Tawil, l'un des principaux lieutenants de Saladin, et ont exhibé sa tête d'un bout à l'autre de l'armée. Des lamentations ont retenti durant des heures dans les collines de Césarée.

2 septembre : Les miasmes, la chaleur moite qui montent de la plaine marécageuse bordant le rivage rendent notre marche pénible, ce qui a incité le conseil à emprunter la frange de collines qui bordent la plaine de Saron, où l'air est plus salubre. Au cours d'une attaque, le roi Richard a eu le bras traversé par une flèche. Il a ordonné un repos de deux jours sur une colline envahie par des bosquets de chênes verts et d'eucalyptus qui embaument, sur les bords de la rivière Salée.

5 septembre : Coup de théâtre, ce matin : conséquence de sa blessure au bras ou remords causés par le massacre des captifs ? Richard a décidé de négocier une trêve avec Saladin. L'entrevue qu'il sollicitait a eu lieu dans un bosquet de saules, près de la rivière. Elle a tourné court : Richard, ayant demandé la restitution de l'intégralité du royaume, tel qu'il était avant le désastre de Tibériade, s'est heurté à un refus.

Le bruit a couru dans l'armée que nous ayons à nous préparer à une bataille en rase campagne. Nous sommes plusieurs à penser qu'elle serait préférable à cette interminable chevauchée qui semble nous éloigner de jour en jour du but de notre expédition : Jérusalem.

Ernoul m'a rejoint alors que je rédigeais les feuillets qui précèdent. Il en a pris connaissance, a haussé les épaules, soupiré, jugé que ma rédaction était trop hâtive, que j'occultais des faits d'armes qui eussent demandé un plus long développement, et que j'usais d'un style maladroit. Il a ajouté avec aigreur :

— Et puis... cesse de parler de toi, de juger des personnes et des événements. Tes états d'âme sont superflus et je m'en moque !

J'ai protesté que le travail qu'il m'avait demandé ne relevait que de ma volonté, et que je pourrais l'interrompre à ma guise, quand bon me semblerait. Il a éclaté de rire et m'a savonné la tête. Sa fièvre passée, il a retrouvé ses humeurs agressives à mon encontre.

6 septembre : L'armée a repris sa marche le long du littoral, à travers l'opulente plaine de Saron, afin d'éviter les surprises auxquelles nous étions en butte dans les collines. L'air est étouffant au-dessus des sables et des marécages d'où, à notre approche, s'envolent des myriades d'oiseaux. Le plus pénible dans cette progression est la traversée des zones marécageuses où pullulent les reptiles et dont les chevaux redoutent le sol instable.

Nouveau changement dans la disposition de l'armée, Dieu sait pourquoi ! Les chevaliers du Temple ont repris leur place à l'avant ; ils précèdent des contingents bretons, angevins, normands et anglais. Les Hospitaliers ont repris leur place dans l'arrière-garde, sous la conduite du maître de l'Ordre, Garnier de Naplouse. Les flancs-gardes sont assurés par la piétaille du comte de Champagne et du duc de Bourgogne.

L'imminence d'une bataille rangée semble se confirmer : les Sarrasins ont regroupé leurs éléments épars dans les parages. Malgré la défection de certains émirs qui se sont retirés, leur temps de service terminé, ils comptent quelques milliers de guerriers.

7 septembre : Ce jour a été marqué par la bataille qui allait décider du sort de la croisade.

Nous étions parvenus en vue des remparts d'Arsouf, à l'extrémité nord de la plaine de Saron, quand une multitude de Sarrasins a fondu sur nous et nous a entourés d'une ronde infernale d'où partaient des nuées de flèches. Ils devaient être près de dix mille à ce que je pus en juger. La poussière que soulevaient leur galop était telle que nous parvenions mal à évaluer leur nombre. Leurs tambours tonnaient rageusement de toutes parts, appuyés par l'aigre sonorité des buccines et les clameurs des cavaliers du désert.

L'objectif de l'ennemi semblait évident : nous tuer le plus possible de chevaux pour ralentir notre progression. Une flèche se ficha dans ma sacoche, à un doigt de ma cuisse, une autre dans l'encolure de mon cheval que j'eus de la peine à maîtriser.

Nos escadrons et nos bataillons se tenaient sur la défensive ; s'ils s'y fussent maintenus, nous eussions risqué de voir se renouveler le désastre de Tibériade, mais, fort heureusement, Richard décida de lancer l'offensive ; il prit la tête d'un assaut général, sans rompre la disposition de l'armée, dans la poussière qui nous aveuglait et nous brûlait la gorge. Lances pointées, nos escadrons foncèrent sur la horde, désorganisant la ronde qui se refermait sur nous, écrasant les téméraires qui restaient sur place, le cimeterre au poing, courant avec des clameurs de rage vers ceux qui décrochaient, crevant des poitrines avec leurs lances, tranchant des têtes au fil de l'épée, brisant des crânes à coups de masse cloutée. Je ne participai pas à cette fête sauvage, Ernoul me l'ayant interdit, ce dont je lui sus gré.

Il fallut ramener à son de trompes les poursuivants qui risquaient d'être pris à revers. Les tambours continuaient à gronder dans les collines, mais les jeux étaient faits et nous restions maîtres du terrain.

Je ne retrouvai Ernoul que lorsque nous fûmes entrés dans Arsouf. Il avait brisé son épée en défendant son maître et titubait, la poitrine et les bras couverts de sang et de cervelle, tenant au mors son cheval blessé à une jambe et qui boitait. Sans mot dire il me serra dans ses bras en pleurant. Il avait trois doigts de sa main gauche arrachés par un coup de cimeterre. Je lui fabriquai un emplâtre, lui fis boire du vin et lui préparai une tisane qu'il renversa : il venait de tomber en syncope.

Nous sommes restés quelques jours dans Arsouf pour y refaire nos forces, soigner nos blessés et ensevelir nos morts.

L'été tire à sa fin ; l'horizon de la mer se voile de brume dès le prime matin et les nuits deviennent fraîches. Jérusalem n'est qu'à trois ou quatre jours d'Arsouf, mais Richard a décidé qu'il convenait, avant d'y parvenir, d'achever la conquête du littoral. Une décision qu'Ernoul a jugée absurde : c'est alors que Saladin était aux abois qu'il fallait, profitant de notre avantage, foncer sur la Ville sainte.

— Jérusalem doit être dans les transes, me dit-il. Elle capitulera avant même que nous ayons livré le premier assaut. C'est ce que pensent la majorité de nos chevaliers, mais cet Anglais est têtu comme une mule.

Il lut mon bref récit de la bataille, jeta quelques notes en marge et me complimenta pour la sobriété et la concision de mon style, ce qui, de sa part, ne laissa pas de me surprendre.

Avec l'accord de mon maître, j'ai renoncé à la relation au jour le jour de notre expédition, d'autant que les événements qui allaient suivre étaient répétitifs et sans grand intérêt. Les pluies d'octobre avaient succédé aux grandes chaleurs, si bien que nous arrivions aux étapes trempés jusqu'aux os et transis, sans avoir essuyé d'autres assauts que ceux des bourrasques et des averses.

À Jaffa, comme dans les villes que nous avions déjà traversées depuis notre départ d'Acre, nous n'avons trouvé que ruines. Richard employa les quelques semaines que nous y passâmes à effectuer des réparations aux remparts, avec l'aide de ce qui restait de la population, qu'il paya de ses deniers. Plongeant dans la mer comme la proue d'un navire, cette cité retrouva bientôt la vie, la gaieté et ce charme étrange qui se dégageait de ses quartiers profonds. Un contingent de ribaudes écartées de l'expédition lors de notre départ d'Acre, excepté quelques vieilles chargées d'épouiller les chevaliers, débarqua, apportant à la vie austère que nous menions de l'animation et des plaisirs dans lesquels Ernoul se plongea avec délices.

Les négociations avaient repris avec les Sarrasins, cette fois-ci avec quelque chance d'aboutir. Le roi Richard et Malik, frère de Saladin, parcouraient botte à botte les rues et les places. Nous entendions le rire sonore du roi et les apostrophes joyeuses qu'il lançait à la population. Nous apprîmes que Richard renonçait (provisoirement pensions-nous) à Jérusalem, pour se contenter de la bande côtière, et, peu après, qu'il s'agissait d'une de ces roueries dont le Plantagenêt était coutumier. Dès lors, nous pouvions espérer que l'armée ne tarderait pas à s'ébranler en direction des Lieux saints qui se trouvaient, pour ainsi dire, à portée de main. Lorsqu'il se décida, il était trop tard : Saladin avait jeté dans Jérusalem ce qui restait de son armée et entrepris la construction d'une nouvelle enceinte, en mettant lui-même, à ce qui se disait, la main à la truelle.

Je passai dans les ruines de Ramla, à une demi-journée de marche de Jérusalem, les fêtes de Noël les plus sombres que j'eusse connues. Nous y arrivâmes par un froid vif et sous une pluie battante, qui gâtait nos provisions de biscuits et de viande salée, assaillis de toutes parts, la nuit de préférence, par des bandes de Bédouins qui égorgeaient nos sentinelles et faisaient main basse sur nos vivres entassés dans les chariots. Un vieux prêtre tremblant de froid célébra une pauvre messe de la Nativité, sans éclat et sans foi, à la lueur d'une torche de résine, devant une assemblée de malades et de pauvres hères grelottant dans leurs manteaux humides.

Richard faisait preuve d'une apathie déconcertante. Il passait le plus clair de son temps à se chauffer au brasero, dans la tente des femmes. Lorsqu'on sollicitait son avis sur la signification de cette expédition qui semblait arrivée à son terme, il répondait par un geste évasif ou des propos faussement rassurants. La vérité, c'est qu'il ignorait ce que nous faisions dans cette bourgade sinistre et où nous irions demain traîner nos grègues.

Il allait bien pourtant falloir prendre une décision rapide et énergique : une armée égyptienne venait de débarquer à Ascalon.

Notre situation devenait tellement confuse et dangereuse que l'armée commença à se désagréger : des chevaliers et leur suite rebroussaient chemin vers Acre et Tyr, d'autres retournaient à Jaffa. La mésentente s'installait entre les ordres militaires et les poulains, les premiers partisans d'une conquête rapide et brutale, les autres souhaitant que l'on s'en tînt à la bande côtière, en attendant des jours meilleurs. Le même antagonisme se retrouvait entre chevaliers francs et anglais, les premiers se réjouissant à l'avance d'un échec du roi d'Angleterre qui eût rehaussé le prestige du roi Philippe.

Richard était bien incapable d'arbitrer ces débats. Il était en proie à des idées saugrenues qui confinaient à la démence, comme de marier sa sœur, Isabelle, veuve du roi de Sicile, à Malik. Sans une opposition farouche à ce projet, la jeune veuve eût fini ses jours dans un harem. Les faits d'armes auxquels il se livra durant cette période étaient comme autant de coups d'épée dans l'eau. Le héros de la croisade, Richard Cœur de Lion, comme on l'appelait, accusait la fatigue et le désenchantement, que les nouvelles reçues de son royaume ne pouvaient soulager : son frère, Jean, dit sans Terre, ce fruit sec de l'illustre famille des Plantagenêt, venait de faire alliance avec le roi de France !

Richard se décida enfin à prendre le taureau par les cornes et, en premier lieu, à donner un souverain au royaume d'Acre, à défaut de Jérusalem. Il reconnut qu'il avait misé étourdiment sur un mauvais cheval : Gui de Lusignan, et résolut de se déclarer pour le marquis de Montferrat, le seul digne et capable d'assumer le pouvoir et de conclure une trêve de longue durée avec les Sarrasins, qui le respectaient et l'appelaient *al-Markich.* Un déferlement de joie submergea le petit royaume où l'espérance venait de renaître sans qu'une victoire par les armes eût été nécessaire.

Cette alacrité fut de courte durée : un drame allait la dissiper. Un soir d'hiver, au retour d'un repas chez un grand prélat, Conrad fut abordé en pleine rue par un homme qui lui planta un poignard dans le flanc avant de disparaître dans l'ombre d'une venelle.

— Ce que l'on sait avec certitude, me dit Ernoul, c'est que ce meurtre a été perpétré par la secte des Assassins et son grand maître, Rachid al-Din, plus connu sous le nom de Sinan, mais ce que nous ignorons, ce sont les motifs de cet attentat.

Ces motifs, nous n'allions pas tarder à les apprendre.

Peu de temps avant, Bernard, bailli de Conrad pour la ville de Tyr, avait arraisonné un navire appartenant aux Ismaéliens (les Assassins, si l'on préfère). Il s'empara de la marchandise et fit couler le navire, avec les hommes à bord. Du haut de son nid d'aigle de Qadmus, Sinan vitupéra Conrad, exigeant qu'il restituât les biens volés et fît amende honorable. Conrad répliqua en protestant de son innocence, s'abrita derrière un mensonge : il ignorait tout de cette affaire, et répondit par le mépris aux menaces qui l'accablèrent. Il avait tort.

Il était urgent d'élire un nouveau roi. Les regards des chevaliers se tournèrent vers l'un d'eux, Henri de Champagne, un jeune seigneur qui avait fait preuve de courage, de probité et de maturité politique. Il accepta l'honneur que lui faisaient ses pairs.

— Tout le désignait à cette mission, me dit Ernoul. Le comte Henri est le neveu, à la fois, de Philippe de France et de Richard d'Angleterre, donc le seul qui puisse arbitrer leurs différends. Il y a une condition à son accession au trône : il devra épouser Isabelle, héritière du royaume de Jérusalem.

Voilà qui posait problème : Isabelle, divorcée de force de Gui de Lusignan, contrainte d'épouser Conrad, était enceinte de ce dernier. Elle semblait en proie à une fatalité : celle de servir d'instrument aux exigences dynastiques. Elle regimba, s'enferma dans la citadelle de Tyr et résista à toutes les pressions, en parlant le langage des héroïnes de chansons de geste. Elle trouvait un allié implicite dans le comte de Champagne qui, outre qu'il répugnait à se lier pour la vie à une beauté fanée, enceinte de surcroît, se prenait de nostalgie pour sa terre natale et n'aspirait, à tout prendre, qu'à réembarquer.

Il fallut pourtant que l'un et l'autre, devant les exigences de la population, de la chevalerie, des ordres militaires et du roi Richard, fissent litière de leurs convenances personnelles.

Tant que Dieu me prêtera vie, je me souviendrai de l'entrée solennelle que les deux époux firent dans Tyr, au milieu des fanfares, des ovations parties de la populace, d'une allégresse générale qui secouait la cité comme un séisme. Ils semblaient porter comme une auréole l'espoir des Chrétiens de voir restaurer le royaume de Dieu sur la Palestine : elle, blanche comme un lys, moins fanée que ne le disait Ernoul ; lui, buste droit et visage de marbre, le regard fixe braqué sur l'immensité de la mer vers laquelle le couple royal se dirigeait. Derrière se déroulait la théorie des plus grands seigneurs de France et d'Angleterre, resplendissants sous les huques blasonnées et les casques à nasal qui faisaient étinceler au-dessus de la foule des myriades de soleils. J'ai fondu en larmes, je l'avoue, comme Ernoul et beaucoup d'autres, lorsque les deux souverains s'arrêtèrent pour échanger un baiser qui, me sembla-t-il, scellait le destin radieux de leur royaume.

Un qui n'était pas à la fête, c'est le pauvre Gui de Lusignan. Tassé sur son cheval, les épaules basses, rongeant son frein derrière un roi Richard éclatant de suffisance, il faisait pitié. Ernoul me rassura sur son sort : il avait perdu une couronne ; il allait en coiffer une autre : celle de l'île de Chypre dont Richard l'avait investi. Cette opération allait s'avérer bénéfique pour nous car cette terre généreuse ne nous ménagerait pas ses secours en vivres et pourrait, le cas échéant, nous servir de position de repli.

Il faut convenir que Gui avait changé : il n'était plus ce cadet pleutre, insignifiant sous ses allures de bellâtre, dont toute la chevalerie de Palestine s'était moquée. Les épreuves l'avaient mûri : il faisait preuve de courage en toutes circonstances et, s'il ne passait pas pour une tête politique de grande envergure, on ne prenait plus ses avis en dérision.

C'est au début de mai, en l'an 1192, qu'Isabelle et Henri firent leur entrée, main dans la main, dans la ville de Tyr. Cinq longs mois allaient passer avant que le roi Richard décidât de retourner en Angleterre où il sentait que son pouvoir chancelait. Cinq mois marqués par une suite de décisions, d'atermoiements, de pas de clerc, d'escarmouches, sans profit pour quiconque. J'ignore comment la postérité jugera celui que certains appelaient *Richard le Magne* et d'autres *Cœur de Lapin.* Il faisait alterner de manière déconcertante coups d'éclat, lâchetés, héroïsme et mollesse. Il était à l'image de ces vagues qui, partant à l'assaut des récifs, viennent mourir sur le sable. Ses tentatives de négociations avec Saladin sont des modèles de finasseries et de turpitudes qui disqualifiaient sa diplomatie. Il ne se tirait d'embarras qu'avec des menaces ou des coups d'épée, et, dans ces dernières circonstances, il prenait l'allure d'un dieu de la guerre réincarné. Ceux qui ont été témoins de la reprise de Jaffa sur l'armée d'Égypte peuvent en témoigner : ils l'ont vu sauter de sa chaloupe dans la mer, et, de l'eau jusqu'à la ceinture, l'écu suspendu au cou, brandir avec des hurlements de loup sa hache danoise, disperser un groupe de Sarrasins et, animé d'une sorte de démence, se ruer dans le port, accompagné de sa chevalerie. C'est à cette occasion qu'il réalisa ce qu'on a appelé le *coup de la tête et du bras,* à savoir que, d'un seul coup de sa hache, il fit sauter la tête et le bras d'un émir ! Quant aux Sarrasins auxquels il fendit le crâne jusqu'aux dents, nul ne pourrait en fournir le compte.

Ce prodigieux fait d'armes se déroula dans les premiers jours d'août. Pour lui témoigner son admiration d'une manière à la fois chevaleresque et malicieuse, Malik lui fit parvenir un magnifique alezan tout sellé, en lui faisant dire qu'un vrai chevalier ne combat pas à pied, comme un ribaud !

La même question nous obsédait : pourquoi Richard, après avoir repris Jaffa aux Égyptiens, ne décidait-il pas de s'attaquer à Jérusalem où la discorde régnait entre les différentes nations qui composaient l'armée sarrasine ? Suite aux désertions qui accompagnaient ces divergences, la garnison se réduisait de jour en jour et, à la moindre alerte, était saisie de panique, à ce que nous rapporta un Syrien qui en revenait. Richard ne disait ni oui ni non : il consentit à examiner les plans de la ville, à écouter l'avis de ses proches, mais les découragea par ses objections, si bien que beaucoup, de guerre lasse, l'abandonnèrent pour se replier sur la côte et attendre une flotte latine pour réembarquer. Il accepta même de s'avancer en vue des remparts. Posté sur une colline dominant la cité sainte, il contempla à loisir les murailles ocre, les coupoles dorées, les flèches des minarets. Dire quels sentiments l'agitèrent alors ? Il ne les confia à personne et s'en retourna, la tête basse, comme vaincu d'avance

Pressé par les nouvelles de son royaume, Richard décida d'en finir. Il bâcla une paix boiteuse qui accordait aux Chrétiens la disposition des villes côtières conquises, la liberté aux pèlerins de vaquer à leurs dévotions, et abandonnait Tripoli et Antioche à leur destin. Dans la lassitude générale, cette trêve fut accueillie avec un soulagement assorti d'une pointe d'amertume : comment oublier que ces débarquements massifs de croisés, ces combats féroces, ces souffrances, ces massacres avaient été inutiles ? Tout était, à quelques détails près, comme après la défaite de Tibériade, où l'on avait cru que les jeux étaient faits.

Lorsque Richard, accompagné de sa chevalerie, reprit le chemin de l'Occident, il ne laissait guère de regrets.

Bien des mois allaient passer avant qu'il revoie le ciel de l'Angleterre...

LIVRE II (1198-1221)

1

On ne voit que l'écorce...

Ma période de probation dans le couvent du Temple s'acheva alors que j'avais dix-sept ou dix-huit ans, en l'an 1197, et que je me trouvais à Saint-Jean-d'Acre. Le poil m'était venu au menton, brun et dru comme ma chevelure que je fus contraint de sacrifier en vertu de la règle. Ma carrure s'était étoffée, au point que je ne répugnais pas aux besognes les plus rudes et que je supportais avec courage les épreuves des campagnes militaires.

Si j'avais cédé à Ernoul, je serais resté encore des années à son service, détaché *de facto* de mes frères mais rattaché à notre maison de par ma promesse, afin de poursuivre la rédaction de cette *Histoire*, à laquelle il tenait tant, persuadé que la postérité retiendrait à la fois son œuvre et son nom.

Je m'armai d'audace et demandai un entretien au maître Robert de Sablé. L'humble personnage que j'étais essuya un refus hautain ; en revanche on me confia au frère Gilbert, un sang-mêlé comme moi, secrétaire *sarrasinois* et interprète, qui me témoigna d'emblée de la compréhension, sinon de l'amitié.

— Nous avons en commun, me dit-il, d'être de sangs arabe et franc. Je vais faire en sorte que tu sois affecté au corps des auxiliaires, sous le commandement du turcopolier. Tu as l'âge et la corpulence requis pour ce service. Tu seras doté d'un bel uniforme, d'une épée, et...

Je coupai court, lui fis comprendre que mon ambition n'était pas de parader sous les armes, en riche tenue de guerre, que l'instruction que j'avais acquise me destinait à une autre fonction et que mon ambition était de revêtir la cape blanche des chevaliers. Ce rustre éclata de rire, tant cette idée lui paraissait saugrenue. Il m'indiqua cependant la marche à suivre pour faire valoir mes compétences en d'autres lieux que les champs de bataille. Je passai de portier en greffier, rencontrai le sénéchal qui me renvoya au maréchal, lequel me retourna au sénéchal, jugé plus apte à entendre ma requête : c'était le personnage en second du couvent, chargé de l'organisation interne et dépositaire de la règle du Temple. Je lui posais un problème : certes, je pouvais me prévaloir d'une certaine instruction, j'avais participé à des campagnes dans les rangs de Balian d'Ibelin, mais ma double appartenance raciale semblait faire obstacle à mon insertion.

Ernoul triomphait.

— Tu vois bien, me dit-il, que le Temple ne veut pas de toi, que tu étais tout juste bon au service des latrines et des écuries ! Reste avec moi. Je ferai de toi un écuyer. Tu seras mon égal.

Suivre l'avis d'Ernoul, c'était renoncer au séjour dans les villes côtières où la vie était agréable dans la société des chevaliers chrétiens qui m'avaient accepté sans réticences. Je répugnais à me retrouver avec Ernoul et la suite du sire d'Ibelin, dans la sombre forteresse de Caymont, le tell Qaïmoun des Syriens, à l'intérieur des terres, au pied du mont Carmel, une contrée dangereuse, traversée en permanence par des rezzous. Et pour y faire quoi ? Poursuivre mon travail d'écriture ? J'estimais que j'avais mieux à faire. Mon oncle, Étienne Josserand, m'eût approuvé, lui qui m'avait ouvert les portes du Temple.

Je refusai la proposition d'Ernoul et le laissai partir avec des embrassades émues, du moins de sa part, et que je crois sincères : mon aide lui avait été précieuse et j'avais été pour lui un compagnon dévoué et docile. Nous étions persuadés l'un et l'autre que cette séparation n'avait rien de définitif : la paix retrouvée, les chevaliers du littoral et ceux de l'intérieur entretenaient des rapports suivis.

Mon obstination ne tarda pas à porter ses fruits. Peu après le départ d'Ernoul pour Caymont, le maître du Temple accepta de me recevoir. Il m'interrogea sur la nature du service que j'assumais auprès de l'écuyer d'Ibelin, se montra surpris d'apprendre que j'avais rédigé une relation de la campagne du roi Richard, me demanda de lui en confier une copie, ce que je fis de bonne grâce.

— On m'a mal informé, me dit-il, de tes qualités et de la nature de ta requête. Du fait de ton degré d'instruction, de ta connaissance de ce pays, de ses habitants et de leur langue, tu pourras nous rendre des services. Je te ferai sous peu connaître ma décision.

Elle vint quelques jours plus tard et me fit fondre de bonheur : j'étais agréé.

La cérémonie d'intronisation dans l'Ordre se déroula par une nuit brumeuse de janvier, dans une ambiance de mystère. En chemise, encadré par deux écuyers du maréchal, une torche au poing, je fus présenté à trois Templiers qui me demandèrent d'un ton sévère ce qui me donnait l'ambition d'entrer dans la légion des chevaliers du Christ. Je répondis sans peine, le sénéchal ayant pris soin de me confier le contenu du rituel et les réponses adéquates. Escorté des deux écuyers, je franchis un porche ouvrant sur une salle de garde où brûlait un grand feu, longeai une galerie qui sentait le salpêtre et pénétrai dans la salle du chapitre, face à un aréopage composé du maître entouré de douze chevaliers en tenue.

En dépit de sa longueur, l'épreuve que j'allais subir n'avait rien d'insupportable ; elle m'a laissé un souvenir mêlé d'émotion et de confusion. L'allocution du maître ne me surprit nullement, car j'en avais eu connaissance. J'en ai retenu cette phrase : « En sollicitant de prendre rang parmi nous, frère Guillaume, vous requérez une faveur insigne. De notre Ordre, vous ne connaissez que l'écorce : de beaux chevaux, de beaux habits, de beaux harnais. Vous étiez maître de votre destinée, vous serez dorénavant esclave d'autrui... »

J'appris sans surprise que je ne ferais jamais ce que j'avais l'intention de faire, que je perdrais la volonté de mes actes pour assumer celle de l'Ordre, que l'on pourrait m'envoyer sans solliciter mon avis outre-mer, jusqu'en Angleterre si on le jugeait bon. Je devrais renoncer à dormir si l'on me demandait de veiller, et vice versa...

Le maître ajouta :

— Réfléchissez bien avant de vous engager, frère Guillaume. Vous croyez-vous apte à assumer cette discipline ?

Je répondis par la formule rituelle :

— Oui, sire, s'il plaît à Dieu.

L'assemblée se leva dans un murmure de *Pater* et l'oraison du Saint-Esprit. On ouvrit devant moi l'Évangile pour que, ma main droite posée à plat sur le livre, je jure de répondre avec sincérité aux questions qui allaient m'être posées. Je dus affirmer que je n'avais ni épouse ni fiancée, que je ne m'étais pas engagé dans un autre Ordre que celui du Temple, que je n'avais pas fait de dettes, que j'étais sain de corps et d'esprit, que je n'avais stipendié personne pour accéder à ma nouvelle condition, que je n'étais pas excommunié...

— Prenez garde de mentir ! ajouta le maître, sinon vous seriez exclu de notre maison.

Après que j'eus donné ma parole, les chevaliers se concertèrent et me jugèrent apte à entrer dans la confrérie. Je devrais apprendre à obéir, à vivre dans la pauvreté, à respecter la règle et les coutumes de la maison, à ne jamais trahir ma religion et, ce qui me surprit, *à reconquérir la Terre sainte de Jérusalem et à défendre les possessions des Chrétiens*, ce qui me mettait pour ainsi dire l'épée au poing.

Après que le maître eut proclamé mon admission, j'entonnai avec toute l'assemblée le psaume *Ecce quam bonus*, récitai l'oraison du Saint-Esprit et reçus sur la bouche le baiser fraternel du maître et du chapelain. Le reste de la cérémonie comportait la lecture des fautes et péchés à ne pas commettre ; l'indulgence qui les sanctionnait me surprit.

Je n'en avais pas fini avec cette interminable cérémonie. Le maître fit entrer le frère drapier qui me revêtit de la tunique de laine blanche ornée de la croix pattée alézée de gueule et de la cape de même couleur, qui me différenciait des sergents et des écuyers, lesquels portaient une tenue de couleur brune.

Par la suite, rien ne me surprit des coutumes de la maison : organisation des repas, avec de la viande trois fois par semaine, sans accompagnement de fèves (Dieu sait pourquoi !), obligation de partager son écuelle avec un autre frère, observation du silence afin de mieux assimiler la lecture des textes sacrés... Je fus informé que les plaisirs de la chasse nous étaient interdits, sauf pour ce qui concerne les fauves du désert.

La discipline de la nuit m'était légère : chaque frère possédait un lit dans le dortoir, où un lumignon restait allumé en permanence. Les sorties nocturnes nous étaient interdites, sauf à nous rendre à l'église pour prier.

La paix faisait régner dans notre commanderie d'Acre une ambiance détendue. En me dispensant de l'obligation de combattre l'infidèle, elle me permettait de me consacrer aux travaux de la chancellerie et à la rédaction, à la requête du maître, des événements dont j'avais été le témoin.

Je traversais la période la plus sereine de mon existence. Notre couvent se situait à l'extrémité méridionale de la cité, dans le quartier dit des Templiers. La proximité du port dominé par la tour des Mouches, qui en commandait l'entrée, donnait de l'animation à cette partie de la ville. Le cabinet de la chancellerie, mon lieu de travail lorsque je ne suivais pas le sénéchal en mission, ouvrait sur la darse occupée par des négociants vénitiens, et sur les pentes boisées du mont Carmel. Les tâches qu'on me confiait, touchant aux relations avec nos autres commanderies, me demandaient beaucoup de soin et d'attention, mais ce que je redoutais plus que tout, c'était l'obligation d'assister aux six offices religieux quotidiens. Celui de prime était le plus pénible : il fallait se lever avant le jour, traverser dans un demi-sommeil des galeries, des couloirs, des cours où soufflait un vent noir, se tenir immobile, pour prier et chanter. Certains dormaient debout, d'autres chancelaient et s'écroulaient sur les dalles. Malgré ces épreuves bénignes je connus durant cette période une existence pleine et heureuse, sous la férule rigide mais juste du maître Robert de Sablé et sous l'œil d'un souverain débonnaire et sage, qui sut éviter les actes de provocation et n'eut pas à livrer des batailles, ce qui fit dire à nos chroniqueurs que son règne fut *sans éclat*...

La mort du sultan Saladin réjouit certains de nos frères et en affecta beaucoup d'autres, dont je me flatte d'être. Elle survint au mois de mars de l'an 1193, cinq mois après le début de la trêve et le départ du roi Richard. Les guerres interminables, les chevauchées à travers montagnes et déserts, les intrigues de palais l'avaient usé. Il avait gardé Jérusalem et les territoires de l'intérieur mais n'était pas parvenu à chasser les Chrétiens de la côte. La paix à laquelle il croyait sincèrement s'était édifiée sur des monceaux de cadavres. Poètes et chroniqueurs musulmans saluaient en lui le plus grand héros de l'Islam après le Prophète. Il mourut sans haine contre les Chrétiens mais avec un regret : n'avoir pu effectuer le pèlerinage de La Mecque, une obligation pour les croyants qui souhaitaient vivre leur éternité au côté d'Allah. Ce grand soldat était un piètre financier : il prétendait que l'argent n'avait pas plus d'importance que le sable du désert ; on ne trouva dans son coffre qu'une poignée de monnaie.

Face aux querelles et aux désordres qui succédèrent à la mort du sultan, entre ses frères notamment, le règne du roi Henri donnait une image d'équilibre et de prospérité. La puissance du petit royaume d'Acre s'était concentrée sur le littoral où l'on voyait affluer de nouveau des groupes de pèlerins venus de toutes les nations d'Occident et quantité de marchands italiens.

Le roi Henri n'avait hérité ni du caractère provocateur ni des qualités guerrières de son oncle, Richard d'Angleterre. Il gouvernait encadré de deux déesses tutélaires : Sagesse et Raison, en se gardant de faire état des motifs essentiels de la présence chrétienne : la reconquête des Lieux saints, ce qui l'eût contraint à ranimer les feux de la guerre.

Je doute fort que le roi Henri pleurât la mort de son compétiteur, le malheureux Gui de Lusignan, disparu peu après avoir coiffé la couronne de Chypre, cadeau de Richard. Il fut remplacé par son frère, Amaury.

Sereine dans les villes du littoral, la situation devenait alarmante dans la principauté d'Antioche, placée sous l'autorité de Bohémond, personnage léger, porté sur la luxure et bègue de surcroît. Cet héritier de l'illustre famille normande qui, un siècle auparavant, a donné l'éclat de la légende à la première croisade, avait répudié sa première épouse, Orgueilleuse de Harenc, pour une fille de mauvaise vie, Sibylle de Bourzey qui, outre qu'elle lui faisait porter les cornes, l'espionnait au profit des Sarrasins.

Bohémond avait en Léon, prince de la province byzantine de Cilicie, un mauvais voisin, dont les assiduités auprès de la princesse Sibylle tournaient au scandale. Léon ne trouva rien de mieux, pour se débarrasser du prince, que de le capturer, n'acceptant de le libérer que sous la promesse qu'Antioche lui reviendrait.

Lorsque Léon se présenta aux portes de la ville pour en prendre possession, il les trouva closes, et toute la population aux remparts, avec pour l'animer et l'encourager à la résistance le vieux patriarche Aymeri de Limoges. En proie à l'humiliation et à la colère, Léon dut battre en retraite. Il fallut une campagne énergique du roi Henri pour qu'il consentît à libérer son prisonnier.

Cette victoire du roi Henri, obtenue sans effusion de sang, devait être le couronnement de son règne. Au retour, passant par les monts Nosaïri, il décida de rendre visite à Sinan, chef des Assassins, plus proche des Chrétiens que des Musulmans qui le tenaient pour le pire des schismatiques. Henri fut accueilli en ami. Afin de l'honorer par un sacrifice et lui montrer l'autorité qu'il avait sur ses hommes, Sinan ordonna à un groupe de fidèles de se jeter du haut d'une tour, ce qu'ils firent sans sourciller.

Les rapports des princes chrétiens avec la secte des Assassins étaient des plus équivoques. Ils se rendaient mutuellement des services, avec le respect, de part et d'autre, de la parole donnée, sans écarter pour autant une légitime méfiance : la mort tragique de Conrad de Montferrat était là pour nous le rappeler. Il m'aurait plu d'assister à la visite de ce sanctuaire du crime érigé en doctrine, de rencontrer le personnage mystérieux du chef Sinan, le *Vieux de la Montagne*, de m'informer des motivations et du mysticisme brutal qui l'animaient. On le présente comme un personnage ordinaire dans son apparence, ni plus ni moins fastueux qu'un émir ou un cadi, volubile, sournois, inaccessible à la pitié, enfermé dans sa foi comme dans ses nids d'aigle.

Si nous avions fondé de grands espoirs sur la possession de l'île de Chypre érigée en royaume chrétien sous le règne des Lusignan, nous ne tardâmes pas à déchanter. Il ne se passait pas une semaine sans que nous n'apprenions le départ pour Nicosie ou Famagouste d'un baron ou d'un chevalier, avec toute sa maisnie. Des poulains blanchis sous le harnois, qui avaient bataillé pour se faire une place au soleil de Galilée ou de Judée, cédant au mirage de l'île heureuse, abandonnaient sans scrupules leurs fiefs. Certains de nos frères demandèrent à être affectés à la commanderie nouvellement créée dans les parages de Limassol ; sagement, le maître Robert de Sablé leur en refusa la permission.

Le tumulte qui avait succédé à la mort de Saladin nous parvenait à Acre et, paradoxalement, nous rassurait : c'est à ces désordres, pensions-nous, que nous devions la poursuite de la trêve. C'est le fils aîné du sultan, Malik, qui eût dû succéder sans l'ombre d'une contestation à son père, mais il se trouva en butte à la convoitise de ses proches et d'une tourbe de militaires et de courtisans, chacun réclamant sa part de l'empire disloqué, comme d'une maison en ruine dont on se disputerait chaque pierre. Notre sérénité était le fruit de ces querelles. En entreprendre le récit demanderait des dizaines, des centaines de pages. Cela nous rappelait les discordes qui firent s'affronter les premiers croisés au moment de se partager les territoires conquis.

C'est tout à l'honneur du roi Henri de n'avoir pas cherché à profiter de cette situation à la cour de Damas pour prendre l'offensive et déclencher la reconquête : il est vrai qu'il n'avait pas l'esprit batailleur et ne possédait pas les contingents nécessaires à cette opération.

D'autres que lui penseraient différemment et passeraient sans scrupule à l'action, laissant le petit royaume d'Acre au bord du gouffre.

2

Drang nach Osten

Si le roi Richard dut attendre des années avant de retrouver l'Angleterre, c'est que, sur le chemin du retour, alors qu'il traversait l'Allemagne sous un déguisement de templier, il tomba dans un guet-apens et se retrouva, le temps de rassembler la rançon exigée, dans un cul de basse-fosse, prisonnier du duc d'Autriche, Léopold, avec l'assentiment de l'empereur Henri VI. Nous sommes nombreux à penser qu'on aurait dû le maintenir dans la forteresse ducale jusqu'à la fin de ses jours car, à peine libéré, ce fauve n'eut rien de plus pressé que de rallumer la guerre en Occident.

Fils de ce Frédéric Barberousse qui s'était noyé en Cilicie au cours de la croisade germanique, l'empereur Henri était affublé de sobriquets qui donnaient une triste idée du personnage : le *Sévère*, le *Cruel* et, du fait qu'il était borgne, le *Cyclope*. Barbare dans son comportement sur les champs de bataille mais fin lettré, il s'était, comme son père, nourri de chimères : à la lecture des chansons de geste et aux récits de ses barons, il rêvait pour sa dynastie d'une couronne universelle.

Il débarqua à Acre en septembre de l'an 1197, avec les premiers éléments d'une expédition déguisée en croisade. Ma première impression fut plutôt favorable en voyant débarquer cette avant-garde : ces géants blonds montés sur de puissants chevaux, armés jusqu'aux dents, faisaient impression. Nous les entendions chaque soir, dans leurs cantonnements, au milieu de la palmeraie, entonner des chants barbares qui nous serraient le cœur. À l'échéance de la trêve, ce que nous ne souhaitions pas, ils seraient pour les Musulmans de redoutables adversaires.

L'admiration un peu suspecte que nous leur manifestions n'allait pas tarder à faire place à l'abomination.

À peine installés, ces guerriers de Germanie se conduisirent en maîtres. Ils firent envers mes frères preuve d'une arrogance scandaleuse : ils souhaitaient faire de notre Ordre une milice au service de l'empereur, entreprirent de réquisitionner notre cavalerie, de piller nos magasins de vivres et menacèrent d'installer quelques-uns de leurs chefs dans notre couvent, le temps de la croisade, et peut-être au-delà. Le maître du Temple qui avait succédé à Robert de Sablé, Gilbert Erail, nous évita ces mesures draconiennes.

Le comportement de cette soldatesque à travers la ville provoqua une vague d'indignation. Ils se déplaçaient en groupes, des gourdes de vin à la ceinture, pillaient les éventaires, forçaient les maisons particulières, enlevaient femmes, filles et jeunes garçons pour satisfaire leur appétit de luxure. Un jour, alors que je négociais un achat d'étoffe de laine pour vêtir des novices, je vis déferler dans la boutique du marchand syrien un quarteron de brutes avinées qui, d'une voix gutturale, prétendaient se faire offrir des soieries et des tapis. Lorsque je m'interposai, arguant qu'ils devaient payer avant d'emporter la marchandise, ils m'injurièrent, me molestèrent sans égard pour la croix que je portais à l'épaule, si bien que je fus contraint de tirer mon épée, assisté par les deux sergents qui m'accompagnaient. Je désarmai une de ces brutes par un coup au poignet qui le fit hurler, en envoyai un autre rebondir sur un monceau de tapis. Un troisième m'entraîna au milieu de la rue, me maîtrisa et me mit son poignard sur la poitrine. C'en eût été fait de moi si un chevalier d'Allemagne qui menait une patrouille (il s'appelait Otto de Freisingen, béni soit son nom !) n'avait interrompu le geste du soudard. Il laissa éclater sa colère dans sa langue, écarta mon agresseur d'une bourrade, puis me dit, en bonne langue d'oïl :

— Relevez-vous, mon ami, et n'ayez aucune crainte : ces brutes seront punies comme elles le méritent.

M'ayant révélé son identité, il ajouta :

— Vous et vos sergents, suivez-moi, je vous prie. Je vous dois une petite *libation*...

Nous prîmes place à la terrasse d'une taverne, au risque, pour ma part, de faire dénoncer ma présence dans un lieu public. J'appris avec surprise que mon sauveur n'avait suivi la croisade que pour en assumer le récit. Nous restâmes plus d'une heure à bavarder. Otto buvait sec et parlait d'abondance : il m'apprit qu'il détestait notre souverain dont l'attentisme, les relations suspectes qu'il entretenait avec les infidèles le détournaient de l'esprit des croisades. Il eut de même des propos sévères contre les poulains qui menaient une existence de luxe et d'insouciance. Je le laissai parler et boire, boire et parler, sans qu'à aucun moment il ne daignât solliciter une controverse. Il m'annonça avec un brin de suffisance que le gros de l'armée n'allait pas tarder à paraître, sous la conduite de l'empereur, qui faisait ses préparatifs en Sicile. Elle allait balayer les hordes sarrasines, pousser vers Damas, Bagdad, Mossoul, plus loin encore, peut-être !

— Votre petit royaume de boutiquiers, de patrons de bordels, de religieux dévoyés sera balayé, et c'est un empereur germanique qui régnera au côté du pape sur la Chrétienté.

Comprenant qu'il était ivre, je me gardai de répliquer à cette provocation et me retirai après l'avoir salué sèchement.

— Nous nous reverrons peut-être, bredouilla-t-il. J'aimerais que nous poursuivions cet entretien.

Je ne le souhaitais pas.

Un matin, nous eûmes la surprise de voir les Allemands démonter leur camp et s'avancer vers l'intérieur en clamant des chants de guerre qui me glaçaient le sang. Ils n'allèrent pas plus loin que la bourgade d'Aïn-Jalud, proche de Nazareth, où, affrontés à une coalition de chefs arabes, ils durent se replier. Sans le secours que leur fit envoyer le roi, ils auraient été anéantis.

Cet événement nous signifiait que nos adversaires avaient gardé l'arme au pied. Ils nous le démontrèrent une fois de plus en faisant le siège de Jaffa, ce qui, avec Beyrouth, déjà en leur possession, risquait de rompre la chaîne des villes côtières que nous occupions encore. Le premier à réagir fut le roi de Chypre, Amaury de Lusignan, qui avait reçu en fief le port de Jaffa. Il quitta son île sous un beau soleil de septembre, avec femmes, musiciens et baladins, comme pour une partie de plaisir, et parvint, par mer, à s'introduire dans la forteresse, en attendant le secours de l'armée d'Acre. Henri ne pouvait rester insensible à cette requête. Il battit le rappel de ses chevaliers, fixa le rassemblement dans la cour du château royal et s'apprêta à partir.

J'étais présent, en compagnie de mes frères templiers et hospitaliers, pour prendre part à l'expédition. Notre attention fut attirée par le fou du roi, le nain portant le sobriquet d'Escarlate, en raison de la couleur de sa robe ornée de grelots : il se livrait, d'une fenêtre de la tour principale, à des mômeries qui nous amusèrent un moment.

J'ignore ce qui se passa par la suite. Nous vîmes le roi surgir à la même fenêtre, en tenue guerrière, se pencher à mi-corps pour interpeller l'un de ses barons et soudain basculer dans le vide, le nain accroché à sa cape pour tenter, mais en vain, de le retenir. Nous nous portâmes d'un seul élan sur le lieu du drame pour constater que le roi gisait sans vie, le col rompu, le nain encore accroché à lui. Folle de douleur, la reine Isabelle s'arrachait les cheveux et couvrait de son corps celui de son époux comme pour le ramener à la vie.

Un autre drame s'ajouta à celui dont nous avions été témoins : le port et la ville de Jaffa venaient de tomber aux mains des Sarrasins, bien que le roi Amaury fût parvenu à rompre l'encerclement par terre et par mer. La population chercha refuge dans la cathédrale où l'attendait une mort atroce, les envahisseurs ayant fait s'effondrer les voûtes et massacré tous ceux qui avaient pu s'échapper.

J'assistai, le cœur serré, aux obsèques du roi, en l'église Sainte-Croix d'Acre. La pauvre reine Isabelle faisait peine à voir : elle ne tenait debout que par un prodige de volonté et de dignité, entourée des enfants qu'elle avait eus de ses trois époux.

J'ai défendu en toute circonstance, et m'obstine à le faire, la mémoire du roi Henri, ci-devant comte de Champagne. Si son règne ne fut pas marqué par de grandes victoires, c'est qu'il était avant tout un mainteneur. Certains lui reprochaient sa nature timorée, l'indifférence qu'il témoignait pour la reconquête de Jérusalem et du royaume, qui pouvait passer pour de la lâcheté. Beaucoup, dont je suis, louaient ses vertus d'objectivité, de patience, de tolérance envers l'ennemi, qui ont évité à ce qui restait de notre puissance d'être anéanti. Je n'eus que des rapports limités avec ce souverain, dans l'entourage du maître qu'il recevait en son château d'Acre et auquel il demandait conseil pour les grandes décisions. C'est avec beaucoup d'intérêt, lorsque le maître me faisait l'honneur de solliciter ma présence, que je les écoutais évoquer la terre de France, dont tous deux avaient gardé une profonde nostalgie, et que je ne verrai sans doute jamais, moi qui ai du sang français dans les veines. Il arrivait au roi, en parlant de ses terres de Champagne, d'essuyer une larme.

Une sorte de *fatum* digne de l'antique semblait régir la destinée des rois chrétiens de Palestine. Peu d'entre eux, depuis l'origine des croisades, étaient morts de leur belle mort, comme on dit. Qu'adviendrait-il de ceux qui allaient renouer la chaîne ?

Le choix du conseil des barons se porta sur Amaury de Lusignan ; il aurait à porter une double couronne : celle de Chypre et celle d'Acre, en attendant celle de Jérusalem. La condition stricte était qu'il consentît à épouser la veuve du roi Henri, et qu'Isabelle, pour la quatrième fois, acceptât de se sacrifier à la raison d'État, ce qu'elle fit de mauvaise grâce.

À vingt-six ans, d'une beauté majestueuse bien qu'un peu fanée à la suite de ses épreuves multiples, Isabelle dut se faire violence pour accepter le sacrifice qu'on attendait d'elle, car elle était éprise d'un jeune chevalier, Raoul de Tibériade, valeureux mais appauvri à la suite de la défaite des Cornes de Hattin, où avait sombré la fortune de sa famille. Ces considérations triviales firent qu'elle dut renoncer à son amour.

Il restait à Amaury à faire ses preuves au plan militaire. Pour compenser la perte de Jaffa, il décida de lancer une expédition contre Beyrouth. Après son couronnement, en l'an 1197, il s'y prépara avec un soin méticuleux, rassembla les Allemands, les Chypriotes, la petite armée d'Acre, et fréta une flotte destinée à aborder la ville par mer et assurer le ravitaillement du corps expéditionnaire.

J'accompagnai le maréchal, avec une centaine de frères templiers et hospitaliers, dans cette nouvelle aventure de guerre. Longeant la corniche littorale, nous trouvâmes la belle ville de Sidon ravagée, comme à la suite d'un séisme, par les pioches des Sarrasins. C'était pitié de voir les belles demeures patriciennes, aux revêtements et aux poutres en bois de cèdre, éventrées et pillées de fond en comble. Une autre surprise nous vint près de la bourgade de Ras Damur : un escadron de Sarrasins fondit sur nous par surprise, mais nous les dispersâmes sans trop de pertes.

La nouvelle d'une autre destruction : celle de Beyrouth, nous arriva à quelques jours de là. L'œuvre de démolition était encore en cours lorsque nous abordâmes ses parages. La garnison était en place, et le gouverneur ne paraissait pas décidé à baisser les bras. Il commit l'imprudence, qui allait lui être fatale, de se porter en force à nos devants. Après un bref engagement, lorsqu'il voulut revenir sur ses bases de départ, il trouva porte close et fut contraint de se réfugier dans la montagne : les prisonniers employés aux démolitions venaient de lui fermer l'accès à la ville.

Désormais, la totalité de la bande côtière était en notre possession. Nous découvrîmes dans la ville des monceaux de richesses et des vivres en quantité, qui firent de cette conquête facile une véritable fête. Une nouvelle fois, la route de Jérusalem nous était ouverte. Nous venions de démontrer aux Sarrasins qu'ils devraient compter avec notre puissance et que les entreprises aventureuses ne seraient plus renouvelées, du moins l'espérions-nous.

Pour occuper les croisés allemands, Amaury les envoya récupérer la place forte de Toron, dans l'intérieur du pays, près du lac de Hulé. Ils s'y enlisèrent durant une partie de l'hiver. Nous les vîmes revenir, humiliés, hargneux comme des chiens battus, au mois de février, sous un déluge de pluie, leurs efforts réduits à néant par l'acharnement des défenseurs qui attendaient un secours des Sarrasins. Peu après, ils décidaient de réembarquer, après avoir appris que l'armée de l'empereur d'Allemagne ne viendrait pas à leur rescousse, Henri VI étant à l'agonie à Messine.

Ainsi s'acheva cette lamentable croisade allemande qui ne nous avait été d'aucun secours. Le provocant *Drang nach Osten* des Hohenstaufen, leur ruée vers les terres mythiques de l'Orient, n'avait été qu'un feu de paille, mais une étincelle couvait dans les cendres de ces ambitions consumées.

La pitoyable affaire du siège de Toron n'eut pas les conséquences que nous redoutions — une *jihad* qui nous eût été fatale. En juillet de l'an 1198, Amaury signa même une trêve avec le chef suprême des Musulmans, Malik al-Adid, souverain d'un empire qui s'étendait de l'Égypte à la Mésopotamie. Il avait jugé prudent de ne pas provoquer sa vindicte...

Je rencontrais parfois Amaury au cours des conseils et des assemblées. Il ne payait pas de mine : bien moins séduisant que son bellâtre de frère, l'ex-roi Gui de Lusignan, assez peu soigneux de sa personne avec ses chemises tachées de sauce et ses ongles noirs, chafouin et taciturne, il était habité par une volonté et une énergie redoutables. Un différend l'opposait à Raoul de Tibériade, depuis son mariage avec Isabelle, qui avait contraint les deux amants à se désunir. De nombreux barons avaient pris le parti du pauvre Raoul, estimant qu'en dépit de sa pauvreté il eût fait un bon souverain et qu'Amaury aurait dû se contenter de régner sur Chypre.

Dans toutes ses activités royales, Amaury faisait preuve, à la fois, de l'intelligence qui avait manqué à son frère Gui et de l'énergie qui avait parfois fait défaut à Henri de Champagne. Il menait sa nef sans défaillance, veillant au bon comportement de l'équipage, sans quitter du regard l'horizon d'où monteraient des tempêtes. Il lui fallait garder toutes ses qualités en éveil, car les années qui allaient suivre ne lui épargneraient pas les épreuves.

3

L'or des Ange

L'an 1198, alors que la croisade allemande sombrait dans le ridicule, Giovanni Lotario, comte de Segni, montait sur le trône de saint Pierre sous le nom d'Innocent III. C'était un prélat de rude étoffe. Il arrivait à Rome avec quelques idées bien arrêtées et la ferme volonté de les mener à bien. Il résolut de faire d'abord le ménage, de nettoyer les écuries d'Augias de la cour pontificale où tout n'était que vice et corruption, puis de témoigner sa confiance aux dominicains, ses enfants chéris.

Innocent, tenu depuis des lustres au courant de la situation en Palestine, mûrissait quelques projets, notamment celui d'une nouvelle croisade qui changerait des précédentes, lesquelles n'étaient que des expéditions guerrières. Il s'y voua corps et âme et lança à travers les nations d'Occident une vaste campagne de prédications, menée par les moines et les légats à sa dévotion. Il préconisa de placer des troncs dans toutes les églises, fit décréter une rémission générale des péchés pour ceux qui prendraient la croix, et prêcha d'exemple en faisant fondre sa vaisselle. Ses envoyés ne récoltèrent que des fruits secs : les princes allemands se déchiraient entre eux ; le roi Philippe Auguste régnait sur un royaume en interdit du fait de son comportement matrimonial ; Richard d'Angleterre, prisonnier du duc de Bavière, ne rêvait plus d'aventures...

Les souverains exclus du projet de croisade, quelques grands barons relevèrent le gant. Le comte Thibaud de Champagne fut le premier à répondre à l'appel, avec ses chevaliers et ses barons, parmi lesquels un lettré : Geoffroi de Villehardouin, qui allait se faire connaître par ses écrits.

C'est lui, Thibaud, que le pape chargea d'organiser l'armée de la croisade. Il fut décidé que l'on éviterait les pièges dans lesquels les précédentes expéditions avaient laissé des plumes : les brumes et les brigands de Bosnie, les chausse-trappes de Bulgarie... La seule cité maritime capable d'acheminer des dizaines de milliers d'hommes, de chevaux et de bagages outre-mer était Venise, sur laquelle régnait un doge de quatre-vingt-dix ans : Enrico Dandolo. On entra en rapport avec lui ; il assura que cette énorme tâche ne lui posait aucun problème car il ne manquait ni de la flotte ni des équipages nécessaires, mais exigeait, outre une somme considérable, une part du butin.

L'opération était en bonne voie lorsque l'on apprit la mort du comte Thibaud. Allait-on remettre la croisade aux calendes grecques ? Il n'en était pas question. On lui substitua le frère du marquis Conrad de Montferrat, héros d'une précédente croisade : Boniface.

Il fallut attendre quatre ans avant que les premiers éléments se mettent en marche en direction de Venise. Comme ils n'apportaient dans leurs coffres que la moitié de la somme due, le doge leur proposa un marché : une cité de la côte Adriatique, Zara, qui lui avait été ravie par les Byzantins et les Hongrois, faisait de l'ombre à la Sérénissime république en contrariant son négoce. Que les croisés acceptent de la mettre à la raison et il n'aurait rien à leur refuser. Informé de ce marché, Innocent manifesta son désaccord. Dandolo menaça de rompre la négociation et de retirer son aide. Il eut gain de cause.

Constellée d'écus sur tous ses bordages, la flotte vénitienne mit à la voile au mois d'octobre et se présenta devant Zara quelques semaines plus tard. Surprise des croisés : la ville était puissamment fortifiée et bien décidée, semblait-il, à tenir tête aux envahisseurs. Il fallut quelques semaines de plus pour que le gouverneur hongrois se décidât à ouvrir ses portes et à restituer sa ville à Venise. Indifférents aux récriminations d'Innocent, les croisés restèrent tout l'hiver à bambocher et à se prélasser dans de somptueuses demeures. Une excommunication fulminée contre les Vénitiens les laissa indifférents. Innocent eût dû se réjouir : on avait débarrassé l'Adriatique, et donc l'Italie, d'un nid de pirates !

Cet hivernage se passa pour partie en discussions sur la suite de l'expédition : prendrait-on la route de Constantinople, de la Palestine ou de l'Égypte ? On opta pour Constantinople afin d'y régler un différend d'ordre dynastique. L'embarquement eut lieu dans l'enthousiasme général à la Pentecôte de l'an 1203.

La flotte des croisés jeta l'ancre dans les parages de la capitale byzantine, sur la rive asiatique, à Chalcédoine, et se trouva en butte à l'hostilité du basileus Alexis, accusé d'avoir usurpé le trône des Ange au prix du sang. On répondit à ses menaces en prenant d'assaut la tour de Galata, qui commandait l'entrée du port, à l'extrémité de la Corne d'Or, et en lançant une attaque contre les fortifications qui cédèrent au bout de quelques jours.

Lorsque les premiers croisés pénétrèrent, l'arme au poing, dans la capitale byzantine, ils n'en crurent par leurs yeux : elle resplendissait de toutes ses mosaïques, de ses ors, de son marbre, de son porphyre et s'étirait comme une belle endormie sur les collines ensoleillées. Ils en étaient comme ivres ; certains s'agenouillaient et priaient ; d'autres pleuraient de ravissement. Le marquis Boniface, chef de la croisade, lança une attaque massive contre le palais des Blachernes. Il n'y trouva pas celui qu'il cherchait : l'usurpateur Alexis. En revanche on découvrit dans une geôle une sorte de fantôme squelettique, qui respirait à peine : le basileus en titre, Isaac l'Ange.

Pour prix de la reconquête du trône par la dynastie des Ange, le jeune Alexis avait promis aux croisés et aux Vénitiens une somme importante qui serait la bienvenue pour la poursuite de la croisade. Il atermoya, montra ses coffres vides, refusa finalement d'honorer sa dette, ferma son palais à double tour et mit sa ville en défense.

Je n'entreprendrai pas de rapporter par le menu, en me fondant sur des témoignages plus ou moins fiables, l'odieux conflit qui opposa les Byzantins aux croisés : un ouvrage serait nécessaire et m'éloignerait de mon récit. Il dura tout un hiver, par une température qui n'était guère favorable à des opérations d'envergure, et se compliquait de drames qui avaient pour théâtre le palais des Blachernes où un nouvel usurpateur nommé Mursuphle avait fait étrangler dans leur sommeil le vieil Isaac et le jeune Alexis. Cela provoquait insurrections et représailles alternées dans une capitale plongée dans l'anarchie et le sang, et me confirmait dans mon opinion sur les Grecs de Byzance : leur perfidie, leur aptitude naturelle au parjure, leur cruauté...

Il fallut attendre le 13 juillet de l'an 1204 pour que les croisés pénètrent une nouvelle fois, en vainqueurs, dans Constantinople, à la suite d'un siège où les défenseurs mirent en action des machines de guerre aux noms étranges : chats, truies, charcloies, dans un sinistre concert de trompettes d'argent et de tambours de bronze.

Ceux qui m'ont décrit la prise de la ville avaient dans la voix des accents pathétiques. Ils me parlaient avec émotion des palais des Blachernes et du Boucauléon, des centaines d'appartements et de chapelles qui les composaient, de l'église Sainte-Sophie, toute de mosaïque et d'or, des reliques devant lesquelles ils avaient prié : les fragments de la Vraie Croix, la Sainte Lance qui avait percé le flanc du Seigneur, les clous de son martyre, la fiole contenant son précieux sang, la tunique et la couronne d'épines... Ils bredouillaient en évoquant la répartition du butin : de grandes panières remplies de vaisselles d'or et d'argent, de joyaux, de vêtements précieux... Il aurait fallu être un saint pour résister à la tentation de tuer pour piller plus à l'aise, d'incendier des quartiers entiers, de s'enivrer des meilleurs vins de tout l'Orient et de celui, plus aigre, de la vengeance contre ces Grecs exécrés.

L'empire de Byzance se trouvant sans empereur, Boniface de Montferrat et ses barons désignèrent pour le gouverner le comte Baudouin de Flandre. Il fallut extraire du trône auquel elle s'accrochait une vieille courtisane qui avait revêtu les défroques des empereurs disparus, coiffé leur couronne et se livrait aux pires folies pour narguer les vainqueurs.

Le règne de Baudouin fut des plus brefs : au cours d'une campagne contre les barbares Coumans, au cœur de la Thrace, il disparut dans une bataille. On choisit pour le remplacer son frère Henri. Il accéda au trône le 20 août de l'an 1206 et devait régner avec sagesse et tolérance. Après avoir écrasé plusieurs rébellions, il épousa la fille de Boniface de Montferrat, Agnès.

La paix était retombée sur l'empire de Byzance. Elle n'était que provisoire.

Nous venions de traverser quelques années funestes, marquées par la disparition de personnages importants : Baudouin de Flandre, le doge Dandolo, quelques bons chevaliers. La mort qui nous toucha le plus fut celle du roi Amaury, après un règne trop bref, marqué par des périodes de paix et de prospérité. Son épouse, la reine Isabelle, disparut peu après lui sans laisser d'héritier mâle, ce qui suscita quelques troubles. Un fils du premier mariage d'Amaury avec Échive d'Ibelin lui succéda sur le trône de Chypre : Hugues. Il n'avait que dix ans à la mort de son père.

Les Musulmans n'étaient pas les derniers à regretter la disparition du roi. Ils proclamaient qu'il était l'*Ami du repos*, que son premier souci était de préserver la paix dans son royaume, ce que beaucoup des nôtres contestaient, arguant que, si l'élan de la dernière croisade ne s'était pas brisé sous les murs de Constantinople, il serait entré en campagne avec les nouveaux croisés pour fondre sur Jérusalem. Nous avions hérité de quelques éléments partis des rives du Bosphore en ordre dispersé, mais ils étaient en nombre insuffisant pour se lancer dans la reconquête.

Je me garderai d'évoquer les intrigues qui ont accompagné les problèmes de la régence pour les royaumes d'Acre et de Chypre après la mort d'Amaury, au risque de m'égarer dans ce panier de crabes. Il me suffit de savoir que Gautier de Montbéliard assuma celle de Chypre mais fit montre d'une telle rigueur et de telles turpitudes qu'il fut congédié par le roi Hugues devenu majeur. Nous eûmes plus de chance avec le régent d'Acre, Jean d'Ibelin : il occupa ses fonctions avec une autorité pleine de souplesse, en attendant la majorité de la petite Marie, fille aînée d'Isabelle et héritière du royaume.

Il fallut attendre l'an 1208 pour songer à donner un époux à la reine Marie. Âgée de dix-sept ans, cette beauté blonde, au visage délicat, mais robuste de constitution, promettait une généreuse progéniture. On consulta le roi Philippe Auguste. Occupé à batailler contre les Anglais, il trouva le temps nécessaire à faire son choix et le porta sur un seigneur de modeste fortune mais de grand renom : Jean de Brienne. Un an plus tard, nous eûmes la surprise de voir débarquer un vieillard maigrelet, aux cheveux blancs, au visage couturé de rides, affable et souriant. Ma première pensée fut que le roi avait envoyé en reconnaissance le père du fiancé, mais je dus me rendre à l'évidence : ce barbon était bel et bien appelé à épouser Marie et à devenir roi de Jérusalem ! J'appris peu de temps après que le roi Philippe n'avait rien trouvé de mieux, pour se débarrasser d'un personnage encombrant, que de l'expédier en Palestine : il était l'amant de la comtesse Blanche de Champagne, ce qui causait des troubles dans le pays.

Nous dûmes bientôt revenir sur nos préventions : chevalier accompli, Jean de Brienne fut un roi de grande sagesse.

Les événements se précipitèrent. Le protégé du roi Philippe avait pris pied en Palestine en septembre, accueilli par une liesse de convenance qui cachait mal la déception et l'ironie, ce qu'il fit mine d'ignorer. La cérémonie de mariage eut lieu le lendemain. Il était sacré roi quelques jours plus tard dans la cathédrale de Tyr.

À quelques jours de la cérémonie du sacre, il eut une surprise désagréable : l'attaque par les guerriers de Muazam, fils du sultan Malik, de notre capitale. Le nouveau roi leur courut sus et les dispersa sans peine ; ils se vengèrent en ravageant nos plantations et en commençant la construction, sur le mont Thabor, d'une place forte destinée à surveiller la Galilée. Une trêve de six ans allait suivre, ce qui ne faisait pas l'affaire de notre nouveau maître, Philippe du Plaissiez, qui avait remplacé Gilbert Erail, et avec lequel j'avais des rapports tendus, car je devinais en lui un foudre de guerre, ce en quoi je me trompais peu. Il ne tarda pas à donner libre cours à ses instincts en s'engageant dans une aventure absurde et dangereuse : la reprise aux Arméniens d'une forteresse où il comptait, à ce que je crus comprendre, installer une commanderie templière. Je refusai de participer à cette aventure. Il m'en tint rigueur.

Le roi Jean eut à subir, deux ans après son mariage, une épreuve pénible : la mort de sa jeune épouse, due à des couches difficiles. Contrairement aux prévisions, les deux souverains formaient un couple harmonieux, elle encore adolescente, lui blanchi sous le harnois. Moins d'un an après leur union, elle avait accouché d'une fille, Yolande, héritière du royaume, ce qui reléguait Jean au rôle de régent. Le Conseil des barons décida de lui garder, avec sa confiance, son titre de roi.

Le pape Innocent ne désarmait pas. Après avoir jeté l'anathème sur la croisade franco-vénitienne détournée de son objectif initial, il en fit prêcher une nouvelle, en dépit de la stabilité qui régnait en Terre sainte. Il trouva comme prétexte la construction de la place forte du mont Thabor qui, à l'en croire, menaçait le royaume chrétien.

C'est en novembre de l'an 1215, lors du concile de Latran, qu'il lança les prédications de la cinquième croisade, en présence du patriarche de Jérusalem, Raoul de Mérencourt, et des représentants du roi Jean. Surprise générale lorsqu'il annonça qu'il comptait se mettre à la tête de l'armée ! Comme la décrépitude commençait à le ronger, peu de gens le prirent au sérieux. De fait, il revint en dieu l'année suivante. Il fut, dit-on, *un pape de génie*, mais son génie fut surtout celui de l'intolérance et de l'agressivité.

Son successeur, Honorius, troisième du nom, manifesta, dès son intronisation, son intention de poursuivre les projets de son prédécesseur. Il nomma à l'évêché d'Acre un ardent prédicateur, son légat Jacques de Vitry. Avant de disparaître, Innocent avait déclaré en concile que le « malheureux débris du royaume de Jérusalem était dépourvu d'argent et de soldats ». Jacques de Vitry était appelé à se pencher sur ce *débris* et tenter d'en extraire quelques forces vives. Il se démena dès son arrivée comme un beau diable, englobant dans le même anathème les marchands italiens qui n'avaient d'autre religion que le négoce, et les chevaliers poulains auxquels il reprochait leurs mœurs *musulmanes* et leurs rapports avec les indigènes. J'ai gardé en mémoire les diatribes sévères qu'il fulminait contre nos chevaliers, les accusant d'entretenir des harems, de se vêtir à la mode syrienne et de parler le langage du pays. Il déclara au roi Jean :

— Pas un de ces dévoyés sur mille ne respecte les lois du mariage et ne tient l'adultère pour un péché mortel ! Ils mènent une vie efféminée et s'adonnent sans scrupule à tous les plaisirs de la chair !

Tout cela n'était que trop vrai, mais, dans sa croisade mystique, le légat omettait de préciser que la tourbe sur laquelle il jetait l'anathème dégageait des ferments de tolérance envers la population musulmane, assurant ainsi la stabilité du royaume. Le roi Jean l'écouta distraitement, sans protester, parler de « cette race fourbe et traîtresse qui exploitait les pèlerins et les incitait au vice ». Ces orages verbeux ne soulevaient chez lui qu'un peu de poussière vite dissipée.

Ce trublion me détestait. Il avait appris que j'étais un sang-mêlé, race honnie entre toutes. Le jour où il salua un groupe de mes frères en feignant d'ignorer ma présence, je sus que j'avais affaire à un ennemi irréconciliable. Il tenta de me discréditer auprès du maître, du maréchal et du sénéchal, mais, comme il manquait d'arguments pour me condamner, il fit chou blanc.

Le clergé ne pouvait échapper aux diatribes de Jacques de Vitry : il accusa certains prélats d'entretenir des concubines, des pharisiens qui, disait-il, « tondaient le troupeau des fidèles »...

J'assistai, par curiosité plus que par conviction, à quelques-uns de ses sermons en la cathédrale d'Acre : ils exprimaient une violence extrême et, j'en conviens, un talent singulier dans l'invective. À l'entendre, Acre, Tyr, Beyrouth étaient des repaires de brigands, des foyers de putréfaction et de contamination. On y comptait autant de lupanars et de bordels que d'honnêtes boutiques.

Il y avait, dans ces diatribes, un fond de vérité : nos cités côtières, comme tous les ports de la Méditerranée, sont dans la même situation. Il était facile de deviner, derrière ces vitupérations hystériques, la volonté du légat de ranimer la flamme de la croisade.

J'eus la surprise, à l'automne de cette année 1217, de revoir Ernoul, après plusieurs années d'absence au cours desquelles, à vrai dire, il ne m'avait guère manqué.

Il s'était installé à Tripoli, dans un ancien palais dominant la mer, pour y poursuivre en toute quiétude la relation des croisades, à la suite de celle qu'en avaient faite Guillaume de Tyr ct mon grand-oncle, Étienne Josserand. J'eus un hoquet de stupeur en le voyant paraître, accompagné d'une créature replète, fardée comme une houri, portant aux oreilles des boucles larges comme des soucoupes et sur la poitrine des colliers de besants. Il me la présenta comme sa *gouvernante*, mais avec un clin d'œil pour me faire comprendre qu'elle assumait d'autres fonctions, moins avouables.

Il m'entretint de son travail, qu'il menait à bien avec l'assentiment de son maître, le sire Balian d'Ibelin, et m'apporta des nouvelles des contrées du nord de la Palestine et de la Syrie, sur lesquelles nous étions mal informés. Antioche et Tripoli ne formaient plus qu'une seule principauté où — miracle dynastique ! — la race normande des Bohémond régnait depuis plus d'un siècle. Il m'en dit, sur l'existence qu'il menait, plus que je ne souhaitais en apprendre : il avait acquis des parts dans l'exploitation d'un luxueux lupanar dont le gérant était un gros Pisan bardé de joyaux comme une volaille de clous de girofle ; il en tirait des bénéfices confortables qui lui permettaient de vivre grassement sur le dos des pèlerins fortunés. Lorsqu'il entreprit, avec un sourire de défi, de me détailler ses amours, les fêtes et les orgies auxquelles il participait, je lui clouai le bec, car j'avais le sentiment qu'il cherchait à me troubler, comme il le faisait souvent, du temps où nous partagions la même tente, par pure perversité. Je lui fis comprendre sèchement que le récit de ses turpitudes ne m'intéressait pas et qu'il était en train de perdre son âme et sa santé. Il m'avoua qu'il avait de la peine à comprendre comment des hommes tels que des moines-soldats, en butte à toutes les tentations du siècle et du pays où nous vivions, pouvaient respecter le vœu de pauvreté et de chasteté. Je sentis qu'il attendait de moi des révélations ; je m'abstins de les lui livrer.

En l'espace de trois ans, Ernoul avait bien changé, au point que j'aurais eu de la peine à le reconnaître dans une foule. Le gringalet que j'avais connu vif, nerveux, fier comme un coq, avait, comme on dit, *pris du lard*, de la mollesse dans son allure et de la lenteur dans son élocution, en raisons des dents qu'il avait perdues. Avec la recherche qu'il apportait à sa toilette, ses paupières fardées de khôl et ses lèvres de vermillon, il avait l'allure d'un bardache sur la mauvaise pente.

C'est sans regret que je le vis repartir sur la nef pisane qui l'avait amené, et dont il m'avoua qu'il détenait quelques parts. Lorsqu'il eut quitté ma cellule, j'ouvris grande la fenêtre pour dissiper les miasmes de sa présence.

J'aurais pu lui en dire beaucoup sur les mœurs de l'Ordre à cette époque. L'abstinence qui nous était imposée par la règle stricte de notre couvent n'était pas unanimement respectée. Le stupre, lentement, gangrenait la milice du Christ, et les cas d'onanisme ou de sodomie, dont nous étions informés par délation, n'étaient pas rares, notamment chez les novices, pour la plupart fils de poulains, qui vivaient entassés dans des dortoirs, sans une surveillance efficace. J'eus pour ma part, alors que j'assumais mon noviciat, à subir la tentation de la chair de la part d'un fils de chevalier du comte de Tibériade. Un jour que nous lisions de concert, assis sur une murette, à l'ombre d'un olivier, il rejeta son livre, laissa sa tête se poser légèrement sur mon épaule comme s'il allait s'endormir. Éberlué, troublé profondément, je puis le dire, je le laissai aller au sommeil, lorsque je sentis sa main se poser sur mon genou et ses doigts remonter ma tunique. Je me dressai comme sous l'effet d'une morsure de vipère, le giflai et le pris au collet pour le conduire au sénéchal. Avant de le renvoyer on le fit fouetter au milieu de la cour, en présence de tous nos frères.

J'avoue que je ne suis pas fier de mon comportement, mais, à cette époque, j'estimais qu'il fallait prêcher d'exemple et sanctionner à la moindre tentative de dévergondage. Une simple semonce, un avertissement de ma part eussent suffi. Cet exemple ne servit pas à grand-chose : les cas de luxure se poursuivirent et leur nombre s'accentua, ostensibles ou secrets, punis ou pardonnés, mais rachetés par le fond de foi ardente qui nous protégeait d'une déchéance inéluctable.

Le cycle des croisades et des expéditions militaires peut paraître répétitif, j'en ai conscience, mais, à y regarder de près, elles sont différentes les unes des autres, moins par leurs motivations, qui sont la plupart du temps identiques, que par leur comportement sur le terrain. Elles sont si riches de personnages et d'événements que chacune mériterait un livre, ce que j'entreprendrai si Dieu me prête le temps de vie nécessaire.

Celle dont j'ai commencé la relation, prêchée au concile de Latran en l'an 1215, et pour laquelle le pape Honorius avait délégué en Palestine son légat Jacques de Vitry, prit la route deux ans plus tard ; elle succédait à celle qui s'était dissoute à Constantinople. L'avant-garde arrivée en septembre, conduite par le duc Léopold d'Autriche, était suivie à peu de distance par l'armée du roi André de Hongrie.

Avec les contingents bavarois du duc d'Autriche, nous vîmes se répéter les brutalités et les exactions que, quinze ans plus tôt, nous avaient fait subir les croisés allemands de l'empereur. Installés dans un camp des Sablons, ces soudards prirent la ville en otage, d'assaut pour ainsi dire, saccageant les boutiques, molestant les fidèles musulmans en prière, violant jeunes garçons, filles et femmes, malmenant ceux qui osaient riposter à leurs violences. Ils ne se calmèrent qu'avec l'arrivée de contingents chypriotes du roi Hugues, des barons du roi Jean de Brienne et d'une troupe conduite par le prince Bohémond.

Traversant la plaine d'Esdrelon, l'armée se dirigea vers la forteresse construite par le frère de Malik al-Adid, Muazam, destinée à surveiller les passages de la Galilée du sommet du mont Thabor, sans que les Sarrasins lui opposent la moindre résistance. Le 10 novembre, la traversée du Jourdain fut marquée par des scènes de délire : Bavarois et Hongrois se précipitaient dans le fleuve malgré les vents froids qui tombaient de la montagne, buvaient son eau comme s'il se fût agi du Précieux Sang, entonnaient psaumes et cantiques dans leur langue barbare.

Sous les rudes pluies d'hiver, mêlées parfois de neige, qui donnaient à l'armée l'apparence d'un troupeau en fuite, cette expédition laissait présager une lente dissolution, comme tant d'autres avant elle, dans le désert. Ma plume hésite à relater le seul événement guerrier digne d'être mentionné : le siège de Banyas, au nord du lac de Hulé, qui résista trois jours. Cette expédition sans gloire et sans profit eut un seul avantage : celui de montrer aux Musulmans qu'il fallait encore compter avec les armées chrétiennes.

Ce fut une autre chanson lorsque, au début du mois de décembre, nos soldats reparurent sous le mont Thabor. Face à ces pentes escarpées et à cette forteresse qui paraissait les narguer, ils firent grise mine, d'autant que les pluies avaient redoublé de violence. Ils prirent leurs quartiers dans la plaine, entre la place forte et Nazareth, de part et d'autre du ruisseau du Cresson. Il fallait, chaque jour, envoyer des détachements vers le plateau qui couronnait la montagne, sans autre résultat que de constater la puissance de ces murailles rendues inexpugnables par l'absence, chez les assaillants, de machines de siège, incapables que l'on était de transporter le matériel jusqu'au sommet.

Un jour de décembre, alors que le temps s'était éclairci et que l'horizon était lavé de ses brumes et de ses pluies, je suivis un détachement jusqu'aux fossés de la forteresse et m'attardai dans la contemplation du paysage. Du haut de ce vaste plateau on découvre la plaine fertile de Yizraël et un vaste espace de Galilée : la chaîne du mont Carmel, la frange bleuâtre des monts de Samarie, et de Gilboa et, à l'extrême limite, les lignes blanchoyantes qui annoncent le désert. S'il faut en croire saint Marc, c'est sur cette butte calcaire qu'eut lieu la Transfiguration du Christ, que les Cananéens édifièrent leur temple, que Flavius Josèphe résista aux légions de Rome. Je découvris avec émotion quelques vestiges des anciens sanctuaires, qui avaient servi de carrière à Muazam pour construire sa forteresse, quelques années auparavant.

Il fallait en finir avec ce siège qui, selon toute apparence, était vain. Le mauvais temps avait repris son offensive avec une telle rigueur que je perdis mon cheval au cours d'une nuit glaciale. La mort dans l'âme, je dus abréger son agonie en lui ouvrant la gorge. Les Hongrois se ruèrent sur sa dépouille alors qu'il était encore chaud.

Une ultime tentative eut lieu dans la première semaine de décembre. Les Bavarois parvinrent à transporter sur le sommet quelques échelles et, malgré les traits qui tombaient comme grêle des murailles, commencèrent leur ascension. Un déluge de feu grégeois l'interrompit. Une deuxième tentative, quelques jours plus tard, connut le même échec. Le roi Jean tenta l'aventure à son tour, mais une sortie massive des guerriers de Muazam le repoussa jusqu'au bas de la montagne.

Découragés, à bout de résistance, nous prîmes le chemin de la retraite. Deux nouvelles nous attendaient à Acre : Muazam, après l'attaque du roi Jean, était sur le point de se rendre, sa garnison souffrant de la faim, et il envisageait la destruction de cette forteresse, trop exposée aux assauts des Chrétiens.

Une autre surprise nous attendait : la colère du légat Jacques de Vitry qui réagit violemment à l'échec de notre expédition. Nous n'étions, selon lui, qu'un ramassis d'aventuriers et de brigands, sans foi et sans courage ! Je conviens qu'en l'occurrence il avait quelque raison de s'indigner.

Je refusai de participer à une autre expédition, conduite par un neveu du roi de Hongrie, vers l'arrière-pays de Sidon où se trouvent les plus belles forêts de cèdres de la Syrie. Je n'eus pas à regretter ma décision : les Hongrois furent taillés en pièces.

De cinq cents qu'ils étaient au départ il en revint trois, qui semblaient avoir perdu la raison. Nous avions, une nouvelle fois, donné à l'Islam une preuve pitoyable de notre incurie et de notre impuissance. Les chefs musulmans avaient éprouvé quelque inquiétude en comprenant que leur territoire n'était pas inviolable, mais cela ne constituait guère qu'un encouragement pour nous à rester sur le qui-vive. Il eût fallu, pour renverser la situation, mobiliser toutes les forces vives de l'Occident et rassembler en Palestine le ban et l'arrière-ban de la chevalerie en lui demandant d'oublier ses querelles intestines.

Le jeu en valait-il la chandelle ?

4

Les clés de Jérusalem

Le départ des croisés hongrois et bavarois n'avait pas interrompu l'afflux des pèlerins, armés ou non. Surpris, indignés que Jérusalem fût encore aux mains des Infidèles, ils exigeaient des explications que le roi Jean était incapable de leur fournir, et réclamaient la gloire de participer à une expédition destinée à reconquérir la ville.

Notre belle chevalerie souffrait de désaffection ; ses effectifs se réduisaient de jour en jour, nombre de barons et de chevaliers abandonnant une terre ingrate et dangereuse pour rejoindre la Constantinople chrétienne : il suffisait de s'y présenter avec quelque référence pour obtenir un fief dans l'Empire, moins exposé que naguère. C'était, en plus important, le même phénomène de *désertion* — le mot est sévère, mais je le maintiens — que pour le royaume chypriote des Lusignan.

Lorsque le roi Jean convoqua une assemblée dans la cathédrale, j'étais présent avec mes frères templiers et y retrouvai Ernoul, en compagnie des gens d'Ibelin, venus de Beyrouth.

— J'ai laissé, me dit-il en aparté, traîner mes oreilles dans les couloirs du château. Je puis t'annoncer que le roi nous réserve une surprise de taille...

Il s'apprêtait à me livrer sa révélation quand un huissier agita sa clochette pour demander le silence. Le roi Jean allait parler.

— Mes beaux seigneurs, dit le souverain, des tentatives malheureuses nous ont montré que nous éprouvons de grandes difficultés à reconquérir nos territoires et à délivrer Jérusalem. Il y faudrait des moyens que nous ne possédons pas. En revanche, je vous le rappelle, nous sommes les maîtres de la mer. Si vous en êtes d'accord, nous attaquerons l'ennemi par l'Égypte. Si nous parvenions à nous rendre maîtres du Delta, de Damiette et du Caire, nous pourrions exiger, en échange, la restitution de Jérusalem. Je vous l'affirme : les clefs de Jérusalem sont au Caire !

L'adhésion de ses barons ne lui fut pas mesurée : ils furent unanimes à l'approuver et lui firent un triomphe. La préparation de cette nouvelle expédition demanda plusieurs semaines. Par des navires de commerce qui croisaient au large des côtes égyptiennes, le roi Jean envoya des reconnaissances dans le Delta afin de recueillir des informations en tout genre et d'établir un plan de campagne qui laissât peu de place à l'aventure. Le roi veillait au moindre détail et tenait conseil sur conseil. Il n'avait jamais paru dans d'aussi bonnes dispositions : le teint coloré sous la chevelure argentée, l'œil pétillant d'intelligence, le verbe sonore. Il me dit, un jour que je le croisai dans un couloir :

— Frère Guillaume, vos qualités de sérieux et de bon sens sont connues de tous. C'est pourquoi je souhaite que vous soyez des nôtres pour l'expédition que nous préparons.

Cette proposition me prenait de court, mais je n'hésitai pas à répondre :

— Par Dieu, sire, je ne saurais me dérober. Depuis longtemps je souhaite prendre la mer, voir les déserts d'Égypte, ces fameuses montagnes artificielles qu'on appelle les Pyramides, ainsi que les temples dressés par les anciens rois. Je serai donc des vôtres.

Il éclata de rire, me prit par le bras et ajouta :

— Je sais la curiosité insatiable qui vous anime pour tout ce qui touche à l'histoire et à la philosophie, mais je tiens à vous prévenir : vous n'aurez guère de temps à consacrer à la visite des tombeaux et des temples. C'est à vos qualités guerrières que je fais appel : elles sont également connues de tous...

Lorsqu'il apprit que j'avais accepté de participer à cette campagne, Ernoul me demanda si je consentirais à lui faire un rapport : il n'était pas en état de se joindre au corps expéditionnaire, et le courage lui faisait défaut. Je ne pus lui refuser ce service, assurant qu'il aurait de mes nouvelles sous peu car, de l'avis général, cette expédition ne durerait guère.

Le roi Jean laissa dans Acre une bonne garnison composée principalement d'auxiliaires, pour parer à toute surprise en son absence. Le 27 mai de l'an 1218, par un temps radieux, notre flotte mit à la voile, transportant un convoi de matériel et de subsistances, car nous n'étions pas certains de trouver sur place ce qui nous serait nécessaire. Il nous fallut deux jours pour atteindre le Delta. C'était ma première navigation de quelque importance et, comme je n'en avais pas l'habitude, je restai à fond de cale, comme un chien malade, sans rien voir des côtes que nous longions.

Le secret avait été bien gardé. Nous trouvâmes libre l'accès de Damiette. Pour cette première escale en terre d'Égypte, nos barons se réunirent, s'entendirent pour conférer à Sa Majesté le commandement suprême de l'armée, confirmèrent solennellement son titre de roi de Jérusalem et lui assurèrent la possession des territoires conquis.

Nous étions accompagnés d'un étrange personnage d'origine éthiopienne, émanation du mythique royaume du Prêtre Jean. Ce nègre vêtu d'une tunique sombre, d'une maigreur extrême, portait au front, gravée au fer rouge, la croix latine. Le roi d'Éthiopie, le négus Lalibela, l'avait chargé de nous assurer de son secours en cas de besoin. Sous quelle forme, de quelle importance ? Dieu seul le sait...

Cette opération avait occasionné une surprise chez les Égyptiens ; ils devaient nous en susciter quelques autres, et de taille !

Nos navires purent sans encombre remonter le cours du Nil à travers un désert monotone, parsemé de bouquets de palmiers, de ruines antiques et de villages couleur de terre. Nous débarquâmes sur une plage déserte pour y installer un camp retranché. Notre première déception fut de constater que cette branche du Nil était barrée en aval par une lourde chaîne défendue par une tour puissante édifiée dans le cours du fleuve. Premier obstacle, première déconvenue. Aussi précis qu'ils eussent été, les rapports des reconnaissances n'en avaient pas fait mention. La prise de Damiette, qui semblait relativement aisée, se heurtait à cette maudite chaîne et à ce fortin.

Le roi trouva la parade : il fit construire des ensembles de navires attachés bord à bord et dotés de bordages renforcés, qu'on appelle des *maremmes*. Ces boutoirs aquatiques se révélèrent impuissants à forcer le barrage.

À quelques jours de notre arrivée devant Damiette, je pris place sur une de ces embarcations avec une quarantaine de nos frères templiers et une centaine de combattants, en laissant à des nautoniers le soin de diriger l'embarcation. Ils manœuvrèrent avec une telle maladresse que nos deux nefs jumelées allèrent donner du flanc contre le fortin. Il en surgit un groupe important de soldats égyptiens armés jusqu'aux dents, hurlant et gesticulant. Je parvins à regrouper nos templiers autour de moi et à faire front, mais, submergés, nous fûmes repoussés vers l'arrière. Jugeant la situation désespérée, j'eus l'idée d'ouvrir des brèches dans les cales, de manière à ce que l'embarcation coulât : c'était un véritable suicide, mais nous entraînerions dans le fleuve quelques dizaines d'Égyptiens, ce qui permettrait aux nôtres, dans mon idée, d'attaquer le fortin et de décrocher la chaîne.

Munis de haches, nous nous mîmes au travail. Balayés par le torrent qui se rua sur nous à travers les brèches, nous fûmes projetés contre le flanc opposé.

De ce qui se passa par la suite, je n'ai gardé que des souvenirs confus, épars au milieu d'épaisses ténèbres. Quand la conscience me revint, j'étais allongé sur une plage, derrière un buisson de papyrus, en compagnie du vice-sénéchal Guillemin, que j'eus du mal à reconnaître tant mon esprit était embrumé. Il était parvenu à m'extraire du fleuve en m'agrippant au col, et à me ramener sur la rive opposée à Damiette, en nageant au milieu des soldats qui se débattaient en hurlant avant de couler. Il régnait encore un tumulte effrayant autour de l'embarcation qui achevait de s'enfoncer dans les eaux du Nil, de même que de la tour d'où montaient des cris et des lamentations.

À la faveur de la nuit, nous parvînmes à rallier notre cantonnement, où nous fîmes une entrée piteuse. Interrogé par le roi, je battis ma coulpe, m'accusant de la perte de la plupart de nos frères et des soldats qui nous accompagnaient.

— Rassurez-vous, frère Guillaume, me dit le roi, nous avons de loin assisté au drame et nous savons que vous n'avez rien à vous reprocher, bien au contraire ! Ce sont les marins qui, en commettant une erreur de manœuvre, ont fait échouer cette opération. Grâce à Dieu, vous et quelques dizaines de vos compagnons avez sauvé vos vies. Nous donnerons une sépulture chrétienne à ceux que nous avons repêchés en aval.

Le roi Jean me serra contre sa poitrine et ajouta, avec des larmes dans la voix :

— Frère Guillaume, votre sacrifice vous honore...

Nous n'étions pas au bout de nos peines.

Il ne nous fallut pas moins de trois mois avant de prendre le fortin, rompre la chaîne et couler le pont de bateaux qui reliait cette défense à la rive, du côté de Damiette. Une partie des défenseurs furent passés au fil de l'épée, les autres étant parvenus à s'enfuir à la nage, à l'exception d'une centaine d'entre eux, qui tombèrent entre nos mains. Cette victoire laborieuse nous ouvrait les portes de l'Égypte, mais ce n'était pas fini. Malik al-Kamil, fils aîné d'al-Adil et vice-roi d'Égypte, ne se déclarait pas vaincu par un simple bris de chaîne : il fit édifier une levée de terre pour nous interdire le cours du Nil ; quelques assauts en vinrent à bout. Il récidiva en coulant de lourdes embarcations ; le roi Jean riposta en faisant creuser le lit asséché d'une branche du fleuve, de manière à ce que nos navires pussent s'y engager. Il fallut des semaines d'un travail harassant, sous un soleil d'enfer, pour venir à bout de ce travail titanesque.

Alors que ces travaux de terrassement étaient en cours, nous vîmes une nef latine remonter le fleuve vers notre camp. Il en descendit un étrange personnage vêtu de pourpre des pieds à la tête. À peine avait-il débarqué, il demanda au roi Jean, d'un ton rogue, de le recevoir pour un entretien privé. J'ignore ce qu'ils se dirent, mais la tente royale laissa filtrer le bruit d'une âpre querelle. Le roi en ressortit, le visage empourpré, titubant comme Jacob à la suite de son combat avec l'ange.

Évêque d'Albano, légat du pape Honorius, le cardinal Pélage, originaire d'Espagne, était arrivé en Terre sainte peu de temps après notre départ. Il s'était informé de la campagne d'Égypte auprès des nautoniers qui faisaient la navette entre le Delta et Saint-Jean-d'Acre, porteurs des messages de Jacques de Vitry, qui nous avait accompagnés. Excédé par la lenteur de l'opération qu'il estimait préparée en dépit du bon sens, il avait repris la mer pour apprécier *de visu* la situation, avec un projet bien établi : prendre la direction de l'expédition.

C'est la nouvelle qu'il avait annoncée au roi Jean et qui nous laissa pantois. Un religieux à la tête de l'armée ! Nous n'en croyions pas nos oreilles... Nous apprîmes des clercs qui nous accompagnaient que ce prélat, au temps du pape Innocent III, avait fait échouer une tentative pour réconcilier l'Église de Rome et celle de Byzance. Il vouait une haine farouche à toute religion qui n'était pas la sienne.

Le légat Pélage apportait des nouvelles navrantes : en notre absence, une action contre Muazam s'était soldée par un désastre : une centaine de templiers avaient été capturés et envoyés à Jérusalem, bannières renversées. Les Sarrasins avaient repris le port de Césarée, au sud d'Acre, et en avaient fait une ruine ; ils envisageaient le démantèlement de Jérusalem afin que les *Franj*, s'ils y pénétraient, ne pussent la défendre d'une contre-offensive, ce qui relevait d'une conception obtuse de la stratégie.

En revanche, une autre nouvelle nous mit du baume au cœur : le sultan Malik al-Adil venait de rendre l'âme, à Damas, de chagrin, en apprenant que les Chrétiens avaient pris pied dans le Delta.

Les défenseurs de Damiette jouaient de malchance. Une tentative qu'ils firent au début d'octobre pour s'emparer de notre camp échoua grâce au courage du roi Jean, qui paya de sa personne en s'engageant dans la mêlée. Il plongea sa lance dans la poitrine de l'émir qui conduisait l'offensive, ce qui déclencha une panique et la retraite précipitée des Égyptiens.

Nous avions, dans cette interminable opération de siège, un concours inattendu : celui des Bédouins. Ils venaient à nous par tribus entières, moins pour nous porter aide que pour faire du butin. Ils ne quittaient leurs tentes noires que pour s'attaquer aux patrouilles ennemies et piller les villages de fellahs. Nous nous découvrîmes des alliés plus fiables avec les Coptes, ces indigènes de confession romaine, nombreux à Damiette et dans toute la vallée du Nil ; le cas échéant, ils pourraient nous être d'un grand secours.

Fidèle à la promesse que j'avais faite à Ernoul, je notais soigneusement, au jour le jour, les événements de cette campagne. Je me remettais mal de la noyade évitée de justesse, mais je gardais suffisamment de lucidité pour observer et relater les événements. Pour être plus à l'aise que dans ma tente transformée par le soleil en hammam, je m'étais construit, en marge du camp et à portée de voix, dans un bosquet de palmiers où les Italiens et les Frisons abritaient leur cavalerie, une cabane en forme d'auvent, aux murs et au toit faits de palmes sèches tressées fin, qui m'abritait des ardeurs du soleil et de la fraîcheur des nuits. J'y vivais dans la compagnie d'un jeune copte venu d'un village de pêcheurs, qui veillait à la fois à ma subsistance et à ma sécurité.

Le vice-sénéchal, mon sauveteur, et quelques-uns de mes frères venaient me retrouver là chaque jour pour parler de la situation et commenter les livres que je leur prêtais.

Les nouvelles de France, qui nous parvenaient par ricochets, bien des mois après les événements qu'elles relataient, ne nous touchaient guère. Nous fûmes néanmoins bouleversés par l'annonce de la victoire remportée, au nord de son royaume, à Bouvines, par le roi de France Philippe Auguste, contre une coalition des Anglais et des Allemands. Le comte Simon de Montfort, qui menait, dans les terres du comte de Saint-Gilles, descendant du héros de la première croisade, une expédition contre l'hérésie cathare, venait de prendre Toulouse.

Notre expédition à nous s'enlisait devant Damiette, avec une alternance de coups de main, d'assauts infructueux, d'escarmouches incertaines. Chaque jour ou presque des querelles violentes éclataient entre le roi Jean, le prédicateur Jacques de Vitry, le légat Pélage et les chefs des différents corps qui constituaient une armée disparate dans sa composition et sa direction. Chacun reportait sur les autres la responsabilité d'une situation insupportable, qui paraissait devoir se poursuivre des années, alors qu'une journée de cheval nous séparait du Caire.

Le jour où nous vîmes les émissaires du gouverneur de Damiette demander l'accès à notre camp, un immense espoir se leva dans l'armée. Ils venaient proposer un échange : qu'on leur laissât Damiette contre la restitution de Jérusalem. C'était le but même de cette campagne et la promesse d'une belle victoire pour le roi. Pélage refusa hautement cette proposition, déclarant qu'il nous fallait toute l'Égypte ou rien ! Il avait le soutien des Italiens qui voyaient dans la conquête de la vallée du Nil une occasion d'installer une chaîne de comptoirs, et celui des ordres militaires qui, relevant du pape, devaient obéissance au légat. Pélage obtint satisfaction. J'eus beau protester auprès de mes supérieurs, ils s'avouèrent impuissants : s'opposer à Pélage eût été considéré, à Rome, comme un affront à l'omnipotence du Saint-Père. Dans les semaines qui suivirent, la même tentative se renouvela de la part des gens de Damiette, et il leur fut opposé le même refus.

Une telle obstination dans l'absurdité allait nous coûter fort cher.

Une nuit de février de l'an 1219, Malik al-Kamil, devenu sultan d'Égypte, à la mort, à Damas, du vieil al-Adil, âgé de soixante-seize ans, abandonna le camp qu'il avait installé près de Damiette. Outre qu'il était excédé par l'obstination des Chrétiens, il avait hâte de se retrouver au Caire où, en son absence, des rebelles tentaient de s'emparer du pouvoir.

Cet abandon constituait une sérieuse avancée dans la prise de Damiette. Nous venions à peine de célébrer cet événement par des libations qu'une nouvelle désastreuse nous parvint : une armée conduite par Muazam en personne, le frère d'al-Kamil, s'avançait vers nous ! Nous avions espéré un dénouement rapide de ce siège : il allait durer encore des mois ! Nous étions au bord de la famine, épuisés par les privations, le climat implacable, les maladies, quand des navires nous apportèrent, avec des vivres, un renfort de chevaliers francs et chypriotes. Les envoyés du gouverneur revinrent à la charge, ajoutant à leur proposition initiale une trêve de trente ans et une somme colossale ; ils se heurtèrent à un nouveau refus hautain de Pélage : il voulait une guerre qui lui donnât à la fois Le Caire et Jérusalem !

Nous souffrions de la disette, mais nous avions une triste consolation : dans la ville assiégée, la situation était pire. Les prisonniers que nous faisions, quand ils venaient à l'aiguade au bord du fleuve, nous en faisaient un tableau hallucinant : les morts se comptaient par dizaines chaque jour, dans les quartiers populaires comme dans la garnison ; l'accumulation des cadavres laissés à l'air libre occasionnait des épidémies qui ajoutaient de nouvelles victimes à l'holocauste... Un convoi de vivres escorté par un détachement de Mameluks du Caire tenta de forcer nos lignes ; ils furent encerclés, massacrés jusqu'au dernier et leurs têtes exposées au pied des murailles, comme un champ de pastèques.

À quelques jours de cet événement, quatre soldats de l'armée royale s'armèrent de courage et, à l'aide d'une échelle, parvinrent à se hisser jusqu'à la brèche qu'une pierrière des hospitaliers avait pratiquée dans une tour. Surpris de ne trouver aucune résistance et redoutant un piège, ils rétrogradèrent et allèrent informer le roi de cette anomalie. D'accord avec le légat, Jean envoya le lendemain un détachement de sergents à pied occuper la tour ; ils accomplirent leur mission sans coup férir et hissèrent les couleurs de France au sommet, avec des cris de joie auxquels répondirent les acclamations de l'armée. Le lendemain, la ville était prise. Ce qui restait dans la garnison se réfugia dans le donjon. Nous venions, sans gloire, de nous emparer d'un cimetière...

Le lendemain, le gouverneur demanda une capitulation honorable. Il souhaitait négocier, mais seulement avec l'un de nos barons, Balian de Sidon, parce qu'ils étaient tous deux originaires de ce port et qu'il connaissait l'esprit chevaleresque qui animait cette famille. Il obtint sans peine l'*aman*, mais ce qui restait de la population fut massacrée par des soudards italiens et allemands, d'autant plus aisément qu'il s'agissait de morts-vivants. En revanche, à la requête du gouverneur, la garnison fut épargnée.

La ville débarrassée des cadavres qui encombraient les maisons et les rues, nos chevaliers prirent possession des palais et des demeures des négociants. Je choisis de rester hors des murs, dans ma cabane, le temps de laisser au vent du désert, le *kamsin*, le soin de dissiper les pestilences.

Comme je l'avais prévu, le partage des richesses suscita de nouvelles querelles entre les gens du roi et ceux du légat, au point qu'on en vint aux armes, ce qui acheva de corrompre l'ambiance délétère qui régnait dans l'armée. Il y eut même de véritables batailles rangées entre les Italiens, groupés sous la bannière du légat, et les chevaliers du roi. Les premiers chassèrent les seconds de la ville et en furent à leur tour éjectés grâce à notre concours et à celui de nos frères hospitaliers qui, face aux excès d'autorité de Pélage, faisaient cause commune avec le roi.

L'occupation de Damiette eut lieu le 5 novembre de l'an 1219, près de vingt mois après le départ de nos navires de Saint-Jean-d'Acre. Cette campagne mouvementée revit dans ma mémoire comme une immense tapisserie sur laquelle se seraient inscrits les motifs essentiels, avec, fourmillant autour d'eux, une foule de personnages et d'événements, autant de détails que j'ai soigneusement notés pour Ernoul, ce dont il se montra satisfait et qu'il mit à profit pour enrichir son *Histoire.* Il y manque, j'en ai conscience, la couleur et les odeurs de cette immense plaine du Delta, qui fut notre décor quotidien, tantôt exaspérant par sa monotonie et sa rigueur, tantôt exaltant lorsque nous rencontrions des ruines laissées par les anciens rois et les légions de Rome. D'autres en parleront sans doute mieux que je ne saurais le faire.

Ce que nous redoutions, dans l'entourage du roi Jean, ne tarda pas à se produire.

Âgé, fatigué par les épreuves, harcelé par les prétentions et la morgue de son rival, l'arrogance des Italiens et la brutalité des Allemands, il décida de retourner en Palestine. Le prétexte qu'il invoqua nous parut futile : une compétition dans une affaire concernant la couronne d'Arménie. Pour la faire brève, je me contenterai de dire que, veuf de Marie de Jérusalem, Jean s'était remarié avec Stéphanie, fille du roi d'Arménie, Léon III, qui venait de mourir. Il flottait des relents de poison et de turpitudes diverses autour de cette obscure affaire de succession : les barons restés en Palestine accusaient Stéphanie d'avoir fait empoisonner la fille de Jean et de Marie, Yolande, héritière du royaume d'Arménie. Ce qui n'était que rumeur devait prendre consistance avec le temps. Il reste que le roi Jean ne régna jamais sur ce pays.

Revenons à Pélage.

Débarrassé du roi, seul frein à ses ambitions, il se conduisit en tyran. Je me gardais de lui car, à chaque objection que je formulais sur sa conduite, il me rabrouait, m'humiliait, menaçant de me faire traduire en cour de Rome ! Il interdit aux chevaliers qui quittaient l'Égypte dans la suite du roi d'emporter leur butin et leurs biens propres ; la plupart repartirent, pour ainsi dire, en chemise et sans leur cheval ; il décréta que nul ne pourrait quitter le pays sans sa permission et mit l'embargo sur les navires latins qui faisaient la navette entre Acre et Damiette. Son arme de choix était l'excommunication : il la maniait avec une telle désinvolture, et pour des causes si futiles, qu'elle n'effrayait plus personne. Avec cela, il observait une négligence dangereuse dans sa manière de tenir les rênes du pouvoir. Le jour où des agents à sa solde vinrent le prévenir que les Égyptiens construisaient une flotte, il se contenta d'en rire. Quelques semaines plus tard, lorsque les mêmes agents lui annoncèrent que ladite flotte allait prendre la mer, il s'écria :

— Vous n'êtes que des imposteurs ! Vous ne venez me trouver que pour que je vous serve la soupe !

Cette escadre égyptienne n'était pas, hélas, une invention. Elle se mit en chasse, harcela nos navires, en coula quelques-uns, occasionnant la mort par noyade de centaines de pèlerins.

Nous vîmes débarquer à Damiette, un jour de l'été 1220, au milieu d'un groupe de pèlerins d'Italie, un pauvre moine accompagné d'un frère mineur, qui demanda un entretien au légat.

Je n'avais pas à ce jour, et je n'étais pas le seul, appris l'existence de celui qu'en Occident on appelait le Petit Pauvre ou le *Poverello* : François d'Assise. Il arrivait dépourvu de tout bien, hors sa bure, et sans arme. Le but de son voyage relevait d'une folle ambition : il souhaitait faire régner la paix entre la Chrétienté et l'Islam. Le légat le fit jeter dehors par sa garde mais accepta de lui délivrer un viatique qui lui permettrait de se rendre sans encombre auprès du sultan. Le Petit Pauvre avait une autre ambition : tenter de convertir al-Khamil. Elle était plus folle que la précédente.

Je ne pus recueillir que de menus détails sur cette démarche qui aurait pu coûter la vie aux deux moines. C'est d'ailleurs ce qui faillit leur arriver, les docteurs de la loi islamique ayant réclamé leur tête. Le sultan, quant à lui, se contenta de sourire et de faire poliment reconduire à ses portes les deux intrus. Certains, dans l'entourage du sultan, se demandèrent si le *Poverello* était venu en tant qu'ambassadeur de la Chrétienté d'Occident ou pour introduire des ferments d'hérésie en Terre d'Islam. On pencha pour la première hypothèse et l'on jugea que le moment était venu de reprendre les négociations en vue d'un échange de Damiette contre Jérusalem. Le légat accueillit avec mépris les propositions du sultan.

J'entendis Pélage déclarer dans une assemblée :

— Ce chien est aux abois ! S'il tient tant à traiter avec moi c'est qu'il se sent perdu. Mes beaux seigneurs, nous le tenons ! Nous allons conquérir toute l'Égypte, à commencer par Le Caire...

Le légat attendait, pour se lancer dans cette aventure, des nouvelles d'une importante croisade prêchée en Occident par le pape Honorius et placée sous le commandement de l'empereur d'Allemagne Frédéric II. Elle avait été remise à plusieurs reprises et rien ne permettait encore de compter sur ce secours. Il fallut se contenter d'une modeste avant-garde placée sous la conduite du roi Louis de Bavière et du maître des chevaliers Teutoniques : Hermann von Salza.

Informé du projet du légat de s'engager dans la vallée du Nil, le roi Jean revint à Damiette pour y mettre le holà et éviter la perte de son armée. Il me proposa un entretien et me confia qu'il allait tenter de faire entendre raison à Pélage et l'inciter à engager des négociations en vue de récupérer Jérusalem. Il aurait affaire à forte partie avec ce personnage dont il traça le portrait en trois mots :

— Frère Guillaume, j'ai jugé Pélage : son orgueil n'a d'égal que sa sottise et son incompétence...

La campagne en direction du Caire débuta dans les pires conditions : on était au cœur de l'été ; l'approvisionnement de nos combattants, à travers des contrées désertiques, semées de villages dépeuplés par la guerre, n'était assuré que d'une manière aléatoire par la flottille qui remontait le Nil.

De plus en plus inquiet sur le sort de cette expédition, le roi Jean, après s'être heurté à Pélage et avoir dû baisser pavillon, fut contraint de suivre le mouvement. Alors que nous faisions halte dans la bourgade de Sharamsha, il conjura son adversaire de renoncer à pousser plus avant, car les pires épreuves, lui dit-il, nous attendaient. Pélage lui reprocha d'être revenu, l'humilia en présence des barons et lui conseilla de retourner à Saint-Jean-d'Acre.

— Le moment, dit-il, est favorable à cette expédition. Nous n'allons pas le laisser passer. Il y a trop longtemps qu'à cause de votre incurie, nous piétinons dans le sable du désert...

La suite des événements sembla donner raison au légat. Quelques jours après notre départ, à l'issue d'une marche épuisante que je terminai à pied, ma monture étant fourbue, nous trouvâmes en face de nous une magnifique avant-garde de Mameluks qui firent la bravade avant de prendre le large.

— Je vous l'avais bien dit, exulta Pélage, ces misérables ont peur de nous !

Le roi Jean tenta de tempérer ce triomphe facile :

— Monseigneur, dit-il, il s'agissait d'un simple détachement. J'ai appris que des renforts viennent de parvenir au Caire. Nous allons les avoir en face de nous sans tarder, et alors...

— Et alors, sire, nous n'en ferons qu'une bouchée !

La marche reprit, rendue plus harassante par un vent de feu venu des profondeurs incandescentes du désert, qui aveuglait nos chevaux. J'avais du sable plein la barbe et les sourcils ; ma peau était sèche et craquelée comme un vieux cuir. Nous n'allions pas tarder à nous trouver dans une position difficile : un piège d'eau se refermait sur nous, avec, de tous côtés, campés au bord du fleuve et du lac Menzalé, au milieu des champs de papyrus hantés par des colonies d'oiseaux, des nuées d'Égyptiens en armes. Nous constatâmes avec stupeur que le sultan avait fait édifier une petite forteresse destinée à protéger la route du Caire ; il l'avait appelée *al-Mansoura* (« La Victorieuse »), ce qui provoqua le rire méprisant du légat.

Ce rire se changea en grimace lorsque Pélage constata que, durant la nuit, l'ennemi avait rompu les digues et que le Nil envahissait les abords du camp. Nous nous trouvions bloqués sur une étroite chaussée, comme sur une île.

— Nous ne pouvons nous laisser prendre dans cette nasse comme des rats ! dit Pélage. Le mieux est de retourner à Damiette et d'attendre des conditions plus propices à une nouvelle campagne.

— Revenir à Damiette, dit le roi Jean, serait une entreprise périlleuse : des milliers d'Égyptiens interdisent notre retraite.

— Tout cela est de votre faute ! riposta Pélage. Vous nous portez la guigne. Que n'êtes-vous resté en Palestine !

Ce que personne, à commencer par le cardinal-légat, n'avait prévu, c'est que la crue du Nil venait de débuter. La situation s'aggrava lorsque les galères égyptiennes bloquèrent les nôtres. Nous n'allions pas tarder à manquer de vivres, Pélage ayant décrété qu'en cas de besoin nous vivrions sur le pays. Pris à partie par quelques barons, il se tira d'embarras par des arguments fallacieux : Dieu ayant jugé que cette expédition était prématurée, il serait présomptueux de s'opposer à Sa volonté...

Afin de rendre notre retraite plus facile et plus rapide, nous dûmes brûler nos bagages inutiles, sous l'œil des soldats d'Égypte qui nous observaient du haut de la forteresse de pierre et d'argile sur laquelle flottaient les étendards verts et bleus du prophète, semés de croissants et d'étoiles. L'ennemi, ce n'étaient pas seulement eux, mais cette eau chargée de limon qui se gonflait de toutes parts autour de nous, transformant la plaine en une mer grisâtre d'où, de temps à autre, nous voyions surgir des serpents, des crocodiles et d'autres monstres dont j'ignore le nom. Conduire une attaque nous eût été difficile, avec de l'eau et de la boue à mi-cuisse. Lorsque le roi Jean proposa à al-Khamil de régler l'affaire par une bataille rangée, sur un terrain solide, il reçut une réponse méprisante. Restait à engager avec le sultan une négociation. Le roi demanda au maréchal des templiers, un homme plein de sagesse, Guillaume de Gibelet, de se charger de cette mission. Je fus sollicité pour l'accompagner. Le sultan nous fit pénétrer dans sa tente, nous fit servir par ses esclaves des galettes au miel et des sirops de fruits. Après que nous lui eûmes soumis la teneur de notre message, il observa un long silence puis nous répondit :

— Je suis favorable à cette base de négociations, mais je vais me heurter à mes frères qui ont une autre vue de la situation : ils souhaitent l'anéantissement de votre armée. Quoi qu'il en soit, je suis maître de la décision. Dites à ceux qui vous envoient que je suis prêt à les recevoir et à discuter avec eux. Qu'ils viennent sans crainte : je n'ai qu'une parole.

Le roi et le légat ayant accepté cette invitation généreuse, la situation paraissait se dénouer à notre avantage. Le sultan combla ses hôtes de propos lénifiants, de vivres et de présents. J'assistai au grand festin qui marquait cette apparence de réconciliation. Rien n'y manquait, pas même un spectacle de danseuses qui se trémoussaient, le ventre nu, mais il nous échappa, le maréchal ayant donné le signal de la retraite dans nos appartements.

Spontanée ou calculée, la générosité du sultan se prolongea au-delà de ces réjouissances. Il fut convenu, au cours des négociations, qu'en attendant la restitution de Damiette on procéderait à un échange d'otages : le roi resterait prisonnier du sultan et al-Khamil nous confierait un de ses frères, Ayub. Lorsque le sultan surprit des larmes dans les yeux du roi Jean, il lui demanda les raisons de ce chagrin.

— Pleurer, répondit le roi, est la seule liberté qui me reste. Ce n'est pas ma propre situation qui me chagrine mais celle de notre armée. Alors que nous nous gobergeons, nos hommes meurent de faim.

— Qu'à cela ne tienne, répondit al-Khamil, je vais leur faire porter des vivres.

Il ordonna de cuire du pain en quantité, le fit parvenir à nos hommes, avec de l'avoine pour les chevaux et quelques bouteilles de vin pour nos chefs.

— Êtes-vous satisfait, sire ? demanda le sultan.

— Je ne le suis qu'à demi, répondit le roi. Je songe aux centaines de captifs que vous détenez encore dans vos geôles ou comme esclaves.

— Je vais donner des ordres pour que tous nos prisonniers vous soient rendus.

Les événements n'allaient pas tarder à rendre vains toutes ces générosités et les accommodements auxquels nous étions parvenus. Sur la fin du mois d'août, une avant-garde de la croisade impériale débarquait à Damiette pour porter aide à l'expédition du roi Jean et du légat. Des centaines de soldats débarquèrent des navires italiens placés sous le commandement du comte maltais Enrico Pescatore, et du maréchal d'empire Anselme de Justingen. En apprenant la restitution de Damiette au sultan, ils protestèrent violemment : ils n'avaient pas fait tout ce chemin pour se trouver devant des portes closes ! Les Italiens se montrèrent les plus intraitables : ils comptaient installer dans cette ville leurs comptoirs et en tirer de l'or ; ils prirent les armes, donnèrent l'assaut au palais du gouverneur, encore occupé par le roi Jean, ainsi qu'aux demeures tenues par nos frères templiers et hospitaliers. Après une bataille fratricide nous parvînmes à repousser cette horde mercantile. Leur abandonner cette ville eût été nous parjurer ; le roi Jean s'y refusa.

Dans la première semaine de septembre, musique en tête, à cheval, le sultan al-Khamil fit son entrée solennelle dans Damiette libérée. Comme les précédentes, l'expédition qui nous avait conduits inconsidérément sur la terre d'Égypte sombra dans le néant. Dieu semblait se détourner de nos entreprises en raison — comment en douter ? — de nos péchés et de nos présomptions. Le sultan nous renouvela ses générosités : il laissa repartir les *croisés* italiens et allemands sans leur causer le moindre préjudice, favorisa le départ de notre armée en lui fournissant les vivres nécessaires à la traversée, et nous proposa une trêve de sept ans, que nous n'eûmes garde de refuser.

L'attitude accommodante du sultan d'Égypte était moins désintéressée que nous étions portés à le croire.

Les confins de l'Asie commençaient à lâcher vers l'Occident des peuples guerriers qui rappelaient certaines invasions de rats. Le khan des Mongols, Gengis, avait quitté ses domaines à l'automne de l'an 1219, à la tête d'un ramassis de tribus plus ou moins barbares, et les avait entraînées en direction du soleil couchant. Sa horde avait traversé comme un ouragan les territoires du Turkestan et de la Perse ; elle progressait à une allure vertigineuse en direction de la Mésopotamie, sans trouver de résistance sur son passage. Ce qui ne laissait pas de nous surprendre, c'est que, parmi ces féroces cavaliers des steppes de Mongolie et d'Asie centrale, figuraient des groupes qui se disaient chrétiens : une constatation rassurante pour le cas où cette invasion toucherait la Terre sainte.

Devant la ruée foudroyante des hordes de Gengis Khan, la panique s'emparait des Musulmans de Syrie, d'Anatolie et d'Égypte qui s'attendaient à recevoir de plein fouet les premières vagues de cette invasion torrentielle. C'est cette menace, à n'en pas douter, qui motivait l'attitude chevaleresque du sultan al-Khamil : il souhaitait se concilier à bon compte notre amitié, faire de nous ses alliés, face au péril qui s'annonçait.

À Saint-Jean-d'Acre, où nous étions de retour à la fin de l'automne, il n'était question que de cet orage qui pointait à l'horizon du levant. Déjà, des barons et des chevaliers parlaient de reprendre la mer pour échapper au désastre.

Notre nouveau maître, Pierre de Montaigu, me confia, à peine avions-nous débarqué, une mission délicate : me rendre secrètement à Jérusalem pour m'informer de la situation de nos frères restés sur place, dont nous étions sans nouvelles.

— Il conviendra, me dit-il, que vous partiez seul, sous la défroque d'un pèlerin. Comme vous ne pouvez vous défaire de la croix, vous la ferez coudre au revers de votre chemise.

Je quittai Acre un matin de novembre, par un soleil clair et un vent rude. Rien, dans ma tenue, ne pouvait trahir ma condition. Avec mon épée au côté et mon manteau de grosse laine, je pouvais passer pour le plus inoffensif des pèlerins ou, à la rigueur, pour un voyageur musulman. J'avais, dans une encoche de ma ceinture de cuir, le viatique du maître, pour le cas où je serais intercepté par des Chrétiens ; si c'était le cas avec des Musulmans, ma connaissance de la langue du pays et mon teint basané me tireraient d'affaire.

Je choisis de prendre la route la plus sûre : celle qui, après le lac de Tibériade, longe la rive gauche du Jourdain et ses immenses palmeraies, jusqu'à son débouché dans la mer Morte. Je me proposai de faire au retour un pèlerinage à al-Shabha, le village de mon enfance et celui de mon grand-oncle, Étienne Josserand.

Je jugeai prudent, aux approches de Jérusalem, de prendre place dans une caravane qui arrivait de Jéricho, et pénétrai dans la Ville sainte avec une émotion qui mouillait mes paupières. Je pus constater que les travaux de démantèlement, commencés plus de deux ans auparavant, se poursuivaient dans les nuages de poussière que soulevaient dans leur chute les énormes moellons.

Les larmes du chef de notre communauté, Thierry, se mêlèrent aux miennes. Il était coupé de la maison chevetaine depuis des années. Les Musulmans le laissaient en paix, mais il était étroitement surveillé, et ses frères, comme lui, subsistaient misérablement. La quarantaine à peine passée, le frère Thierry en paraissait soixante : barbe blanche, yeux malades, rides précoces et démarche de vieillard...

— C'est Dieu qui t'envoie ! me dit-il. M'apportes-tu de bonnes nouvelles ? Va-t-on se décider à arracher cette sainte ville aux païens ?

Je le déçus en lui confiant que ma mission n'avait pas le but messianique qu'il attendait, mais consistait à m'informer de la situation de sa communauté. Je n'étais pas le messager avant-coureur de la délivrance. Il était au courant, je ne sais par quel moyen, de la malheureuse campagne d'Égypte, et maudissait le cardinal-légat d'avoir fait échouer les négociations qui nous auraient rendu Jérusalem. Il s'écria, le visage blême de rage :

— Pardonne-moi, Guillaume, mais ce maudit Pélage, ce brigand, le roi Jean aurait dû le faire pendre !

Comme je m'étonnais du peu d'animation qui régnait dans la ville, il me répondit .

— Lorsque le sultan Muazam a commencé le démantèlement des remparts, l'inquiétude s'est emparée de la population, en même temps que l'espoir renaissait pour nous. Le bruit courait qu'une nouvelle croisade se préparait et que le grand massacre du temps du duc Godefroi allait se reproduire. La panique a succédé à l'inquiétude. À la moindre alerte, les fidèles se jetaient dans la Sakhra, la mosquée al-Aqsa et autres lieux saints de l'Islam, pour demander la protection d'Allah. En ai-je entendu, des concerts de prières, des lamentations, des invectives contre Muazam ! Des femmes coupaient leur chevelure, déchiraient leurs vêtements, se roulaient sur le sol. Malgré les propos rassurants du gouverneur, beaucoup d'habitants prenaient le large avec leur famille et leurs biens. Combien sont morts de faim ou de soif sur le chemin de l'exil ! Tu peux sans peine imaginer les scènes qui ont suivi cet exode : maisons et boutiques pillées, exécutions publiques des coupables... Aujourd'hui, le calme semble revenu, mais il est trompeur. Un autre danger pointe à l'horizon : l'invasion par les hordes de Gengis Khan. Elles seront bientôt aux frontières de la Syrie. Si elles parviennent jusqu'à Jérusalem, nos défenses ne pourront les arrêter. Et alors, que deviendrons-nous ?

Je lui demandai comment subsistait la petite communauté. Ses réserves en vivres et en argent dissipées, elle ne comptait que sur la générosité des rares pèlerins qui s'aventuraient jusqu'aux lieux saints. Le couvent des frères hospitaliers était dans la même situation. J'offris à Thierry le pécule que le maître m'avait confié, ne gardant que ce qui m'était nécessaire pour mon retour.

La présence en ces lieux d'un modeste couvent de templiers n'avait qu'une valeur de symbole. Chacun peut juger à sa convenance la décision des maîtres du Temple qui s'étaient succédé. Je pense quant à moi que l'on avait eu tort de les maintenir, livrés qu'ils étaient au bon vouloir des Musulmans, et que leur sacrifice, qui semblait devoir se produire inéluctablement, était absurde et inutile.

Avant de faire mes adieux à ces pauvres frères, je procédai à quelques observations à travers la ville : il m'apparut à l'évidence que Jérusalem, la décision prise de l'investir, se fût rendue au premier assaut.

Comme je me l'étais promis, je passai, sur le chemin du retour, par al-Shaba. Il subsistait peu de chose de la bourgade, réduite quasiment à l'état de ruines livrées aux ronces et au chiendent, où s'étaient installées des familles de Bédouins. Lorsqu'ils apprirent que j'étais originaire de ce village, ils m'accueillirent comme si j'étais de leur tribu. Je ne retrouvai pas la tombe de mes parents, le domaine étant recouvert d'une végétation sauvage. Plus rien ou presque ne correspondait aux images qui surnageaient dans ma mémoire : le puits où ma mère et mes sœurs allaient puiser notre eau, le pigeonnier où je me réfugiais pour observer les environs, les vestiges de la villa romaine que le grand séisme avait fait remonter au jour...

De retour à Saint-Jean-d'Acre, j'appris que le roi Jean et le cardinal-légat Pélage faisaient voile de concert vers l'Occident...

LIVRE III (1222-1244)

1
Un roi de pestilence

Cette fameuse croisade impériale tant souhaitée, on avait fini par ne plus y croire. Il faut dire que, par un jeu de masques qu'il pratiquait en permanence, l'empereur Frédéric trompait bien son monde. Aujourd'hui, des années après, nous en sommes encore à nous interroger sur la véritable nature de ce personnage sibyllin. Empereur d'Allemagne et roi de Sicile, il avait passé plus de temps au pied de l'Etna que dans les forêts de Germanie, où il avait vécu moins de dix ans. Protégé de la papauté, il passait des heures, dans ses palais de Sicile, en compagnie des ulémas pour s'initier à l'islam. Il se plaisait dans la compagnie des femmes, mais ne dédaignait pas celle des garçons...

Ce personnage étrange avait une physionomie conforme à sa nature : glabre, chafouin, coiffé de cheveux roux, myope. Il avait pris la croix étourdiment, l'année 1215, avec, semble-t-il, la ferme intention d'oublier sa promesse, peu convaincu qu'il était de la nécessité de déloger de Syrie et de Palestine des gens qui possédaient cette terre depuis le père Adam. Les philosophes qui nourrissaient son esprit — Averroès et Avicenne notamment — auraient pu justifier cette tournure d'esprit où les pontifes ne voyaient qu'une contradiction due à l'intense curiosité qui l'animait.

Des terrasses de ses palais siciliens, Frédéric écoutait la voix de Rome, mais il lui préférait la suave musique venue des confins du Levant, mêlée à la rumeur de l'Etna qui ronronnait comme un gros chat dans son repaire de soleil et de vent. Il menait là une existence conforme à sa nature, passant ses jours en compagnie des astrologues, des mathématiciens et des philosophes arabes, ses nuits dans les bras de ses esclaves mauresques et de ses pages. Il se disait que la croisade pouvait bien attendre. Se souvenant de l'échec lamentable de celles qu'avaient conduites son grand-père Barberousse et son père Henri, il n'était pas pressé de prendre le même chemin.

Le pape Honorius ne l'entendait pas de cette oreille. Son prédécesseur, Innocent III, n'avait pas été dupe de l'engagement pris par son pupille, qui ne lui paraissait pas avoir l'étoffe de ses ancêtres. Plus conciliant ou plus naïf, Honorius se disait qu'avec l'âge et les responsabilités du trône, Frédéric prendrait conscience de sa mission de roi des Romains. Il reçut la couronne impériale des mains du vieux pontife en l'an 1220, au temps où, pris dans le piège égyptien, nous pataugions dans les boues du Nil, devant Damiette.

Pressé par Honorius de prendre enfin les armes, Frédéric renouvela sa promesse... et, une nouvelle fois, se garda de l'honorer, prétextant une rébellion chez ses barons de Germanie ou une maladie qui le contraignait à l'inaction. Il était si fertile en faux prétextes que le pape se laissait berner mais, à la longue, décida que ce galopin d'empereur s'était assez moqué de lui. Frédéric avait bien envoyé une avant-garde en Égypte, au secours du roi Jean, mais le gros de l'armée ne suivait pas et les navires restaient à l'ancre.

Vilipendé par toute la Chrétienté, *l'empereur d'Occident*, comme nous appelions Frédéric, faisait le gros dos et allait chercher des consolations à sa faute et des certitudes à ses doutes auprès des docteurs de la loi coranique.

La vérité, j'en eus la confirmation par la suite, est que Frédéric avait perdu la foi dans la religion de ses ancêtres. Ce raisonneur attaquait ce qui restait en lui de foi chrétienne avec le boutoir de la philosophie. Il osa proclamer un jour où le doute l'assaillait :

— Si je me rends en Palestine, ce sera pour écouter le chant des muezzins...

Après notre retour d'Égypte, je n'eus que peu souvent l'occasion de revoir le roi Jean. Durant des mois, il ne sortit guère de ses résidences d'Acre ou de Tyr, accablé, semblait-il, par la honte d'une défaite dont il n'était pas responsable mais qu'il assumait. Quant au cardinal-légat, nous n'eûmes plus de nouvelles de lui, comme s'il cherchait à se faire oublier, alors qu'il aurait dû, s'il avait été homme d'honneur, mettre fin à ses jours.

Comme nous en étions convenus, je remis à Ernoul mes observations écrites sur la campagne d'Égypte. Il m'en remercia chaleureusement. Il avait encore grossi, s'était laissé pousser la barbe et se négligeait de plus en plus. Il daigna me révéler quelques chapitres de son *Histoire* : elle se présentait comme une accumulation de détails, sans donner l'impression du moindre talent ; contrairement à son prédécesseur, Guillaume de Tyr, ou à Étienne Josserand. Je ne lui en fis pas la remarque et ne lui reprochai pas d'avoir pris à son compte mes propres notes.

— J'ai une grande nouvelle à t'annoncer, me dit-il.

De retour du château d'Acre, il avait appris, de la bouche du patriarche, que le roi Jean allait se rendre à Rome à l'invitation du pape Honorius, pour plaider sa cause dans le conflit qui l'avait opposé à Pélage. Jean partit au début d'octobre de l'an 1222, en compagnie de son adversaire, du patriarche Raoul et des représentants des ordres militaires.

J'aurais donné une année de ma vie pour assister à la réunion qui mettrait en présence du pape le roi, l'empereur et le légat. Ce que je puis dire c'est que notre bon souverain s'en tira avec honneur et que toutes les erreurs de la campagne d'Égypte furent imputées à Pélage. Honorius décréta qu'à l'avenir le roi seul serait habilité à déclencher des opérations militaires et à régir les conquêtes qui pourraient s'ensuivre.

Je suppose que le roi demanda à l'empereur s'il aurait bientôt l'honneur, le plaisir et l'avantage de le voir débarquer en

Terre sainte avec son armée ; je présume, dans ce cas, que Frédéric dut lui faire une de ces réponses dilatoires dont il avait le secret. Jean n'osa sans doute pas reprocher à Frédéric de n'avoir envoyé que trop tard, alors que les jeux étaient faits, un détachement dans le Delta : notre souverain était un homme bien élevé et qui savait garder ses distances.

Comme on bavardait beaucoup à la cour de Rome, le roi s'informa de la nature de cet empereur dont le comportement et les opinions le déconcertaient et parfois l'amusaient car il avait de l'esprit et la repartie facile. Frédéric parlait six langues, dont l'arabe, et, curieux en diable, se livrait à des expériences étranges sur les matières qui l'intéressaient. C'est ainsi qu'il avait fait enfermer un condamné à mort dans un tonneau avec l'espoir de voir son âme s'envoler. Il avait fait cloîtrer de jeunes enfants pour savoir si la langue qu'ils parleraient d'instinct en sortant pourrait être celle des origines. Il avait fait plonger des pêcheurs dans la mer pour éprouver les limites de leur résistance... Autant de folies qu'il était bien le seul à prendre au sérieux.

Frédéric avait manifesté son insatiable curiosité en d'autres circonstances plus scabreuses.

Un jour qu'il s'entretenait avec François d'Assise, de retour de Terre sainte, il forma l'idée de mettre sa chasteté à l'épreuve. Ayant conçu des doutes quant à la fiabilité de sa foi et de ses arguments après l'échec de la mission du *Poverello* auprès du sultan d'Égypte, il introduisit dans le lit du moine la plus ardente de ses concubines et, caché derrière une tapisserie, assista à la scène. Elle fut brève. Ayant dit ses oraisons du soir, à genoux devant la croix, François entra dans son lit, sursauta, bondit, puis, sans élever la voix, car la colère lui était étrangère, il somma la succube de se retirer. Il lui donna sa bénédiction, lui jeta une couverture sur les épaules et la raccompagna, en la tenant par la main, jusqu'à sa porte.

Si Dieu y avait prêté quelque attention, les destins de l'empereur et du roi n'eussent jamais dû se croiser.

Pour Frédéric, marié très jeune à Constance, princesse aragonaise, et veuf peu de temps après, le temps était venu pour lui de songer à une nouvelle union. S'il n'était guère pressé de convoler, d'autres, soucieux de l'avenir de la dynastie des Hohenstaufen, l'étaient pour lui.

De la reine Marie de Jérusalem, le roi Jean avait eu une fille, Yolande. Elle venait, à notre retour d'Égypte, d'avoir onze ou douze ans. À la mort de sa mère, elle pouvait prétendre au trône de Jérusalem, Jean de Brienne n'étant qu'une sorte de baile portant le titre de roi. L'idée vint au pape Honorius de marier cette enfant à Frédéric. Elle séduisit le roi et enchanta l'empereur qui voyait en cette union l'amorce d'une prise de pouvoir dans le royaume chrétien et, avec ses autres possessions, la perspective d'une souveraineté universelle.

Ce projet de mariage plaisait à tous, sauf au roi Philippe Auguste, qui convoqua Jean à Paris et lui fit sévèrement la leçon en ces termes :

— Messire Jean, je dois vous dire que vous avez agi légèrement en accédant sans daigner me prévenir à cette union. Avec Frédéric, vous êtes tombé dans les rets d'un ambitieux sans scrupule. Imaginez que votre Yolande, une fois mariée, vienne à disparaître, que Dieu nous en garde ! À qui reviendrait le royaume de Jérusalem ? Pas à vous, son père, qui n'êtes souverain que par délégation, mais à l'empereur d'Allemagne. Nous, Chrétiens de France, nous tenons ce royaume depuis plus d'un siècle, et vous en faites pour ainsi dire cadeau aux Teutons !

Le roi Philippe était, il faut le dire, après les démêlés conjugaux qui lui avaient valu l'excommunication, expert en matière de droit matrimonial...

J'ai appris que notre pauvre souverain revint, bouleversé, de cet entretien, qu'il effectua des démarches pour rompre sa promesse, mais dut y renoncer, craignant une réaction brutale de ce personnage imprévisible qu'était Frédéric. De toute manière, il était trop tard pour se désister : une escadre latine conduite par le comte de Malte, Enrico Pescatore, qui avait conduit des chevaliers bavarois dans le delta du Nil, était partie de Brindisi afin de faire célébrer le mariage par procuration.

Ébahie, la princesse Yolande apprit la nouvelle de son mariage lorsque la flotte accosta à Acre. Elle faillit défaillir lorsqu'elle vit s'incliner devant elle un vieillard, qui n'était pas son promis mais l'évêque italien de Patti. Il fallut lui expliquer avec beaucoup de ménagement qu'il s'agissait d'un mariage *par procuration* et qu'elle n'aurait pas à partager la couche de ce barbon. On procéda ensuite à son couronnement dans la cathédrale de Tyr.

Le jour de son départ vers l'Italie fut pour Yolande un déchirement : elle allait devoir renoncer à une enfance heureuse pour une aventure incertaine, cohabiter avec cet empereur Hohenstaufen dont elle n'avait même pas vu le portrait en miniature, comme cela se faisait d'ordinaire. Certains lui vantaient la somptuosité des palais impériaux, le faste qui entourait son fiancé, son amabilité et sa tolérance ; d'autres lui glissèrent à l'oreille qu'elle allait tomber aux mains d'une sorte de satrape et d'Antéchrist. Je plaignais cette enfant sacrifiée, comme tant d'autres avant elle, à la raison d'État, ce Moloch étranger aux sentiments humains. De temps à autre, lorsque je me rendais aux audiences du château royal, je la voyais jouer dans le soleil avec d'autres adolescentes, au milieu des jardins. Elle était vive, souriante, aimable avec tous.

Le jour de son départ je la suivis jusqu'à l'embarcadère, en compagnie de la cour et du maître du Temple. Elle marchait d'une allure saccadée, comme si on la conduisait au supplice. Sur le point d'emprunter la passerelle, je l'entendis murmurer :

— Adieu, douce Syrie, je ne te reverrai jamais...

Le lendemain de ses noces, Frédéric, brutalement, jeta le masque. Au cours d'une partie de chasse au guépard dans la campagne des Pouilles, autour de Brindisi où avait eu lieu le mariage, il dit à son beau-père :

— Sire, laissons la chasse aller son train. Nous avons à parler, vous et moi.

Ils s'assirent sous le bosquet de chênes verts dominant une baie pétillante de soleil, où glissaient des voiles multicolores. Frédéric poursuivit :

— Je ne vous apprendrai rien en vous disant qu'il va falloir renoncer à votre titre de roi. Le royaume de Jérusalem revient à votre fille et la couronne passera de vous à moi. Pardonnez à ma franchise, mais je n'aime guère les situations fondées sur un malentendu. En revanche, je souhaite garder de bons rapports avec vous et demander conseil, le cas échéant, à l'homme sage et prudent que vous êtes.

Jean de Brienne n'eut garde de protester, tant ces considérations étaient évidentes, mais cet entretien le décevait : il avait espéré que son gendre lui laisserait la régence du royaume avec le titre de roi. Ce bel espoir sombrait, là, sous le radieux soleil d'Italie, comme dans un gouffre.

D'autres déceptions l'attendaient. Par une dame de compagnie de Yolande, il apprit que le sacrifice nuptial n'avait pas été consommé. La pauvrette avait attendu son époux toute la nuit ; il l'avait passée dans son harem, avec quelques compagnons de plaisir ; d'autres affirmaient même que, cette nuit-là, il avait rejoint dans sa chambre une nièce du roi Jean, jugée plus séduisante que la mariée, et qu'il l'avait dépucelée.

Les rapports entre l'empereur et son beau-père s'envenimèrent au point que, dans une altercation qui les opposait, l'ex-roi Jean avait traité Frédéric de *fils de boucher*, Dieu sait pourquoi, ajoutant, avec une virulence qui ne lui était pas ordinaire :

— Je maudis ceux qui ont fait de vous un empereur ! Si je ne craignais la damnation éternelle, je vous tuerais de mes propres mains. Je vais me rendre à Rome et faire part au Saint-Père de vos ignominies.

Ainsi fit-il, à ce qu'on m'a dit, sans me révéler le contenu de leur entretien. Frédéric dut essuyer une semonce du pontife, ce qui ne lui importait guère, avec l'ordre de se rendre à Constantinople. Pourquoi cette ville ? Afin d'y assurer la régence du prince Baudouin. Frédéric obéit sans barguigner.

La destinée de Yolande fut brillante mais d'une extrême brièveté : elle mourut en couches à l'âge de seize ans, un jour de mai, l'an 1228. L'enfant qu'elle avait mis au monde, Conrad, devenait l'héritier légitime du royaume de Jérusalem.

Le pape Grégoire venait de succéder à Honorius. D'une autre étoffe que son prédécesseur, il exigea des explications sur les retards que Frédéric apportait à son départ pour la croisade, et menaça de l'excommunier. Frédéric, moins que jamais, n'éprouvait l'envie ou le besoin d'aller batailler outre-mer, à cause d'une promesse qui remontait à treize ans ! Il avait d'autres soucis, comme de mater certaines provinces rebelles de son immense empire. D'autre part, sa sympathie pour le sultan al-Khamil lui interdisait de lui faire la guerre pour des motifs qui lui étaient étrangers. Il s'était établi entre ces deux personnages des relations étroites en rapport avec des problèmes relevant des mathématiques, de la philosophie et de la religion ; des courriers faisaient en permanence la navette entre Le Caire et les résidences impériales.

Par l'intermédiaire d'Ernoul, j'eus connaissance d'un courrier adressé à l'empereur par un érudit, auteur d'un ouvrage intitulé : *Traité des nombres carrés.* Il évoquait « une question aussi intéressante pour la géométrie que pour l'arithmétique : trouver un nombre carré tel que, si l'on y ajoute, ou si l'on en retranche cinq, le résultat soit toujours un nombre carré ». Frédéric se hâta de soumettre ce problème à son ami le sultan, lequel le confia à ses savants.

Tel était le bon côté de cette nature équivoque, le mauvais étant, outre son égoïsme et sa propension à vouloir dominer le monde, une attitude indifférente et même parfois hostile à la foi chrétienne. Il était davantage attiré par l'islam dans lequel il avait baigné dans sa jeunesse, à la cour de Palerme fréquentée par les Maures.

Un jour que, se trouvant à Acre, il s'informait auprès d'un émir de la nature du califat, un érudit lui répondit que le calife est le descendant en ligne directe du Prophète.

— Il n'en va pas de même, rétorqua l'empereur, chez les Chrétiens ! Ils prennent un homme quelconque, sans nulle parenté avec le Messie, et en font un pape. Votre calife peut justifier de tous les droits, alors que le pape n'en a aucun...

C'est dire que la perspective d'une croisade ne tentait guère cette sorte de César. S'il céda, c'est moins par conviction que par l'envie qui le pressait de rencontrer le sultan.

En septembre de l'an 1227, le pape Grégoire, perdant patience, somma le temporisateur de partir pour la Terre sainte, et pas pour y résoudre des problèmes de philosophie. Frédéric prit le prétexte d'une maladie qu'il soignait à Pouzzoles pour ajourner une nouvelle fois la date du départ. L'excommunication tomba sur lui comme un trait de foudre. Il s'y attendait, ce qui fait qu'elle ne le troubla guère, et même arrangea ses affaires, car cette mesure lui interdisait de conduire une croisade ! En revanche, elle le privait de la rencontre souhaitée ardemment avec al-Khamil. Il pesa le pour et le contre et, à la surprise générale, décida de passer outre aux foudres romaines et de s'embarquer pour le Levant. Il avait encore en tête l'appel au secours que le sultan venait de lui adresser pour un conflit qui l'opposait à son frère de Damas, Muazam, qui menaçait d'envoyer contre lui, à la suite de je ne sais quel différend, ses escadrons de Turkmènes.

Comme le roi Richard Cœur de Lion avant lui, Frédéric fit escale à Chypre et oublia de se rendre à Constantinople pour régler le problème de régence qui attendait son arbitrage et l'attendrait longtemps. Il se présenta dans l'île en conquérant et, par la force plus que par la conviction, soumit à son autorité les fiers barons chypriotes. Il fit de même à Antioche et à Tripoli jumelées sous le sceptre de Bohémond qui, le voyant paraître, décampa.

Étrange début de croisade... Les premiers adversaires de l'empereur étaient non des Musulmans mais des Chrétiens ! Les territoires conquis n'étaient pas ceux des sultans mais des barons...

Alors qu'il approchait d'Acre, Frédéric reçut de Rome un courrier qui le combla d'aise en renouvelant son excommunication : le pape s'était heurté à une révolte populaire savamment orchestrée en faveur de l'excommunié, violente au point qu'il dut se réfugier dans son palais de Viterbe. Frédéric poursuivit sa singulière expédition en se disant que la prise de Jérusalem le relèverait de son excommunication. Il s'était assuré déjà d'une modeste victoire contre ce vieillard irascible qui le poursuivait de sa vindicte, en embarquant dans sa flotte une escorte de grands prélats italiens que Sa Sainteté se garderait d'excommunier.

Si Frédéric comptait sur le soutien des ordres militaires, il fut déçu : seuls les chevaliers Teutoniques d'Hermann von Salza l'assurèrent de leur appui. La plupart des templiers et des hospitaliers lui manifestèrent leur hostilité.

J'assistai à une réunion de barons et de clercs lorsque l'empereur, précédé d'une fanfare tonitruante et d'une bande de baladins costumés comme pour Carnaval, prit pied dans le port d'Acre, sous les fenêtres de notre couvent. La présence dans l'assistance des archevêques de Césarée et de Nazareth ne laissait pas de me surprendre, car elle constituait un désaveu de l'autorité pontificale. Il est vrai que nous attendions beaucoup de cette « croisade impériale », notamment le retour de Jérusalem au royaume. Le maître des Templiers et celui des Hospitaliers ne faisaient pas exception à la règle en acceptant, à la réflexion, de composer avec le réprouvé, bien qu'ils se fussent heurtés à une forte opposition de la plupart des frères.

Le rouge me monta au front quand je vis, lors de la réception qui suivit, dans le château de Jean de Brienne, les barons chrétiens plier le genou devant l'Antéchrist et lui faire hommage de leurs armes. Il eût fallu être bien naïf pour croire à leur sincérité : ils n'attendaient rien d'autre de l'empereur que la restitution des fiefs qu'ils avaient perdus dans la bataille de Tibériade...

J'ignore ce qui incita l'empereur à choisir comme lieu de résidence le château de Ricordane, situé à deux ou trois lieues d'Acre, au milieu d'une campagne dominée par des moulins et envahie par des oliveraies. Peut-être cette demeure lui rappelait-elle son château des Pouilles. C'est de là que partit une ambassade destinée à le rappeler au bon souvenir du sultan ami. Leurs rapports n'avaient que peu souffert de ce projet de croisade, et al-Khamil devait se dire que l'empereur philosophe hésiterait à prendre les armes contre lui. Pourtant, à l'invitation que lui firent les émissaires de l'ambassade, d'une rencontre à Jérusalem, le sultan se récusa car il eût été désapprouvé de tout l'Islam. Il gardait néanmoins son amitié à Frédéric.

Des plénipotentiaires envoyés par les autorités religieuses de Terre sainte au pape Grégoire, pour relever l'empereur de son excommunication, essuyèrent un échec. Non seulement le pontife s'obstinait dans sa haine, mais il envoya en Palestine deux prédicateurs franciscains chargés de proclamer une sorte de guerre sainte contre l'Antéchrist. Le résultat immédiat de cette querelle fut une scission entre les partisans de Grégoire et ceux de Frédéric. Au cours des assemblées et des colloques qui regroupaient barons et chevaliers, je fus témoin de la violence de cette discorde qui, en créant une ambiance délétère, risquait de déboucher sur une guerre fratricide.

Qu'en était-il du château de Ricordane ? On m'assurait que l'ambiance y était devenue irrespirable, Frédéric passant de l'abattement à des colères subites et violentes. L'ambiguïté faite homme, il détestait, paradoxalement, les situations équivoques et, partagé qu'il était entre sa mission de reconquête et son amitié pour le sultan, il vivait mal cette situation désarmante.

J'étais, pour mon humble part, en tant que moine-soldat, tenu de garder fidélité et obéissance au Saint-Père, car nous relevions directement de son autorité. Nous en avions d'ailleurs reçu l'ordre impératif. Je tenais l'empereur pour un fieffé coquin, mais les décrets de Rome me semblaient outranciers par leur intransigeance. Les deux antagonistes étaient allés trop loin, refusant tout accommodement sérieux, enfermés qu'ils étaient dans leurs griefs. La reconquête de Jérusalem, me disais-je, valait bien quelques concessions de la part de Rome !

Les réserves que le sultan opposait à la restitution de la Ville sainte avaient été sensibles à Frédéric. Un envoyé d'al-Khamil lui avait déclaré :

— Mon maître n'est pas hostile à ce projet, mais il redoute la réaction de ses sujets. Nous avons, comme vous, nos lieux saints dans cette ville. Vous la céder de bonne grâce risquerait de déclencher un soulèvement général de l'Islam.

— Sans doute, avait bougonné Frédéric, mais personne n'empêcherait vos croyants de poursuivre leurs pèlerinages si nous garantissions leur sécurité.

— Peut-être y aurait-il un moyen d'épargner des ennuis à mon maître : montrez-vous menaçant, effectuez une démonstration de force, de manière que nos fidèles prennent peur et finissent par accepter un compromis à votre avantage...

Conseil subtil mais dangereux. Frédéric, qui languissait depuis des mois dans le triste château de Ricordane, trouvait là une occasion de montrer qu'il était le conquérant que beaucoup attendaient. Il s'entretint de cette proposition avec le maître des chevaliers Teutoniques et lui confia son intention de lancer ses troupes sur la Ville sainte.

La marche sur Jérusalem se présentait dans des conditions déplorables : au manque de conviction de Frédéric s'ajoutaient l'insuffisance des contingents, le manque de ressources et l'absence d'adhésion des Chrétiens retenus par les consignes de Rome. Templiers et hospitaliers n'avaient consenti qu'à leur corps défendant à suivre la « croisade » mais en se dissociant de la colonne. Nombre de barons s'étaient abstenus.

Sollicité par le maître de participer à cette opération, je ne pus me dérober, de même qu'une bonne centaine de nos frères. Nous cheminions à une journée à l'arrière du gros de l'armée. Le surlendemain de notre départ, dans la plaine de Saron, l'Empereur nous attendait, la mine sombre. Il nous lança :

— Votre comportement est grotesque ! Vous vous mêlez à nous ou vous faites demi-tour !

— Nous avons reçu des consignes du maître, bredouilla le maréchal, et nous devons...

— Ce que vous devez faire, je vais vous le dire : vous allez à la reconquête de Jérusalem, non pour moi mais pour le Seigneur ! Ce n'est pas à moi, à votre maître ou au Saint-Père que vous devez obéissance, mais à Dieu. Faites votre choix !

Le discours de ce diable d'homme était d'une logique implacable. Au cours d'un conseil en plein vent, sur la plage, au milieu des feux de la nuit, la décision fut prise à l'unanimité d'accompagner l'empereur à titre d'auxiliaires, en gardant la liberté de rompre les ponts à tout moment au cas où le comportement de Frédéric nous paraîtrait incompatible avec notre honneur.

C'est ainsi que nous arrivâmes, en longeant le littoral, à Jaffa, où nous rejoignirent les hospitaliers qui, ayant reçu la même semonce, avaient adopté la même attitude que nous. Le temps était exécrable. Une tempête avait jeté à la côte la flotte chargée de notre ravitaillement, si bien que, dépourvus que nous étions de vivres et d'avoine pour nos chevaux, nous fûmes astreints aux expédients coutumiers : la picorée, l'épée au poing, dans les villages proches qui, Dieu merci, étaient bien pourvus en subsistances. Nous étouffâmes nos scrupules : nécessité fait loi...

Entre l'Empereur et le sultan, la comédie se poursuivait, avec une alternative de protestations de la part d'al-Khamil et d'excuses hypocrites chez Frédéric. Tout le monde paraissant satisfait, nous retroussâmes nos manches pour relever les fortifications démantelées quelques années auparavant par Muazam. Une partie de l'hiver se passa à ce travail de titan.

Un matin de février, une escorte de Mameluks en grande tenue conduisit à l'empereur l'émissaire ordinaire du sultan : Kakr al-Din. Ce personnage, qui s'était lié d'amitié avec Frédéric, apportait une proposition de paix pour dix ans, assortie de propositions honorables concernant la restitution des Lieux saints : on nous rendrait non seulement Jérusalem, mais Nazareth, Bethléem, une partie de la seigneurie de Sidon, mais le sultan conserverait les provinces de Tibériade, de Samarie et de Judée, pour, en cas de désaccord, réoccuper rapidement la Ville sainte.

Il y eut des protestations dans nos rangs lorsque nous apprîmes que le bâtiment abritant notre maison chevetaine, dans l'ancien Temple de Salomon, ne nous était pas restitué. Même mécontentement chez les barons : ils perdaient le Krak de Moab, ancien repaire de Renaud de Châtillon, le prince-brigand, et diverses places fortes. En fin de compte, les seuls à être satisfaits de cet accord étaient Frédéric et al-Khamil. La première réaction d'hostilité vint du patriarche Giraud : il proclama l'interdit sur Jérusalem, ce qui nous défendait tout exercice religieux.

Chez les Musulmans aussi la colère gronda, mais pour des motifs différents des nôtres : ils estimaient que le sultan accordait trop de faveurs aux Chrétiens. La restitution de Jérusalem s'accompagna d'un exode des croyants. Accablés de tristesse, ils gémissaient : « Il est douloureux de voir Jérusalem tomber en ruine, l'astre de sa splendeur disparaître ! Pour elle, nos larmes sont trop peu abondantes, car c'est à flots qu'elles devraient couler... » Ainsi s'exprimait un poète ; ainsi pensait le peuple du Prophète.

Notre entrée dans Jérusalem n'eut rien de triomphal. Elle se fit par un printemps grisâtre et humide, dans un silence de nécropole. Des gens venaient à nos devants, se cramponnaient à nos capes avec des lamentations, des femmes s'allongeaient en travers de notre chemin. Nous rassurions de notre mieux ces malheureux, leur assurant que cette prise de possession se ferait sans violence et que nous, les moines-soldats, nous y veillerions ; ils pourraient continuer à vénérer Allah et le Prophète.

Notre maison chevetaine nous étant interdite, je retrouvai avec émotion la demeure de modestes dimensions où nous attendait le frère Thierry ; il était si bouleversé qu'il dut s'aliter, si absent au monde qu'il ne me reconnut pas.

Le jour même de notre arrivée, Fakr al-Din, l'émissaire du sultan, apporta à l'empereur une nouvelle qui lui fit l'effet d'un coup de poignard : le pape Grégoire venait d'entrer en guerre ouverte contre lui. Alors que Frédéric, par des méthodes peu orthodoxes mais efficaces, venait de rendre les Lieux saints à la Chrétienté, avec en plus dix années de paix, le pape, atteint, je suppose, de sénilité précoce, s'acharnait sur lui. Pour financer sa campagne contre les possessions italiennes et siciliennes de l'Empire, Grégoire avait décrété la perception arbitraire d'une dîme sur le clergé et la noblesse. J'imagine sans peine la stupéfaction et l'indignation des clercs et des nobles de France, d'Angleterre et d'Allemagne à l'annonce de cette charge, destinée à financer une guerre qui ne les concernait en rien, dans des pays dont ils ignoraient tout, et cela, proclamait le Saint-Père, *pour la rémission de leurs péchés...*

À l'abbaye de Westminster, un dimanche où les seigneurs, les ordres militaires et religieux chantaient la *Miséricorde du*

Seigneur, un prêtre donna lecture de la lettre pontificale réclamant la dîme sur tous les biens meubles. Le tollé fut retentissant ! Les religieux durent s'incliner, mais les laïcs récusèrent ce décret. La levée fut maintenue et se porta d'office, outre les biens meubles, sur la nourriture des animaux, la location des charrues et les céréales en herbe !

En France, Grégoire avait réclamé et obtenu le reliquat des fonds collectés pour la croisade contre l'hérésie cathare.

L'Empereur-roi dut s'aliter à quelques jours de son arrivée, en proie à une fièvre qui lui était montée au cerveau et faisait craindre pour ses facultés mentales et même pour sa vie. Il y avait, j'en conviens, de quoi perdre la tête.

Pour mener sa guerre, le pape avait fait appel à celui qui avait les meilleures raisons du monde de voir en Frédéric son ennemi : l'ex-roi Jean, redevenu sire de Brienne, qui se trouvait alors en exil à Constantinople. Grégoire avait pour lui une autre ambition : le faire couronner à la place de Frédéric.

Jean ne se fit pas répéter cette proposition : il prit par la mer le chemin de l'Italie, se porta à la tête de l'armée pontificale, à laquelle s'étaient joints quelques barons italiens ou allemands victimes des caprices ou des exactions de l'empereur. Il envahit les Pouilles et la Sicile sous les bannières du Saint-Siège, pillant et massacrant les rebelles à la loi de Rome.

Jérusalem encore sous le coup de l'interdit fulminé par le patriarche, le couronnement du nouveau roi se déroula néanmoins dans l'église du Saint-Sépulcre, mais sans office religieux. Il manquait à cette cérémonie la foule habituelle, qui avait jugé bon de s'abstenir pour ne pas paraître cautionner un souverain excommunié. Les ordres militaires n'étaient représentés que par les chevaliers Teutoniques qui formaient autour du roi une garde patricienne, et le clergé par les évêques de Capoue et de Palerme. Cette cérémonie de nature laïque, dans un lieu sacré entre tous, avait de quoi déconcerter. Frédéric plaça lui-même la couronne sur sa tête, laissant au baron Hermann von Salza le soin de lire le texte de la proclamation.

Frédéric ne perdit pas son temps en oraisons sur le tombeau du Christ, la pierre du Golgotha et la Via Dolorosa. En revanche il consacra une journée à la visite des lieux saints de l'Islam, la mosquée d'Omar notamment, devant laquelle il s'extasia. En quittant ce lieu saint il rencontra un prêtre occupé à faire la quête sur le parvis de la mosquée du Rocher ; il le prit au collet, le molesta, le traita de porc et menaça de le faire décapiter s'il le retrouvait sur son chemin. Il ouvrait sa fenêtre pour mieux entendre l'appel des muezzins...

Il avait promis, au départ de son expédition, de faire relever les murailles de la ville. Les barons le pressèrent de tenir ses promesses, mais il temporisa et, finalement, renia sa parole, arguant qu'il avait juré au sultan de laisser les choses en l'état. Lorsque nous insistâmes pour réoccuper notre maison chevetaine, il fit la sourde oreille : rien ne pressait ! Nous nous serions contentés du manoir du Roi, vaste bâtiment à l'abandon, proche de la tour de David, mais il y installa ses *enfants chéris*, les chevaliers teutoniques.

J'assistai à l'exécution du décret d'interdit. Des prêtres firent table rase des autels, retirèrent de leur châsse les saintes reliques, enlevèrent les portes des sanctuaires et les remplacèrent par des buissons de ronces que l'on n'écartait que pour les sacrements du baptême et la confession des agonisants.

Frédéric ne resta qu'une semaine à Jérusalem. Il détestait, me dit-on, cette ville. Hormis quelques moments d'émotion, il n'y avait ressenti qu'une sourde hostilité et essuyé quelques rebuffades. Les Musulmans étaient persuadés qu'il n'était pas plus chrétien que musulman, qu'il appartenait à la race honnie des incroyants.

Ce en quoi, j'en ai la conviction, ils n'avaient pas tort.

Il quitta la ville au petit jour, en catimini, et repassa par Jaffa où il ne fit qu'une brève halte, comme si le sol de la Palestine lui brûlait les semelles. Il avait hâte de retourner en Italie pour demander des comptes à Grégoire et à Jean de Brienne. Je refusai de me mêler à un groupe de mes frères templiers, chargés, sur l'ordre du maréchal, de le capturer dans la traversée de la plaine de Saron, et qui échouèrent, Dieu merci. Je réprouvais ces méthodes indignes qui ne firent que renforcer l'hostilité de l'Empereur pour les religieux.

Frédéric était entré sans encombre à Jérusalem ; il n'en alla pas de même à Saint-Jean-d'Acre.

La ville était en pleine révolution. Frédéric avait tout le monde contre lui : les autorités et la population. Il laissa échapper sa colère en apprenant que le patriarche se proposait de lever une armée pour entrer en guerre contre le sultan. Il eut avec lui une entrevue brève mais violente.

— Je suis surpris de votre intention, dit Frédéric, de remettre nos chevaliers en armes alors que nous jouissons d'une paix de dix ans !

— Peut-être, riposta Giraud, avez-vous décidé que nous dussions être en paix avec ces païens, mais le couteau reste dans la plaie et y restera aussi longtemps que je le déciderai.

— Puis-je vous rappeler que vous n'avez pas le droit d'utiliser les services de mes chevaliers sans mon consentement ?

— Votre consentement, dites-vous ? Comment pourrait-on faire confiance à l'appréciation d'un pécheur sous le coup d'une excommunication ?

Jugeant que c'en était trop et peu sûr de pouvoir plus longtemps maîtriser la violence qui bouillonnait en lui, Frédéric avait tourné le dos au patriarche et s'était retiré en claquant la porte.

Le lendemain, au cours d'une assemblée qui se tint sur la plage des Sablons d'Acre, et à laquelle participèrent clercs et laïcs, il tenta une nouvelle fois de justifier son comportement, de démontrer les contradictions du pape Grégoire, de dénoncer son agression contre ses domaines. Il ne voulait pas, dit-il, quitter la Palestine en laissant derrière lui des doutes et des calomnies. Sincère ou non, ce malheureux prince, déchiré par lui-même et par les autres, parvint à émouvoir quelques barons et chevaliers mais, comme ils étaient presque tous d'origine italienne ou allemande, leur opinion n'avait guère de poids en l'occurrence. Les poulains se montrèrent plus réservés. Je faillis lui tenir tête quand il s'en prit à Pierre de Montaigu, maître du Temple qui, en s'opposant à lui, n'avait fait que se soumettre aux décrets du Saint-Père, souverain en toutes choses. J'hésitai puis renonçai pour ne pas ajouter une épine à celles qu'il portait déjà au talon, et pour ne pas marcher sur les brisées du maréchal ou du sénéchal, auxquels il aurait appartenu de le faire.

Tandis qu'il nous entretenait de ses problèmes, assis sur un petit banc de toile, à même le sable, il avait derrière lui, je m'en souviens, le baron Hermann von Salza. Debout, appuyé au tronc d'un tamaris, les bras croisés sur sa large poitrine marquée d'une grande croix pourpre, il donnait l'image d'un ange tutélaire prêt à dégainer son épée pour défendre son protégé.

Aujourd'hui, bien des années après cette scène éprouvante, alors que l'âge, la fatigue et la maladie m'imposent une retraite méritée, je puis juger le personnage de Frédéric avec plus d'objectivité et de sérénité. Sans nier le péché dans lequel il s'est vautré tout au long de sa vie, sans oublier qu'il fut un adversaire irréconciliable de Rome, qu'il s'adonna à des curiosités malsaines pour l'Islam, qu'il manqua souvent du moindre scrupule, j'incline à l'indulgence envers lui. Ses mœurs, dit-on, étaient odieuses ? ni plus ni moins que celles de nos poulains, et même de religieux que je connais. Il était peu porté sur les armes ? mais ce n'est pas le Chrétien sincère que je suis qui pourrait lui reprocher sa répugnance pour les massacres.

L'équivoque qui a enveloppé ses décisions et ses actes résulte du fait qu'avant d'être un homme de foi, il était un philosophe, passionné de Platon et d'Aristote, un chercheur de lumière. Pupille de deux papes, il aurait pu, en faisant abstraction de ses élans contestataires et en renonçant à la position insoutenable qui consiste à opposer la foi à la raison, devenir le souverain du monde occidental qu'attendait Rome et que, peut-être, il souhaita devenir. Mais, détenteur de la couronne universelle, eût-il imposé un dieu unique, ce dont Rome lui eût fait un devoir ?

J'en demande pardon au Seigneur, mais cette équivoque qui obsédait l'empereur, je l'ai moi-même ressentie, de par ma double origine, de par la sincérité et la justesse de jugement que chacun me reconnaît. Aujourd'hui encore, sur la fin de ma vie, mes certitudes les plus éclatantes ne sont pas exemptes de brume.

Dans une ambiance de guerre civile, le patriarche réagit à cette tentative de justification en convoquant une sorte de plaid, dans le but de confirmer le décret d'excommunication et d'en menacer tous ceux qui pencheraient vers l'Empereur. Je me sentais visé en premier lieu, du fait de l'ambiguïté de certaines de mes prises de position portées à l'indulgence envers lui.

La réaction de Frédéric fut immédiate : il rassembla ses troupes, disposa des arbalétriers et des lanciers aux portes de la ville, déploya des cordons de sentinelles devant l'hôtel du patriarche et notre couvent proche du port, mais épargna la même vexation aux hospitaliers, chez lesquels il rencontrait moins d'hostilité. Il effectua une rafle des frères prêcheurs, qui parcouraient rues et places, à l'instigation de Giraud, pour tenter d'allumer le foyer d'une guerre sainte contre le tyran excommunié, et les fit battre de verges en place publique.

Sa vindicte se portait notamment sur l'ordre du Temple. Nous disposions d'une centaine de chevaliers montés et armés, soumis à une stricte discipline et animés d'une foi ardente. Avec une inquiétude qui s'accroissait de jour en jour, nous attendions que Frédéric fît donner l'assaut à notre couvent : un vaste bâtiment fortifié ouvrant sur la mer, doté d'un donjon carré au sommet duquel se dressait un ensemble de quatre lions dorés, reliquat d'une occupation ultérieure dont j'ignore l'origine. S'il s'était hasardé à faire le siège de cette forteresse, l'Empereur s'y fût brisé les dents. Il préféra y renoncer.

En regardant se relayer, pour les tours de garde, les chevaliers teutoniques de von Salza, je songeais à l'apostrophe du sultan Saladin au lendemain de la bataille de Hattin, dont j'eus connaissance grâce à des documents rassemblés par Ernoul : « Je veux purifier la terre de cet ordre immonde dont les pratiques ne sont d'aucune utilité, qui ne renoncent jamais à leur hostilité envers moi et, comme esclaves, ne rendraient aucun service. » Hattin a été le cimetière de beaucoup de nos frères. Je m'interrogeais sur le sort qui nous serait réservé au cas où nous ne pourrions résister à l'assaut des Impériaux, mais Frédéric n'était pas Saladin.

L'Empereur partageait son temps entre Acre, où von Salza veillait au grain, et sa résidence de Ricordane où il trouvait une ambiance susceptible de lui faire oublier ses déboires. Chaque matin, après avoir pris connaissance de son courrier, il partait pour la chasse au faucon, un de ses divertissements favoris. Il avait appris de ses compagnons syriens l'usage du capuchon pour ces rapaces, inconnu en Occident. Il savait reconnaître les particularités de chacune des huit espèces de ces volatiles. Parfois il se faisait accompagner d'un léopard apprivoisé et dressé pour la chasse.

Il passait une partie de sa journée dans la compagnie de savants musulmans experts dans les sciences des astres et des nombres, ou dans celle des chanteurs, danseuses et musiciens que lui envoyait son ami le sultan al-Khamil.

Pour les réceptions et les fêtes, il revêtait la tenue de ses invités musulmans. Ernoul, qui avait suivi Jean d'Ibelin dans cette retraite heureuse, me parla plus tard de cette demeure que Frédéric avait fait meubler et décorer de manière à lui rappeler ses palais de Sicile et d'Italie : vastes salles aux murs plaqués de marbre, ornées de tapisseries de soie et de fresques, bassins de mosaïque, hauts plafonds à caissons ornés d'arabesques en lettres d'or... On trouvait dans chaque pièce des statuettes, des meubles, des bibelots et des soieries achetés à des négociants byzantins qui les faisaient transiter par caravanes d'Égypte, de Perse, d'Inde et même de Chine.

— L'empereur, me dit Ernoul, est, dans ses agapes, d'une sobriété exemplaire : il goûte de tout et n'abuse de rien, à commencer par les vins. Il mange allongé sur un divan, en tunique de soie galonnée d'or et d'argent, son turban agrafé d'une grosse émeraude.

— Qu'en est-il, lui demandai-je, des orgies qui, dit-on, succèdent à ces festins ?

— On a beaucoup exagéré. Il est vrai que Frédéric, épicurien de nature, a goûté à tous les plaisirs de la chair, mais sans y sombrer, comme beaucoup de nos barons que je connais. J'en parle en connaissance de cause, car il me faisait souvent l'honneur de m'inviter. Le repas terminé — et il ne manquait de rien, tu peux me croire ! — ses esclaves nous apportaient des sorbets confectionnés avec de la neige prélevée dans les montagnes voisines et conservée dans des cavernes, ainsi que des fruits et des dragées. Puis Frédéric faisait claquer ses mains pour faire entrer les danseuses, les musiciens et les chanteurs. Cet intermède terminé, on rapprochait les divans pour favoriser les entretiens qui portaient principalement sur la philosophie et les sciences, des matières dont l'empereur est friand. En quelques soirées, j'en ai appris plus que durant toute mon existence. Je pourrais, par exemple, disserter sur le problème de savoir si Dieu eût toléré que l'on recherchât la vérité sur les chemins de la raison...

— Dis-moi plutôt comment se terminaient ces soirées.

— Ma foi, chacun faisait selon ses goûts, moi le premier. L'empereur laissait chacun de ses invités libre de choisir parmi les belles esclaves celle avec laquelle il souhaitait dormir. C'est la coutume dans ces contrées, et il ne faisait que la respecter. Ce que j'affirme, c'est qu'il n'avait pas, comme on l'a dit, des mœurs de satrape. Il me citait parfois le propos d'un docteur de la loi islamique, dont j'ai oublié le nom, et qui résume sa philosophie : « L'homme ne doit attendre ni la résurrection ni les joies paradisiaques d'après la mort : il doit se moquer des douleurs éternelles... »

— Cela relève d'une grande impiété, Ernoul ! Celui qui a proféré cette sentence mérite de rôtir dans les flammes de l'enfer !

— Il y retrouverait beaucoup de gens qui se disent bons Chrétiens !

Je me souviens qu'on faisait procès à l'empereur d'avoir renoncé aux exercices de la foi pour se livrer au culte honni des Musulmans, mais je crois que seule sa curiosité naturelle l'incitait à se plonger dans les arcanes du Coran. Cette rumeur scandalisait Ernoul.

— Que l'on m'en apporte la moindre preuve ! s'écria-t-il.

Je lui rappelai la parole du pape Grégoire : « Frédéric, ce *roi de pestilence* a déclaré que le monde a été trompé par trois imposteurs : Jésus, Moïse et Mahomet », mais je doutais, comme lui, d'ailleurs, que l'Empereur eût proféré ce blasphème incroyable.

— Dans un accès de colère, me dit Ernoul, peut-être s'est-il laissé aller à des excès de langage de cette sorte, mais je suis convaincu que ses paroles dépassaient sa pensée. Il s'en repentait d'ailleurs très vite, mais d'autres sont trop heureux de leur attribuer un fond de vérité et de les répandre...

Sur la fin du mois d'avril de l'an 1229, l'Empereur Frédéric songea au retour. Il résidait depuis dix mois en Terre sainte, si l'on excepte les quelques semaines passées à Chypre : dix mois de querelles incessantes, de tracasseries, d'humiliations, de menaces et, de sa part, de provocations. Triste bilan, avec, comme seul résultat positif — de grande importance, il est vrai — la restitution de Jérusalem et dix ans de trêve.

Nous vîmes, avec un soupir de soulagement, les soldats de Germanie et d'Italie libérer nos murs, Frédéric ayant renoncé à les prendre d'assaut. Il fit embarquer sur les galères de l'amiral de Malte les machines de guerre inutilisées et, par défi, brûla celles qu'il ne pouvait emporter. Il tempéra ses humeurs en nommant comme baillis, pour gérer son royaume, deux sages barons choisis parmi les poulains : Balian de Sidon et Garnier l'Aleman.

Redoutant que son rival ne fît ses adieux à la Syrie en faisant célébrer un office solennel en l'église Sainte-Croix, le patriarche Giraud jeta un interdit provisoire sur la ville, comme il l'avait fait pour Jérusalem. Une mesure que je jugeai excessive, mais je n'en dis rien.

Frédéric passa ses derniers jours en Syrie dans sa chère résidence de Ricordane. Il en fit enlever les meubles et les objets les plus précieux, laissant le reste aux barons qui lui étaient restés fidèles. De retour à Acre, dans les derniers jours d'avril, il se barricada dans son palais, entouré de sa garde teutonique, de crainte d'un attentat. Les nuits n'étaient pas plus calmes que les jours : devant le palais gardé par un cordon de sentinelles, lances croisées, se déroulait le défilé incessant d'une foule surexcitée qui faisait un tintamarre de casseroles et de tambours, proférait des insultes, des menaces et lançait des ordures. Les moines prêcheurs étaient les plus agités ; ils mêlaient aux cantiques et aux oraisons des imprécations et des insolences peu dignes de la croix qui pendait à leur ceinture. Posté à ma fenêtre, j'écoutais le tumulte de ces forcenés, et j'en avais le cœur serré d'indignation et de pitié.

Je ne puis oublier le moment du départ. Au petit jour, Frédéric emprunta la rue de la Boucherie pour se rendre au port, en passant sous nos fenêtres. Je parvins non sans peine à imposer un mouvement de décence à nos frères pour épargner à ce maudit une ultime humiliation. Les novices et les sergents lui jetaient des injures malsonnantes :

— En enfer, le païen !

— Tu cuiras dans les marmites de Satan, sodomite !

— Bon vent à toi, empereur des fous !

Je regardai Frédéric progresser lentement, à cheval, encadré de Balian de Sidon, d'Hermann von Salza et de quelques autres barons. Quand il fut arrivé au milieu de la rue, les bouchers sortirent de leur boutique avec des paniers pleins de tripailles sanguinolentes, et l'en bombardèrent. Certains brandissaient des couteaux dont ils piquaient la croupe de sa monture. Sans l'intervention de Balian et de sa suite, qui sait si Frédéric aurait pu échapper à la mort par égorgement ?

En approchant de l'embarcadère, il eut la surprise de voir arriver, accompagné de quelques chevaliers, celui qu'on appelait le *Vieux Sire de Beyrouth*, Balian d'Ibelin. Ce qu'ils se dirent, au moment de cette suprême entrevue, je l'ignore, mais ils s'embrassèrent d'un même élan. J'ignore de même si, au moment de lever l'ancre, l'empereur eut un instant le regret de cette terre qu'il quittait à jamais. Il n'a pas, j'imagine, murmuré, comme la fille de Jean de Brienne partant pour la Sicile : *Adieu, douce Syrie...*

La flotte de Malte mit quarante jours avant d'accoster sur la côte italienne, à Brindisi, dans la province des Pouilles. La Sicile, où il eût aimé se rendre dès son retour, était en proie à l'invasion des armées pontificales conduites par le roi déchu de Jérusalem, Jean de Brienne, et le cardinal-légat, Pélage, qui avait trouvé dans cette campagne un exutoire à sa violence naturelle. La plupart des villes étaient tombées entre leurs mains, et le plus grand personnage de l'île, qu'on appelait le *Grand Juge*, avait été décapité.

Poursuivant l'empereur de sa haine, Grégoire avait fait courir le bruit qu'il était mort en Terre sainte : un mensonge qui allait lui coûter cher.

Tandis que la soldatesque, placée sous les bannières aux deux clés de la papauté, achevait la conquête de la Sicile, Frédéric faisait proclamer sa présence dans la Péninsule. Le peuple cria au miracle ; les seigneurs qui avaient choisi le parti de Grégoire se joignirent à lui ; il fut rejoint peu après par un corps de cavaliers maures et par les chevaliers teutoniques, que retardait une tempête dans les parages de Corfou ; il se trouvait ainsi à la tête d'une armée capable d'affronter celle qui avait envahi ses domaines siciliens. L'été se passa en batailles ; octobre sonna la déroute des troupes pontificales ; Jean de Brienne et Pélage disparurent vers des cieux plus cléments, alors que les villes et les villages de Sicile et d'Italie ouvraient leurs portes aux vainqueurs, à l'exception de Sora, une bourgade du Latium. Frédéric fit détruire ses remparts et ordonna le massacre de sa population. C'est, à ma connaissance, la seule démonstration de force et de cruauté qu'on puisse lui imputer.

Restait à faire la paix avec Grégoire : une entreprise délicate, que Frédéric confia à celui qu'il considérait comme le plus habile négociateur de son entourage : Hermann von Salza. La mission réussit au-delà de toute espérance : le vieux pontife leva excommunications et interdits, accepta même que les évêques siciliens fussent nommés par les autorités religieuses de l'île.

Cette réconciliation inespérée entre les représentants des pouvoirs spirituel et temporel fut scellée par une entrevue dans la résidence pontificale de Germano, l'an 1230. Elle allait durer dix ans, jusqu'au jour où un nouveau conflit conduisit l'armée impériale aux portes de Rome. Frédéric apprit alors que son vieil ennemi venait de rendre l'âme.

Les démêlés entre l'Empire et la papauté se ranimèrent avec l'élection du nouveau pape, Innocent IV. Ce pontife avait hérité de Grégoire sa détestation des rebelles à la loi chrétienne en général, et de l'empereur en particulier. Pour mieux tenir tête au démon incarné en la personne de Frédéric, il s'installa à Gênes, d'où il souleva les provinces du nord de l'Italie. L'Empereur se mit en campagne, affronta ses adversaires à Parme, où il essuya une sanglante défaite. On dit que l'humiliation qu'il ressentit fut une des causes de sa mort, qui survint peu après, l'an 1250 ; il faut dire aussi qu'il était malade, las de trop de luttes, d'injustices, de trahisons. Une quatrième mesure d'excommunication l'acheva.

Le pape Innocent salua la nouvelle comme l'annonce d'une ère d'espérance. Il s'écria : « Que les cieux se réjouissent et que la terre tressaille d'allégresse ! »

2

Au bord du gouffre

Ma nouvelle condition dans notre maison chevetaine me convenait : en raison de ma connaissance du pays, notamment de la Galilée, de ses gens et de leur langue, j'avais en charge les rapports entre nos principaux couvents, places fortes et caseaux, qui sont des postes de faible importance. J'allais d'Acre à Tyr, de Jérusalem à Safed, avec un écuyer et une dizaine de sergents en armes. Partout où nous passions ou séjournions, jusque dans les campements des Bédouins, nous étions bien accueillis et pouvions prendre du repos sans redouter d'être réveillés avec le froid d'un poignard sur la gorge.

Il n'y a guère que dans les environs de Jérusalem que nous trouvions, sinon une franche hostilité, du moins un sentiment de réserve, surtout parmi les pèlerins que nous croisions entre Jaffa et la Ville sainte, où ils étaient fréquemment victimes de guets-apens. Les gens de Jérusalem ne nous cachaient pas leur déception après le départ de Frédéric. Ils nous disaient :

Nous respectons *el-Embror* (l'Empereur), mais nous regrettons qu'avant de partir il n'ait pas rebâti nos murailles, ce qui nous rend vulnérables au moindre rezzou. S'il nous l'avait demandé, nous l'aurions aidé. Imagine que le sultan de Damas revienne avec son armée ! Oui, *roumi*, imagine un peu ! Il ne nous resterait qu'à nous réfugier dans le désert...

Un matin, alors que je prenais mon matinel au soleil, sur une terrasse de notre couvent, proche de la tour de David, je dressai l'oreille : une rumeur montait des parages de la porte de la Tannerie, dominée, au sud de la ville, par le mont Sion. Je sursautai, persuadé que la patrouille que nous avions dépêchée vers Béthanie venait de subir une attaque des Arabes ou des Bédouins. J'envoyai mon écuyer aux nouvelles ; il revint, haletant, et s'écria :

— Ils arrivent ! Ils sont à nos portes !

— De qui parles-tu ?

— Des paysans ! Ils sont des centaines...

Je me précipitai chez le gouverneur, Renaud de Caïffa, qui, déjà informé de cette invasion, venait d'ordonner la fermeture des portes, ce qui était inutile car les paysans pouvaient entrer dans la ville par les brèches qui éventraient nos remparts.

Ils arrivaient en masse, pressés comme des sauterelles, brandissant des armes de fortune : serpes, faucilles, haches. Ils étaient pieds nus, en guenilles, comme s'ils venaient de travailler leurs champs, criant qu'ils allaient prendre la ville, la piller et faire régner leur loi. Leur loi ? Quelle loi ? Ces malheureux n'avaient ni chefs, ni doctrine, ni moyens de s'imposer. Ils n'avaient rien que l'énergie engendrée par la faim et la misère.

Renaud en fit saisir quelques-uns par sa garde et les interrogea. Il ne put rien en tirer, sinon qu'ils avaient faim et que tout leur manquait, à la suite d'une sécheresse qui avait trop duré.

— Qu'allez-vous faire ? demandai-je à Renaud.

Il ne put que me répondre avec un haussement d'épaules accablé :

— Que feriez-vous à ma place ?

Je lui suggérai de faire alerter les deux bailes et, dans l'attente de leur arrivée, de faire distribuer quelques vivres à ces affamés, puis tenter de les maîtriser et d'éviter tout excès. Pour le moment, contenus par la garnison, ils se contentaient de crier leur détresse. Tandis que des émissaires prenaient la route d'Acre pour en ramener les bailes, je descendis dans la rue et me dirigeai vers la foule de ces gueux. Ils étaient plus nombreux que je ne pensais : des centaines, oui, mon écuyer avait raison. Des groupes venaient de pénétrer dans la ville, hargneux comme des loups. Près du Saint-Sépulcre, ils avaient roué de coups le gardien qui prétendait les éloigner.

Mon irruption, assistée d'une vingtaine de sergents et d'auxiliaires, fit impression. Au risque de me faire écharper, je descendis de cheval pour leur parler. Ils parurent interloqués de m'entendre les interroger dans leur langue, et m'écoutèrent sans murmurer. Je leur demandai de se retirer, leur annonçai qu'on leur réservait une distribution de vivres et qu'on n'exercerait pas de représailles, sauf à l'encontre des pillards. Aucun d'entre eux ne fut à même de prendre la parole pour me faire part des raisons de leur colère. Ils me tournèrent le dos et se dispersèrent par petits groupes à travers le quartier Saint-Gilles, qui était l'un des plus populeux.

J'avais compris que ces pauvres hères voulaient être entendus et qu'on daignât leur parler comme à des hommes au lieu de les traiter comme un troupeau. D'autres n'en avaient pas pris conscience : Renaud de Caïffa, qui était jeune et mal préparé à ce genre d'événement, avait déjà lâché à travers la cité les soldats de sa garnison qui, lances couchées ou l'épée au clair, s'apprêtaient à faire un massacre de ces fauves affamés. Je m'avançai vers eux, leur intimai l'ordre de ne faire usage de leurs armes qu'en cas de nécessité extrême, mais le gouverneur, qui venait d'arriver au galop de son cheval, me lança :

— Ce n'est pas le moment de faire du sentiment, frère Guillaume ! Ces gueux viennent de commencer le pillage des éventaires et de malmener les boutiquiers. Si nous ne réagissons pas vigoureusement, la ville sera bientôt à feu et à sang.

J'avoue mon embarras. Lorsque les circonstances me l'ont imposé, je n'ai pas hésité à tirer l'épée et à me battre : les cicatrices que je porte dans ma chair peuvent en témoigner, mais là, en présence de cette tourbe de paysans aux abois, je me sentais incapable d'une réaction brutale. Pour me défendre, il eût fallu que je fusse en péril. D'autres n'avaient pas de tels scrupules :

les soudards lâchés par le gouverneur s'en donnaient à cœur joie. Déjà des cadavres et des blessés jonchaient leur sillage.

Mon désarroi s'accrût du fait que de nouveaux groupes de paysans venaient d'escalader les brèches avec des clameurs menaçantes. De l'endroit où je me trouvais, du haut de mon cheval qui tressaillait de peur sous moi, je les voyais déferler telle une invasion de fourmis, et je restais immobile comme une statue équestre, impuissant à prendre une décision face à cette ruée sauvage.

Je retournai au couvent, et, avec l'assentiment du maître, mobilisai ce qui restait de nos frères pour protéger les marchands et les habitants dont certains venaient déjà demander asile, des femmes et des enfants surtout, dans la tour de David. Quelques jeunes fils de négociants se proposèrent de se joindre à nous ; je leur fis distribuer des armes en leur recommandant de ne s'en servir que pour leur défense.

Ma naïveté m'incitait à croire que ces paysans, lestés de quelques subsistances et du fruit de leurs pilleries, leur colère apaisée, rebrousseraient chemin à la nuit tombante, mais ils semblaient se plaire à Jérusalem, si bien qu'ils y passèrent la nuit, allumant des feux sur les places, les carrefours et le parvis des sanctuaires, et qu'il semblait impossible de leur faire évacuer les lieux. Grâce aux poignards et aux épées qu'ils avaient volés chez des armuriers et des particuliers, ils bloquaient la tour de David en nombre tel que toute tentative de sortie, sauf à provoquer un massacre général, était illusoire. J'eus du mal à éviter que l'on tirât sur eux à l'arc et à l'arbalète. Renaud se rangea à mon avis.

Nous connûmes une nuit de délire. Le vin coulait à flots, de toutes parts. Des groupes avinés venaient nous provoquer jusqu'à nos portes, entonner leurs chansons et clamer leurs anathèmes, au son des flûtes et des tambours, jetant dans les brasiers qu'ils avaient allumés des mobiliers de particuliers et ceux des sanctuaires chrétiens.

Le cauchemar dura deux jours et deux nuits. Les réfugiés que nous avions accueillis dans notre couvent et dans la tour de

David, la plupart séparés de leur famille, se lamentaient et nous priaient inlassablement d'intervenir. Ils avaient envahi les cellules, les salles de réunion, les terrasses, et nous devions veiller à leur subsistance, ce qui nous mettait dans l'embarras, car nos réserves n'étaient pas inépuisables. Les cris et les pleurs des enfants, privés de leur nourriture habituelle, me brisaient le cœur. Je rassurais de mon mieux ces pauvres gens, leur affirmant que leur délivrance ne tarderait guère, que des secours allaient arriver.

Le surlendemain, au milieu de la matinée, alors qu'après une nouvelle nuit de folie le calme régnait sur la ville, nous ouvrîmes la porte de David à un escadron de cavaliers turcopoles venus en renfort avec, à leur tête, un bon chevalier, Baudouin de Picquigny. Ils précédaient une troupe plus importante conduite par les deux bailes en personne. Nous aperçûmes bientôt, du haut de nos terrasses, les bannières de Saint-Jean-d'Acre cheminant sur la route de Jaffa. Une immense clameur salua leur arrivée, tandis que la panique s'emparait des émeutiers : ils s'égaillèrent de toutes parts, qui par la porte Saint-Étienne, qui par celle de Josaphat... Une débandade talonnée par les Turcopoles qui taillaient à l'envi dans cette tourbe de gueux et qui faisaient un massacre.

Je frémis d'indignation en écrivant ces lignes. Et pourtant, je me dis que, sans le secours de l'armée d'Acre, les choses, pour nous, auraient pu tourner à la tragédie. Nous aurions pu rester des jours, peut-être des semaines, assiégés dans la sinistre forteresse de David et dans notre couvent, privés de vivres et d'eau. À moins d'une sortie, dont je redoutais les conséquences pour les émeutiers, nous serions tous morts avec cette humiliation : avoir été tenus en échec par une horde de paysans !

Cette colère, je la fais retomber, sans une ombre de complaisance, sur la négligence de l'Empereur-roi Frédéric, qui s'intéressa si peu au sort de Jérusalem qu'il dédaigna d'en faire relever les défenses. Nous lui aurions beaucoup pardonné s'il avait quitté la Terre sainte en restaurant nos forteresses et en assurant une occupation militaire de ce qui était son royaume. Sa fuite, la honte à ses trousses, avait, à la réflexion, de quoi me le faire détester.

La nouvelle de cet événement, m'a-t-on dit, lui parvint alors qu'il bataillait en Italie ou en Sicile, contre l'armée pontificale. Il semble qu'il s'en émut, qu'il ressentit un sentiment de culpabilité, car il nous envoya, mais un peu tard, une petite troupe. Pour voler au secours de Jérusalem ? C'est ce que nous croyions. En fait, une partie de ce contingent resta à Chypre pour y maintenir l'ordre, et le reste fut consacré à impressionner les poulains qui manifestaient leur esprit d'indépendance. Ce faux secours apportait en Terre sainte des germes de guerre civile.

En Italie, en cette année 1230, l'empereur avait mis son vieil adversaire, le pape Grégoire, à genoux et l'avait contraint à signer un humiliant traité de paix. Alors que la Péninsule et la Sicile se reprenaient à vivre, nous nous préparions à reprendre les armes. La nouvelle d'une seconde expédition militaire impériale nous laissait penser que Frédéric, cette fois-ci, n'allait pas lésiner sur les moyens.

Le chef du corps expéditionnaire était une sorte de condottiere, né pour la guerre comme d'autres pour la religion : le maréchal Ricardo Filanghieri. L'empereur lui confia une flotte importante et une véritable armée de croisade, mais dépourvue de la moindre intention d'aller s'incliner au pied du Golgotha. Le maréchal assumerait les fonctions de baile pour le royaume et de plénipotentiaire, avec comme mission immédiate de reprendre en main la situation dans l'île de Chypre, qui souhaitait se libérer de la tutelle impériale. Lorsqu'il s'y présenta, il trouva l'armée chypriote sur le pied de guerre et se dirigea vers la Syrie. Il occupa Tyr, entra sans résistance dans Acre où il promit d'exercer le pouvoir, au nom de l'empereur, en respectant les coutumes et les franchises du royaume. Personne ne fut dupe de ses promesses. Nous ne tardâmes pas à comprendre que Frédéric, par l'intermédiaire du condottiere, allait se conduire en tyran et assujettir le royaume franc aux lois germaniques.

L'un des deux bailes évincés, Balian de Sidon, se fit le porte-parole des poulains afin de rappeler que la Terre sainte n'avait pas attendu les barbares de Germanie pour reconquérir le domaine du Christ.

Le royaume n'allait pas tarder à péricliter, à se présenter comme une sorte de république mercantile, à forte proportion d'Italiens. L'absence d'autorité véritable, les querelles fratricides entre barons, les exactions des officiers du condottiere, allaient susciter un sursaut d'énergie dans les ordres militaires, les seuls éléments stables et fiables de la Terre sainte.

Nommé évêque de Saint-Jean-d'Acre, Jacques de Vitry, le prédicateur enflammé que nous avait envoyé Rome, usa devant Ricardo Filanghieri, pour s'insurger contre ses abus, de formules heureuses concernant les moines-soldats, qu'il comparait aux cavaliers du prophète Zacharie venant prêcher la communauté juive après le retour de Babylone. Il s'écriait : « Ils avancent en temps de guerre, se retirent en temps de paix, progressent dans l'action et se réfugient dans la contemplation. Chevaliers dans la bataille, ils se conduisent en moines dans leur maison... »

À ce propos, pour répondre à une question de mon écuyer, je dus lui révéler que l'image largement répandue représentant deux chevaliers du Temple montés sur le même cheval est à la fois un signe de fraternité et d'humilité, et non l'odieuse interprétation que certains ont faite de cette dualité.

Les louanges que nous adressait l'évêque d'Acre étaient assorties de quelques blâmes : il regrettait notamment que certains de nos frères se fussent mêlés de trop près aux affaires du siècle au détriment de leur engagement dans la légion du Christ. « Ils se rendent agréables aux riches et aux dames mariées, contre les commandements du Seigneur ! Ils convoitent les biens d'autrui qu'ils accablent de procès. Ils dépouillent les évêques de leurs dîmes et abusent de leurs privilèges... Celui qui s'occupe de son cheval plus que des devoirs à rendre au Christ est un misérable... »

La semonce était rude et, si j'en fais état dans mon récit, c'est qu'elle a des accents de vérité. Nous étions alors riches et puissants, ce qui suscitait d'aigres jalousies, des envies et des calomnies. Outre les ressources que nous tirions des commanderies éparses dans le royaume de Palestine, nous en recevions de celles d'Occident, qui se montraient généreuses. Il nous fallait des finances solides et bien gérées pour entreprendre la restauration des forteresses démantelées, en édifier d'autres, subvenir à l'entretien de nos garnisons et secourir les pauvres.

Je dois à la vérité de dire qu'il en allait de même pour nos frères, les hospitaliers, mais leurs besoins et leurs moyens ne pouvaient se comparer aux nôtres. On a beaucoup glosé, plus souvent à tort qu'à raison, sur certains désaccords, qui nous ont parfois opposés avec rudesse. C'est ainsi que nous avions choisi de nous allier au sultan de Damas, alors que celui d'Égypte avait la faveur de nos rivaux, mais nous savions, les uns et les autres, qu'en cas de grave conflit extérieur on nous retrouverait unis sous la bannière du Christ.

C'est sur ces entrefaites, au cours d'une période confuse, dont je renonce à rapporter les péripéties, que nous vîmes arriver dans notre petit monde d'outre-mer un personnage qui allait bouleverser l'ordre (ou le désordre) des choses : le comte Thibaud de Champagne.

Il venait à nous précédé d'une détestable réputation : on lui imputait la mort par le poison du roi Louis VIII, qui avait succédé à Philippe Auguste. Le mystère, à ce jour, n'a pas été élucidé. On l'accusait même d'une passion coupable pour l'épouse puis la veuve du roi Louis, Blanche de Castille : il l'entourait de prévenances suspectes, lui adressait des poèmes compromettants, mais, il faut le dire, sans susciter en elle d'autre réflexe qu'une gêne teintée d'admiration, car le comte était un délicat poète. C'est dire que le chef de cette nouvelle aventure guerrière ne faisait pas l'unanimité. Il nous faudrait attendre, pour émettre un jugement définitif sur ce personnage, de le voir à l'œuvre, ce qui n'allait pas tarder.

L'idée singulière, pour ne pas dire absurde, de ce qu'on ne peut appeler une croisade, était due au pape Grégoire et peut être mise sur le compte de sa sénilité. Il souhaitait rétablir l'ordre et la paix à Chypre et en Terre sainte, pour n'en faire qu'un seul et même royaume, et restaurer les défenses de Jérusalem.

Ce ne sont pas les qualités de poète du comte Thibaud qui auraient pu inciter nos barons à le choisir pour chef et réformateur, mais il se trouvait propulsé par décision du Saint-Père au gouvernement militaire de la Palestine et de la Syrie franque, et il fallait bien en passer par sa volonté. Cette décision ne faisait pas l'affaire de l'empereur Frédéric, qui avait ambitionné ces fonctions pour son fils, Conrad. À tout prendre, les barons préféraient un Franc au Germanique. Ils accablaient l'empereur de leur vindicte, s'exclamaient : « De quoi se mêle ce faux croisé, ce chevalier des chimères, ce roi de pestilence, ce Musulman déguisé en paladin de la Chrétienté ? »

L'armée de Thibaud avait pris la mer à Aigues-Mortes, l'an 1239 pour accoster à Acre en septembre. Le comte apprit en débarquant deux nouvelles, l'une désastreuse, l'autre réjouissante : les Musulmans avaient repris Jérusalem (nous nous y attendions) ; le sultan al-Khamil, ami et allié de Frédéric, venait de mourir.

Jérusalem, on le sait, était une proie facile, le maréchal Filanghieri, pas plus que son maître, Frédéric, n'ayant jugé nécessaire et urgent de la mettre en défense. Les Musulmans avaient fait leur profit de cette négligence ; ils avaient envahi aisément la ville mais une résistance des habitants, réfugiés dans la citadelle de David, les avait tenus en échec un mois durant. Par mesure de représailles, les vainqueurs avaient fait raser cette place forte qui nous rappelait des souvenirs de la première croisade, au temps de Tancrède et du comte de Toulouse, brutalement engloutis sous les gravats. Des souvenirs plus personnels s'y rattachaient : j'y suivais souvent mon grand-oncle, Étienne

Josserand, et m'y livrais, en compagnie d'autres garnements, fils de chevaliers, à de folles équipées le long des couloirs, des galeries, et sur les terrasses, où nous croisions les soldats de la garnison et les auxiliaires turcopoles qui nous faisaient peur en montrant les dents et en nous faisant les cornes avec leurs doigts.

Pour ceux qui, comme moi, sont habitués à la peine des maçons, qui savent les trésors de science, de patience et de ressources nécessaires à édifier une simple muraille, les démolitions aberrantes qui accompagnent souvent la prise d'une ville ou d'une forteresse sont un crève-cœur.

De nouveaux désordres allaient suivre l'arrivée du comte-poète.

J'assistai à l'assemblée, sous forme de conseil de guerre, qu'il décréta à quelques jours de son débarquement. C'était, a priori, une décision logique. Il se contenta, pour cette première confrontation, d'écouter les avis qui montaient de toutes parts, véhéments et souvent contradictoires. Les uns souhaitaient que l'armée se dirigeât vers Le Caire pour tenter de réussir là où le roi Jean de Brienne et le légat Pélage avaient piteusement échoué, et de renouveler la proposition d'échanger Damiette contre Jérusalem. Certains voulaient marcher directement sur la Ville sainte et la reprendre aux Musulmans. D'autres insistaient pour que l'on se portât sur Damas pour frapper l'Islam au cœur. Quelques-uns plaidèrent pour une reconquête du royaume d'avant le désastre de Tibériade... Aucune de ces propositions n'était à rejeter, mais aucune ne parvenait à s'imposer à l'évidence. Thibaud, appuyé par ses chevaliers récemment débarqués, choisit une voie médiane, proposant de réoccuper dans l'immédiat Ascalon, le port le plus méridional de la Palestine, proche de Gaza, pour pallier un risque de débarquement des troupes égyptiennes, puis de foncer sur Damas. C'était mécontenter les deux sultans, alors que, par une politique de bascule, en nous alliant à l'un ou à l'autre suivant les circonstances, nous aurions trouvé une issue favorable. Après des débats houleux, cette solution fut agréée.

Nous prîmes donc la route d'Ascalon, sous les premières averses de novembre, en suivant le littoral. Lorsque la pluie cessa, nous eûmes le spectacle d'une mer éblouissante et de plaines fertiles. Nos reconnaissances nous confirmèrent que l'arrière-pays était calme, les paysans s'occupant à la récolte des olives.

Au soir du 3 novembre, Pierre Mauclerc, comte de Bretagne, averti du passage d'une caravane, décida de l'attaquer pour se procurer des vivres : une razzia sans risques, les caravaniers n'étant accompagnés, semblait-il, que par une faible escorte armée.

Suivi d'un guide syrien et d'une centaine de cavaliers, Mauclerc quitta notre campement au milieu de la nuit pour se poster sur la rive d'un oued, lieu de passage présumé de la caravane. Lorsqu'il vit apparaître, par une saignée entre deux collines, les premiers éléments, son sang se figea : l'escorte armée était plus importante que prévu. Il ne pouvait ni reculer ni se cacher pour laisser passer cette avant-garde. On comptait sur une simple escarmouche ; c'est une véritable bataille qui se déroula, dans la confusion et l'improvisation. Mauclerc faillit disparaître dans la mêlée, mais l'affaire se solda par une débandade des combattants qui accompagnaient la caravane.

Nous arrivâmes à Ascalon sous un soleil printanier qui diaprait les dernières brumes éparses sur les pentes d'oliviers, sans trouver d'autres forces ennemies pour nous barrer la route. Les occupants égyptiens de la cité s'étaient retirés en ne laissant derrière eux que des ruines, mais en épargnant les installations portuaires. Nous aurions volontiers retroussé nos manches et abandonné nos épées pour prendre la truelle et manœuvrer la chèvre, comme cela nous arrivait fréquemment, mais une nouvelle nous parvint, qui nous causa quelque inquiétude : le successeur d'al-Khamil, al-Adid, décidé à empêcher la reconstruction de la ville, venait de faire débarquer à Gaza une armée forte d'un millier de combattants.

À cette annonce, une idée funeste s'empara du comte Henri

de Bar : se porter à la rencontre de ce corps expéditionnaire et le rejeter à la mer. De sa propre initiative, il rameuta ses cavaliers lorrains et parvint à réunir quelques centaines de volontaires. Comme son camp se trouvait éloigné du nôtre d'un quart de lieue, personne, dans l'entourage de Thibaud, n'eut vent de ce projet. Ce n'est qu'au moment de monter en selle, au matin du 13 novembre, que le comte de Bar vit surgir Thibaud, courroucé au point qu'il tremblait de tous ses membres en mettant pied à terre.

— J'ai eu vent de votre projet, dit-il, et je vous ordonne d'y renoncer, au risque d'être traité comme un rebelle. Si vous passez outre, vous aurez des comptes à me rendre.

Le comte de Bar, peu impressionné par cette diatribe, se contenta de bougonner :

— Nous sommes venus sur cette terre les armes au poing, et nous comptons bien en faire usage, que cela vous plaise ou non. L'affaire sera menée promptement. Si Dieu le veut nous serons de retour dans deux ou trois jours, avec du butin, et vous me remercierez !

— Je m'opposerai à votre projet, par la force si c'est nécessaire. Puisque c'est le butin qui vous intéresse, vous aurez votre part à la première occasion.

Le comte Henri haussa les épaules avec un sourire narquois et fit corner le boute-selle. Éberlués, furieux, nous le regardâmes partir avec sa petite troupe dans la nuit, en direction du sud.

De retour au camp, Thibaud réunit son conseil. Il paraissait sombre, désemparé, comme s'il sortait d'une nuit de cauchemar. Nous ne fûmes pas peu surpris de l'entendre nous dire :

— Préparons-nous à partir pour Gaza où nous retrouverons le comte de Bar. Malgré la désobéissance dont il a fait preuve et que je me réserve de sanctionner à son heure, nous ne pouvons le laisser affronter seul mille soldats d'Égypte. Nous avons besoin de toutes nos forces pour les épreuves qui nous attendent...

D'Ascalon à Gaza la route n'est ni longue ni dangereuse. La

troupe conduite par Henri de Bar arriva dans les dernières franges de la nuit en vue de la cité, alors que des feux brillaient encore sur les remparts. Elle passa ce qui restait de nuit à dormir à même le sol, sous le ventre des chevaux. Le jour venu, le comte rebelle prit ses dispositions pour s'avancer vers les remparts. Il fallait d'abord trouver des vivres pour ses hommes. Il avait repéré des troupeaux en train de paître près d'un petit oued bordé de saules ; il envoya ses fourrageurs capturer quelques bêtes.

Il faisait, à proximité du littoral, un temps doux et plein de soleil tiède. Pour dérober sa troupe à la vue des sentinelles, le comte choisit de la rassembler dans une étroite vallée abritée par des dunes de sable sur lesquelles s'ébattait une colonie de tourterelles. On déploya des nappes à même le sol, on commença à cuire la viande en faisant le moins de fumée possible, et à débonder la futaille. C'était comme une fête : chacun y allait qui de son récit, qui de sa chanson. Les agapes terminées on s'abandonna à la sieste à l'ombre légère des tamaris.

Soudain, dans le grand silence de l'après-midi, éclata un orage de tambours, de trompes et de cymbales, tandis que se déployaient sur les crêtes des dunes des nuées de guerriers poussant des cris féroces. Tandis que les soldats francs se gobergeaient et sommeillaient, l'émir Rokn al-Din, lieutenant du sultan, avait envoyé un détachement de cavalerie bloquer le fond de la vallée opposé au littoral, et ses fantassins se déployer sur les dunes. Faute impardonnable : ni le comte ni aucun de ses lieutenants n'avaient pris la précaution de poster des sentinelles à proximité !

J'imagine sans peine la panique, accrue par le tintamarre des musiciens, qui dut s'emparer de nos soldats. Le comte de Jaffa proposa de sonner la retraite et d'aller prendre position sur le littoral, en abandonnant les chevaux qui auraient du mal à progresser, avec du sable jusqu'aux genoux. Il se heurta à la protestation du comte de Bar, qui le toisa avant de lancer :

— Une retraite ? Abandonner nos chevaux à ces sauvages ? Je m'y refuse !

— À votre guise ! soupira le comte de Jaffa.

— C'est un acte de rébellion !

— Peut-être avez-vous raison, mais c'est la seule solution pour nous tirer de ce piège.

Avant qu'Henri de Bar ait pu réagir, le comte de Jaffa faisait signe à ses compagnons de le suivre. Ils disparurent dans un bosquet de tamaris, en direction de la mer que l'on voyait scintiller au loin, derrière une frange de sable.

— Mes amis ! s'écria le comte lorrain du haut de son cheval, il est temps de montrer que nous ne sommes pas des lâches ! Dieu veille sur nous. Sus aux païens !

Il lança sa cavalerie sur les pentes et, malgré la difficulté qu'éprouvaient les chevaux à progresser sur un sol qui se dérobait à leurs sabots, sous une grêle de flèches partant des deux bords, ses cavaliers parvinrent à balayer les Égyptiens qui se replièrent avec des imprécations et des menaces. Cette retraite n'était qu'une ruse de guerre pour entraîner l'ennemi sur un terrain favorable ; ils se regroupèrent et attendirent l'assaut des chevaliers. La plupart de ces derniers, leurs montures blessées par des flèches, durent mettre pied à terre et combattre au corps à corps. Ils ne tardèrent pas à fléchir, à se replier sur les dunes et à succomber sous le nombre. Le comte de Bar, qui s'était porté seul, avec un courage insensé, vers un groupe de Mameluks, s'écroula, des fers de lance à travers le corps. Le reste de sa troupe tenta jusqu'au bout de résister, mais dut jeter les armes. Parmi ceux qui parvinrent, par miracle, à échapper à la capture et à la mort, se trouvait un érudit, le poète Philippe de Novare. Avant de traduire en vers le récit de ce désastre, il m'en donna la primeur, sans m'épargner une violente acrimonie contre les ordres militaires qui, selon lui, auraient dû se trouver aux côtés des combattants ! Il osa même parler de trahison...

Lorsque le comte Thibaud arriva devant Gaza, il était trop tard : nous ne trouvâmes que les restes de la troupe, livrés déjà aux oiseaux de proie, qui jonchaient les alentours de l'oued et des dunes. Il lança un détachement pour faire la chasse aux groupes de soldats égyptiens partis dans la montagne à la recherche des fuyards.

Quand il proclama son intention de commencer le siège de Gaza, j'intervins pour lui faire comprendre que cette opération risquait de compromettre le sort des captifs enfermés dans la ville, sur lesquels les Égyptiens se vengeraient. Il me toisa, me demandant de quoi je me mêlais !

Dépourvue de matériel de siège — nous n'avions même pas les échelles nécessaires ! — amputée d'une centaine de chevaliers, l'armée piétina devant Gaza avant de reprendre, tête basse, la route d'Ascalon et de Saint-Jean-d'Acre.

L'angoisse, dans la chevalerie de Thibaud, était sensible au moindre contact que j'eus avec elle, de retour à Acre : elle redoutait que l'armée de Gaza ne marchât contre ses bases pour parachever sa victoire. Il n'en était rien, bien au contraire : la même crainte devait être partagée par les Égyptiens, car ils ne bougèrent pas.

Alors que nous prenions quelque repos après cette expédition malheureuse, un moine franciscain venu de Tripoli, Guillaume Champenet, demanda audience au comte Thibaud. C'était un de ces frères gyrovagues qui courent les routes, le bâton à la main, le crucifix à la ceinture, tantôt seuls, tantôt en s'insérant dans une caravane ou un détachement de soldats francs. Celui dont je parle s'était lié de sympathie, sinon d'amitié, avec le prince syrien Muzaffar qui, en chemin, lui avait confié ses déboires : une révolution de palais avait propulsé vers le trône une femme, Dhaïfa Khatoun, avec le titre de régente, et l'avait chassé, lui, l'héritier légitime, de Damas. Il venait solliciter l'aide des Chrétiens pour faire valoir ses droits au sultanat, promettant de recevoir et d'entretenir à ses frais une garnison et même, ce qui ne fit guère illusion, d'embrasser la foi chrétienne !

Le comte Thibaud prêta au moine une oreille attentive : cette proposition lui fournissait l'occasion d'une revanche sur l'échec devant Gaza, dont il avait du mal à se consoler, et, peut-être, un moyen de reconstituer l'ancien royaume franc, au besoin en écartant Muzaffar et la « dame de Damas ».

Le marché conclu à la légère, l'armée prit la route de Tripoli. Thibaud confia au moine la mission de retrouver Muzaffar et de lui faire confirmer sa proposition, avant de se lancer à l'aventure à travers le désert, en direction de Damas. Le frère Guillaume revint tête basse : le projet était caduc, une nouvelle révolution de palais ayant jeté la dame Dhaïfa Khatoun aux oubliettes, au propre comme au figuré.

Au cours d'une halte dans les campagnes paisibles de Galilée, au cours de l'année 1240, le comte Thibaud rencontra un haut personnage de Damas, le malik Ismaïl. Comme Muzaffar, mais avec plus de sérieux, semblait-il, il venait demander le secours de l'armée chrétienne contre le sultan d'Égypte, à la suite de nouveaux désordres dynastiques, qui étaient à cette époque monnaie courante. Cette alliance, disait-il, pourrait permettre aux *Franj* d'assurer la défense de la côte méridionale de la Palestine contre un éventuel débarquement en force des Égyptiens. L'accord conclu, il pourrait nous rétrocéder d'immenses territoires, entre le littoral et le Jourdain, avec des places fortes aussi importantes que Safed, Beaufort, le djebel Amila... Nous en fûmes comme éblouis, bien que perplexes. Je me voyais déjà investi de la garde de la forteresse montagnarde de Safed qui, outre une population rurale de dix mille paysans, commandait à près de deux cents postes et caseaux.

Le comte se dit que l'affaire était à considérer. Il maintint ses rapports avec le malik providentiel, lequel, il devait l'apprendre par la suite, n'avait pas l'accord, pour son projet, des docteurs de loi : ils s'opposaient notamment à l'évacuation des citadelles promises aux Chrétiens, ce qui ne me surprit pas. Cette opposition se confirma lorsque, à la suite d'un accord, un détachement se présenta devant Damas pour y acheter des armes : il trouva portes closes...

La moindre surprise ne fut pas le spectacle que donnèrent les soldats francs et sarrasins, fraternellement mêlés dans l'attente du débarquement annoncé par le sultan du Caire, à Jaffa. Cette belle entente, cette fraternité, avait de quoi me réjouir, mais elle m'eût comblé si elle s'était faite dans une ambiance de paix. Elle ne fut, d'ailleurs, qu'un feu de paille.

J'ignore si le récit que je fais de ces années-là donnera une idée de la singulière confusion qui régnait dans le royaume. Notre politique, sous toutes ses formes, s'établissait sur du sable mouvant : aux folles entreprises répondaient des échecs retentissants ; des personnages de haute volée s'abattaient régulièrement sur nos terres, faisaient leur parade, chantaient victoire avant même d'affronter l'ennemi, se dérobaient aux premiers revers. Notre vie quotidienne était tissée de tant d'espoirs et de déceptions que les motifs s'entremêlaient sans que l'on puisse y distinguer l'ombre d'une pensée logique et rigoureuse.

Il manquait au malheureux royaume de Jérusalem une grande figure, à la fois guerrière et mystique, mais Dieu dédaigna de la faire surgir. Nos lamentations et nos prières n'y faisaient rien. Aucun espoir ne semblait se dessiner à l'horizon, lorsque, du haut de nos terrasses d'Acre ou de Tyr, nous sondions l'immensité de la mer.

L'alliance entre le comte de Champagne et le malik Ismaïl avait semblé le prélude à une détente longue et solide, mais trouvait autant d'adversaires que de partisans au sein des ordres militaires : templiers et hospitaliers, de même que dans la chevalerie. Pire encore, chez les Musulmans.

Cette division se révéla dans toute son ampleur lorsque Thibaud et Ismaïl allèrent porter leurs armes devant Gaza, conformément à leurs accords. Au cours du premier affrontement contre les Égyptiens, les contingents musulmans avaient pris la fuite pour aller se fondre dans l'armée ennemie et se retourner contre ceux qu'ils venaient de trahir !

Nos rapports avec les frères hospitaliers étaient difficiles. L'attitude du malik ajouta à ces dissensions lorsqu'il proposa une nouvelle attaque de l'Égypte par la mer. Les chevaliers du Temple y étaient en majorité favorables car, à la suite d'un renversement assez courant en ces temps de confusion, nous voyions d'un bon œil l'alliance avec Damas. Les hospitaliers, en revanche, penchaient pour une politique de paix avec Le Caire, ce qui eût permis de faire libérer les centaines de prisonniers qui s'étiolaient dans les geôles égyptiennes. C'était un argument à considérer.

La même division se retrouvait dans la chevalerie : la majorité des barons de Palestine et de Syrie épousait la cause que nous défendions, mais les chefs de l'armée penchaient dans le même sens que les hospitaliers.

Ce furent nos frères de l'Hôpital qui eurent gain de cause. Au mépris des accords conclus avec le malik, Thibaud signa la paix avec le sultan du Caire, après des négociations secrètes. Nos frères crièrent à la trahison, mais mirent une sourdine à leur colère en voyant reparaître les prisonniers, dont certains seigneurs de haute volée, capturés au temps de la malheureuse expédition de Jean de Brienne et du légat Pélage.

Nous en étions venus à un point de tension tel que le brave comte Thibaud s'en alarma : il avait la hantise d'une guerre civile qui eût mis sa mission dans le plus grand danger et l'eût précipitée vers une conclusion honteuse.

Il se dit qu'il était temps pour lui de songer au retour.

Malgré mon âge et le mal qui me rongeait les os, consécutif à des campagnes difficiles et à des cantonnements inconfortables, je participai activement à la reconstruction d'Ascalon : une tâche qui me convenait, le contact rassurant de la pierre me consolant du caractère friable des relations humaines.

Avant de reprendre la route de l'Occident, Thibaud se rendit à Jérusalem, en simple pèlerin, afin de faire confirmer devant le pape le caractère sacré de sa mission et de l'assimiler, en dépit des évidences, à une croisade. Certains, parmi ceux qui l'accompagnèrent, prétendirent qu'il donnait des signes de déraison dans son comportement, lançait des ordres incohérents et ne prêtait l'oreille à aucun conseil.

Pauvre Thibaud... Comment n'aurais-je pas éprouvé pour lui quelque sentiment de pitié ? Ce chevalier, plus poète que guerrier, amoureux transi de la belle Castillane blonde, cet homme de cour plus que de guerre, était mal préparé à la mission que le pape lui avait confiée, et qui le dépassait. L'auréole qui l'accompagnait à son arrivée s'était vite dissipée sous le soleil de Palestine.

Il prit la mer en septembre de l'an 1240, amaigri, hagard, quasiment seul afin de couper aux commentaires ironiques de certains de nos barons. Son armée le suivit quelques jours plus tard. Il partait en laissant derrière lui des ferments de guerre civile, avec, comme chefs de file des principaux partis qui se partageaient l'opinion, le maître des Templiers, Armand du Périgord, et celui des Hospitaliers, Guillaume de Brioude, qu'on appelait aussi, j'ignore pourquoi, *Vieille-Bride*...

Ainsi s'achevait cette expédition, cette fausse croisade des fous. Elle fut moins pernicieuse que certains le dirent et l'écrivirent : elle nous avait restitué de vastes territoires, des places fortes de première importance, et Jérusalem. On aurait, certes, pu faire mieux, mais le pire avait été évité.

Richard de Cornouailles arriva un mois plus tard en Terre sainte. Ce seigneur anglais était d'une autre trempe que Thibaud. Fait notable : il n'arrivait pas à la tête d'une armée, son but n'étant pas de parachever la conquête par les armes, mais d'apaiser les passions et de mettre fin aux désordres. Frère du roi d'Angleterre Henri III, beau-frère de l'empereur Frédéric, il débarquait lui aussi avec une belle auréole, d'acier bien trempé, alors que celle de Thibaud n'était que brouillard. Je me trouvais sur le débarcadère à son arrivée ; il me fit forte impression, avec son abondante chevelure blonde nouée sur la nuque, son regard clair et franc, sa carrure un peu massive de chevalier saxon.

À peine à pied d'œuvre, il fut confronté aux requêtes des deux partis : Armand du Périgord tenta de lui démontrer l'efficacité d'une alliance avec Damas, tandis que Guillaume de Brioude lui vantait la paix avec l'Égypte, qui avait déjà porté ses fruits. Il écouta avec patience ces arguments et, du moins en apparence, resta sur son quant-à-soi.

Peu après son arrivée, le maître me chargea de conduire Richard de Cornouailles à Ascalon pour une inspection des travaux réalisés afin de parer à une attaque venue d'Égypte. Cela ressemblait fort à une prise de position. Pour couper court aux susceptibilités, il renouvela l'alliance avec Le Caire et obtint confirmation des concessions territoriales que nous devions à Damas. C'était d'un bon politique.

Il s'était pris de sympathie pour le vétéran que j'étais et me dit un jour, dans son jardin d'Acre, en épluchant une orange :

— Je viens d'annoncer mon prochain départ à Armand du Périgord. Comme vous le constatez, frère Guillaume, mon séjour a été bref. J'estime avoir mené cette mission à bonne fin en évitant une guerre civile et un conflit avec les Musulmans du Caire et de Damas. Pour ne rien vous cacher, c'est mon beau-frère, l'empereur Frédéric, qui m'a confié cette mission, preuve qu'il veille, malgré son éloignement et les mauvais souvenirs qu'il y a laissés, au destin de la Terre sainte. Il souhaitait que je prépare le terrain pour la venue de son fils, Conrad, qui, encore mineur, partira je ne sais quand.

Il m'offrit la moitié de son orange, avant d'ajouter, l'air sombre :

— Si vous avez quelque pouvoir, en raison de votre âge et de votre expérience, je vous saurais gré de veiller à ce que le calme que j'ai instauré persiste.

Tout ému d'une telle confiance, je répondis :

— C'est beaucoup d'honneur que vous me faites, monseigneur, mais je crains que vous n'ayez surestimé mon influence. Néanmoins je ferai selon votre volonté, afin que votre œuvre ne soit pas remise en question...

Les événements ne tardèrent pas à justifier les inquiétudes de Richard de Cornouailles et mes réserves.

Peu de temps après son départ, en octobre de l'an 1242, les querelles reprirent de plus belle entre templiers et hospitaliers. Un matin, je fus tiré de mon sommeil par des clameurs montant de la cour centrale de notre couvent. Je crus à une émeute populaire, mais je constatai que mes frères étaient déjà en armes et s'apprêtaient à sauter en selle. Je m'informai auprès du maréchal des raisons de ce tumulte ; il me répondit d'un ton sec que j'aille préparer la messe ! Je fis la même démarche auprès du sénéchal : il m'apprit que nous allions *donner une leçon* aux frères de l'Hôpital.

Je retournai, perplexe, dans ma cellule et, après une toilette rapide, revêtis ma tenue en me gardant de prendre mon épée, dont je ne me serais, de toute façon, pas servi.

Nos frères se trouvaient déjà devant l'hôtel de l'Hôpital, situé entre le château Saint-Michel et le littoral. J'appris que ce tumulte était en rapport avec le conflit qui nous opposait depuis des mois, et qu'une étincelle avait suffi pour provoquer l'embrasement des passions. Il se mêlait à cette discorde des ferments de querelles entre Guelfes et Gibelins, dans lesquelles je n'eus garde de m'immiscer.

Nous voilà donc devant la maison chevetaine de l'Hôpital : une centaine de chevaliers brandissant leur épée avec des lazzis et des défis dignes de la soldatesque la plus vulgaire. Le rouge me monta au visage. Écartant les chevaux énervés, au risque de me faire bousculer et piétiner, je m'avançai jusqu'à une sorte de terre-plein surélevé où se postait d'ordinaire un vigile et, bras écartés, réclamai le silence. Je ne l'obtins qu'avec peine et juste le temps de proclamer que cette provocation était une folie, une insulte à Dieu et à son Église, qu'il fallait regagner notre couvent. Tout ce que j'obtins fut d'être accablé d'injures et de menaces, traité de naïf, de traître, de parjure — envers qui, Seigneur ? — mais je dois dire qu'aucun de mes frères n'osa lever la main sur moi.

La colère que j'avais déclenchée sur ma personne eut un bon effet : elle détourna celle qu'ils réservaient aux frères hospitaliers. Je retraversai la foule des émeutiers sous les huées et les crachats, mais rassuré : cette démonstration de haine n'était qu'une poussée de fièvre.

De retour dans notre maison, je m'attendais à une semonce du maître, Armand du Périgord, mais il était trop affaibli par la maladie. Assis sur sa chaise percée, livide, la sueur inondant son visage émacié, il venait de prendre ses médecines. Il se contenta de bredouiller d'une voix qui ne trahissait aucune animosité :

— Frère Guillaume, je suis fort mécontent. Pourquoi vous être mêlé à cette altercation, vous si prudent d'ordinaire ? À votre âge, ce n'est pas sérieux. Le maréchal vient de me demander de vous infliger un blâme. J'ai refusé, mais gare... Qu'avez-vous à répondre ?

— Que je suis intervenu pour calmer des passions et des haines qui auraient pu dégénérer. Je réprouve ce coup de force qui aurait pu déclencher la guerre civile que nous redoutons.

Le maître soupira d'aise après l'effort qu'il venait de s'imposer pour libérer ses entrailles. Il ajouta :

— Frère Guillaume, vous savez l'estime et le respect que tous, ici, vous témoignent. Je dois pourtant vous infliger un désaveu et une sanction, qui sera légère : les arrêts pour une semaine. Je ne puis faire moins sans m'attirer la réprobation de tous ceux qui prétendent que vous êtes un agent des Hospitaliers, mais...

Il éclata d'un rire aigrelet en se levant de sa chaise percée et ajouta :

— ... mais je n'en crois pas un mot. Cependant... cependant, veuillez apporter plus de modération dans vos propos afin de ne pas prêter le flanc aux critiques malveillantes, et veiller à ne pas adopter des attitudes qui seraient jugées hostiles à notre ordre.

J'avoue que j'ai souvent regretté de n'avoir pas choisi — mais avais-je le choix ? — l'Hôpital plutôt que le Temple. J'aurais trouvé chez les chevaliers de Saint-Jean, comme on les appelait, une mission et un mode de vie plus conformes à ma nature : le soutien aux pauvres pèlerins, les soins à dispenser aux malades, sans renoncer, le cas échéant, à prendre les armes pour défendre la terre du Christ. J'aurais trouvé chez eux une ambiance plus sereine, moins guerrière, moins tendue vers le profit.

Parmi les maîtres du Temple qui se sont succédé de mon vivant, certains auraient accepté de faire de moi leur successeur, ce qui eût été le couronnement de ma carrière, mais je traînais comme une infamie ma condition de sang-mêlé. Elle suscitait une méfiance envers moi, même parmi les frères pour lesquels j'avais le plus d'estime et qui me le rendaient, mais avec des réserves. Dès mon accession au Temple, passé mon noviciat, j'avais accolé à mon prénom, Guillaume, le nom de mon grand-oncle, Josserand. Aux yeux de certains, cette substitution faisait de moi un usurpateur : c'est Daoud que j'aurais dû m'appeler, du nom de mon père.

Je n'étais pas au bout de mes craintes.

Peu après ma mise aux arrêts et mon refus de faire amende honorable au cours d'une assemblée, j'appris que les barons favorables aux bonnes relations avec Damas avaient rompu la trêve, violé le traité signé à Ascalon, avec l'Égypte, pour aller faire le dégât autour d'Hébron occupé par les Musulmans. La riposte fut cinglante : le malik al-Nasser Dawud s'en prit aux pèlerins et aux marchands chrétiens. La contre-riposte vint des chevaliers du Temple : ils allèrent saccager Naplouse, piller la mosquée et massacrer une partie de la population, sans épargner quelques chrétiens de rite arménien. Comment s'étonner, dès lors, que le sultan d'Égypte, Ayub, outré par ces agressions révoltantes, vînt à la tête de deux mille cavaliers mettre le siège devant Jaffa ?

Que cherchaient donc nos frères templiers ? Éliminer de la Syrie et de la Palestine toute présence musulmane ? faire de cette terre une colonie sur laquelle régnerait une seule foi : celle du Christ ? remplacer la royauté par une théocratie ?

La discorde qui se confirmait entre les deux ordres allait profiter à un personnage qui, depuis quelques mois, s'était laissé oublier : l'envoyé de l'empereur Frédéric, son homme lige pour la Syrie et la Palestine, le maréchal-condotierre Ricardo Filanghieri. Il s'était retiré avec sa chevalerie dans la citadelle de Tyr, faisant le mort et attendant le moment favorable pour réapparaître sur la scène. Il ne pouvait oublier que son maître avait noué avec l'Égypte des relations d'amitié, à base de philosophie plus que de stratégie diplomatique. Il ne pouvait non plus renoncer à sa mission : restaurer l'autorité de l'empereur-roi et faire cesser le désordre.

Sa première décision, en sortant de sa retraite, fut de se

rendre à Acre pour y mettre à la raison la famille des Ibelin qui venaient de proclamer l'indépendance de la cité. Il agit avec tant de maladresse et de brutalité qu'il se mit à dos toute la population, dut se retirer, et fut, peu de temps après, rappelé par Frédéric. Il aurait dû comprendre qu'il se heurtait à un mur, que l'objectif commun de la chevalerie franque était de se débarrasser de la tutelle germanique, qu'après un siècle d'occupation de la Terre sainte par des troupes franques la présence, sur le trône de Jérusalem, d'un Empereur allemand était mal acceptée, d'autant que la sincérité de sa foi était sujette à caution.

Nous attendions sans impatience l'arrivée du prince Conrad, fils de l'Empereur, engagé à cette époque, en compagnie de son père, dans les guerres d'Italie. En avril de cette année 1243, il avait atteint sa majorité, si bien que rien ne lui interdisait de venir prendre possession de ce royaume d'outre-mer.

Pour faire face à cette éventualité, les barons groupés autour de Balian d'Ibelin et de Philippe de Montfort, fils de Simon, vainqueur des Cathares, décidèrent de chasser de Tyr les Allemands qui s'y trouvaient encore après le départ de Filanghieri. Ils firent, pour cette opération délicate et dangereuse, appel au soutien d'une dame aussi remarquable par sa modestie que par sa proximité de la couronne : la reine Alix, fille de ce comte Henri de Champagne qui avait régné sur la Palestine à la fin du siècle précédent, sinon avec éclat, du moins avec un certain bonheur.

Je n'eus que peu d'occasions de rencontrer cette forte femme de cinquante ans passés, dont les barons souhaitaient faire leur palladium, mais je me souviens que rien, du moins en apparence, ne laissait deviner un personnage de grande envergure : elle n'était ni belle ni laide, à peine jolie, mais tout sourires et rondeurs, avec une modestie qui imposait le respect. Pourtant elle avait de qui tenir : fille de souverains et descendante du roi Amaury, Alix avait été mariée à trois reprises. Elle se trouvait flanquée en ce temps-là d'une sorte de prince consort, aussi remuant qu'elle était sereine, Raoul de Soissons, un chevalier qui avait, quatre années durant, bataillé en Terre sainte et choisi d'y demeurer. Plus jeune qu'Alix mais dépourvu de bien, il avait accepté d'épouser cette grosse mais riche veuve qui lui révélait une perspective fabuleuse : le trône de Jérusalem.

Perclus de rhumatismes comme moi, mais toujours attaché à la rédaction de son *Histoire*, Ernoul avait assisté à l'assemblée des barons et des clercs qui se proposaient de confier la régence du royaume à Alix et à Raoul. Lorsque je le rencontrai à peu de temps de cet événement, il me dit :

— Pauvre Alix... Pauvre Raoul... Ils ont été victimes d'une ignoble comédie de la part des barons et ne s'en sont pas remis. Ils n'avaient été pressentis que pour assurer ce que j'appelle une *fiction constitutionnelle*. On ne tarda pas à leur faire comprendre qu'ils n'étaient investis d'aucun pouvoir réel. Quand la princesse Alix a revendiqué la possession de Tyr que, grâce à elle, on avait débarrassé de Filanghieri, Philippe de Montfort lui a ri au nez. C'est lui qui tenait cette place, et il n'avait pas l'intention de l'abandonner !

Alix et Raoul ne tardèrent pas à comprendre qu'ils avaient été les dupes d'une farce et que, leur rôle échu, ils pouvaient se retirer. Au revoir et merci ! L'impétueux Raoul, humilié, quitta son épouse qui n'avait plus rien à lui apporter et se rembarqua pour la France.

Tyr occupée par les barons et transformée en commune libre, avec les Ibelin à leur tête et Montfort comme lieutenant, fut, après la comédie jouée par la princesse Alix et Raoul, le théâtre, avec d'autres acteurs, d'un drame qui me fut raconté par Ernoul.

Ricardo Filanghieri avait, en repartant, laissé dans la ville, avec une petite garnison, son frère cadet, Lotario. Lorsque la troupe menée par les barons se présenta pour prendre militairement possession de la forteresse de Tyr, ils ne purent y pénétrer. Grâce au secours de la population, excédée par la tyrannie de ceux qu'on appelait les *Lombards*, ils parvinrent, en la contournant par la mer, avec leurs chevaux baignant dans les vagues jusqu'au garrot, à y pénétrer par une poterne ouvrant sur le large. Lotario s'était retiré prudemment, avec sa suite, dans la maison des chevaliers teutoniques. On alla l'y assiéger.

Tandis que les barons tenaient ferme les abords de cette bâtisse, une tempête rejeta à la côte le navire qui conduisait à Tyr un frère de Lotario, Antonio. Les barons s'en emparèrent, allèrent l'exhiber devant la maison teutonique et dressèrent un gibet en faisant comprendre à Lotario que, s'il ne se décidait pas à capituler, son frère serait *pendu par la gueule.* Le pauvre Antonio avait déjà la corde au cou et les yeux bandés quand son frère fit arborer le drapeau blanc.

Les deux Filanghieri, leurs chevaliers et la garnison *lombarde* furent autorisés à rembarquer pour l'Italie, avec leur famille et leurs biens. Les vainqueurs poussèrent la générosité jusqu'à payer à la garnison l'arriéré de sa solde. Frédéric fit preuve de moins de mansuétude : il fit jeter tous ses gens en prison.

L'élimination des derniers occupants allemands de Tyr semblait avoir sonné le glas des ambitions germaniques sur la Terre sainte. Dès lors, que pouvait-on espérer pour tenir le pays, le gouverner et y faire régner l'ordre ? Allait-on en faire une théocratie ? une sorte de république ? mais avec quel chef ? Il semblait évident que cette entité informe et disparate, cet agrégat de seigneuries, d'ordres militaires et de marchands, livré aux ambitions et à l'incompétence, ne tarderait pas à sombrer dans l'anarchie et qu'il se trouverait rapidement la proie d'une offensive générale des forces de l'Islam au cas où les sultanats de Damas et du Caire parviendraient à se réconcilier.

Les Égyptiens furent les premiers à profiter de l'aubaine. Ils parvinrent à recruter dix mille cavaliers des steppes, des Karisméniens expulsés de leur territoire par la ruée des Mongols et qui, après avoir erré à travers la Perse et le nord de la Syrie, avaient trouvé refuge en Égypte. Le sultan Ayub leur montra la direction de Jérusalem en leur promettant monts et merveilles de cette conquête. Ils ne se firent pas prier, traversèrent en trombe le Sinaï et se trouvèrent devant la Ville sainte le 11 juillet de l'an 1244. La nouvelle de cette invasion nous plongea dans l'affliction la plus profonde. Les cavaliers asiates ne s'étaient pas contentés de piller cette ville sans défense, ils avaient procédé à des massacres, au dire de quelques rescapés qui se lamentaient en nous racontant les actes barbares auxquels ces maudits s'étaient livrés. Ils avaient fait irruption, à cheval, dans les sanctuaires et les établissements religieux de Galilée, avaient fait main basse sur les objets du culte, massacré les religieux, hommes et femmes. À Jérusalem, ils s'étaient rués dans l'église du Saint-Sépulcre, l'épée au poing, alors qu'on y célébrait un office, avaient décapité les célébrants, souillé ce lieu sacré de leurs déjections, éventré les tombeaux des rois, dispersé leurs restes et semé la désolation dans la ville.

Pour des raisons qui me sont demeurées obscures, les barons tardèrent à répondre aux appels au secours qui nous venaient de Jérusalem. Ce n'est que pressés par des seigneurs de Chypre, d'Antioche et de Tripoli, ainsi que par des émirs musulmans, eux aussi en grand danger d'être submergés, qu'ils se décidèrent à prendre les armes.

Je demandai au maître la permission de participer à cette contre-offensive, afin, lui dis-je, de me racheter des fautes que l'on m'imputait. Il refusa, disant que je ne méritais pas d'avoir la moindre part à la gloire qui accompagnerait l'exploit de nos chevaliers contre ce qu'il appelait *la horde de Gog et de Magog*, qu'ils allaient mettre en pièces. Comme il s'était remis de ses maux, il avait décidé de se joindre à l'armée coalisée, accompagné de trois cents de nos frères, d'un nombre égal d'hospitaliers et de quelques dizaines de chevaliers Teutoniques retrouvés dans une commanderie du désert. Au moment du départ, il me dit avec un sourire narquois :

— Frère Guillaume, je vous laisse le soin de veiller à ce que notre couvent reste en mon absence.

C'était se moquer du vieil homme que j'étais, mais je ne

bronchai pas, estimant que le silence était la meilleure réponse à cette humiliation.

Les coalisés se réunirent devant Gaza, lieu du rassemblement, à la mi-octobre. Ils se trouvèrent bientôt en face, non seulement de la *chiennaille des mécréants barbares,* comme disaient nos frères chevaliers, mais aussi d'une armée égyptienne commandée par l'émir Baïbars, qui traînait sur ses arrières les escadrons désordonnés des Karisméniens, qui piaffaient d'impatience.

L'armée franco-damasquine se déploya dans une plaine fertile et sablonneuse, proche de la mer et de la bourgade d'Herbiya, que les Chrétiens appellent La Forbie. Le centre était tenu par les escadrons richement harnachés et puissamment armés de notre allié provisoire, le malik de Homs, al-Mansur ; il ne lui paraissait pas le moins du monde incongru de mêler ses bannières à celles des Chrétiens, et il faisait fi de certaines réticences initiales de ses émirs. À sa gauche se groupait la cavalerie d'al-Nasser Dawud, malik d'outre-Jourdain. Les cavaliers francs occupaient l'aile droite du dispositif, avec six cents chevaux, les contingents des ordres militaires, des Turcopoles et la masse confuse des sergents à pied, cette piétaille, dont on peut attendre le meilleur ou le pire. Armand du Périgord, notre maître, se tenait entre les deux chefs de l'expédition : Philippe de Montfort et Gautier de Brienne. Évêques et archevêques avaient suivi le train, armés en guerre, comme pour une croisade. On trouvait à l'arrière-garde les chevaliers chypriotes en tenue flamboyante.

Quelques heures avant le début de l'affrontement, notre allié, al-Mansur, avait donné des signes d'inquiétude : au cours d'un conseil tenu à Ascalon entre les chefs de la coalition, il avait proposé sagement que l'on restât, au moins provisoirement, dans l'expectative. C'était un argument à considérer : alors que les coalisés pouvaient recevoir, par mer, les subsistances indispensables, les Égyptiens et leurs alliés, qui venaient de traverser d'immenses étendues de désert, devaient être dépourvus du strict nécessaire tant pour les hommes que pour les chevaux. Un conseil judicieux que les chefs chrétiens dédaignèrent, car toute l'armée attendait avec impatience l'affrontement. Il fallut en passer par leur volonté.

C'était le même aveuglement, la même imprévoyance que lors de la fameuse bataille de Tibériade, aux Cornes de Hattin, qui avait amené le royaume de Jérusalem au bord du gouffre.

À peine la bataille était-elle engagée, dans le même tintamarre de musiques discordantes, la panique commença de souffler dans les rangs des chevaliers chrétiens. Leurs alliés damasquins avaient plié sous le choc d'une extrême violence des cavaliers des steppes, envoyés en première ligne, contre toute attente, et qui livraient dans cette charge leur va-tout. Les émirs d'outre-Jourdain fléchirent les premiers, entraînant à leur suite la brillante cavalerie d'al-Mansur, si bien que les nôtres se trouvèrent submergés par une marée désordonnée, où il leur était difficile de distinguer alliés et ennemis. Ils supportèrent avec courage cette situation inattendue, tinrent leurs positions avec stoïcisme et, à défaut de pouvoir attaquer, se défendirent comme une meute de loups traqués.

Des péripéties de cette bataille, je ne puis rien dire d'autre, les rares survivants, accablés par la honte, se montrant peu loquaces, et mon ami Ernoul étant absent, en raison de sa santé qui lui interdisait toute chevauchée.

Ce n'est que bribe après bribe que nous avons eu connaissance des pertes considérables subies dans notre camp. Les premières nouvelles qui nous parvinrent concernant nos frères nous affligèrent plus que je ne saurais le dire : le maître Armand du Périgord avait laissé sa vie dans ce combat, de même qu'une grande partie des nôtres : Gautier de Brienne, le maître des Hospitaliers, le connétable de Tripoli, tombés aux mains de l'ennemi. Au total, dix mille Chrétiens avaient disparu dans la tourmente, et peut-être autant de Damasquins, encore que beaucoup eussent pris la fuite au premier affrontement.

Tandis que les troupes ennemies détroussaient les cadavres, égorgeaient et démembraient les blessés, un groupe de rescapés, conduit par Philippe de Montfort et le patriarche de Jérusalem, atteignit Jaffa par la côte. C'est là que les Karisméniens les rejoignirent. Incapables d'entreprendre le siège de cette place forte dont nous avions relevé les défenses, ils tentèrent d'en faire le blocus, mais en vain, les réfugiés étant ravitaillés par la mer. Ces barbares, pour se venger de leur impuissance, dressèrent une croix devant la porte principale et y attachèrent Gautier de Brienne, en annonçant qu'ils allaient le torturer à mort si Jaffa n'ouvrait pas ses portes. Gautier somma les assiégés de n'en rien faire, disant que sa vie importait peu. Il n'en réchappa que sur l'intervention des Égyptiens, pour être conduit en captivité au Caire.

Quelques années après sa capture, alors qu'il disputait une partie d'échecs avec son geôlier, un émir égyptien qui n'aimait pas perdre, il reçut une gifle. Fier comme un paon qu'il était, Gautier jeta l'échiquier à la figure du malotru qui, illico, lui fit trancher la tête.

Une chape de plomb tomba sur la Terre sainte.

Saignée à blanc, la chevalerie n'eut ni la force ni même la volonté de réagir contre l'annexion par le sultan d'Égypte, Ayub, du sultanat de Damas et de quelques villes importantes de l'arrière-pays palestinien. Une fois de plus, l'ancien royaume de Jérusalem, qui avait fait trembler l'Islam, se trouvait réduit à un chapelet de villes côtières. Aujourd'hui encore, je m'interroge : pourquoi, sur leur élan, l'émir Baïbars et ses auxiliaires des steppes ne se sont-ils pas rués sur nos villes maritimes ? Eussent-ils pris Tyr et Saint-Jean-d'Acre, c'en était fait de notre présence en Terre sainte. Peut-être le sultan Ayub s'était-il souvenu de l'amitié que son père, al-Khamil, avait partagée avec ce croisé velléitaire que fut l'empereur Frédéric. Peut-être aussi hésitait-il, lui qui ne s'y entendait guère en matière de siège, devant la perspective de piétiner des semaines, des mois, des années, devant des cités ouvertes sur la mer ?

Il lui restait à régler le sort des cavaliers karisméniens dont la présence l'importunait, mais dont il ne pouvait oublier l'action décisive dans la bataille de La Forbie. Avant de reprendre la route du Caire, il leur interdit de le suivre et leur lança au moment de la séparation :

— Allez donc piller les territoires des Chrétiens de Palestine et de Syrie. Vous y trouverez la récompense de vos services...

Ces sauvages ne s'en privèrent pas. Le pays gardera longtemps le souvenir de ces bandes sans foi ni loi, qui n'obéissaient qu'à leurs instincts. J'ai passé des années à entendre les échos de leurs sinistres exploits, pires que ceux des Bédouins ; ils me parvenaient comme les grondements et les éclairs d'un lointain orage.

Deuxième partie

LE CALVAIRE ET LE SACRIFICE

LIVRE I (1248-1254)

1
Mansourah

La dame Elvire sursauta dans sa somnolence, se pencha sur le moribond et fit signe à la dame Clémence. Le visage des deux matrones s'inclina au-dessus du lit étroit.

— Écoutez... souffla la dame Elvire. On dirait qu'il veut parler...

Elles perçurent, dans la bouillie de mots qui coulait des lèvres pâles de Louis, quelques bribes de phrases : *Visitavit... gratiam... Oriens ex alto... revocavit me...*

— C'est du latin, observa la dame Clémence. Il faut prévenir l'abbé, il nous en fera la traduction.

L'abbé de Saint-Denis, qui s'entretenait dans une pièce voisine du château de Pontoise avec la reine Blanche de Castille, se précipita dans la chambre du mourant, fit le signe de la croix en murmurant :

— Seigneur Dieu, mille grâces... Si Sa Majesté parle, c'est donc qu'elle vit...

Cette évidence ne fit sourire personne. Des murmures parcoururent l'assistance comme des frissons sur l'eau après la chute d'une pierre. Le roi Louis [1] était vivant, alors que, moins d'une heure auparavant, tous l'avaient cru sur le point de rendre son âme à Dieu ; l'évêque de Paris lui avait donné à baiser les saintes reliques, la reine Blanche avait dicté ses consignes

1. Il s'agit du roi Louis IX : Saint Louis.

au clergé pour les obsèques, les matrones s'apprêtaient à lui fermer les yeux... Si ce n'était pas un miracle, cela y ressemblait fort.

La reine Blanche demanda d'une voix tremblante :

— Que dit mon fils, l'abbé ?

— Mon Dieu, Madame, balbutia le saint homme, si je ne me trompe, cela peut se traduire ainsi : *Par la grâce divine, le soleil levant est venu me visiter du haut des Cieux et m'a rappelé d'entre les morts.* Mais ces dames peuvent avoir mal entendu les paroles de Sa Majesté...

La reine Marguerite, épouse du roi, qui s'occupait avec ses servantes et ses dames de compagnie de sa tenue de deuil, s'approcha du lit.

— Mon époux n'a rien ajouté d'autre ? dit-elle. Il ne m'a pas nommée ?

— Non, madame, déclarèrent d'une seule voix les dames Elvire et Clémence.

— Ce qui est certain, ajouta le prêtre, c'est que Sa Majesté a été rappelée d'entre les morts par la grâce de Dieu et pour le bien du royaume. *Alléluia !*

L'assistance reprit cet *alléluia* avec des pleurs de joie. Un pétale de soleil perçant à travers les arbres du jardin se posa sur le visage du moribond, comme pour confirmer sa résurrection.

Le visage du sénéchal de Champagne, Jean de Joinville, s'éclairait d'une étrange lumière en me contant par le menu la miraculeuse résurrection du roi Louis. Il devait être présent car son récit était d'une extrême précision et le souvenir de cette scène humectait encore ses paupières. Il ajouta :

— Depuis des jours, à la suite d'une campagne dans le Poitou, sa santé donnait des inquiétudes. Il souffrait d'un flux de ventre qui lui faisait endurer le martyre. De plus, son pèlerinage à Rocamadour l'avait fatigué au point que, de retour à Paris, il dut s'aliter. Un long repos et des soins constants l'ont soulagé, mais les nouvelles de la Terre sainte l'ont accablé, à telle enseigne que ses médecins désespéraient de le guérir. Des prières publiques, des processions furent ordonnées dans tout le royaume. On exposa dans la basilique de Saint-Denis les reliques des martyrs de la foi. Rien n'y fit. Aux flux de ventre s'ajoutait une forte fièvre accompagnée de délires...

Le sénéchal avait une excellente mémoire. Il me rapporta les paroles que le roi, dans un moment de lucidité, après avoir dicté son testament à un tabellion, tint à ses proches. Je les retranscris fidèlement : « *J'étais l'homme le plus noble et le plus riche de la terre, et le plus puissant par mes trésors, mon pouvoir, mes amis. Et je ne puis arracher à la mort une trêve ni une heure à cette maladie. Que vaut tout cela ?* »

— Le roi Louis, poursuivit Joinville, n'était, dans la main de Dieu, qu'une créature comme une autre. Il ne pouvait disposer de sa vie à sa guise, comme le plus misérable des pécheurs. Dieu a décidé de lui laisser poursuivre son destin. Grâces lui soient rendues !

— Grâces lui soient rendues, répétai-je.

— Eh bien, croyez-moi : nous n'étions pas au bout de nos surprises ! J'imagine que Louis, dans les rêves ou les cauchemars qui accompagnaient son calvaire, devait songer aux tribulations de la Terre sainte, à cette prise de Jérusalem par des bandes sauvages des steppes, au massacre des Chrétiens, à la souillure des lieux saints. Je l'ai souvent entendu déclarer que, la paix revenue dans son royaume, il prendrait la croix. C'était devenu pour lui une obsession à laquelle, moi le premier, nous ne prêtions qu'une oreille distraite. Et savez-vous quelle a été sa première volonté, après les phrases sibyllines, en latin, surprises sur ses lèvres alors qu'il était à l'agonie ?

— Il a demandé à prendre la croix ?

Le sénéchal fit claquer ses mains sur ses genoux.

— Les mises en garde des médecins, la réprobation des prélats, les adjurations de ses proches, rien n'y fit ! Et savez-vous ce que cet entêté a répondu à ces objections ? Qu'il ne prendrait aucune nourriture et ne quitterait pas son lit que l'on n'eût cousu la croix sur sa chemise ! Il fallut bien en passer par là.

Moins d'une heure plus tard, la croix sur sa poitrine, il se levait joyeusement et passait à table !

Ce qui lui apparaissait comme un défi, voire un caprice, la reine Blanche le considérait comme nul, son fils n'étant pas, disait-elle, dans son état naturel. Elle lui fit la leçon, lui dit :

— Monseigneur, ne vous considérez pas comme tenu d'honorer votre promesse de partir pour la croisade. Ce sont des circonstances exceptionnelles qui vous ont poussé à prendre cette décision. Le Saint-Père ne vous en voudra pas si vous renoncez. D'ailleurs, regardez-vous ! Vous ne tiendriez pas une heure à cheval... Je vais adresser une lettre à Sa Sainteté pour lui demander une dispense.

— N'en faites rien ! protesta Louis. Si Dieu m'a rappelé d'entre les morts, ce n'est pas pour la défense de mes domaines mais des siens. Je partirai donc.

— Et avec quelle armée, mon fils ? Vos barons sont opposés à cette croisade. Ils vous l'ont dit, et avec quelle insolence ! Même vos frères, Robert d'Artois, Charles d'Anjou, Alphonse de Poitiers, y sont hostiles. Comptez-vous partir seul ?

— Je laisserai les choses se faire à la convenance du Seigneur. Après m'avoir sauvé Il ne saurait m'abandonner.

Le sénéchal de Joinville avait des graviers dans la voix en me relatant cette conversation, comme s'il revivait par la pensée les scènes dont, peut-être, il avait été témoin, et dont il m'entretenait sur la terrasse de notre couvent d'Acre, qui domine le port avec, en face, la tour de La Mouche, dressée au centre du passage aménagé pour les navires. Le ciel, sur nos têtes, était plein du vol des oiseaux de mer.

— Sa Majesté a tenu bon... soupira-t-il. Elle a demandé au pape Innocent IV de lui envoyer un frère prêcheur. Ce fut le cardinal Odon de Châteauroux. Louis lui facilita la tâche par une astuce.

Dans le royaume de France, avant la Nativité, la coutume est que le roi et les seigneurs distribuent à leurs serviteurs des vêtements neufs. Le roi fit pour l'occasion confectionner des capes ornées de croix de fil d'or, si discrètes qu'il était difficile d'en déceler la présence au premier abord. Surprise des barons, le lendemain, au cours de l'office, lorsque le soleil fit scintiller ces croix. Il ne leur était plus possible, dès lors, de se dérober à l'appel de la croisade.

Le jour où l'un de ses proches reprocha à Louis de s'être décidé à prendre la croix dans un moment d'égarement dû à sa fièvre, le roi, dans un geste de colère, ôta son manteau de croisé, le jeta dans les bras de son interlocuteur et le reprit aussitôt, disant que, cette fois-ci, sa prise de croix n'était pas inspirée par un mouvement de faiblesse, mais en pleine lucidité.

Louis voulait réunir une grande armée, plus importante que celle de son bisaïeul, le roi Louis VII, époux d'Aliénor d'Aquitaine, plus nombreuse que celle de son grand-père, Philippe Auguste. La plus puissante qui eût jamais foulé le sol de la Palestine !

— Je vous passe, dit Joinville, le détail des pourparlers avec le pape, qui venait de renouveler le décret d'excommunication envers l'empereur Frédéric, de même que l'énumération des processions, des offices solennels, des expositions de reliques... Ce furent trois années de démarches, d'échanges d'ambassades auprès des souverains d'Occident pour les inciter à suivre le mouvement. Trois ans d'épreuves et de déboires ! Le roi Henri d'Angleterre manquait des fonds nécessaires pour équiper une armée. Les rois d'Espagne avaient assez à faire avec leur propre croisade contre les Maures. L'empereur bataillait contre les armées pontificales. Louis ne put obtenir que le concours de quelques chevaliers anglais, allemands... et norvégiens.

Certes, le royaume de France était riche et puissant, mais l'importance de la croisade menaçait d'assécher les finances royales : elle coûterait trois fois le budget annuel du royaume ! Mais, quand on œuvre au service de la foi, on ne compte pas...

Louis envoya des émissaires en l'île de Chypre pour y entreposer des marchandises et prévoir un long hivernage. Il adressa d'autres plénipotentiaires à Marseille et à Gênes pour retenir la flotte nécessaire à l'embarquement de trente mille combattants, de milliers de chevaux et des denrées nécessaires à un voyage par mer. Il fallait aussi prévoir un port d'embarquement : le roi choisit Aigues-Mortes ; il fallut creuser un canal pour relier la lagune à la mer.

Dans l'esprit du roi, trois ans n'étaient pas de trop pour préparer sérieusement cette expédition outre-mer. Il se refusait à laisser place à la moindre improvisation.

— Voici donc, dit le sénéchal de Joinville, la croisade prête au grand départ. Le roi a laissé la régence du royaume à sa mère, la reine Blanche de Castille, *l'Étrangère*, comme l'appellent certains malveillants. Il ne pouvait faire un meilleur choix : elle était l'énergie incarnée et tous la respectaient. Il emmenait avec lui son épouse, la reine Marguerite de Provence, trop heureuse, pour ne rien vous cacher, d'échapper à la pesante tutelle de la reine mère, ainsi que ses trois frères : Robert, Charles et Alphonse. Il était accompagné de la fine fleur de la chevalerie et des prélats de haut rang pour rappeler l'armée à ses devoirs religieux, qu'elle n'a que trop tendance, vous le savez mieux que quiconque, à oublier...

Prolixe de nature, le sénéchal passa près d'une heure dans la description de la flotte qui leva l'ancre, au mois d'août de l'an 1248, dans le chant du *Veni Creator Spiritus*, entonné par les religieux. Je me bornerai à dire qu'elle comportait, outre les navires royaux : la *Demoiselle*, la *Reine* et la *Montjoie*, cent vingt grosses galéasses aux flancs arrondis comme des pouliches gravides, des galères à rames et à voiles chargées de protéger la flotte, et des embarcations dont j'ignorais jusqu'au nom : sénandres, tarides, brisses, buzzomans, chacune ayant une fonction particulière.

Jean de Joinville avait suivi avec intérêt ces préparatifs, et avec enthousiasme cette aventure à la fois mystique et guerrière. Il avait, lorsque je le rencontrai à Acre, passé de peu les vingt ans et portait déjà, sur son visage glabre et sur son corps, brunis par le soleil d'Égypte, les coups de griffe et les ruades de la guerre. Il représentait le comte Thibaud de Champagne qui, obèse, désabusé, ne se consacrait plus qu'à la poésie. Il avait, comme Ernoul et votre serviteur, la manie (mais en est-ce une ?) de tenir la chronique des événements. Je ne doute pas qu'il fasse un jour une relation détaillée de cette croisade car il est comme moi, soucieux de faire œuvre de témoin et de se montrer esclave de la vérité.

Le roi Louis avait repris à son compte l'idée de Jean de Brienne : attaquer en premier lieu l'Égypte. Il devait se souvenir des paroles de son prédécesseur : « Tenir Le Caire, c'est posséder les clés de Jérusalem. » Opinion subtile et judicieuse : l'Égypte soumise, le sultan serait disposé à livrer Jérusalem et peut-être toute la Palestine. Encore fallait-il...

— ... Encore fallait-il, dit le sénéchal, vaincre les forces égyptiennes. Au dire des négociants italiens installés à Damiette et à Alexandrie, ce n'était pas impossible. Le sultan Ayub n'avait à mettre en ligne qu'une horde de fellahs armés à la hâte, mais encadrés par un corps redoutable : celui des Mameluks, ces anciens esclaves nourris dans le sérail, animés d'une discipline et d'un courage qui faisaient l'admiration de tous.

Une question me brûlait les lèvres. Je la livrai à Joinville :

— Le roi Louis a, dit-on, l'étoffe d'un saint. Il se livre aux macérations et aux jeûnes. Met-il autant de conviction et d'ardeur à assumer ses devoirs d'époux ?

Joinville ne marqua aucune hésitation pour me répondre :

— Dans ce domaine, Louis a, je crois, une conduite tout à fait normale. Il aime passionnément son épouse, et elle le lui rend bien. Que votre curiosité soit satisfaite, frère Guillaume ! Le couple royal a déjà donné naissance à six enfants, et rien n'indique qu'il s'en tiendra là. Alors que la plupart des barons de son entourage courent la gueuse, entretiennent des concubines et des bâtards, fréquentent les tripots, Louis se conduit en époux irréprochable.

L'armée passa dans l'île de Chypre un hiver de rêve. La température était clémente, la population courtoise, les campagnes généreuses : une sorte de paradis avant l'enfer d'Égypte. Il fallut pourtant, chaque jour ou presque, calmer les barons et les chevaliers qui piaffaient d'impatience de répondre à l'appel du Delta, mais le roi tenait compte des conseils qui lui avaient été prodigués : on partirait pour l'Égypte en mai.

Maudits soient ces conseilleurs ! Ils eussent voulu mettre le roi dans l'embarras qu'ils n'eussent pas agi autrement.

Au cours de cet hiver de détente, Louis délégua des ambassades aux peuplades mongoles qui, déferlant des steppes de l'Asie centrale, menaçaient les territoires de l'Islam. Gengis Khan, mort depuis vingt et un ans, avait cédé le commandement de ses hordes à son fils Ogodaÿ. Nombre de ces cavaliers barbares se disaient de confession *chrétienne nestorienne*, et ennemis de l'Islam. L'idée de Louis était de demander leur alliance pour prendre en tenaille le monde musulman. Une ambassade mongole répondit à la sienne et lui proposa d'imposer à son peuple une conversion générale au christianisme. C'était plus que le roi n'avait osé espérer : les chevaliers de l'Apocalypse chevauchant sous les bannières du Christ ! Un trop beau rêve...

Le départ de l'expédition pour le Delta fut précédé d'une navette d'ambassadeurs, d'un échange de menaces et de défis dans la bonne tradition chevaleresque des joutes et des tournois.

— Tu n'as pas tenu compte de mes avertissements ! tonnait le roi. Je vais donc attaquer ton territoire. Même si tu faisais allégeance à la croix, je ne changerais pas d'avis ! Mes armées couvrent plaines et montagnes, nombreuses comme les pierres de la terre, et marchent vers toi avec l'épée du destin...

Le sultan Ayub ripostait avec la même emphase :

— Insensé ! as-tu oublié les terres que nous vous avons enlevées, il y a peu ? Vous êtes nombreux, mais que de fois une petite troupe en a vaincu une plus importante, avec la permission de Dieu qui est du côté des braves. Ta défaite est inéluctable ! Tu ne tarderas pas à regretter de t'être engagé dans cette aventure...

Le sénéchal se leva pour prendre congé de moi. Il resta un moment silencieux, appuyé des deux mains à la murette qui dominait le port et, au-delà, une étendue de mer bloquée vers l'occident par une barre brumeuse d'où le soleil avait du mal à émerger. Je le sentais alourdi par les images d'un passé récent, accablé par des visions d'épouvante.

Il se retourna vers moi et murmura, en jetant sa cape rouge sur ses épaules :

— C'est sur cet échange de propos malsonnants, frère Guillaume, qu'allait débuter, en cette fin du mois de mai, la croisade du bon roi Louis. De cette aventure, je vous dirai demain ce qu'il en fut...

La tempête qui surprit la flotte royale peu après son départ de Limassol la dispersa en tous sens, si bien qu'elle mit près d'une semaine avant de se regrouper pour s'engager dans les eaux du Delta.

Je venais de retrouver le sénéchal à l'endroit où nous nous étions installés la veille. Il était en avance, comme s'il souhaitait se libérer au plus vite de souvenirs obsédants qui devaient lui coûter des heures de sommeil. Il avait d'ailleurs les traits tirés, les paupières cernées d'un liséré violâtre, les épaules voûtées.

— Si le récit que vous avez commencé vous peine trop à poursuivre, lui dis-je, nous pouvons le remettre ou en finir dès maintenant.

— Non... soupira-t-il. Parler des événements que j'ai vécus me fait du bien. C'est un peu comme si je m'en déchargeais sur vous. Je vous remercie de votre complaisance.

Je m'assis près de lui, posai ma main sur son genou, lui proposai de rentrer car la matinée était fraîche et le vent rude. Il secoua la tête et poursuivit son récit.

— Passé la tempête, nous étions dans un triste état. Je gisais comme un chien malade dans une cellule de ce que les marins, je ne sais pourquoi, appellent le *paradis*, et qui n'était qu'une sentine puante envahie par les rats et la vermine. Chaque matin, des corvées jetaient à la mer des chevaux qui n'avaient pas supporté les mouvements désordonnés du bateau, tandis que des écuyers en fouettaient d'autres pour les faire ruer et leur dégourdir les jambes, car, vous le savez, pour une traversée en mer, ils sont tassés flanc à flanc, comme harengs en caque. En arrivant à Damiette il n'y avait plus, autour de la galère royale, la *Montjoie*, qu'une flotte comprenant environ sept cents chevaliers sur les trois mille que nous étions au départ, les autres navires s'étant dispersés, la plupart vers les côtes de Syrie.

Je m'enquis de savoir les raisons qui avaient poussé le conseil royal à choisir Damiette plutôt qu'Alexandrie ou Rosette. Joinville me répondit :

— Pour deux raisons : cette cité ouvre directement sur Le Caire ; de plus, le roi, se souvenant de l'échec subi par Jean de Brienne devant cette ville, tenait à venger cet affront. Eut-il tort ? Eut-il raison ? Il vous appartiendra d'en juger. Il me semble a posteriori qu'il eut tort, car, si la route d'Alexandrie est plus longue, au moins eussions-nous évité de graves déboires dans l'écheveau des canaux et devant Mansourah.

Après avoir pénétré dans le lac Menzalé, qui n'est en fait qu'une anse toute proche de Damiette, la flotte royale, ou ce qu'il en restait, fut accueillie en fanfare.

— Je n'oublierai jamais, dit Jean de Joinville, cette infernale musique, cette rumeur profonde des tambours qui accompagnait la cavalerie fringante et chamarrée des Mameluks, avec, en son milieu et en avant, la haute stature du chef drapé dans un burnous blanc, étincelant d'or et d'argent comme une idole barbare. Je devais apprendre par la suite que ce personnage était un émir, le lieutenant du sultan Ayub, et qu'il se nommait Fakhr al-Din, si j'en crois ma mémoire...

Insensible, semblait-il, à ce spectacle hallucinant qui avait en revanche marqué Joinville, le roi Louis réunit son conseil sur le château arrière de la *Montjoie*, et proposa de descendre à terre pour relever le défi. On eut du mal à lui faire admettre qu'il était plus sage d'attendre le reste de l'armée. Il objecta que cette darse n'était pas suffisamment vaste pour accueillir l'ensemble de la flotte, et qu'on risquait de l'attendre longtemps. C'étaient des arguments dépourvus de toute logique, j'en demande pardon à Sa Majesté, mais tous, servilement, finirent par se ranger à son avis.

Joinville était présent sur le premier navire qui prit terre, dans un escadron commandé par un parent de l'ancien roi, Érard de Brienne.

— J'éprouvai, me dit-il, une grande peur, car la chaloupe qui nous conduisait à la côte faillit verser et que, harnachés comme nous l'étions, nous eussions tous coulé. L'ennemi nous attendait de pied ferme. Des dizaines, des milliers d'hommes, Mameluks, Turcs, Sarrasins et autres, brandissaient leur sabre courbe et mêlaient leurs vociférations au vacarme des instruments. Pour contenir leur premier assaut, nous avons planté nos lances en oblique dans le sable en nous abritant derrière nos écus.

Surprise de Sa Majesté en voyant surgir une galère aux armes du comte de Jaffa, Jean d'Ibelin, dont les bordages s'ornaient de dizaines d'écus de chevaliers, et qui venait nous porter aide à partir de Chypre, où il se trouvait alors. Il se joignait au premier détachement lâché contre les Égyptiens, fit adopter par ses hommes la même tactique. L'ennemi nous attaqua par vagues, ses chevaux venant s'empaler sur nos lances, sans parvenir à disloquer ce dispositif.

Le roi était si impatient de toucher terre à son tour qu'il sauta de sa chaloupe dans le lac et, de l'eau jusqu'à la poitrine, parvint à prendre pied sur la plage, au milieu d'une forêt de roseaux. Ayant retrouvé son cheval, il galopa jusqu'au champ de bataille et, après un bref examen de la situation, décida qu'on avait assez joué la défensive et qu'il était temps de passer à l'attaque. Le comte de Jaffa jugeait qu'il était préférable de laisser l'ennemi user ses forces et sa cavalerie : les chevaux arabes, dont certains, en agonisant, hennissaient lamentablement, une lance en travers du corps, s'entassaient devant la première ligne des Français, ce qui gênait les assauts adverses.

Lorsque le comte de Jaffa proposa enfin au roi d'attaquer pour rejeter l'ennemi sur ses bases et le disperser, Louis tergiversa, peu disposé qu'il était, sans doute, à recevoir des conseils de ce poulain.

— Je suis bien obligé de constater, dit le sénéchal, que le roi eut tort de ne pas adopter cette tactique. Cet aveuglement allait nous être fatal. Nous jeter en avant, comme le proposait le seigneur d'Ibelin, nous eût permis, sinon d'anéantir, du moins de disloquer et de disperser la magnifique armée qui nous était opposée. La puissance de notre cavalerie, nos armures de plates et de mailles nous rendaient invulnérables.

Il frappa des mains sur ses genoux et soupira :

— Quand j'y pense... Si nous avions écouté Jean d'Ibelin, nous aurions pu nous retrouver deux ou trois jours plus tard sous les murs du Caire ! Au lieu de cela...

Comme le vent devenait plus âpre sous un ciel couvert, rabattant au-dessus de notre terrasse des vols d'oiseaux de mer, je proposai à Joinville de nous abriter dans ma cellule et de nous réchauffer en buvant du vin d'Antioche. Il refusa de quitter ce lieu, comme si le spectacle de la mer et des navires qui la parcouraient, l'odeur des embruns, les cris des mouettes, étaient nécessaires à la poursuite de son récit. En revanche, il accepta le vin. Un novice nous en monta une bouteille, avec un plat de galettes encore chaudes.

— Au lieu de cela ? dis-je.

Joinville avala une première coupe de vin, hocha la tête pour marquer sa satisfaction, et poursuivit :

— Au lieu de cela, notre troupe fut contrainte de faire le pied de grue en attendant l'arrivée des flottes commandées par les deux frères du roi, qui avaient dérivé vers la Syrie. Nous aurions pu rester longtemps sur ces positions inconfortables si l'on n'était venu nous prévenir que l'ennemi, dans sa retraite précipitée, avait négligé de détruire le pont de bateaux qui donnait accès aux parages de Damiette. Cette erreur allait permettre à notre armée, trop heureuse de cette chance inespérée, de se retrouver bientôt sous les murs de la ville.

— Nous n'étions pas au bout de nos surprises !

Joinville ajouta, après s'être servi une autre coupe de vin :

— Nous nous attendions à devoir livrer un de ces sièges qui

avaient coûté tant de pertes à ceux qui nous avaient précédés, et nous fûmes accueillis en triomphe ! Ce sont des habitants chrétiens qui, tandis que la garnison suivait l'armée de l'émir dans sa déroute, vinrent à nos devants, agitant des croix et nous faisant fête. Ils étaient parvenus, non sans mal, à délivrer la ville de ses occupants arabes, turcs, sarrasins de toutes nationalités et de toutes races. Nous entrâmes dans Damiette sans coup férir, au milieu d'épaisses fumées dégagées par des magasins incendiés, avant leur départ précipité, par les occupants. Nos chevaliers se ruèrent sur ce qui restait de marchandises et les pillèrent sans que le roi intervînt pour les en empêcher.

L'armée dut attendre une semaine avant de voir surgir, à l'horizon du lac Menzelé, les voiles qui amenaient à nous les frères du roi. Déception en constatant qu'il s'agissait de la seule escadre de Robert d'Artois ! Celle d'Alphonse de Poitiers était on ne savait où ; elle ne devait arriver que des mois plus tard, en octobre.

Louis décida que l'on passerait l'été à Damiette. Rien n'y manquait, la ville étant le siège de nombreux comptoirs tenus par des négociants, des Italiens pour la plupart, que des navires venaient régulièrement ravitailler.

— Pendant que nous nous prélassions, l'esprit tranquille, sans soucis quant au ravitaillement, la reine Marguerite, enceinte de quelques mois, se reposait dans les jardins en compagnie de ses dames. Comme durant l'hiver précédent, en l'île de Chypre, ce séjour se révéla funeste à nos troupes qui, dans cette ambiance émolliente, perdaient leur énergie. Les plaisirs de la chair, s'ajoutant aux nourritures trop riches et aux vins, ne leur manquaient pas. Et pendant ce temps, ce qui est plus grave encore, les Égyptiens regroupaient leurs forces pour préparer leur revanche. Dieu me pardonne, j'allais parfois me promener à cheval au bord du Nil ou du lac et passais des heures, assis au pied d'un palmier, à regarder les filles des fellahs laver leur linge et se baigner nues, guettées par nos soldats qui choisissaient parmi elles des proies faciles et souvent consentantes.

Par une caravane de marchands arabes qui descendait vers le

Delta, le roi Louis apprit que le sultan Ayub avait fait exécuter des chefs chrétiens capturés lors des précédentes croisades. Malade de la poitrine, le corps dévoré d'ulcères, aux portes de la mort, il n'avait pas perdu son esprit de vindicte à l'encontre des Infidèles qui osaient s'aventurer sur son territoire. Pour ne pas affaiblir le moral de l'armée et prêter le flanc à une nouvelle révolution de palais, l'épouse du sultan, nommée Bouche de perles, cacha sa maladie, puis sa mort.

— Il m'était rarement arrivé, ajouta Joinville, de voir le roi en colère, mais, informé qu'il était du comportement de ses hommes, des enlèvements, des pilleries, des saccages, il perdait parfois son contrôle, blêmissait, bégayait comme si l'on se préparait à attenter à sa vie. Chaque jour il recevait des plaintes émanant de familles venant protester de quelque méfait imputable à des hommes de troupe ou à des chevaliers. Pour mettre un terme à ces désordres, Louis décida de tolérer des bordels dans le camp et dans la ville. De plus, nous vivions dans une insécurité permanente : toutes les nuits ou presque, des groupes de tueurs indigènes se glissaient dans le cantonnement ou dans la ville, égorgeant nos soldats endormis sous leur tente et se livrant à des massacres dans les bordels et les tripots. Le sultan Ayub, maudit soit son nom ! encourageait ces raids nocturnes, payant d'un besant d'or chaque tête de Chrétien qu'on lui rapportait...

Joinville fit tourner sa coupe de vin dans la lumière, en savoura une nouvelle gorgée. Je fis monter une autre bouteille.

— Ce vin, dit-il, a un goût délicieux : celui de la paix, je suppose. Il n'est en rien comparable à celui que nous buvions à Damiette, une effroyable piquette que nous livrait cette racaille de marchands italiens, et dont nous nous grisions, malgré tout, pour échapper à l'ennui.

L'ambiance, dans la ville et le camp, changea le 24 octobre, lorsque apparurent, sur les eaux paisibles du lac Menzalé, les navires du prince Alphonse de Poitiers, frère du souverain. On rendit grâces au Ciel : dans l'attente, on avait comblé le Seigneur de processions, d'offices solennels, de prières publiques, dans la crainte qu'une nouvelle tempête n'eût anéanti cette escadre.

— Le moment était donc venu, dis-je, de se préparer à foncer sur Le Caire ?

— C'est ce que nous souhaitions, répondit Joinville en entamant la deuxième bouteille. À commencer par vos frères templiers et hospitaliers. Mais je dois reconnaître que les conditions n'étaient guère propices : c'eût été compter sans les crues du Nil, l'amollissement de notre armée dans les plaisirs, et le regain d'énergie du côté des Égyptiens. J'ajoute que la foi ardente qui nous animait au départ n'était plus, malgré les grands prélats et le roi, qui tentaient de la ranimer, qu'un souvenir. À la réflexion, nous aurions dû, au départ de l'île de Chypre, prendre la direction d'Acre et de Jérusalem. Au lieu de cela, nous pataugions sur une terre d'Égypte en proie à une crue dévorante, avec, autour de nous, à l'infini, d'immenses étendues d'eau limoneuse.

L'armée de la croisade se trouvait en proie à un dilemme : espérer des jours plus favorables pour poursuivre sa route ou, sans plus attendre, marcher sur Le Caire. Les croisés tinrent une assemblée houleuse. On entendit éclater la voix véhémente de Robert d'Artois, qui avait choisi une attaque sur Le Caire, répondre à celle de Jean d'Ibelin, qui optait pour une remise de l'opération. On attendait l'arbitrage du roi : il donna raison à son frère. Il n'y avait plus à discuter.

Pour faire valoir ses arguments, le prince Robert eut une formule que me rapporta le sénéchal, et qui est heureuse : « Qui veut tuer un serpent lui écrase la tête »... Il oubliait que le serpent n'est pas forcément disposé à se laisser tuer. Les événements n'allaient pas tarder à le démontrer.

Les croisés crurent un moment qu'ils n'auraient plus à prendre les armes : le sultan Ayub, renouvelant les propositions faites jadis au roi Jean de Brienne et au légat Pélage, dans des circonstances identiques, proposait de nous restituer Jérusalem contre la libération de Damiette. Reprenant le rôle tenu alors par le légat, Robert d'Artois décréta qu'il s'agissait d'un piège.

Louis, qui adorait son cadet et lui passait tous ses caprices, renvoya les émissaires avec une fin de non-recevoir.

— Pouvez-vous, me demanda Joinville, faire monter un autre plat de galettes ? Elles sont délicieuses, surtout tartinées avec ce miel qui sent bon la montagne de Syrie. Les plaisirs simples sont ceux que je goûte le plus...

J'accédai à son désir, avec un sourire indulgent : le vin rendait lyrique mon ami le sénéchal. Il en avait des larmes dans les yeux.

Il lâcha un simple nom : Mansourah, avant de sombrer dans un silence qui confinait à une somnolence que je mis sur le compte du vin d'Antioche. Il revint à lui, s'excusa de sa brève absence, et reprit le cours de son récit. Il me rappela, ce que j'ignorais, que la route du Caire passe par la bourgade de Mansourah, dominée par une place forte.

— En progressant à une allure normale, me dit-il, il eût suffi d'une journée pour s'y rendre. Nous avons mis un mois ! Il faut dire que les Égyptiens ne nous laissaient guère de repos : plusieurs fois par jour, des bandes armées attaquaient nos convois et retardaient notre avance, malgré les lourdes pertes que nous leur faisions subir. Notre armée arriva en vue de Mansourah à la mi-décembre. Nous nous heurtâmes à un obstacle inattendu : un bras du Nil, le Bahr al-Saghir, qui portait une importante flottille de petites embarcations, qu'on appelle des felouques, défendait son approche.

Le roi réunit ses ingénieurs et leur ordonna de construire une chaussée pour couper ce canal et permettre à l'armée d'atteindre à pied sec la place forte.

— Ce n'était pas un mince chantier ! dit le sénéchal. Nous fûmes tous conviés à y participer. Le roi lui-même retroussa ses manches. Je le vis avec surprise transporter des panières de terre sur ses frêles épaules. Hélas ! c'était un véritable travail de Pénélope... Au fur et à mesure que la chaussée prenait forme, les indigènes la détruisaient, la nuit de préférence. Nous dûmes construire de ces galeries couvertes appelées *chas-châteaux*, pour protéger les travailleurs des traits de flèche et d'arbalète. Il valait mieux ne pas trop s'éloigner du camp : des partis d'indigènes surgissaient des champs de papyrus ou des bosquets de cactus, massacraient les imprudents et disparaissaient comme des ombres. Pour comble, les convois de vivres qui nous parvenaient de Damiette par le Bahr al-Saghir étaient régulièrement attaqués et pillés par des bandes. Pour mieux assurer notre sécurité, nous dûmes construire un camp retranché où nous installâmes les machines qui nous serviraient à bombarder les murailles de terre et de pierre de Mansourah.

Les accents de Joinville, lorsqu'il évoqua ce siège, restent présents à mon souvenir après des années, bien que ma mémoire, avec l'âge, perde de son acuité. Je n'avais aucune peine à deviner, à travers son récit, qu'il me faisait parfois d'une voix confuse, l'épouvante qu'a posteriori il éprouvait encore, surtout lorsqu'il me parla de la riposte des occupants de la place forte.

— Imaginez, frère Guillaume, me dit-il, la pluie de feu tombant sur Sodome et Gomorrhe, et vous aurez une idée des tourments que nous endurions ! Des gerbes de feu grégeois lancées par d'énormes arbalètes à tour s'abattaient sur nous plusieurs fois dans la même journée, et parfois la nuit, sous forme de pots à feu gros comme... comme des tonneaux de verjus, avec une queue longue environ d'une lance, un grondement de tonnerre et des éclairs qui, la nuit, illuminaient le camp *a giorno*. Nous n'avions d'autre recours que de prier le Seigneur de nous épargner de brûler vifs. C'est ce que faisait le roi dans sa tente. C'est ce que nous faisions tous, des barons à la piétaille. Au début de la nuit, lorsque le bombardement reprenait, Louis quittait sa couche et s'agenouillait avec aux lèvres la même prière, dont j'ai retenu les termes : « Beau Sire Dieu, Jésus-Christ, garde-moi ma gent ! » Lorsque le feu du ciel marquait une trêve, il envoyait son chambellan s'informer des dégâts et se rendre compte si le sable et le vinaigre dont nous usions pour éteindre les sinistres qui atteignaient tentes et machines avaient rempli leur office.

Joinville marqua une pause, se mit à arpenter la terrasse en marmonnant je ne sais quoi, comme si tous ces souvenirs l'indisposaient par leur poids de souffrance, de misère et de mort, et qu'il souhaitât s'en débarrasser au plus vite.

— Brisons là si vous le voulez bien, lui dis-je. La nuit va tomber et vous semblez las...

— Je le suis, dit-il, mais d'une fatigue que rien ne pourrait m'arracher du corps.

Il but ce qui restait de la deuxième bouteille, à laquelle j'avais à peine touché, jeta sa cape rouge sur ses épaules et s'engouffra dans l'escalier, comme s'il avait le feu à ses trousses. Je lui lançai une invitation à nous retrouver le lendemain, à la même heure, sans obtenir de réponse.

Je l'attendis en vain le lendemain, puis dans les jours qui suivirent. Il ne daigna reparaître qu'au bout d'une semaine, rasséréné, semblait-il. Je lui proposai du vin. Il repoussa la bouteille et je n'insistai pas. En revanche il demanda des galettes que je fis monter, encore brûlantes.

Il reprit son récit sans que j'eusse à l'en prier. Le soleil était revenu et scintillait de tous ses feux sur une mer frisée de petites vagues.

J'appris sans surprise qu'en Égypte l'hiver était très avancé, que l'année avait basculé et que la situation en était au point où nous l'avions laissée lors de notre précédente rencontre. Le roi était si désespéré qu'il envisageait, la mort dans l'âme, une peu glorieuse retraite vers Damiette : il y avait laissé son épouse sur le point d'accoucher, et quelques chevaliers chargés d'encadrer la garnison. La lassitude dans le camp était générale quand, un jour...

— Un jour, dit Joinville d'une voix calme, un Bédouin demanda à rencontrer le roi. Il fut éconduit, s'obstina et finit par obtenir satisfaction. Il proposait de guider l'armée jusqu'à un gué qu'il connaissait et qui nous permettrait d'arriver au pied des remparts de Mansourah, au lieu de nous obstiner à construire cette maudite chaussée que l'ennemi détruisait au fur et mesure qu'elle s'allongeait. Le roi flaira un piège, mais se dit que, de toute manière, on était déjà engagé dans un traquenard et que, vaille que vaille, l'affaire valait d'être tentée.

— Que demandait le Bédouin, en échange de ce service ?

— Une forte somme, comme vous pouvez l'imaginer. Le roi la lui fit remettre sans barguigner.

Le souverain chargea le duc de Bourgogne de la sécurité du camp et partit, accompagné de ses frères, avec un important détachement, dans la première semaine de février. Le gué révélé par le Bédouin existait bel et bien, mais il était plus profond qu'on ne l'avait imaginé, et ses rives étaient abruptes, ce qui convenait mal aux chevaux. On dut les mettre à la nage avec les cavaliers. Certains périrent noyés ; d'autres revinrent sur la rive, en quête d'un passage moins périlleux. Lorsque le guide l'eut découvert, la troupe s'y engagea tout entière.

Sur la rive opposée, dissimulés par une butte de sable recouverte d'herbe folle, quelques dizaines de cavaliers égyptiens attendaient, l'arme au poing. Comme ils étaient en trop petit nombre, ils se dispersèrent avec des vociférations gutturales, en direction de Mansourah.

Le roi, sagement, interdit qu'on les poursuivît. Ayant rassemblé son détachement, il l'organisa pour assurer une marche sans risques. Les templiers menés par le maître Guillaume de Sénac, qui avait remplacé Armand du Périgord, rappelé à Dieu après la bataille de Gaza, assuraient l'avant-garde et, dans l'esprit du roi, serviraient de frein aux impulsions dangereuses de Robert d'Artois qui commandait le deuxième corps, le roi et Alphonse se réservant le reste de l'armée, avec l'arrière-garde.

— Dieu m'est témoin, dit Joinville en entamant une galette, qu'il faisait passer de main en main pour éviter de se brûler, que le roi a fait une regrettable erreur en embarquant Robert dans cette expédition : son frère chéri n'avait qu'une expérience des plus sommaires de l'art de la guerre, et pas plus de jugeote qu'un pinson. Son cheval était, je m'en souviens, mené au mors par l'écuyer Foucaud de Merle, un Limousin un peu fou qui se démenait en criant qu'il fallait attaquer. Mais attaquer qui ou quoi, Seigneur ? Le maître du Temple protesta que ce serait de la dernière imprudence que de laisser Robert prendre l'initiative d'une offensive, mais l'écuyer n'entendit rien, pour la bonne raison qu'il était sourd comme un pot, et que son maître ne voulut pas entendre ! Imaginez, frère Guillaume, la confusion que cette altercation produisit à la tête de la troupe... Comme le seigneur de Merle persistait dans ses propos saugrenus, et que Robert semblait tout disposé à le suivre, les templiers le devancèrent, piquèrent des deux avec un élan magnifique, sus à l'ennemi qui s'était arrêté à peu de distance comme pour nous narguer. Toute la cavalerie suivit.

— Je n'ai nulle peine, dis-je, à imaginer ce qui a pu suivre. Au cours de ma carrière, j'ai souvent été témoin de ces accès de fièvre qui poussent les hommes en avant, sans chercher la moindre justification à leurs actes. Je pense que l'attaque a été d'une telle vigueur que les cavaliers égyptiens se sont débandés et engouffrés dans la ville.

— C'est exactement ce qui s'est passé, frère Guillaume, s'exclama Joinville, avec une tape familière sur mon épaule. Or donc, les cavaliers égyptiens se replièrent dans Mansourah, nos cavaliers à leurs trousses, templiers en tête, avant que la porte ne se referme. Avec sa prudence habituelle, le maître du Temple fit cesser l'attaque et regroupa les escadrons sur une place d'où la population fuyait en tous sens avec des cris. Flairant la souricière, il tenta de dissuader Robert de pousser plus avant et de s'engager dans le dangereux labyrinthe des ruelles plutôt que d'attendre l'arrivée du roi. Peine perdue ! Cette tête folle se contenta de rire et de lancer son cheval en avant, taillant de son épée autour de lui.

— Et la porte ? obectai-je. Personne n'a songé à l'occuper de manière qu'elle restât ouverte en cas de repli ?

— Personne, frère Guillaume, personne ! Lorsque les assaillants constatèrent qu'elle s'était refermée, qu'ils étaient prisonniers de cette ville inconnue, mystérieuse, hostile, il était trop tard...

La suite de cette action de la dernière légèreté, due à un

écuyer sourd, à un maître du Temple imprudent, à un chef d'armée inepte, le sénéchal me la conta avec force détails que je me garderai de relater à mon tour, tant ils sont confus et répétitifs.

Pour résumer cette action, je dirai que les croisés se lancèrent inconsidérément à travers la ville, droit vers la mosquée. Les cavaliers égyptiens revenant à la charge, les nôtres, assaillis de toutes parts, accablés par les pierres et les objets qu'on leur jetait des fenêtres et des toits, incapables de maîtriser leurs montures affolées, se sentirent pris comme dans une chausse-trape. Ils s'engouffraient dans la moindre venelle qui paraissait sans danger et se retrouvaient au débouché face à des soldats armés d'arcs et de lances, sans avoir la possibilité de rebrousser chemin. L'émir Baïbars, qui commandait le corps des Mameluks, avait regroupé ses hommes sur la place de la mosquée et attendait les assaillants de pied ferme.

Joinville mâchonnait d'un air morose un morceau de galette, sans appétit semblait-il. Il cracha ce qui restait dans sa bouche et poursuivit, renversé contre le mur :

— En moins d'une heure, frère Guillaume, tout était consommé ! Les Mameluks, la piétaille indigène ne firent pas de quartier. Tous les nôtres furent massacrés.

— Et le frère du roi Louis ?

— Massacré lui aussi, avec le seigneur de Coucy, l'un de nos grands barons, quatre cents des nôtres et tous vos frères du Temple, sans oublier le maître... Tous, vous dis-je !

Je voulus savoir comment le roi avait réagi en apprenant cette affaire navrante.

— Sa Majesté, me dit le sénéchal, a feint d'ignorer, durant les jours qui suivirent, ce qu'il était advenu de son frère chéri et des hommes qu'il avait entraînés. Peut-être le lui a-t-on caché, d'ailleurs, encore que c'eût été difficile, l'ennemi chantant sa victoire aux remparts de Mansourah. Il finit par se rendre à l'évidence, à admettre que son frère était mort ou prisonnier. Un matin où je me hasardai à lui demander s'il avait reçu des nouvelles de Robert, il me répondit : « Je ne puis en recevoir, puisqu'il est en paradis... »

Lorsque le roi Louis vit les Mameluks se regrouper devant la grande porte de Mansourah, il dut comprendre que le désastre était consommé, que son avant-garde s'était sacrifiée inutilement et qu'il ne restait plus qu'à tenter de la venger.

Il semblait qu'il n'eût plus d'autorité sur son armée et qu'il eût lui-même du mal à se maîtriser, tant la suite des événements trahit l'improvisation et l'incohérence. Des groupes de croisés se lançaient à l'aveuglette, sans avoir reçu d'ordres, contre les Mameluks de Baïbars. Joinville se trouva entraîné dans une de ces malheureuses opérations qui confinaient au suicide. Ce fut pour lui l'occasion de quelques exploits qui faillirent lui coûter la vie.

Surpris par un groupe de Mameluks, il se trouva désarçonné, jeté à terre et, abrité derrière son écu, contraint à se réfugier avec ses compagnons dans la masure d'un fellah. Il n'y trouva qu'un abri dérisoire et dut continuer à se battre à l'épée, entouré de soldats qui ne tenaient debout que par miracle, des *morts-vivants*, me dit-il. L'un d'eux avait une joue arrachée du menton aux oreilles, l'autre le nez qui lui pendait sur la bouche, un autre encore le cuir chevelu rasé d'un côté par un coup de cimeterre...

— Ce qui suivit, m'avoua Joinville, se dérobe à toute relation. Délivrés de notre piège par un des frères du roi, Charles d'Anjou, nous nous sommes engagés dans la bataille générale qui venait d'éclater. C'était une mêlée inextricable, à l'épée, à la masse d'armes, au poignard, la lance exclue car elle n'eût servi de rien dans ce corps à corps. J'étais affaibli par les blessures que je venais de recevoir dans la masure du fellah, mais je combattis, je crois, avec toute mon énergie et ma vaillance. Vous dire les exploits auxquels j'assistai serait impossible. Nous avions tous la conviction d'être les derniers champions de la Chrétienté. Par Dieu, j'ignore comment, ce jour-là, je ne me suis pas vidé de mon sang dans le sable, comme tant des nôtres !

Peut-être Dieu tenait-Il à me garder en vie afin que je puisse relater cet engagement ?

— Que d'exploits, que de courage, dis-je, pour une bataille perdue d'avance ! Car vous le saviez, n'est-ce pas, que vous ne pouviez vaincre ?

— Nous le savions. Nous avions même prévu que pas un de nous ne survivrait, que nous disparaîtrions dans le sable et les eaux du Nil, comme l'avant-garde de Robert d'Artois dans Mansourah, mais cela ne nous décourageait pas. Au contraire même ! Le moment vint où le roi fit corner la retraite pour se rapprocher du fleuve, afin de permettre aux hommes suffoquant de chaleur sous le harnois de fer, et aux chevaux, de se désaltérer. Il souhaitait en même temps se rapprocher du camp qu'il redoutait de voir assailli.

Ce signal de repli suscita un mouvement de panique parmi les croisés. Ils se précipitèrent en masse vers le fleuve, les Mameluks à leurs trousses, et beaucoup s'y noyèrent. La retraite se poursuivit, nos soldats luttant pied à pied, le roi lui-même faisant front aux ennemis qui cherchaient à l'encercler. Il parvint à regrouper ce qui restait de son armée et à lui faire traverser le fleuve en bon ordre, sa seule présence suffisant à redonner confiance à ses chevaliers.

Joinville suivait le train. Il fut affecté sur sa demande à la garde d'un ponceau de bois qui eût permis à l'ennemi de prendre l'armée à revers. Alors qu'il venait de prendre position et qu'il était affronté à un groupe de soldats de Baïbars, le duc de Soissons, qui l'avait accompagné, lui lança joyeusement :

— Sénéchal, laissons crier et aboyer cette chiennaille ! Nous allons lui faire mordre le sable. Par la Coiffe-Dieu, nous parlerons longtemps de cette journée dans la chambre des dames...

Ce n'est qu'à la tombée du jour, mission accomplie, que le sénéchal Jean de Joinville et le duc de Soissons, sains et saufs, purent rejoindre le roi.

— J'étais, me dit-il, dans un état pitoyable. Mon haubert était en loques, mon écu, fendu par le milieu, abandonné dans la maison du fellah. Pour le remplacer, je n'avais que le gros gambison rembourré d'étoupe, que j'avais enlevé à l'un de nos morts. Je ne compte plus les blessures que je reçus, au corps et au visage, comme cette balafre sur ma joue. Mais, grâce à Dieu, j'ai gardé mon nez intact.

Il ajouta avec un rire sonore :

— Vous me voyez affublé, comme cet ancien capitaine du basileus, un Grec nommé Tatikos, d'un nez en or ?

Mon interlocuteur me dit en se levant, plus calme que d'ordinaire, sans cette sourde agitation qui me faisait croire qu'il luttait contre des démons :

— Il se fait tard et je dois rejoindre mes quartiers. Merci de m'avoir écouté avec tant de patience et d'amitié, frère Guillaume. J'en avais besoin, je vous l'avoue. Aujourd'hui, je me sens, comment l'exprimer ? délivré...

Je sursautai.

— Est-ce à dire que notre entretien est terminé, que vous allez nous quitter ?

— Pas encore, mon ami, pas encore. Si vous le voulez bien, nous nous retrouverons demain ou quelque autre jour, ce dont je ne puis décider seul. Mais je regretterais de devoir renoncer à mes visites. Il y a tant de choses à dire encore de cette malheureuse croisade royale, et vous savez si bien écouter...

La croisade française n'avait pu prendre Mansourah, mais elle n'y avait pas renoncé. Baïbars non plus n'avait pas décidé de mettre bas les armes : il attaqua le camp ennemi, submergea les avant-postes tenus par le prince Charles, mais fut repoussé. Cette mince victoire remit du baume au cœur du roi Louis, bien qu'il l'eût échappé belle, un jet de feu grégeois ayant brûlé la croupière de son cheval.

Sa Majesté n'était pas au bout de ses épreuves ; le pire l'attendait.

Ce matin-là — une semaine plus tard ! — le sénéchal se présenta, avec un sourire mystérieux, sur notre terrasse, que j'avais fait recouvrir d'un auvent de toile pour me protéger du crachin. Il écarta un pan de sa cape rouge, révélant son cadeau : un tonnelet de vin de Chypre.

— Je ne déteste pas le vin d'Antioche, me dit-il en s'asseyant près de moi, mais je lui préfère celui-ci, que m'a adressé un de nos chevaliers. Buvons ! vous m'en direz des nouvelles...

— Racontez-moi plutôt, dis-je, dans quelles circonstances le roi fut capturé. Je meurs d'envie de le savoir, et vous m'avez fait attendre la réponse.

— Il y a un temps pour tout, me dit-il en posant le tonnelet sur la murette. Patience, mon ami.

Il remplit nos deux coupes avec une sorte de ronronnement étrange dans la gorge, et m'en tendit une. J'y trempai les lèvres, sans partager le moindre frisson du plaisir qui semblait l'inonder. C'était un vin honnête, chaleureux, un peu trop fruité à mon goût, auquel, quoi qu'il en dise, je préférais celui, âpre mais plus franc, que notre couvent recevait d'Antioche. Je fis mine d'approuver son choix. Il prit le temps de vider sa coupe avant d'aborder la suite de son récit.

— Je dois d'abord, dit-il, faire état de l'ambiance qui régnait dans notre cantonnement, et que vous imaginez peut-être. C'était l'horreur...

Une semaine après la bataille de Mansourah, l'on vit remonter à la surface du fleuve les cadavres qu'il avait engloutis : des dizaines, des centaines de Chrétiens et de Musulmans, parfois encore accrochés les uns aux autres, comme si la mort les avait surpris en train de s'affronter. Il fallut louer le service de la piétaille pour les crocheter et les hisser sur la rive. On donna aux Chrétiens une sépulture, et on rejeta au Nil les Musulmans. La puanteur était insupportable et nul ne pouvait s'y soustraire ni s'y habituer.

Comme les subsistances commençaient à manquer, les soldats pêchaient dans le Bahr al-Saghir de gros poissons indolents, sortes de loches qu'on appelait des *barbottes*. On en trouvait à foison, bien gras, nourris de cadavres.

— Est-ce cette nourriture infâme ou le climat du pays ? dit Joinville. Je l'ignore, mais nous fûmes, à de rares exceptions près, atteints d'une étrange maladie. Notre chair se tavelait, prenait l'apparence d'un vieux cuir de botte et une couleur terreuse. Ceux qui avaient consommé des *barbottes* — et ils étaient nombreux — étaient affectés d'un autre mal, plus terrible encore : l'intérieur de leur bouche partait en lambeaux et pourrissait, ce qui les gênait pour se nourrir et leur donnait une haleine fétide. Les barbiers leur arrachaient avec des tenailles la peau des gencives, ce qui les faisait hurler comme des femmes en mal d'enfant. Ceux qui allaient mourir en étaient avertis par des saignements de nez. Et je puis vous dire qu'il en mourut beaucoup...

Les croisés durent renoncer à consommer des *barbottes*. Comme les vivres n'arrivaient plus de Damiette que par petites quantités, les convois étant arrêtés et pillés par l'ennemi, il fallait payer à prix d'or la moindre nourriture, et tous ne le pouvaient pas. Quant à s'en procurer en allant fourrager dans les parages, mieux valait y renoncer : outre qu'il ne restait plus rien, les fellahs ayant fui, on s'exposait à une attaque des patrouilles ennemies.

— La belle armée de croisade qui avait quitté la France deux ans auparavant, ajouta Joinville, n'était plus qu'une horde de ribauds sans discipline ni scrupule. Je surpris un jour des chevaliers en train de s'esclaffer tandis qu'ils jouaient aux dés près d'un cadavre. Je les rappelai à la plus élémentaire décence ; ils me rirent au nez. Savez-vous quel était l'enjeu de leur partie ? une belle indigène, compagne du chevalier mort !

Le roi Louis n'avait pas échappé à la maladie ; il ne lui restait que la peau sur les os, et son visage avait pris une teinte brunâtre. Benoîtement, en toute innocence, il exhortait ses gens à bien se nourrir et à respecter les sacrements !

— Notre malheureux souverain, c'est bien le cas de le dire, prêchait dans le désert. À bout de forces, impuissant à imaginer un moyen de tirer son armée de ce piège, il tenta une négociation. Il eut affaire à Touran Chah, un des fils du sultan Ayub récemment décédé. Ce jeune seigneur avait reçu des renforts importants. Il accueillit néanmoins, sans lui montrer de mépris, la délégation royale, et lui renouvela la proposition habituelle : Jérusalem contre Damiette, mais avec des conditions draconiennes : des otages, en la personne du roi et de ses deux frères. Notre Sire avait fait d'avance sacrifice de sa vie, ses frères de même, mais nos barons poussèrent de hauts cris, proclamant qu'ils préféraient combattre jusqu'au dernier plutôt que de livrer un roi chrétien aux Infidèles. J'avoue que j'étais moi-même animé de cette sainte indignation.

Ayant échappé à la captivité, le roi se trouvait dans une dramatique alternative : ou livrer de nouveau une bataille pour Mansourah, avec tous les risques que cela comportait, ou lever le camp et reprendre la route de Damiette où son épouse avait accouché d'un fils : Jean-Tristan. C'est ce dernier parti qu'il choisit. Les soldats valides se retireraient en longeant le Bahr al-Saghir ; les malades et les blessés seraient embarqués sur des felouques. Malgré les adjurations dont il fut l'objet, Louis refusa de prendre place sur une de ces embarcations et décréta qu'il resterait au milieu de ses chevaliers pour partager leurs ultimes épreuves et riposter aux bandes qui harcelaient leur retraite.

— Si ma mémoire est fidèle, dit Joinville, nous quittâmes le camp devant Mansourah le 1er avril. Le roi faisait peine à voir : vêtu de guenilles puantes, d'une casaque que lui avait donnée un sergent, maigre à faire peur, agité de frissons, à demi incliné sur l'encolure de son cheval qui n'était pas en meilleur état que lui... Il paraissait si mal en point que nous nous attendions à tout moment à le voir tomber de sa selle et mourir dans nos bras. Pour comble, il avait choisi la position la plus exposée : notre arrière-garde, constamment en alerte, attaquée qu'elle était par des détachements égyptiens. À plusieurs reprises il fut sur le point d'être capturé, mais, pour rien au monde, il n'eût accepté de se retirer : il sentait que tout ce qui restait à son armée était son âme, et que cette âme résidait dans sa personne ; lui disparu, tout était perdu. Peut-être, dirent certains, cherchait-il le sacrifice de sa vie, qui eût pu faire pardonner ses fautes et son incurie aux yeux du Seigneur et de ses sujets.

Lorsque le prince Charles intima à son frère le roi l'ordre de renoncer à s'exposer inutilement, il s'attira cette fière réponse : « Mon frère, autant décider de vous débarrasser de moi ! Pour ce qui me concerne, je ne me débarrasserai pour rien au monde de mes gens. » Il resta donc à son poste. Son vaillant écuyer, Geoffroi de Sergines, avait assez à faire avec les piétons, à chasser les loups qui les harcelaient.

— Comme on chasse les mouches du bord de cette coupe, dit Joinville.

Il les balaya d'un revers de main et nous versa une nouvelle rasade de ce vin de Chypre qui, trop lourd, commençait à me monter à la tête. La pluie ayant peu à peu fait place au crachin, un brouillard couleur de perle avait envahi les lointains de la mer. D'une place voisine montait une de ces querelles entre Pisans et Vénitiens qui, de temps à autre, animaient notre quartier. Cela se terminait en général par des défis, puis par des chansons.

Un soir, alors que l'arrière-garde était distancée d'un quart de lieue par le gros de l'armée, le roi décida de faire halte dans une bourgade : Sarmosac. On y découvrit sans peine une maison où le faire coucher, avec une dizaine d'hommes pour protéger son sommeil et deux médecins pour le soigner. Il était si las, si absent, qu'il éprouvait du mal à s'exprimer. Lorsque Philippe de Montfort lui demanda s'il accepterait que l'on négociât un accord avec les cavaliers qui harcelaient l'arrière-garde, et qui campaient non loin de là, il resta bouche cousue, ce que l'on prit pour un consentement. On était entré en pourparlers avec le chef du détachement quand un sergent d'armes, affolé à la vue de l'escorte égyptienne qui avait pénétré dans la bourgade, se mit à hurler qu'on allait tuer le roi.

— C'est ainsi, dit Joinville, que la négociation fut rompue et que l'irrémédiable se produisit : les Égyptiens envahirent le village, cernèrent la maison où reposait le roi et, malgré la résistance de ses gardiens, le firent prisonnier. J'appris quelques jours plus tard que Sa Majesté avait été conduite à Mansourah et placée sous bonne garde, avec quelques égards, grâce à Dieu. Soigné par les médecins du sultan, Louis se remit vite et changea ses guenilles pour un burnous que lui fit livrer Touran Chah. Du détail de sa captivité, je ne sais que peu de chose, sinon qu'il passait le plus clair de son temps en prière et en méditation, en compagnie de son chapelain, Guillaume de Chartres. On m'affirma qu'il tentait de convertir ses geôliers, mais en pure perte. Je suis convaincu qu'il acceptait cette captivité comme une épreuve envoyée par le Ciel pour le punir de ses errements.

— Était-il informé, dans sa prison, demandai-je à Joinville, du sort de son armée ?

— Je l'ignore. S'il en a eu connaissance, il a dû en éprouver une grande souffrance. Stimulés par la capture inespérée du roi chrétien, les Égyptiens avaient redoublé d'ardeur. Ils avaient fait couler, en les arrosant de feu grégeois, les felouques transportant les invalides. Ils avaient, à plusieurs reprises, attaqué les cavaliers et les sergents qui longeaient le fleuve, leur infligeant de telles pertes que quelques groupes seulement parvinrent à Damiette. Je tombai moi-même entre les mains de ces maudits infidèles. Si l'on me laissa la vie sauve, c'est que l'on me prit pour un parent du roi, et que l'on comptait tirer de moi une rançon, ce qui était illusoire. Conduit avec quelques autres chevaliers à Mansourah, je n'eus à aucun moment l'occasion d'y rencontrer notre souverain. Ce qui se passa à Damiette, je ne l'appris que plus tard et par ouï-dire. Je sais que la reine Marguerite se conduisit comme une héroïne de chanson de geste, malgré sa santé, ses couches lui ayant laissé des séquelles dont elle eut du mal à se remettre.

Marguerite n'avait qu'une idée en tête : rester en possession de Damiette, en faire une monnaie d'échange et une garantie pour la vie de son cher époux. Elle interdit aux négociants de Pise de reprendre la mer, les dédommagea, entreprit d'organiser la défense. Une attitude courageuse qui réconforta ce qui restait de l'armée et toute la population. Mal conseillée, elle avait failli fuir avec les Pisans ; sagement, elle resta.

Ses dames parties l'une après l'autre, elle se retrouva seule avec, pour la soutenir dans cette épreuve, un vétéran des guerres de Syrie, qui était de bon conseil. Âgé de quatre-vingts ans, il couchait dans la chambre de la reine afin de pallier toute surprise. Elle lui demanda un jour de lui trancher le col, le cas échéant, pour lui éviter de tomber aux mains des Infidèles ; il lui répondit qu'il y avait déjà songé, et qu'il le ferait. Cela me rappelle le sacrifice héroïque de Cléopâtre, reine d'Égypte, lorsque les légions romaines envahirent son palais...

Le sénéchal se leva et, selon son habitude, se mit à arpenter la terrasse pour se dégourdir les jambes et, peut-être, mettre de l'ordre dans ses souvenirs. En revenant s'asseoir près de moi, l'air soucieux, il me dit :

— Enfermé que j'étais dans ma prison de Mansourah, je n'avais que des échos, par bribes, des événements qui se déroulaient dans cette ville. Les Égyptiens n'y allaient pas par quatre chemins : ils avaient fait le tri entre leurs prisonniers, dont ils étaient, semble-t-il, encombrés. Ils épargnaient ceux dont ils espéraient tirer une rançon et faisaient décapiter les autres. Je fus témoin d'une scène atroce, que j'ai du mal à relater. Elle se déroula dans la cour de la prison infecte où je macérais, et qui était une sorte de caravansérail abandonné. Les gardes appelaient les prisonniers un à un et leur demandaient de renier solennellement leur foi ; ceux qui refusaient le payaient de leur vie. Quand vint le tour du duc de Bretagne, Pierre Mauclerc, on lui demanda s'il accepterait de livrer aux Infidèles quelques places de la Syrie ; il répondit que cela lui était impossible du fait qu'elles appartenaient à l'Empereur Frédéric, roi de Jérusalem. Céderait-il au moins quelques places fortes appartenant au Temple et à l'Hôpital ? Il répondit de même qu'il ne le pouvait et que, d'ailleurs, la règle des ordres militaires le lui eût interdit. Ce grand seigneur fut épargné.

Le roi reçut le même genre de questions et resta bouche cousue. Il fut conduit dans une chambre de torture ; on lui posa les bernicles, qui sont des sortes de planchettes qui, en se resserrant en étau, brisent les os des jambes. Il écouta, impassible, la sentence. On lui fit grâce. Cela, je ne devais l'apprendre que plus tard, alors que le sénéchal de Joinville avait repris la mer.

La négociation s'était renouée entre le roi et le sultan pour la libération de ce qui restait des prisonniers et la restitution de Damiette. Le sultan proposa qu'on lui versât une somme considérable que le roi, peu enclin au marchandage, accepta sans rechigner. Stupéfait, le sultan en diminua le montant.

C'est au début février de l'an 1250 que l'arrière-garde et le roi étaient tombés aux mains des Égyptiens. Un accord intervint à la fin du mois ; il s'y ajoutait une trêve de dix ans englobant la Terre sainte. Le roi et les autres captifs quittèrent Mansourah pour être conduits dans une bourgade nommée Farescour, où devait avoir lieu leur libération.

— Hélas, gémit Joinville, trois fois hélas ! Le jeune sultan venait d'être détrôné et exécuté par des émirs mameluks mécontents de sa complaisance envers les Infidèles. Qu'allions-nous devenir, Seigneur Dieu ? Quelles nouvelles épreuves allaient nous être infligées ? Imaginez notre terreur lorsque nous avons vu surgir les Mameluks, sur pied de guerre, vociférant des insultes et des menaces ! Nous avons imité le roi et nous sommes mis à prier. Comme je partageais la tente du connétable de Chypre, Gui d'Ibelin, nous nous sommes donné mutuellement l'absolution. Un souvenir, frère Guillaume, qui me poursuivra jusqu'à la fin de mes jours !

Je vis des traces de larmes sur les joues du sénéchal. Il les essuya d'un revers de main rageur avant de poursuivre :

— Si nous avons échappé à la fureur de ces sauvages, c'est que le roi leur a tenu un langage de chevalier, leur rappelant les termes du traité. Lorsqu'ils lui demandèrent de prêter serment, il refusa, car c'eût été renier sa foi. Ils lui mirent le couteau sur la gorge. Comme il persistait dans son refus, ils s'en prirent au patriarche de Jérusalem qu'ils croyaient être son conseiller. Ce vieil homme conjura Louis de prêter le serment qu'on lui demandait, quitte à le renier plus tard, et jura qu'il prendrait ce péché à son compte. Ils furent, Dieu merci ! épargnés, et l'accord fut reconduit.

Le moment tant espéré de la délivrance, pour le roi et ses chevaliers, était enfin venu.

Le 13 mai, Geoffroi de Sergines et le chapelain du roi ouvrirent les portes de Damiette au convoi escorté par la garde mameluke de l'émir Baïbars. L'ambiance entre les vainqueurs et leurs captifs avait changé de ton : les Égyptiens offrirent un banquet aux prisonniers mais déclarèrent qu'ils garderaient le prince Alphonse en otage, comme garantie de la bonne exécution du traité. L'argent de la rançon fut pesé ; comme il en manquait une part, les Mameluks refusèrent de nous l'abandonner, pour solde de tout compte. Il fallut emprunter cette somme, mais à qui ? Le roi demanda à Geoffroi de Sergines de faire appel à la générosité des chevaliers du Temple. Le maître ayant disparu dans la folle équipée de Mansourah, c'est le maréchal qui fut appelé à répondre à cette requête : il déclara qu'il lui était interdit par la règle de disposer des finances de l'Ordre *sans l'accord de son supérieur.*

— Je sentis la moutarde me monter au nez, devant cette réponse absurde et odieuse, dit Joinville. Je menaçai le maréchal de me saisir d'une hache et de fracasser le coffre au trésor. Il s'inclina de mauvaise grâce et nous pûmes achever le paiement de la rançon. Je parvins même à soustraire une somme importante à celle qui nous était réclamée, et allai, tout joyeux, en informer le roi. Loin de me féliciter de mon astuce et considérant cela comme un vol, il m'ordonna de restituer cette somme, ce que je fus contraint de faire, le cœur déchiré.

À quelques jours de cet événement, la reine Marguerite, le vétéran qui l'avait assistée et le petit Jean-Tristan prirent la mer en direction de Saint-Jean-d'Acre. Ce qui restait de la chevalerie, avec le roi à sa tête, ne tarda pas à la rejoindre sur des navires illuminés par des feux de joie. Il restait dans les geôles du Caire quelques centaines de prisonniers dont on n'avait pu obtenir la restitution, j'ignore pour quelles raisons. Les Mameluks nous assurèrent qu'ils étaient bien traités et continueraient de l'être. Il n'en revint qu'une faible partie, quelques mois plus tard : la plupart avaient été passés par les armes.

Le sénéchal Jean de Joinville reboucha le tonnelet après nous avoir versé une ultime rasade. Nous étions, l'un et l'autre — j'en demande pardon au Seigneur ! — un peu ivres, non seulement du vin que nous avions bu, mais des événements qu'il avait relatés et que j'avais pour ainsi dire bu sur ses lèvres.

Tout le temps qu'avaient duré nos entretiens, je l'avais senti constamment tendu, ému au point que sa voix s'enrouait et qu'il ne pouvait retenir ses larmes. Il avait trouvé en moi, et il me le répéta, une oreille attentive toujours, complaisante souvent, et me savait gré de lui avoir permis de se libérer de ces souvenirs qui tournaient à l'obsession.

J'aurais aimé qu'il tirât les leçons de cette croisade manquée par la faute d'un roi qui n'aurait jamais dû, peu préparé qu'il était, de par sa nature, aux grandes aventures guerrières, abandonner sa famille, ses palais et ses jardins. Je tentai une dernière fois de l'y inciter, mais il resta sur sa réserve, estimant sans doute qu'il ne lui appartenait pas de juger le roi de France. Pourtant, avant de nous séparer, il me dit :

— Frère Guillaume, les événements que je viens de vivre, je souhaite qu'ils ne sombrent pas dans l'indifférence puis dans l'oubli. Une fois revenu au pays, si Dieu m'accorde cette grâce, j'entreprendrai leur relation, avec le même souci de vérité dont j'ai témoigné dans le récit que je vous en ai fait. Je souhaite que cette œuvre me survive et qu'elle serve aux générations futures.

Il mit le tonnelet sous sa cape et me serra contre sa poitrine.

— Merci de tout cœur, dit-il. Je dois partir pour assister à un conseil du roi, mais nous nous reverrons...

2

Un roi sans couronne

Qu'est devenue la belle armée de la croisade qui, un matin du mois d'août de l'an 1248, a quitté Aigues-Mortes pour les terres lointaines de l'Orient ? Elle est réduite, un an plus tard, à quelques centaines de chevaliers malades, désabusés, aspirant à retrouver leur patrie. Déçus par le refus de les embarquer que leur opposent les armateurs pisans ou vénitiens, désargentés qu'ils sont tous, certains ont décidé de rester en Terre sainte et d'y faire souche.

Par le bel été de la Syrie, au cœur d'une nature généreuse, dans cette ville de Saint-Jean-d'Acre où ce qui subsiste de l'armée royale a trouvé refuge, on voit ces pauvres chevaliers retour des sables de Mansourah et de Damiette errer, tourner en rond, désorientés, mendiant leur subsistance à notre couvent. Ils restent des heures assis au soleil, sur le port, à contempler le large, désespérant de voir surgir à l'horizon la voile rouge du navire qui pourrait les rapatrier. Privés pour la plupart de leur cheval, ces centaures tronqués, vêtus d'oripeaux, déguenillés, ils arpentent de leurs jambes arquées les rues de la ville et les allées de la grande palmeraie. Le roi a décidé de faire venir quelques centaines de chevaux des lointains territoires d'Arménie, de Cilicie et de Chypre, mais le manque d'argent pour les payer comptant fait que l'on tarde à les voir débarquer. On rétorque à leur demande : « À quoi bon un cheval ? pour disputer des joutes, des tournois, effectuer des promenades, parader, séduire les belles Syriennes ? Nous ne sommes plus en guerre, l'ignorez-vous ? »

Partir ? rester ? c'est la question qui se pose à tous, à chaque heure de chaque jour, à commencer par le roi pour qui elle est devenue un tourment quotidien.

Les courriers que Louis reçoit de sa mère, la reine Blanche, régente du royaume, lui mettent au cœur un mélange de joie et d'amertume : elle est âgée, malade, en butte aux tracasseries que lui infligent les grands barons, aux menaces du roi d'Angleterre. Que son fils revienne, lui dit-elle, s'il veut la voir encore en vie, s'il veut éviter que le royaume de France ne tombe en quenouille ! Les barons qui séjournent en Syrie attendent avec impatience le moment du retour. Le roi hésite.

— Qu'attend Sa Majesté ? ai-je demandé à Joinville. Qu'est-ce qui peut bien la retenir en Terre sainte ?

— On ne sait que penser, m'a répondu le sénéchal. Tantôt Louis prétend que la reine mère a des forces et de l'énergie en suffisance pour tenir tête aux fauves qui la harcèlent, tantôt il affirme que sa présence en Terre sainte est un gage d'ordre et de paix, qu'elle a soulevé trop d'espoirs dans la reconquête des Lieux saints, pour qu'il l'abandonne, que, s'il partait, tout s'en irait à vau-l'eau ! Il passe des heures, chaque jour, à peser le pour et le contre, et une partie de ses nuits à demander conseil au Seigneur, de préférence à ses proches.

— Ses proches, justement, que pensent-ils de cet étrange comportement ?

Le sénéchal s'est gratté le menton avant de me répondre d'une voix embarrassée :

— Ses proches... La reine Marguerite partage les incertitudes et les atermoiements de son époux, soucieuse de ne le contrarier en aucune façon. Je crois savoir, cependant, qu'elle aimerait retourner en France au plus tôt, pour se reposer de ses émotions et de ses fatigues dans son palais de Pontoise. Les deux frères du roi, Charles et Alphonse, partagent son impatience, ainsi que la plupart de nos barons.

Charles est d'autant plus décidé à partir qu'il s'entend mal avec son frère, Alphonse. À bord de la nef qui les conduisait d'Égypte en Syrie, le roi n'avait de cesse de calmer leurs humeurs et de les réconcilier. Il tolérait mal, en outre, la passion de Charles, qui était le jeu. Il le surprit un jour, au cours de la traversée, en train de disputer une partie de cartes avec Philippe de Montfort, au lieu d'assister au conseil qui se tenait sur le pont ; il saisit les cartes, l'argent qu'ils jouaient, et jeta le tout à la mer en s'écriant :

— Mon frère, votre conduite est indigne ! Vous oubliez un peu trop vite la mort tragique de votre frère Robert ! Je vous ordonne de cesser de jouer et de prier le Seigneur qu'il mène ce voyage à bonne fin.

Cette sévère réprimande n'a pas été suivie d'effets. Charles est d'une nature indifférente aux événements, peu attaché à ses proches. On dit de lui qu'il est de tempérament *andalou*, par opposition à sa mère, qui a le caractère castillan et l'âme trempée comme un bon acier.

Il est vrai que la situation ne prête guère à la détente.

Les vainqueurs de Mansourah, en dépit de la trêve, n'ont pas désarmé ; ils s'infiltrent par groupes en Palestine et en Syrie et pratiquent impunément des opérations de rezzous. Faire appel à l'Empereur, souverain nominal de Jérusalem, est une illusion : ses anciens rapports avec les sultans d'Égypte, et le monde de l'Islam en général, s'y opposent. L'autorité supérieure du royaume brille pas son insignifiance et les ordres militaires ont été décimés.

Un mois après son arrivée à Acre où il a été accueilli comme le Christ portant sa croix, accompagné de la reine Marguerite qui portait dans ses bras son enfançon, le roi a convoqué le conseil des barons, en présence du sénéchal de Champagne, Jean de Joinville, dont j'allais me faire le confesseur et l'ami. C'est lui, d'ailleurs, qui m'a rapporté le comportement et les propos du roi : Louis paraissait sombre, agité, comme travaillé de l'intérieur par on ne sait quels remords. Il avait déclaré en ouvrant la séance : « Mes beaux seigneurs, la reine, ma mère, me prie de retourner en France, car notre royaume est en grand péril, faute de trêve avec le roi d'Angleterre. Ceux de Syrie, à qui j'en ai parlé, m'ont dit que, si je partais, ils me suivraient, mais que cette terre serait perdue car nul d'entre eux n'oserait y demeurer avec si peu de gens... »

Contrairement à la plupart des barons, le comte de Jaffa souhaitait que le roi restât, le temps d'accomplir la totalité de sa mission, à savoir la reconquête des Lieux saints.

— Il fut accueilli par un tollé, m'a dit Joinville. Quand j'osai prendre son parti, on cria « au poulain ! », sous prétexte que j'ai de lointains rapports de cousinage avec le comte de Jaffa. Je répondis que je préférais être un poulain qu'un vieux cheval de charge comme eux ! Ils se sont levés d'un seul élan. J'ai cru qu'ils allaient m'écharper...

Il eût fallu d'autres arguments que la violence pour contraindre ce seigneur, rude et droit comme la lame de son épée, à changer d'avis. Il a ajouté :

— À quelques jours de cette assemblée, alors que je me trouvais en train d'observer le mouvement du port, en compagnie de Sa Majesté et du comte de Montfort, deux mains se posèrent sur mes yeux. Je crus à une facétie de Philippe et lui demandai de cesser ces enfantillages. Il s'agissait de Louis ! Il éclata de rire, me prit par le bras et me fit asseoir près de lui, dans l'embrasure d'une fenêtre, pour me dire, sa main dans la mienne : « Je vous trouve bien hardi d'avoir tenu tête à mes barons ! J'ai cru qu'ils allaient vous provoquer en duel... » Je répondis que je tenais à mon libre arbitre, qu'aucune pression ne pouvait m'intimider, et qu'en l'occurrence les conseils que lui donnaient les barons étaient néfastes. Il hocha la tête et m'avoua que c'est mon conseil qu'il suivrait et qu'il allait en informer ses proches. Il me demanda de garder le secret. Je me sentis fondre de bonheur.

Les deux frères du roi, Charles et Alphonse, furent les premiers à quitter la Syrie : ils n'en manifestèrent ni regret ni remords. Rebelle de même à une prolongation du séjour, la chevalerie s'embarqua à son tour, par petits groupes, au hasard des navettes maritimes. Nous les regardions s'éloigner, le cœur serré, comme si le sang s'écoulait goutte à goutte de notre corps. Ils allaient dangereusement nous manquer. L'espoir, qui nous avait soutenus, d'une armée puissante, mêlant la chevalerie française à celles de Palestine et de Syrie, capable de tenir tête à une *jihad*, s'effritait avant de s'effondrer.

La renommée de droiture, de courage et de foi du roi Louis allait opérer des miracles. Ses ennemis eux-mêmes le respectaient et quelques-uns le vénéraient. Ce qu'ils n'avaient pu lui démontrer sur la terre d'Égypte, au milieu des combats, ils allaient le lui témoigner en recherchant son alliance. Il n'est pas jusqu'au chef des Assassins, le *Vieux de la Montagne*, qui, du haut de son nid d'aigle, ne souhaitât son amitié et son alliance, en lui faisant parvenir une de ses chemises et un anneau d'or. Lorsque le sultan de Damas, al-Nasser, lui proposa une alliance contre les Mameluks, Louis repoussa cette offre : c'eût été mettre en péril les prisonniers encore détenus dans les prisons égyptiennes ; il répugnait d'autre part à s'engager de nouveau dans une guerre stérile et dangereuse, informé qu'il était du peu de confiance que l'on peut accorder aux Musulmans.

Ce *roi sans couronne*, comme ses adversaires se plaisaient à l'appeler, n'avait nul besoin de cet attribut pour se sentir roi. Tous ou presque le considéraient comme le détenteur du pouvoir dans le royaume de Jérusalem, et le meilleur soutien de la religion ! L'accompagner dans ses promenades, en ville ou dans les localités proches de Saint-Jean-d'Acre, permettait de mesurer sa popularité. On en venait à oublier le souverain légitime, mais si lointain : l'Empereur Frédéric.

Louis parvint à se libérer, quelques mois après son retour du Delta, de son obsession majeure : le sort des prisonniers. Il avait appris qu'ils subissaient des sévices, ce qui lui était insupportable. Il envoya au nouveau sultan du Caire une mission conduite par un de ses meilleurs compagnons, Jean de Valenciennes. L'émissaire faisant alterner la menace (les mauvais traitements qu'il laissait infliger à ses prisonniers pourraient se retourner contre lui) et une promesse (on pourrait s'allier à lui contre ses adversaires damasquins), le sultan prit la décision de faire libérer les prisonniers, au nombre de quatre cents ; il restitua les os de nos morts pour qu'ils fussent inhumés en terre chrétienne.

Un événement que Sa Majesté n'avait pas prévu vint assombrir son horizon : une attaque subite des sultans de Damas et du Caire, réconciliés sur le dos des Chrétiens. Leur armée vint battre tambour devant Sidon qu'elle envahit et réduisit à l'état de ruine. Ils nous attendaient à l'intérieur des terres, à Baniyas, sur la rive orientale du Jourdain, pour nous livrer bataille. Le roi se récusa sagement : nous n'étions pas en nombre suffisant pour leur tenir tête avec honneur. Il se contenta, à l'exemple des anciens rois de Jérusalem, de faire restaurer les remparts de quelques cités ; il mettait lui-même la main à la pâte, comme on l'avait vu faire en Égypte. Il mit au pas les ordres militaires qui en prenaient trop à leur aise et, au gré de leurs intérêts, tramaient des alliances dangereuses avec des seigneurs musulmans. Si je parle avec autant de liberté de ces manœuvres funestes, c'est que je puis en témoigner et que la promesse que je me suis faite d'être fidèle à la vérité est mon souci constant, quoi qu'il puisse m'en coûter.

Le roi s'était de même mis en tête de réformer les mœurs de la chevalerie. Jean de Joinville me conta une anecdote qui, en son temps, fit la joie de la population.

Une patrouille de nuit surprit un jour, dans un bordel de Tyr, un chevalier ivre qui, en compagnie d'une ribaude, causait du scandale. Pour sa punition, le roi lui proposa un choix : soit il serait promené à travers le camp, la fille le tirant par une corde nouée à ses génitoires ; soit il serait chassé de l'armée. Le coupable préféra l'exclusion à l'humiliation. Son cheval lui fut enlevé ; c'est Joinville qui en hérita, le sien se faisant vieux.

Lorsqu'un convoi venu d'Égypte nous rapporta les restes des prisonniers qui y étaient morts et qu'on les eut conduits au cimetière d'Acre, le roi fendit la foule horrifiée, où chacun se bouchait le nez. Mêlé aux ribauds auxquels on avait confié la corvée d'ensevelir ces dépouilles puantes, il voulut être le premier à s'incliner sur elles et à leur donner un dernier asile. Il remplit cette mission sans laisser paraître de dégoût mais non, je dois le dire, sans ostentation. Je me demandais si, comme cela lui arrivait parfois, Sa Majesté n'en faisait pas trop...

À quelques semaines de ce transfert de restes, nous apprîmes une nouvelle qui nous combla d'aise : la reine Marguerite venait d'accoucher, à Jaffa, d'une fille que l'on prénomma Blanche, comme son aïeule. En revanche, une autre nouvelle provoqua notre consternation : madame Blanche de Castille venait de succomber à un arrêt du cœur, après avoir accompli jusqu'à son dernier souffle sa mission de régente. Ces événements se produisirent en novembre de l'an 1252.

Frédéric, Empereur d'Allemagne, avait disparu deux ans avant cette date, non dans une de ces sombres citadelles de Germanie où il avait rarement séjourné, mais au cœur d'un domaine ensoleillé des Pouilles, à Fiorentino. Il fut victime, à ce qu'on dit, d'une *irritation d'entrailles.* Cet Antéchrist n'aura pas une prière de ma bouche.

Je retrouvai le sénéchal de Joinville au retour d'une mission dont le roi l'avait chargé : se mettre en quête de mercenaires et de chevaux en Arménie. Il venait d'être témoin du chagrin qui avait accablé Louis à l'annonce du décès de la reine Blanche. Il me dit :

— Sa Majesté a mené si grand deuil, versé tant de larmes sur mon épaule, refusant de parler, de manger et de se montrer en public, que je lui en ai fait le reproche, lui rappelant les paroles d'un sage : « La tristesse que l'homme porte dans son cœur ne doit pas se lire sur son visage. »

Lorsque le roi et sa petite cour se rendirent en pèlerinage sur les Lieux saints, Jean de Joinville insista pour que je les accompagne. J'aurais accepté volontiers, n'était mon âge et l'état de ma santé, qui m'interdisaient les longues chevauchées. J'aurais pourtant aimé revoir le lieu de ma naissance, ce village d'al-Shabha, dont j'étais privé de nouvelles depuis bien des années.

Le pèlerinage du roi Louis le conduisit à Nazareth, à Bethléem, à Shéphora, à Césarée. J'imagine qu'il dut faire halte sur les rives du Jourdain, là où le Chrit reçut le baptême de Jean, y verser peut-être quelques larmes. J'appris avec surprise qu'il avait évité Jérusalem, qui se trouvait toujours aux mains des Musulmans, malgré le viatique que lui avait proposé le sultan de Damas. Puisqu'il lui était interdit d'entreprendre la reconquête de cette ville, au moins aurait-il pu aller se prosterner au pied du Golgotha, sur le tombeau du Christ et la sépulture des anciens rois.

Le sénéchal ne put nous être d'aucun secours dans le conflit qui opposa le roi à l'Ordre du Temple, dont je fus le témoin direct et meurtri.

Dans sa volonté de faire respecter son autorité durant le règne précaire qu'il exerçait en Terre sainte, Louis allait se heurter aux chevaliers du Temple, connus, à tort ou à raison, pour leur esprit d'indépendance vis-à-vis du pouvoir royal, quel que fût le souverain, et par leur orgueil, sans que quiconque pût contester leur foi et leur courage.

Fidèle aux sympathies et aux alliances contractées par l'Ordre avec le sultanat de Damas, le nouveau maître, Renaud de Vichiers, poursuivait des rapports courtois avec Yusuf, tandis que le roi Louis faisait de même avec celui du Caire, Malec Achref, qui avait succédé au règne des Mameluks. Lorsque notre maréchal entreprit de se rendre en mission à Damas sans daigner en référer à la cour, il reçut l'ordre de se présenter au palais d'Acre, avec le maître et votre serviteur. Contraints de nous humilier, pieds nus et en chemise comme de simples pénitents, nous avons dû faire amende honorable et implorer notre pardon, le front dans la poussière. Cette humiliation a laissé en moi une trace indélébile, d'autant que j'arrivais au terme de mon engagement. Le roi aurait pu éviter cette épreuve au vieil homme que je suis.

Vibrant de colère, Louis s'écria, l'index pointé sur Hugues de Jouy :

— Monsieur le maréchal, je vous enjoins de retourner en France dès que possible ! Vous, maître Renaud de Vichiers, et vous, frère Guillaume, je vous pardonne, en raison de votre âge avancé et d'états de service qui plaident pour vous, mais je souhaite qu'à l'avenir vous vous absteniez de souffler le chaud quand je souffle le froid, afin que nous menions une politique exempte de toute ambiguïté.

Le roi nous tint si peu rigueur, au maître et à moi, de la liberté que nous avions prise à son encontre, qu'il confia à notre communauté la garde de Chastel-Pèlerin, une place forte que nous avions édifiée quelques années auparavant, entre le littoral et le mont Thabor.

C'est là que la reine Marguerite se rendit pour accoucher d'un garçon qui reçut le titre de duc d'Alençon.

Le sénéchal de Champagne faisait grise mine en pénétrant dans ma cellule, un matin d'avril de l'an 1254. Je crus un instant qu'il était peiné de me voir encore alité, le visage écarlate de fièvre, mais ce n'était pas la raison de sa tristesse. Il s'assit à mon chevet, écarta les feuillets qui jonchaient mon drap, car j'écrivais souvent dans mon lit, et, d'un air distrait, me demanda des nouvelles du mal dont je souffrais. Il toussa et ajouta d'une voix enrouée par l'émotion, sans attendre ma réponse :

— Frère Guillaume, je viens vous faire mes adieux.

Je sursautai, me redressai.

— Vos adieux, dites-vous ? Le roi aurait donc décidé de...

— Le roi a fixé la date de notre retour. Dans moins d'une semaine nous aurons quitté la Syrie. Ce qui l'a décidé, ce sont les mauvaises nouvelles qu'il vient de recevoir de son royaume. Le roi d'Angleterre s'agite comme un diable et le frère du roi, le prince Charles, vient de se mêler, avec sa maladresse habituelle, à une guerre de succession en Flandre.

— Et... qu'en pensent les barons ?

— La plupart considèrent que, bien que l'œuvre du roi ne se soit pas achevée avec la reconquête de Jérusalem, la prudence conseille de se retirer. Ceux qui resteront pourront agir à leur guise. J'ai le sentiment que Sa Majesté se moque de ce qui pourra se produire après lui et que les désordres vont reprendre de plus belle. Je ne serai plus là pour y assister. Vous, si...

Il laissa échapper un rire grinçant qui cachait mal son émotion, et se frotta les genoux, signe, chez lui, d'embarras, avant d'ajouter :

— Je tenais à vous dire, mon ami, qu'il m'en coûte de me séparer de vous. Cela va faire quatre ans que nous nous connaissons, et pas une seule fois, je le jure, je ne me suis lassé de votre compagnie. Vous pourrez, à votre guise, mettre à profit le récit que je vous ai fait des événements d'Égypte, pour l'ouvrage que vous rédigez avec tant de patience et d'honnêteté, à ce que je crois. Vous m'avez beaucoup apporté pour la connaissance de ces pays. Frère Guillaume, je vous regretterai et j'aurai chaque jour une pensée pour vous.

— Je ferai de même, monsieur le sénéchal, répondis-je, et j'y ajouterai une prière. Je perds un bon ami, mais je le retrouverai lorsque je retranscrirai mes notes relatives à la campagne d'Égypte. Vous resterez présent dans ma pensée et dans mon cœur.

Lorsque je le vis grimacer et tourner la tête pour cacher ses larmes, je posai la main sur son épaule et lui dis :

— Allons, mon ami, nous ne sommes plus des enfants ! Souvenez-vous de la parole du sage, que vous m'avez rapportée récemment : « La tristesse que l'homme porte dans son cœur...

— ... ne doit pas se lire sur son visage ! » Merci de me rappeler cette sentence digne de l'antique.

Nous éclatâmes de rire.

— Eh bien, dit-il, pour un malade, je vous trouve de belle humeur.

— Il est vrai que je me sens beaucoup mieux. Votre présence, sans doute...

Quand il se leva pour partir, les paupières rougies, je le retins par le poignet et lui dis :

— Jean, revenez me voir une dernière fois, avant de prendre la mer. Cela me fera plaisir. De retour au pays, donnez-moi de vos nouvelles.

— Je n'y manquerai pas, mon ami.

Jean de Joinville ne revint pas et ne m'a jamais donné de ses nouvelles, mais je ne lui en tiens pas rigueur. Tandis que je le retenais par le poignet, au bord de ma couche, j'imprimais dans ma mémoire, malgré ma mauvaise vue, le visage rond et lisse, marqué à la joue d'une longue balafre, le regard brillant d'intelligence et de malice, de cet homme jeune encore — il n'avait pas trente ans — qui, jouissant de l'amitié du roi, ferait sûrement son chemin à la cour et dans les lettres. Il ne m'a jamais montré le moindre de ses écrits relatifs aux événements d'Égypte, mais je suis certain que, le jour où il confiera son manuscrit aux copistes, il contribuera à éclairer, mieux que je ne saurais le faire, un des grands moments de notre histoire d'outre-mer.

J'eus la surprise, à peine le navire qui le ramenait en France eut quitté la côte, de recevoir des mains d'un écuyer du sire d'Ibelin un tonnelet de vin de Chypre, avec une lettre où, pour la dernière fois, de son écriture un peu folle, Joinville me disait son amitié. Je m'en versai une coupe, montai sur la terrasse et, alors que la *Montjoie* s'apprêtait à plonger au loin dans un mur de brume, je la levai, avant de la boire, à la santé du sénéchal.

Jean de Joinville allait me manquer plus que je ne saurais le dire. Plus que la plupart des gens, templiers et autres, qui ont traversé mon existence. Plus qu'Ernoul, dont je n'ai pas reçu de nouvelles depuis des lustres, ce dont, à ma grande honte, je dois avouer, je me suis peu soucié. Il y a fort longtemps, il est venu m'annoncer qu'il partait pour Tripoli, convié par le prince Bohémond. Lequel ? je ne sais plus, perdu que je suis dans cette dynastie où tous les princes portent le même nom. Sa négligence m'exonère quelque peu de ma contrition. Est-il toujours en vie (il a quelques années de plus que moi, qui viens de passer les quatre-vingts). Persiste-t-il dans la rédaction de son *Histoire*, en tant que continuateur de Guillaume de Tyr ? Peut-être, sur le tard, a-t-il décidé de prendre femme et passe-t-il ses dernières années de vie dans une riche demeure de Tripoli, au voisinage du prince et des barons ?

J'aurais aimé, comme je le faisais jadis, en vertu d'une amitié solide, bien que sujette à des aléas, lui confier des chapitres de ma propre *Histoire*. Il en eût sûrement fait son profit. Qui donc, à ma mort, recueillera ces témoignages et ces relations indirectes ? Qui donc leur donnera une suite ? Peut-être un de ces jeunes sergents du Temple qui, de temps à autre, viennent m'emprunter des livres ou quelques feuillets de mes écrits. Peut-être Thibaud Gaudin, ce jeune garçon fluet mais plein de vivacité, dont la curiosité fait plaisir à voir. Il a écrit des poèmes à la Vierge Marie, au Temple de Jérusalem, et une épopée en vers dont il m'a permis de lire quelques chapitres, écrits dans un style ampoulé, souvent maladroit, mais qui témoigne d'une solide vocation pour l'écriture.

Dès que possible, je lui proposerai d'être mon continuateur.

Il est temps pour moi, puisque le roi, le sénéchal et les chevaliers de France nous ont quittés, que je n'ai plus le goût et le courage de relater les désordres qui ont suivi leur départ, de mettre ma conscience en paix avec le Seigneur. Je Lui demande de juger avec indulgence mes erreurs, mes fautes, cet orgueil propre, dit-on, aux chevaliers du Temple, et Le conjure, humblement, de m'accueillir en Sa Sainte Demeure...

LIVRE II (1256-1270)

1

La guerre de Saint-Sabas

Récit de Thibaud Gaudin, sergent des Templiers, à Tyr, puis à Acre

J'aurais aimé dire que Rachid Daoud, qui se faisait appeler frère Guillaume Josserand, est mort l'âme en paix, qu'il a franchi sans angoisse les limites qui le séparaient de la vie éternelle. Il donnait, avec une image de sérénité, l'impression de porter sa vérité intérieure comme une cuirasse, d'être en accord avec Dieu et avec sa conscience. Ce n'était qu'apparence.

Moi qui l'ai bien connu, du moins dans les dernières années de son existence, je puis témoigner qu'il souffrait de tourments intérieurs, qu'il était constamment en proie au doute, moins dans le domaine de sa foi, qui fut de tout temps inébranlable, que dans le comportement de ses contemporains, à quelque société qu'ils appartinssent, de quelque race qu'ils fussent.

Il n'a pas ménagé ses critiques à nos frères, les chevaliers du Temple, leur reprochant de s'engager sans discernement dans le siècle, au risque d'y perdre leur âme et leur foi. À plusieurs reprises, m'a-t-il confié avant sa mort, il a été sur le point de renier son serment de chevalier pour se retirer dans un couvent des montagnes de Galilée, celui où était mort son grand-oncle, Étienne Josserand. Il n'a jamais fait état de cette intention dans son récit, mais il s'en est confessé à moi, en me demandant d'en garder le secret jusqu'à sa fin.

Je suis convaincu que frère Guillaume, vice-sénéchal de notre communauté, n'a que peu souffert de sa condition de sang-mêlé. Il semble même, paradoxalement, qu'il en ait tiré non pas de la fierté — il a toujours échappé à ce travers —, mais une certaine satisfaction, comme si l'ambiguïté de ses origines le mettait mieux à même de juger de certaines situations opposant les deux races et les deux religions. Cela lui donnait, semble-t-il, un sentiment d'équilibre ; il vivait sans gêne cette dualité, la jugeant enrichissante, d'autant qu'il n'en souffrit pas trop auprès de notre hiérarchie. Sa double origine était à l'image de cette terre, sauf qu'elle ne générait pas en lui les conflits que nous avons connus et qui persistent. Chaque élément de cette double nature faisait office de frein pour l'autre.

Frère Guillaume aurait pu postuler au titre de maître de notre chevalerie. Par modestie, il s'y est toujours refusé, et je ne puis lui donner tort : il se fût heurté à trop d'intérêts, lui qui ne vivait qu'en Dieu et pour Dieu, qui ne tirait l'épée que contraint, et avec répugnance.

Il est entré en agonie moins d'un an après le départ du roi Louis, au temps où le maître Renaud de Vichiers régnait sur notre communauté. Dieu, en rappelant à lui ce dernier, a donné sa place à Thomas Béraud.

Frère Guillaume avait, depuis quelques années, le cœur fatigué et souffrait de rhumatismes, autant de maux qui lui interdisaient les longues randonnées, ainsi qu'il l'a lui-même indiqué dans son récit. Il me parlait souvent de ce domaine d'al-Shabha, où il avait vu le jour et où, depuis peu, nous avions installé un casal avec une dizaine de nos frères pour assurer l'exploitation et la surveillance de cette contrée parcourue par les Bédouins.

Ce n'est pas là qu'il souhaitait finir ses jours, pas plus que dans un couvent de Galilée : sa vie était parmi nous, au cœur des événements, aux rives de la tourmente qui agite cette partie du monde. Il s'est éteint paisiblement dans sa cellule proche de la terrasse où il rencontrait le sénéchal de Joinville. C'était, je m'en souviens, par une nuit d'automne où le vent venu de la mer lui apportait des embruns qu'il respirait avec délices, lui qui n'avait jamais eu une âme de navigateur et n'avait qu'en de rares occasions quitté la terre ferme. Son écuyer, Gilbert, dont il ne parla jamais, Dieu sait pourquoi ! l'a trouvé mort au matin, les yeux ouverts en direction de la fenêtre, les mains crispées sur son chapelet, la bouche ouverte comme pour aspirer une dernière goulée d'air marin et de vie. C'est moi et Gilbert que l'on a appelés en premier. J'ai baissé les paupières sur ses yeux au regard vif et malicieux, entouré sa tête d'un linge pour tenir fermée sa bouche d'où coulait un filet de sang noir. Je me suis agenouillé et j'ai prié en retenant mes larmes, car il aurait détesté cette faiblesse, lui qui disait souvent que « la tristesse que l'homme porte dans son cœur ne doit pas se lire sur son visage ».

J'ai demandé au maître, et obtenu sans peine, la faveur de m'installer dans la cellule de Guillaume, comme incrustée dans l'épaisseur de la muraille qui domine les défenses du port et la tour de la Mouche, d'où partent les lourdes chaînes interdisant l'entrée de la rade. J'ai fait ce choix, non seulement pour y retrouver la présence occulte de mon frère, mais pour le spectacle que l'on découvre au loin de sa fenêtre : le littoral, la presqu'île de Caïffa, les sommets brumeux du mont Carmel. Cette étroite sentine aux murs ornés d'un grand crucifix en bois d'olivier sent l'encre, le papier et le bois de cèdre ; sur un pupitre fait de planches mal équarries, Guillaume avait placé son bougeoir, son encrier de terre cuite, ses roseaux taillés et, sur le sol, le sac en cuir de chameau où il rangeait ses notes et ses écrits. Son écriture est coulante, majestueuse, sans ratures, reflet, semble-t-il, de la sérénité qui l'habitait. Je me souviens qu'il faisait venir d'Antioche un papier de fabrication arabe, au grain fin, de couleur légèrement bleutée.

En ai-je passé, des jours et des nuits, à parcourir son œuvre d'historien des croisades et du royaume franc de Jérusalem ? Quelques semaines avant sa mort, il m'avait fait appeler et m'avait dit :

— Bientôt, Thibaud, je ne serai plus là. Veux-tu être le continuateur de mon œuvre, comme Ernoul l'a été de celle de Guillaume de Tyr ? Tu as les capacités nécessaires. Nul autre que toi ne peut assumer cette tâche. Tu y apporteras ta touche personnelle, avec un souffle de jeunesse.

J'ai failli repousser cet honneur, en raison, justement, de ma jeunesse, et parce que je m'en sentais incapable. Je n'ai fini par céder que parce qu'il est revenu obstinément à la charge et qu'il m'en coûtait de le décevoir, en me réservant de renier mon engagement pour le cas où cette tâche me paraîtrait trop ardue et trop lourde.

Et puis... et puis, jour après jour, en lisant et relisant cette masse énorme de notes rédigées d'une écriture sèche et rapide, ces manuscrits appliqués, je me disais que l'humble sergent que j'étais, mais grand dévoreur de livres, pourrait tout au moins tenter d'honorer ma promesse.

J'ai cédé très vite à l'attrait de ce travail, d'autant que ma famille, propriétaire d'un comptoir dans la rue principale de Tyr, proche du port, allait se trouver engagée dans la guerre civile dite de Saint-Sabas : un conflit interne, absurde, qui, durant des années, allait donner aux Musulmans l'image de nos discordes et nous pousser vers l'abîme. Cette querelle à long terme intéressait principalement les négociants italiens de Venise, de Pise ou de Gênes, mais les gens du Languedoc, province de France dont ma famille est originaire, y étaient impliqués.

La méfiance du frère Guillaume-Rachid contre les prises de position de l'Ordre en matière de temporel m'a souvent irrité, mais je dois convenir, avec le temps, que sa rébellion, ouverte ou muette, était motivée : les maîtres qui se sont succédé, parfois pour des règnes très brefs, n'ont pas toujours su ou voulu maîtriser les mirages du siècle et leurs propres penchants néfastes : la soif d'argent et de biens, l'attrait de la puissance qui les poussait à s'égaler aux barons, et cet orgueil que le commun des mortels nous impute à juste titre.

Par cette sévérité dans mon jugement, je rejoins l'austère attitude de Guillaume-Rachid, et rien ne m'en fera déroger.

Nous avons cru longtemps que les peuplades de Gog et de Magog qui, dans les anciens écrits des Chrétiens et des Juifs, représentent les puissances du Mal, étaient les Hongrois qui, dans les siècles passés, terrorisèrent les royaumes d'Occident. Dans son Apocalypse, saint Jean désigne comme précurseurs de l'Antéchrist ces êtres mystérieux, dotés d'une taille gigantesque. Nous savions depuis peu qui étaient réellement ces peuples maudits, comment ils se nommaient et même qui les dirigeait.

Ils occupaient d'immenses territoires situés aux confins du monde, des solitudes inhumaines, stériles, et le désert de Gobi qui couvre le centre de l'Asie. On les appelait Mongols, Tartares, chevaliers des steppes... Leur chef avait été longtemps ce grand conquérant que fut Gengis Khan, dont le frère Guillaume parle dans son œuvre, et qui mourut l'année 1227, en Mongolie. Ses successeurs portaient des noms barbares : Ogodaÿ, Guyuk, Hulagu, Mongka...

Cet immense empire était agité de soubresauts, comme d'accès de fièvre. À chacune de ces crises, c'étaient les mêmes déferlements prodigieux, en direction de la Chine et du littoral où finit le monde, ou de l'Occident, de dizaines de milliers de cavaliers qui ravageaient et pillaient tout dans leur course, comme un ouragan : villes, villages, sanctuaires religieux... Gengis Khan avait pris un titre qui n'avait jamais paru usurpé : le *Fléau de Dieu* — mais de quel Dieu ? Ses successeurs s'attachèrent à le surpasser.

Je n'eus pas, comme les ambassadeurs du roi Louis, l'occasion de rencontrer ces nomades des grandes plaines, mais beaucoup m'en ont parlé : c'était, affirmait-on, non des géants, mais au contraire des êtres de petite taille, trapus, visage large et rond, yeux bridés, moustache tombante, chevelure brune enduite de graisse rance nouée au sommet du crâne ; ils montaient de petits chevaux rapides comme le vent et ne se séparaient jamais de leur arc et de leur carquois. On disait aussi que rien ne pouvait résister à leur élan.

Tel était le cataclysme qui, après le retour en France du roi Louis, mûrissait comme un abcès aux frontières du califat de Bagdad, et dont nous suivions les progrès avec une inquiétude croissante.

L'échange d'ambassades entre les khans et le roi de France nous avait donné quelque apaisement : contre toute attente, ces barbares se proclamaient nos amis et souhaitaient trouver en nous des alliés contre notre ennemi commun, l'Islam. Ils entretenaient dans leurs déplacements certains Chrétiens d'Occident dont les khans faisaient leurs favoris, comme cet orfèvre originaire de Paris, Guillaume Boucher, ainsi qu'un chevalier du Temple qui leur servait d'interprète, et une femme de Lorraine, surnommée Pâquerette, qui avait épousé un Russe.

L'un des ambassadeurs du roi Louis, le moine cordelier Rubrouck, que je rencontrai, retour d'une mission, m'a révélé que ces Mongols étaient moins barbares qu'on ne le pensait : leur cour ambulante ne manquait pas de faste, leur richesse était fabuleuse, ils entretenaient des artisans habiles, notamment, dans la confection des bijoux d'or, et leur hospitalité était chaleureuse. Ils manifestaient une intense soif de connaissance pour tout ce qui concernait les mœurs de l'Occident, le petit royaume de Jérusalem qui les intriguait, et notre religion.

Le moine ambassadeur me fournit sur ces envahisseurs des détails qui ne laissèrent pas de me surprendre :

— S'ils nous témoignent de la sympathie, voire de l'amitié, c'est qu'ils ont l'esprit ouvert à toute forme de foi : chamanisme (la religion officielle du peuple), bouddhisme, christianisme... La religion réservée à l'élite, ce qui m'a comblé de joie, est le nestorianisme, une doctrine fondée sur la nature à la fois humaine et divine du Christ, mais niant que la Vierge fût la mère du Seigneur. Ce sont des schismatiques, j'en conviens, mais de confession chrétienne, donc proches de nous. Où que je me sois trouvé, leur hospitalité ne m'a jamais fait défaut.

Fin diplomate, le roi Louis avait compris d'emblée l'avantage qu'on pourrait tirer d'une alliance avec ces guerriers ennemis de nos ennemis, qui comptaient bien prendre position à Bagdad, Damas et au Caire. Telle était leur ambition : elle faisait notre affaire dans l'immédiat mais, à long terme, alors qu'ils s'apprêtaient à changer la face du monde, qu'adviendrait-il de la Terre sainte ?

Ce qui retint le roi Louis, avant qu'il ne retourne dans ses palais, de s'engager trop avant dans cette alliance, c'est que les Mongols manifestaient des exigences péremptoires : ils réclamaient la souveraineté sur tous les peuples du monde connu ! Le roi de France, le plus puissant souverain d'Occident, ravalé au rang de vassal d'un khan barbare ! Cette idée était absurde. Il préféra laisser ce choix difficile à l'Empereur Frédéric, souverain titulaire du royaume chrétien, et à ceux qui lui succéderaient. Il n'oubliait pas qu'il avait été un roi sans couronne et qu'après son départ il n'y aurait plus ni roi ni couronne mais un agrégat de barons, de chevaliers, de religieux et de marchands au bord de la guerre civile.

Le roi Hathoun d'Arménie, pourtant... me direz-vous.

Il est vrai que ce souverain, plutôt que de laisser envahir son territoire par les hordes mongoles, a préféré négocier un vasselage. Il semble bien s'en accommoder, de même que son gendre, le prince Bohémond d'Antioche, qui l'a imité

Au moment où le moine Rubrouck s'entretenait, à Karakoroum, avec le grand khan Mongka, qui venait de prendre l'Arménie sous sa protection, les jeux étaient faits : le chef nomade jetterait ses cavaliers dans une sorte de croisade contre l'Islam et pousserait jusqu'au Caire. Rubrouck avala sa salive de travers en se disant que nous risquions d'être débordés par cette marée humaine, au mieux soumis à sa loi, au pire massacrés.

Je le rassurai tant bien que mal, en opposant avec hardiesse mon bon sens à son expérience. Sur la foi d'un traité d'alliance — et de vassalité peut-être —, nous allions recouvrer l'intégralité du royaume de Jérusalem.

— Toute l'étendue de la Terre sainte, frère Rubrouck ! Et Jérusalem ! Vous me l'avez dit, ces gens-là, aussi barbares soient-ils, n'ont qu'une parole.

Il m'avoua en faisant la grimace qu'à choisir il eût préféré une alliance avec les Musulmans : comme on les connaissait mieux, il était plus facile de prévoir leurs réactions. Je protestai avec vigueur :

— Nous avons payé pour savoir ce que vaut une alliance avec ces gens ! Au cas où ils vaincraient les Mongols, ils feraient de nous des esclaves, sans daigner nous proposer un lien de vassalité !

Il était grand temps de prendre une décision : le khan venait de lâcher ses hordes sur le califat de Bagdad.

Il faut que je m'éloigne de ce théâtre d'opérations pour revenir en Syrie et à cette guerre intestine qui allait nous causer tant de préjudices.

C'est de Saint-Sabas que tout est parti. Situé au cœur de la ville d'Acre, sur une éminence dominant le port, cet humble sanctuaire monastique excitait la convoitise des frères ennemis qui occupaient des quartiers entiers de la ville : des négociants vénitiens, pisans et génois principalement. Ils s'en disputaient avec âpreté la possession, Dieu sait pourquoi !

Un matin de l'an 1256, à quelques mois de la mort du frère Guillaume-Rachid, les Génois prirent les armes et, sans daigner prévenir ces pauvres moines, envahirent les lieux. Fiers de leur exploit, ils allèrent semer le désordre dans le quartier des Vénitiens, avec le secours d'une compagnie de Pisans, avant de prendre d'assaut quelques navires ancrés dans la rade.

Dans cette entreprise démente, les Génois avaient un autre allié, et de qualité : Philippe de Montfort, régent du royaume. Installé à Tyr, il en avait chassé les Vénitiens, en oubliant que nous avions eu recours à eux dans le passé pour reconquérir cette cité sur les Musulmans.

Ce furent les débuts d'une guerre civile qui allait déborder largement le cadre étroit du négoce.

Le maître du Temple, Thomas Béraud, prit le parti des Vénitiens, entraînant avec lui les chevaliers Teutoniques et les Provençaux, qui avaient comme chef Jean d'Ibelin, baile du royaume, sire de Jaffa et de Beyrouth. Les chevaliers de l'Hôpital, dont le maître était Guillaume de Châteauneuf, se rangèrent du côté des agresseurs génois, ainsi que les marchands de Barcelone et d'Ancône, avec à leur tête le sire de Gibelet.

Les troupes recensées, l'arme au pied, c'est un véritable conflit qui s'amorçait, dans une ambiance de passion, d'autant plus ardente que les deux partis enrôlaient des auxiliaires. Je ne pouvais vaquer dans les rues d'Acre sans me heurter à des groupes qui me houspillaient ou m'accablaient de lazzis. Dieu merci, en raison de ma carrure, qui fait impression, de ma bonne épée et des sergents dont je me faisais accompagner, je parvins à échapper à ces agressions. J'en connais d'autres qui n'eurent pas ma chance.

Comme chaque parti portait des insignes distinctifs et des tenues particulières, il était facile de faire la différence entre alliés et ennemis. C'est surtout entre les Italiens que la lutte fut la plus âpre : on trouvait des cadavres, chaque matin, au milieu des rues, suite à des rixes nocturnes, avec, placardées sur leur poitrine par une dague, des proclamations injurieuses.

Lorsque les Génois eurent fermé à la chaîne l'entrée du port, la riposte succéda à l'indignation : l'amiral vénitien Lorenzo Tiepolo lança à la rame une lourde embarcation sur l'obstacle qui se rompit. De ma fenêtre, sans pouvoir intervenir, j'eus, durant des heures, le spectacle hallucinant d'une flotte génoise livrée à l'incendie, de la panique agitant les matelots qui se jetaient à la mer pour échapper aux flammes, des chants et des cris de victoire des Vénitiens.

Non contents de leur exploit, les gens de Tiepolo se répandirent sur le port, incendièrent les boutiques et les demeures de leurs concurrents devenus leurs ennemis, allèrent faire la bravade autour du bastion élevé par les Génois au pied de la colline de Montjoie. Pour parachever leur victoire, ils pénétrèrent dans le faubourg de Montmusart, séparé du reste de la ville par une chaîne rectiligne de remparts qui, partant de la tour Maudite, aboutit au littoral. Ce quartier abritait diverses confréries religieuses : les couvents de Saint-Lazare, de la Trinité et l'Hôpital général. Ils y mirent beaucoup de désordre et provoquèrent quelques dégâts.

Je répugnai à participer aux réjouissances qui, dans notre maison, accompagnèrent la victoire des Vénitiens, tant ce conflit me paraissait absurde et odieux. Je me demandais pourquoi le maître du Temple allait se mêler à cette querelle mercantile. Que pouvait bien lui importer que ce fussent les uns ou les autres qui restassent maîtres du commerce ?

Il faut en convenir : les véritables maîtres, ce n'étaient pas les barons mais les armateurs et les boutiquiers : ayant l'argent, ils avaient la puissance et, avec la puissance, ils détenaient le pouvoir ; ils parlaient avec arrogance, imposaient leur loi, punissaient ceux qui s'y dérobaient. J'ai peine à le dire : les ordres militaires étaient à leur dévotion, ne leur ménageaient pas leur soutien et réclamaient à l'occasion leur part du gâteau !

Est-il utile d'ajouter que cette petite guerre était considérée d'un œil intéressé par les Musulmans, et notamment le sultan d'Égypte. Le chef des Mameluks, Baïbars, posté à la frontière des sables, attendait patiemment que le fruit soit mûr pour le détacher de la branche. Nous avions tous conscience de ce danger imminent, mais nul n'avait la volonté et la capacité de maîtriser ce déferlement de haine.

La position de notre maison chevetaine, dans le voisinage des Pisans, étant devenue dangereuse, le maître prit sagement la décision de faire évacuer nos frères dans le faubourg de Montmusart, qui lui paraissait moins exposé à la fureur des combats. Il prit la précaution de nous confier, à moi et au maréchal, avec un groupe de sergents, la garde de notre maison en son absence, de manière à lui éviter un pillage. Ce furent pour nous des journées difficiles : nous avions quotidiennement à essuyer les bombardements de petits mangonneaux, les tirs des archers qui nous guettaient du haut de leurs fenêtres, et des vociférations malsonnantes.

Le maréchal m'ayant affecté à l'infirmerie, je passai mes jours et mes nuits dans cette haute salle voûtée d'où me parvenaient les bruits sourds des boulets de pierre frappant nos murailles, les cris des combattants et les plaintes des blessés que l'on nous amenait sur des civières.

Le secours nous vint du prince d'Antioche et de Tripoli, Bohémond, le seul seigneur en mesure, de par ses qualités humaines, politiques et guerrières, d'apaiser les haines.

Il se présenta devant nos murs au plus fort de la guerre de Saint-Sabas, en compagnie de son fils, encore enfant, Huguet, et de sa sœur, Plaisance, reine douairière, régente du royaume de Chypre. À peine était-il entré dans la ville, il frappa du poing sur la table, façon de parler. Comme il était puissant et respecté, on consentit à l'écouter. Il dit sans ambages ce qu'il voulait : une assemblée de notables, de barons et de clercs qui acceptât de donner le titre de roi au petit Huguet et la régence à sa sœur, la dame Plaisance.

Des protestations fusèrent chez les partisans de l'Empereur : le fils de Frédéric, Conrad, n'attendait que l'occasion de passer la mer et de monter sur le trône. De mercantile qu'il était, l'affrontement devint politique, les partisans de Huguet se trouvant opposés à ceux de Conrad !

Durant les débats passionnés qui suivirent cette assemblée, la guerre changeait de scène : c'est maintenant sur la mer qu'elle se déroulait, comme pour échapper à l'arbitrage du prince Bohémond. Jamais, au cours des années 1258 à 1260, la mer, entre Tyr et Acre, n'engloutit autant de navires avec leur équipage !

À bout de patience, découragés par l'aveuglement et la sottise des belligérants, Bohémond, Huguet et Plaisance reprirent le chemin de Tripoli avec leur bagage de désillusion, persuadés que c'en était fini du royaume de Jérusalem.

La guerre de Saint-Sabas s'acheva peu après. Écrasés sous le nombre, les Génois baissèrent pavillon, se replièrent sur Tyr, auprès de Philippe de Montfort qui ne leur avait pas ménagé son appui. Ils firent de cette ville une petite république marchande qui, très vite, devint puissante et prospère.

Au cours de mes promenades dans les rues de Saint-Jean-d'Acre, je pouvais constater avec amertume l'état pitoyable dans lequel le conflit avait laissé cette belle cité. Les artères principales, comme la rue de la Reine-Alix, celle de la Carcasserie, offraient un spectacle de désolation : tout n'était que boutiques éventrées, demeures incendiées, souks et bazars pillés, avec, sur la chaussée et les murs, des traces de sang. Je me gardais de pénétrer dans les immeubles ravagés, car les gens qui y avaient trouvé refuge eussent pris cette intrusion pour une agression. La guerre avait laissé dans la population de telles séquelles que parfois, au cours de nos patrouilles, nous étions assaillis par des tireurs postés aux fenêtres ou sur les toits.

Ce conflit n'avait pas été circonscrit entre Acre et Tyr. Il avait dérivé comme un orage, opposant en batailles rangées le prince Bohémond à son vassal, le comte Bertrand de Gibelet. C'est au cours de l'un de ces affrontements que Gibelet, désarçonné, maintenu immobile par son cheval mais se démenant comme un loup pris au piège, succomba. On envoya sa tête au prince.

Avec un peu de patience, Bohémond eût pu devenir l'arbitre écouté et respecté de ces passions déchaînées, et même, en poussant les choses à l'extrême, lancer un défi à l'Empereur et s'emparer de la couronne pour lui ou son fils.

La belle chevalerie chrétienne allait au suicide, entraînant dans sa perte les ordres militaires, sous l'œil narquois des sultans qui devinaient que l'heure de la curée allait sonner.

Dans la détresse qui m'accablait, je trouvais un apaisement : Dieu avait voulu épargner au frère Guillaume-Rachid le spectacle de cette lente et inéluctable désagrégation du royaume, pour des questions triviales. J'imagine sans peine les propos que sa colère lui eût inspirés. À chacune de ses phrases il aurait vu poindre au bout de son roseau, mêlée à l'encre, une goutte de sang.

2

La chevauchée mongole

Lors d'un voyage à Antioche et d'une visite au patriarche, j'eus la permission de recopier le texte de l'ordre de mission confié par le grand khan Mongka, à son frère cadet, Hulagu, dont la horde s'apprêtait à quitter les montagnes de l'Altaï et les confins de la Chine pour s'ébranler en direction du soleil couchant : « Tout homme qui se montrera soumis, traite-le avec bonté et comble-le de bienveillance. Quiconque se montrera indocile, plonge-le dans l'humiliation. »

Il n'y avait donc pas pour l'envahisseur de décision intermédiaire : l'adversaire devait se plier ou se laisser briser. Le mot « humiliation » me laissait rêveur car, au dire du moine Rubrouck, ce terme pouvait cacher l'annonce des pires sévices. La vie humaine n'avait pour ces barbares qu'une valeur relative ; leurs chefs trônaient, disait-on, sur un monceau de crânes humains. Je me disais que nous prenions le risque, en leur faisant confiance, comme l'avaient fait le roi d'Arménie et le prince Bohémond, de nous laisser engloutir dans le grand séisme qui s'annonçait.

Les étapes de la chevauchée mongole nous parvenaient avec des semaines, parfois des mois de retard. Le khan Hulagu se faisait accompagner de son épouse, Khatoun, une jeune femme, disait Rubrouck, au visage large et plat, aux yeux taillés au couteau, parée comme une idole et cavalière émérite, qui vivait entourée de moines nestoriens. Elle se disait petite-fille d'un personnage mystérieux, voire légendaire, le roi des Keraïts, peuplades du désert de Gobi, lui-même descendant d'un roi tout aussi mystérieux, le Prêtre Jean. J'aurais aimé en apprendre davantage sur cette filiation, mais Rubrouck n'en savait pas plus.

Au mois de janvier de l'année 1258, les premiers éléments des hordes mongoles surgirent sous les murs de Bagdad. Le calife fit sortir son armée et leur livra bataille ; il fut écrasé, et ce qui restait de ses troupes déferla sur la Syrie. Il vint se prosterner aux pieds du vainqueur « battre la terre avec son front », comme on dit. Hulagu lui ordonna de faire sortir la population. Quand elle fut rassemblée, avec femmes et enfants, sur une rive du Tigre, Hulagu la distribua à ses escadrons, et le massacre débuta, froid, méthodique, sans le moindre sentiment de pitié. L'holocauste dura quatre jours, le sac de la cité une semaine. On dit que les égorgeurs, à la fin de cette ignoble boucherie, tombaient littéralement de fatigue et devaient se relayer en permanence. Les habitants, à ce qu'on m'a révélé, étaient au nombre de quatre-vingt mille.

Hulagu remercia le calife de son aide et lui demanda une dernière faveur : lui livrer son trésor. Il se trouvait caché dans une citerne désaffectée : un monceau d'or, fruit de cinq cents ans d'administration califale. Les guerriers se partagèrent le harem qui comptait, avec les servantes, plus de sept cents femmes. Pour que la fête fût complète, la horde mit le feu à la splendide mosquée des Abbassides et à plusieurs quartiers. Hulagu ne se décida à partir que lorsque la puanteur des cadavres rendit irrespirable l'air de la ville.

Restait à se débarrasser du calife. On l'enferma dans un sac de cuir que l'on jeta sous les pieds des chevaux. Quant à sa famille, on se contenta d'un supplice banal : l'égorgement. Ainsi finit cette dynastie vieille de plusieurs siècles.

Cet exploit fut salué dans toute la Chrétienté d'Orient par des actions de grâces. On était persuadé que les cavaliers mongols se livreraient aux mêmes massacres dans la Syrie musulmane. Alléluia ! Quant aux barons, ils étaient à cette époque trop engagés dans leur guerre fratricide pour tirer de ces événements quelque conclusion que ce fût.

La grande marée d'équinoxe poursuivit son chemin. Hulagu était persuadé que la route de la Syrie lui était ouverte, que deux alliés l'attendaient : le roi Hatoun et le prince Bohémond, et que les seigneurs de l'Islam ne tarderaient pas à lui présenter leur soumission. Un sultan d'Anatolie lui envoya une paire de bottes sur lesquelles il avait fait peindre le portrait imaginaire du chef mongol et une devise qui est un modèle de servitude : « Je suis votre esclave. J'espère que Votre Grandeur honorera la tête de son serviteur en posant sur elle son pied auguste. »

D'étape en étape l'holocauste prenait de l'ampleur. La horde ne respectait rien de ce qui n'était pas marqué du signe de la croix.

Seul, avec un courage digne de louanges, le sultan du Diyarbakir, province turque des bords du Tigre, osa se dresser contre l'envahisseur ; il fut vaincu et périt dans un supplice atroce : ses bourreaux lui arrachèrent des lambeaux de chair, l'obligèrent à les avaler, lui coupèrent la tête pour la brandir au bout d'une lance. Les moines nestoriens avaient tout lieu de se réjouir. Gloire à Dieu tout-puissant !

En septembre de l'an 1259 la horde mongole arrivait aux marches de la Syrie musulmane, couverte de sang, traînant dans son sillage des chariots pleins d'or et de têtes coupées. Elle mit en action devant Alep une vingtaine de mangonneaux. La ville capitula sur la fin du mois de janvier. Le massacre prit une semaine ; il aurait duré plus longtemps encore si Hulagu, las d'un spectacle monotone, ne l'eut interrompu d'un geste. Ce qui restait de la population fut envoyé vers les ports syriens pour y être vendu sur les marchés d'esclaves. Comme on l'imagine, les Chrétiens seuls furent épargnés. Que le Seigneur en soit remercié !

Les Mongols devant Antioche ! qui aurait pu concevoir cet événement quelques années auparavant ? Comment aurait-on osé imaginer que l'Islam eût pu, en quelques mois, voir ses populations massacrées, ses villes pillées, ses mosquées détruites, ses armées anéanties ?

Si les nomades ne se hasardèrent pas à violer les frontières d'Antioche, leurs fourrageurs se livrèrent à des razzias sauvages dans les fertiles campagnes qui bordent le fleuve Oronte. Le patriarche romain de la principauté gênait Khatoun : elle exigea qu'il fût remplacé par un clerc d'origine et de confession byzantines, ce qui s'exécuta, semble-t-il, sans un murmure, sinon sans rancœur. Bohémond, dit-on, ressentit dans sa chair « toute la honte du joug mongol ».

De quoi aurions-nous pu nous plaindre, grands dieux ? Ces tribus nomades venues des lointains de l'Altaï et du désert de Gobi avaient, en quelques mois, obtenu ce que nous n'avions pu réussir en près de deux siècles : mettre l'Islam à genoux. Hosanna !

Dans nos maisons chevetaines d'Acre et de Tyr, les langues allaient bon train et les événements embrouillaient les esprits. Tel qui, le matin, en se taillant la barbe, se disait que les Mongols étaient les envoyés du Seigneur, se posait, la nuit venue, cette question angoissante : n'allions-nous pas être submergés par cette marée ? Durant les lectures, au réfectoire, nous écoutions, la gorge nouée, les récits de l'Ancien Testament évoquant les menaces d'invasion de peuplades issues de l'enfer et de l'Égypte, les massacres de Juifs, et nos sommeils en étaient hantés.

Parfois, aux écuries ou sur les chantiers de reconstruction de nos défenses, je croisais le maréchal ou le sénéchal et m'entretenais avec eux de la situation. Ils me disaient :

— Que ferons-nous, frère Thibaud, le jour où les Mongols seront devant Acre et Tyr ? Irons-nous « battre la terre » devant le khan Hulagu et sa compagne ? Tenterons-nous de leur résister, au risque de nous faire massacrer jusqu'au dernier ?

Ils sollicitaient mon avis. Tantôt je les rassurais, tantôt je faisais mine de partager leur inquiétude, en pleine confusion que j'étais moi-même. Ces incertitudes les décevaient, mais au diable si je suis devin ! Nous étions dans la main du Seigneur et Il pouvait, en la serrant, nous briser comme une noix. Il ne nous restait plus qu'à prier qu'Il y renonçât. Ce que nous faisions.

La horde, durant des semaines, traça à travers la Syrie des sillons de sang. Elle massacra les défenseurs de Naplouse et arriva devant Gaza. L'Égypte était proche, et les espoirs nous étaient permis de voir ces peuplades guerrières se disperser à travers le Sinaï et les sables d'Afrique comme un nuage de sauterelles. Nous redoutions qu'ils ne prennent Jérusalem sur leur passage. Ils passèrent outre.

Le vent allait tourner brusquement et nous plonger dans de nouvelles incertitudes quant au destin du royaume.

Mon ami le cordelier, qui se tenait informé des événements semaine après semaine, m'apprit que le frère d'Hulagu, le grand khan Mongka, empereur des Mongols, venait de périr au cours d'une campagne contre les armées chinoises, et que sa succession provoquait entre ses frères de graves dissensions, comparables à celles qui, à la mort des chefs, agitaient l'Islam. Le visage crispé par l'émotion, il me dit :

— Hulagu et Khatoun viennent de quitter le pays en direction de la Perse puis de la Mongolie. Le khan tient à maîtriser à son profit les ambitions de ses frères. Il laisse, pour préserver ses conquêtes, son lieutenant, Kitbuka, avec quelques milliers de cavaliers. Je vais tenter de resserrer notre alliance avec lui, car il y va de notre propre survie. L'Égypte pourrait bien profiter du départ de nos alliés pour nous attaquer. Il faut lui montrer qu'avec le soutien de Kitbuka nous sommes invincibles.

Je me gardai de la moindre objection contre ce raisonnement qui, à défaut de morale, était d'une logique implacable. C'était à croire que Rubrouck souhaitait se faire mongol de nationalité et nestorien de confession. Le goût pour la diplomatie, qui était le fond de sa nature, étouffait en lui tout sentiment de simple humanité. Selon lui, les grands massacres opérés par les Mongols n'étaient que de l'écume sanglante sur le torrent de l'Histoire.

L'Histoire... Elle paraissait à cette époque soumise à un cycle inéluctable. Elle faisait resurgir, sous une forme et dans des conditions nouvelles, certains événements que l'on croyait à jamais ensevelis dans le temps, voire oubliés. Les circonstances que je vais relater rappellent étrangement celles qui, trois quarts de siècle avant, ont conduit à la défaite des Cornes de Hattin, près de Tibériade, contre le sultan Saladin. La personnalité du « héros » de cette nouvelle affaire : Julien de Sidon, évoque à s'y méprendre celle de Renaud de Châtillon, le seigneur-brigand du krak de Moab.

Je connaissais bien Julien de Sidon, pour l'avoir rencontré à diverses reprises lors des assemblées de barons et de clercs, et j'en ai gardé un souvenir dépourvu de toute sympathie. De belle allure, il faut en convenir, tout feu, tout flamme, ce jeune poulain ne rêvait que plaies et bosses ; il sentait en lui, et se plaisait à le proclamer, survivre l'héritage des croisés des anciens temps, mais il se conduisait comme un ribaud de la pire espèce. Notre maître, Thomas Béraud, l'avait bien jugé, disant de lui qu'il était « étourdi et léger de la tête ».

Installé dans la forteresse de Beaufort, à l'intérieur des terres, au nord de Tyr, ce petit chevalier jouait les grands seigneurs, du fait qu'il était, comme le prince Bohémond, un des gendres du roi Hathoun d'Arménie, mais en oubliant qu'il devait hommage de vassalité au khan des Mongols. Loin de respecter sa parole, il se livrait à des provocations et à des razzias sur des territoires où il n'avait que faire.

Lorsque Kitbuka eut vent de ce comportement déloyal, il décida de faire rendre gorge à Julien, et de le sanctionner.

Il envoya contre Beaufort quelques escadrons. Julien les surprit, les attaqua, les dispersa. Redoutant une riposte violente, il abandonna précipitamment Beaufort en y laissant une petite garnison, pour aller se réfugier dans son fief principal, le port de Sidon, entre Tyr et Beyrouth. Il dut blêmir, à quelques jours de là, en voyant se déployer sous ses murs des centaines de cavaliers mongols. Il sortit pour leur livrer bataille, mais ses forces n'étaient pas suffisantes pour résister à ces féroces guerriers. Avec deux chevaux tués sous lui, il fut contraint de sonner la retraite, les Mongols sur ses talons. Suivi de ce qui lui restait de sa chevalerie, il parvint à se réfugier sur l'îlot voisin du port, où se dresse la forteresse de la Qalat al-Bahr, le château de la Mer, où la population s'était déjà repliée. Les envahisseurs n'ayant pas les moyens de traverser ce bras de mer, on y était à l'abri d'une incursion. En revanche, on eut le tragique spectacle d'une ville abandonnée à une horde de démons qui l'incendiaient, quartier par quartier, dansaient et chantaient sur les ruines fumantes, et commençaient à démanteler les remparts.

Le khan Kitbuka eut une autre occasion de douter de la solidité des liens qu'il avait noués avec les seigneurs chrétiens.

Lorsqu'ils apprirent que des cavaliers turcomans, alliés théoriques du khan, campaient dans les parages de Tibériade, les barons de Saint-Jean-d'Acre montèrent une expédition pour les déloger. Avec l'aide des chevaliers du Temple, ils attaquèrent leur position, furent repoussés et laissèrent aux mains de leurs adversaires nombre de chevaliers et les meilleurs de nos frères, pour lesquels nous ne pûmes payer la moindre rançon car cela nous est interdit par la règle de l'Ordre.

Cet événement irréfléchi contribua à brouiller les cartes et à faire de Kitbuka un allié sourcilleux et vindicatif. Cela au moment où Baïbars, capitaine des Mameluks, s'apprêtait à prendre pied sur le littoral de Palestine.

Mon ami, le moine cordelier, résuma cette situation en deux phrases :

— Nos chevaliers, me dit-il, ont agi avec une désinvolture insensée. Prendre les armes contre nos alliés, c'est nous condamner.

Il ajouta, la mine sombre :

— Le débarquement égyptien est inéluctable. Baïbars doit attendre, pour passer la mer, que notre discorde se précise et s'intensifie avec le khan. Nous ne connaissons que trop bien la puissance, la combativité et la discipline de ses troupes. Nous courons le risque de voir Kitbuka rejeté vers la Perse et nous sur la mer !

Il me donna, sur la carrière de ce personnage mystérieux

qu'était Baïbars, des détails que j'ignorais et qui me surprirent. Il était un simple esclave de l'émir de Hama quand son maître décida de s'en débarrasser car, superstitieux qu'il était, il ne pouvait, disait-il, supporter son regard bleu, voilé d'une tache blanche qui lui donnait un air diabolique. C'est à cette disgrâce naturelle et bénigne que l'esclave dut le début de sa carrière. Le chef mameluk qui s'en porta acquéreur avait fait une meilleure affaire qu'il ne l'avait imaginé : outre qu'il avait l'apparence d'un colosse brun de poil et de peau, doté d'une voix rauque et puissante, apte au commandement, Baïbars était intelligent, habile aux armes et ambitieux, sans l'ombre d'un scrupule. Devenu très vite capitaine de Mameluks, il imposa une discipline de fer à ces soldats, anciens esclaves comme lui pour la plupart, et en fit en quelques mois une troupe redoutable, la plus puissante du monde musulman.

Avant de quitter la Syrie pour mettre de l'ordre dans sa famille, le khan Hulagu avait pris la précaution singulière d'adresser au sultan du Caire une ambassade destinée à obtenir une soumission à son autorité. C'était à la fois une insolence et une provocation.

Rubrouck m'a donné connaissance d'une copie du message du khan au sultan. Je ne résiste pas au plaisir de le reproduire : « Le Dieu Suprême a élevé aux honneurs, jadis, Gengis Khan et sa famille. Il nous a concédé le gouvernement du monde. Tout homme qui, à ce jour, a tenté de se soustraire à notre autorité en est mort. Si tu te soumets comme esclave à Notre Majesté, fais-moi parvenir un tribut et viens en personne nous demander un gouvernement. Sinon, tu peux te préparer à la guerre ! »

Lorsque le sultan Qutuz reçut cet ultimatum, je suppose qu'il dut se frotter les yeux, se demander s'il ne rêvait pas et, à la réflexion, éclater de rire. Si Hulagu avait maintenu en Syrie le gros de ses hordes, le sort de l'Égypte eût été réglé d'avance, de même que le sort du monde musulman dans son entier : partant du Caire, il aurait rebondi d'une poussée irrésistible, comme un ouragan, vers la Libye, le Maghreb, l'Espagne peut- être, suscitant un ébranlement du monde occidental. Hulagu parti, Kitbuka dans l'expectative et la défensive, avec ou sans ses alliés chrétiens, le sultan pouvait espérer venir à bout de cette invasion.

Qutuz réagit sans tarder. Il fit pendre les émissaires mongols, demanda à Baïbars de regrouper ses troupes et de faire route vers la Palestine en passant par les pistes du Sinaï. Le 26 juillet de l'an 1260, les Mameluks campaient sous les murs de Gaza.

Alerté une semaine plus tard, Kitbuka, qui se trouvait alors à Baalbek, battit le rappel de ses nomades, fonça sur Gaza mais trouva la ville occupée par les Égyptiens. Ce déboire s'ajoutait à une pénible déception : ce qui, à Damas et dans les environs, restait de population musulmane s'était soulevé contre son autorité, massacrant ses alliés chrétiens, pillant leurs demeures et détruisant leurs sanctuaires.

Depuis les agressions répétées qu'il avait subies de ses alliés, à Sidon et à Tibériade notamment, Kitbuka devait se dire qu'il aurait été vain de compter sur leur aide pour une contre-attaque sur Gaza.

Dieu sait que je ne voue aucune sympathie aux Mongols, mais je restai pantois devant l'attitude des barons chrétiens. Alors que l'occasion se présentait d'en finir avec les Musulmans en respectant l'alliance avec Kitbuka, ils en étaient encore à régler leurs différends autour de la chapelle de Saint-Sabas, avec, toujours, les Vénitiens d'une part et les Génois de l'autre. L'incendie s'était déclaré dans la cave et, au lieu de chercher à l'éteindre, ils se disputaient dans le grenier !

Pire encore : lorsque Baïbars leur demanda poliment l'autorisation d'emprunter leur territoire pour affronter la horde, ils n'émirent aucune réserve, comme si cette campagne ne les concernait en rien. En revanche ils refusèrent à Baïbars de se joindre à lui. L'indifférence et la trahison ont des limites...

Parvenue à Saint-Jean-d'Acre, l'armée mameluke y trouva un accueil chaleureux. Le sultan, qui s'était décidé à suivre l'armée, jugea cette ville si agréable et si puissante qu'il mûrit l'intention d'en faire la conquête, mais en d'autres circonstances, car, pour l'heure, il avait, comme on dit, du fer au feu. Dans le chœur indécent qui l'accueillit, il ne rencontra qu'une voix discordante : celle du maître des chevaliers Teutoniques, Anno von Sangerhausen. On la dédaigna, les Chrétiens ayant trouvé leur nouveau champion en la personne de Baïbars.

À mon grand soulagement, les Mameluks ne s'attardèrent pas dans notre ville où, comme ils se conduisaient en conquérants, ils étaient devenus indésirables. Pour couper la route à Kitbuka, ils prirent celle du Jourdain et remontèrent vers Damas.

Les deux armées se trouvèrent au contact le 3 septembre, en un lieu dit Aïn Jalud, au sud du lac de Tibériade. Pour tromper l'ennemi, Baïbars usa d'un stratagème ingénieux : il dissimula le gros de sa troupe dans un ravin, ne laissant apparaître sur les crêtes qu'une avant-garde. Kitbuka donna dans le panneau. Il lança vers la colline son armée renforcée de contingents arméniens et géorgiens, dispersa sans peine ce détachement, mais soudain, alors qu'il criait victoire, il se trouva cerné de toutes parts. Il se battit avec courage, jusqu'au moment où, son cheval s'étant abattu, une lance en travers de l'encolure, il dut rendre les armes.

On m'a rapporté peu après l'entretien qui eut lieu entre le sultan d'Égypte et le chef mongol :

— Te voilà enfin pris au piège, toi qui te vantes d'avoir conquis tant de royaumes et abattu tant de dynasties ! s'écria Qutuz. Allah te remet entre nos mains.

Le vieux chef de la horde rétorqua avec dignité :

— Je sais que tu vas me faire mourir, mais c'est la volonté de Dieu, et pas la tienne. Tu viens de remporter une victoire, mais dis-toi bien que, lorsque mon frère Hulagu l'apprendra, sa colère bouillonnera comme une mer dans la tempête. Toute l'Égypte sera foulée aux pieds par les coursiers mongols !

Kitbuka trouva la force de se lever et de souffleter, en la personne de Qutuz, ces *sultans esclaves*, ces *rois de hasard*, qui ne trouvaient le chemin du pouvoir que par le meurtre.

Sur un signe de Qutuz, on lui trancha la tête.

3

Mort à Carthage

Si Pierre de Moustiers s'est retrouvé dans notre maison chevetaine de Saint-Jean-d'Acre, c'est qu'il sortait de l'enfer, mais aussi qu'il savait retrouver en Terre sainte, sans savoir où exactement, un cousin originaire comme lui de la Provence : le templier Anselme des Baux. J'avais noué avec ce dernier des relations d'amitié, car il avait accepté de parrainer mon accession au grade de chevalier, qui précède celui de commandeur.

Pierre revenait de la cité de Carthage, proche de Tunis, à la suite de la seconde croisade du roi Louis, qui s'est achevée par un désastre, pire que la première. Il débarqua à Acre sans son cheval, mort d'épuisement, au cours d'une tempête où le navire avait failli être englouti. Il était malade de corps et d'âme : il souffrait d'une dysenterie qui, durant depuis des semaines, l'avait réduit à l'état de squelette, et ne se consolait pas du naufrage de ses illusions.

Prématurément ridé, presque chauve, couvert de gale, vêtu de loques, ce petit chevalier provençal paraissait sur le point de quitter ce monde lorsque je le recueillis pour le conduire à l'infirmerie, où je veillai à ce qu'il eût un traitement de faveur. Il se rétablit au bout de quelques jours, reprit goût à la nourriture, à la parole et à la vie.

Une fois remis, pressé par le maître Thomas Béraud et par son cousin Anselme des Baux, Pierre consentit à nous conter son odyssée. Son récit dura toute une journée. J'en fis — est-il utile de le préciser ? — mon profit, car les épisodes de cette malheureuse croisade ne nous parvenaient qu'avec beaucoup de retard et d'imprécision.

Bien que le soleil de janvier fût encore timide, nous nous sommes installés sous un auvent de toile, dans un coin de la haute terrasse où, des années auparavant, le frère Guillaume-Rachid recueillit le récit d'un rescapé de la première croisade d'Égypte : le sénéchal Jean de Joinville, compagnon du roi Louis. Le maître avait fait disposer sur une tablette des fruits confits, des olives et du vin qu'Antioche continuait à nous livrer régulièrement.

Pourquoi Pierre de Moustiers s'était-il trouvé embarqué dans cette aventure ? Il ne savait trop. Il avait, nous dit-il, l'esprit encombré des sermons et des prêches du curé, esprit exalté, porté à l'imagination, qui n'avait retenu des récits des croisés retour de Terre sainte que ce qui était susceptible d'exalter sa foi et de semer de bonnes graines d'héroïsme dans l'âme de ses ouailles.

Pierre s'était nourri passivement de cette manne suspecte, jusqu'au jour où le curé, le prenant à part, lui avait révélé que Dieu comptait sur lui pour aller défendre les Lieux saints. Cette perspective laissa Pierre dubitatif. Il avait perdu son épouse, devenue stérile, dans je ne sais quelles circonstanccs, et ne portait d'intérêt qu'à ses oliveraies et à son moulin à huile qui suffisaient à le faire vivre. Le curé, outre une remise de dette qu'il se fit fort de faire liquider par le maître de la commanderie templière voisine, le requit de s'armer et de s'équiper pour répondre à l'appel du roi. Il pourrait emprunter l'argent nécessaire auprès des templiers, lesquels prendraient en charge l'exploitation de son domaine et la marche de son moulin, jusqu'à son retour.

Armé de pied en cap, à cheval, Pierre prit la route d'Aigues-Mortes où le roi Louis, comme pour la campagne d'Égypte, avait donné rendez-vous aux croisés.

— Je n'avais pas, nous dit-il, l'habitude des longues chevauchées, et davantage la pratique du mulet ou de l'âne que du cheval. Celui que j'achetai à un marchand de vin tenait davantage du roussin que du destrier, mais il était robuste, docile et sobre, ce qui faisait bien mon affaire.

Lorsqu'il arriva à Aigues-Mortes, Pierre fut surpris de constater que ni le roi, ni l'armée, ni les navires n'étaient présents. Il ne trouva dans le port que quelques chevaliers de Provence, du Languedoc, mêlés à des Espagnols, tous aussi marris que lui de trouver ce lieu désert.

Le roi s'était attardé en cours de route. Il avait tenu, avant de prendre la mer, à visiter quelques provinces de son royaume, comme pour leur faire ses adieux. Quand il arriva à Aigues-Mortes, grande fut sa colère en constatant que les navires annoncés n'étaient pas arrivés.

Il profita de ce retard pour rédiger son testament et reconsidérer les problèmes que posait la régence. La reine mère n'était plus là pour l'assumer et il doutait des compétences de son épouse. L'aîné de ses fils, Philippe, avait pris la croix pour le suivre. Quant à son frère, Charles, devenu roi de Sicile, il avait d'autres chats à fouetter. De son autre frère, Alphonse, Pierre ne put rien nous dire. Sa famille lui faisant défaut, Louis se retourna vers deux bons serviteurs de la couronne : l'abbé de Saint-Denis, Mathieu de Vendôme, et l'un de ses conseillers, Simon de Nesle.

— Je passe, nous dit Pierre de Moustiers, sur notre interminable séjour dans cette bourgade sinistre, entourée d'une lagune marécageuse. Ce n'est que le 1er juillet que le roi embarqua sur le navire amiral qui portait, comme celui qui l'avait naguère conduit en Égypte, le nom de *Montjoie.* Je garde en mémoire la colère des vétérans de la Terre sainte, disant que nous partions beaucoup trop tard, que nous allions nous trouver sur les terres d'Orient au plus fort de l'été, qu'hommes et chevaux auraient beaucoup à souffrir.

Les idées du roi, quant à la destination de cette croisade, étaient des plus confuses. Il était tenté de voler au secours de la Chrétienté syrienne en butte à la discorde et en proie aux attaques de Baïbars, devenu sultan après s'être débarrassé en le tuant de ses propres mains du vieux Qutuz. C'est la voie qu'il eût choisie pour peu que les barons de Terre sainte lui eussent demandé son aide, mais ils étaient trop occupés par leurs intérêts. Il songeait aussi à la possibilité d'attaquer les Musulmans par l'Égypte, comme des années auparavant, en profitant de l'absence des Mameluks, en train de guerroyer en Syrie. C'est cette dernière solution qui prévalut. Encore faudrait-il s'arrêter en chemin pour demander des comptes au sultan de Tunis, lequel refusait de payer au frère du roi, Charles, le tribut qu'il lui devait. Louis avait, comme on le voit, l'esprit de famille...

Il existait une autre raison pour justifier cette escale.

— Un groupe de dominicains installés à la cour du sultan de Tunis ne désespérait pas de le convertir, dans l'espoir qu'il aiderait à reconquérir la Terre sainte et à vaincre les Mameluks. Balivernes ! Il restait que, si nous parvenions à mettre Tunis de notre côté, la route de l'Égypte nous serait ouverte. Cela demandait réflexion.

Pierre ne s'attarda guère sur la traversée, les tempêtes que la flotte dut essuyer, les dégâts qu'elles occasionnèrent, notamment dans la cavalerie, l'hostilité que les croisés devaient affronter lorsqu'ils s'arrêtaient dans les ports pour faire l'aiguade et se réapprovisionner en produits frais, d'autant que je sentais le maître du Temple impatient de savoir ce qui s'était passé à l'escale de Tunis.

— Quel fut l'accueil du sultan ? demanda Anselme.

— Aucun, répondit Pierre, je le jure de par Dieu ! Personne sur le rivage et dans la rade, pas la moindre patrouille. Simplement quelques navires de commerce qui semblaient avoir plus d'importance que les nôtres. Et pourtant nos armes devaient être visibles de toute la ville et du palais...

— Quelle fut alors l'attitude de Sa Majesté ?

— Il priait Dieu sur le pont, le remerciait d'avoir conduit sa flotte à bon port, remettait le destin de la croisade entre ses mains. À peine avait-il débarqué, il renouvelait ses oraisons, à genoux sur le sable, drapé dans sa cape à fleurs de lys jetée sur la cotte de mailles. Il avait été malade au cours de la traversée, mais les couleurs lui étaient revenues, avec son énergie.

L'absence de toute forme d'accueil de la part du sultan ne pouvait que signifier son hostilité, au point que certains pensaient qu'il s'apprêtait à combattre au cas où les chevaliers du roi se hasarderaient dans sa ville. Cette attitude choquante décida Louis à installer son camp sur une langue de sable d'une lieue de long, qui barrait la rade.

— Il ne pouvait choisir un lieu moins propice ! bougonna Pierre. Aucun point d'eau, pas un arbre ni un carré d'herbe pour faire paître nos montures. Et la chaleur, Seigneur Dieu, la chaleur... Nous avons résisté quelques jours, avant de nous replier dans les environs d'une bourgade nommée Carthage, après avoir enlevé aux Sarrasins une tour qu'on appelle la Goulette. Et là, messeigneurs, nous étions comme en paradis ! Imaginez une plaine immense, couverte de champs, de jardins, de palmeraies, où l'eau coulait à flots...

Sur le cadre qui entourait ce nouveau cantonnement, Pierre fut bref. Il tint cependant à nous rappeler que la bourgade de Carthage est construite sur les vestiges de l'ancienne cité d'Annibal, le général carthaginois qui tint longtemps en échec les légions de Rome, et qu'elle fut rasée par Scipion l'Africain ; on y voit encore un vaste amphithéâtre, des ruines de temples et de palais, un nombre infini de stèles mortuaires dans des cimetières grouillant de vipères et de scorpions.

— Soit, dit Anselme, mais venez-en aux événements. Cette localité de Carthage, vous êtes-vous contentés de l'admirer ?

— J'allais vous dire qu'aussi modeste soit-elle, elle est protégée par des remparts qui, sans pouvoir se comparer à ceux de Carcassonne, donnent à réfléchir avant de s'y attaquer. Qui s'y risqua, selon vous ? Je vous le donne en mille ! Les mariniers...

— Les mariniers ? dit en suffoquant le maître Thibaud.

— J'ai bien dit les mariniers. Et pourquoi le roi leur confiat-il, pour soutenir leur assaut, des détachements du Languedoc, de la Provence, du Périgord ? Allez savoir ! Une affaire de butin qu'on leur aurait promis, je suppose. C'était rassembler beaucoup de gens pour rien, car la bourgade nous a ouvert ses portes à la première alerte. Nous avons laissé la population se retirer avec ses biens, sans lui donner la chasse, ordre de Sa Majesté ! En revanche le roi a fait enfumer comme des renards au terrier les deux cents défenseurs de la citadelle. Nous avions conquis Carthage, comme avant nous l'avaient fait les Romains, mais, pour ainsi dire, sans coup férir.

Les croisés s'installèrent là pour un séjour bref mais agité. L'été brûlait de tous ses feux, rendant l'air irrespirable et les nuits sans sommeil. De temps à autre, des bandes de Sarrasins chevauchant des chameaux attaquaient nos patrouilles. L'armée y perdit quelques bons chevaliers et nombre de sergents d'armes et de piétons.

— L'inaction du sultan, poursuivit Pierre, ne laissait pas de nous surprendre. Il avait pourtant à sa disposition des forces importantes, renforcées par des auxiliaires venus du Maghreb. Il avait pris la précaution, comme nous devions l'apprendre par la suite, de faire jeter en prison tous les Chrétiens, et menaçé de leur faire trancher la tête au cas où nous nous obstinerions à rester dans les parages et à décider de l'attaquer.

Cruel dilemme pour le roi ! Il passa des heures, chaque jour, en prière pour demander conseil au Père éternel, puis, sur un de ces coups de colère qui, dit-on, lui étaient familiers, il décida de résister à ce qu'il considérait comme un chantage.

— Nous avons donc tenu bon, ajouta Pierre, en attendant l'armée de renfort promise par Charles, frère du roi, mais elle tardait, et le temps passait dans l'inaction qui engendre le vice et l'ennui.

Pierre s'attarda à nous conter les conditions de vie dans cette fournaise :

— Nous avions jeté dans un fossé creusé à la hâte les cadavres des défenseurs de la citadelle. Dieu, qu'ils puaient ! Il fallait s'attendre, avec l'eau corrompue et les viandes avariées que nous consommions, à des maladies, voire à une de ces épidémies de peste ou de choléra courantes sous ces latitudes. Peu nombreux furent ceux qui n'eurent pas à souffrir de ces conditions de vie inhumaines et à éviter les fièvres tierces ou quartes, les flux de ventre, la gale et d'autres maux dignes des plaies d'Égypte. Le roi lui-même fut atteint, et des premiers. Nous eûmes beau abattre tous les arbres des jardins, qui, dit-on, engendrent des fièvres, nos morts s'accumulaient.

Le grand maître eût aimé connaître les noms des barons et des chevaliers qui avaient succombé. Pierre se gratta le nez et parut fouiller dans sa mémoire. Des noms lui revinrent, avec des images tragiques : ceux des comtes de la Marche, du Luxembourg, de Montmorency, du maréchal de France et d'un chevalier d'Écosse au nom bizarre.

— Ce qui nous affecta le plus, ajouta-t-il, c'est la mort du fils du roi, dont la reine Marguerite avait accouché à Damiette, lors de la première croisade : Jean-Tristan. Le roi, à ce que l'on m'a dit, a beaucoup pleuré. On a pris soin d'attendre une semaine avant de lui annoncer la nouvelle, car il était en proie à une forte fièvre. Messeigneurs, c'était une grande pitié de voir notre pauvre souverain, pâle, chancelant, visiter les malades, les réconforter, leur faire boire des tisanes, puis retourner dans son cabinet pour y recevoir des ambassadeurs de Constantinople, de Chypre ou d'ailleurs.

Pierre essuya une larme au coin de l'œil, de la pointe de l'index, avant de poursuivre :

— Nous le rencontrions souvent. Lorsque nous le voyions passer, nous venions nous agenouiller pour prier avec lui et lui demander combien de temps durerait cet enfer. Il nous répondait qu'il fallait attendre l'arrivée de la flotte que lui envoyait de Sicile son frère Charles, et surtout s'en remettre à Dieu et prier, prier, prier...

Pierre nous apprit qu'un matin le roi, à bout de forces, avait renoncé à se lever. Il avait fait appeler à son chevet son fils, Philippe, pour lui remettre ses instructions au cas où Dieu le rappellerait à lui. Il y en avait, nous a-t-il assuré, six grandes pages ! C'est dire que, si son corps était malade, son esprit était toujours aussi lucide.

J'aurais aimé en apprendre, sur la mort du bon roi Louis, plus que Pierre ne put nous en révéler, car, ce qu'il savait, il en eut connaissance par ouï-dire, des jours plus tard.

Geoffroi de Beaulieu, confesseur du roi, avait apporté au malade un bouillon de volaille que Louis avait repoussé, sous le fallacieux prétexte qu'on était un vendredi et qu'il était tenu de faire maigre.

Un matin, lorsque ce même personnage rendit visite au souverain, il le trouva dans le jardin, agenouillé au milieu d'une allée, en train de prier. À la requête de Louis, il lui donna la communion et lui demanda du ton le plus sérieux s'il croyait que le corps du Christ fût réellement présent dans l'hostie. Le roi se redressa et faillit se fâcher. Il répondit qu'il en était aussi sûr qu'il pourrait voir le Christ remontant au Ciel.

— À la suite de cet entretien singulier — mais peut-être ai-je mal compris — le roi et le prélat firent quelques pas dans l'allée. Le roi demanda à Geoffroi s'il pourrait se charger de la conversion des gens de Tunis, lorsque l'on aurait pris la ville.

C'était, pour Louis, la dernière sortie : il ne devait plus quitter sa chambre, où Geoffroi vint lui administrer le sacrement suprême.

— Le roi, ajouta Pierre d'une voix étranglée par l'émotion, rendit son âme à Dieu, couché sur un lit de cendres, un dimanche, à la même heure que le Christ, à ce qu'on m'a dit. Ses dernières paroles ont été : « Jérusalem Jérusalem ! Nous irons à Jérusalem ! » Moi qui n'ai que rarement pleuré, j'ai fondu en larmes en apprenant la nouvelle, au milieu des lamentations qui montaient de toutes parts dans la ville.

Le lendemain, la flotte de Charles entrait dans la rade...

— La dépouille du roi, demanda le frère Anselme, qu'en a-t-on fait ? L'a-t-on inhumée sur place ?

Le maître du Temple sursauta devant cette idée saugrenue. Enfouir un roi de France dans cette terre gorgée d'hérésie eût été compromettre son salut éternel !

— Vous n'y pensez pas, mon cousin ? dit Pierre. Le corps a été embaumé. Il avait retrouvé au seuil de la mort, m'a dit un prêtre qui assistait à ses derniers moments, ses fraîches couleurs, et un sourire qui n'était pas apparu sur ses lèvres depuis longtemps. Pardonnez-moi ces détails : on a fait bouillir le corps dans de l'eau mêlée de vin contenue dans un grand chaudron de terre. Le cœur et les os ont été ramenés en France enfermés dans un coffret de cèdre renforcé de lourdes ferrures. Une partie de la chair a été réclamée par le roi Charles de Sicile pour être enfermée dans une châsse, destinée à la cathédrale de Palerme, l'autre par le prince Philippe qui la confiera à l'abbaye de Saint-Denis.

Philippe reçut l'hommage des barons sur son lit de malade, le 27 août, mais il était si affaibli par la maladie, entre la vie et la mort pour ainsi dire, qu'il était incapable de décider et d'agir. C'est Charles qui prit la direction des affaires. Il fallait à tout prix sortir au plus tôt de cette fournaise, quitter Carthage et se porter en armes sur Tunis, malgré l'état lamentable de l'armée.

— Dieu soit loué ! ajouta Pierre, il n'y eut pas de siège, ce que nous n'aurions pu supporter. Le sultan capitula après une brève résistance. Il devait garantir le commerce des marchands occidentaux et la liberté de culte pour les Chrétiens sur son territoire. Il promit au roi de Sicile, avec un tribut, une trêve de quinze ans. C'était moins que le roi n'avait espéré, mais plus que nous n'en attendions, dans la piètre condition qui était la nôtre.

Le soleil commençait à baisser sur l'horizon de la mer quand Pierre de Moustiers, balançant ses mains noueuses, amputées de trois doigts, entre ses genoux maigres, nous signifia qu'il en avait fini avec son récit. Il paraissait si troublé que sa main tremblait en portant à ses lèvres la dernière coupe que lui servit son cousin Anselme. Je comprenais le désarroi qui agitait son esprit et transparaissait à maintes reprises dans son propos. Ce chevalier désabusé, ce soldat perdu de la Chrétienté, se demandait — il me le confirma d'ailleurs quelques jours plus tard — ce qu'il était venu chercher sur ces terres ingrates, loin de ses oliveraies et de son moulin à huile, mêlé à cette croisade qui n'en était pas une ! Il avait le sentiment, et je l'approuvais sans réserve, qu'il eût fallu, pour que cette opération réussît, une participation de toute l'Europe chrétienne. Mais le monde occidental était las de ces élans qui s'achevaient dans l'enlisement, la défaite, et ne laissaient dans le cœur qu'une profonde amertume.

Quel bénéfice la Chrétienté retirait-elle de cette expédition ? Rien, ou peu de chose. Le bénéfice spirituel (la liberté du culte) était dérisoire, car nous savions bien qu'elle ne serait pas respectée ; quant au bénéfice matériel (la liberté du commerce), les marchands, et Charles de Sicile le premier, seraient seuls à en profiter. On avait compté ébranler le monde musulman : il ne bougea pas plus qu'au contact d'une poignée de sable jetée par le vent.

Cette page tournée, le colosse Baïbars voyait se confirmer et se renforcer son pouvoir sur Le Caire et Damas. Il aurait pu se dire le maître du monde, et peut-être le pensait-il vraiment lorsqu'il entreprit de rejeter les Chrétiens à la mer. Il enleva nos postes, nos forteresses, nos cités, comme on cueille des fruits sur une branche. Il ne resta bientôt plus du royaume qu'une Jérusalem, toujours privée de défenses, et un chapelet de villes côtières soudées autour d'une notion de république mercantile, mais ravagées par des querelles stériles.

Le maître Thomas Béraud glissa discrètement une bourse dans la ceinture de Pierre, qui fit mine de refuser cette obole, et lui confia ce qui restait du vin et de la collation, à laquelle nous n'avions pour ainsi dire pas touché. Nous paraissions tous indisposés par ce récit. Outre qu'il nous avait bouleversés, nous nous sentions un peu responsables, car la place des chevaliers du Temple et de l'Hôpital aurait été à Carthage, près du roi. Je me demandai, durant le lourd silence qui suivit les dernières paroles de Pierre, ce que je pouvais bien faire, ce jour fatal du 25 août de l'an 1270 où mourut le roi. Je fus bien incapable de m'en souvenir. Ce ne devait pas être d'une grande importance, en tout cas...

Je raccompagnai Pierre de Moustiers jusqu'au faubourg de Montmusart. Il avait trouvé refuge dans une masure de planches et de jonc tressé, sur un glacis encombré d'ordures et de gravats, adossé à une antique muraille, entre l'Hôpital général et la Trinité. En cours de route, alors que nous cheminions dans le calme du soir, troublé seulement par les cris des mouettes et les jeux des enfants qui jouaient à la guerre, il me dit :

— Mon cousin Anselme m'a proposé d'entrer au Temple. J'ai refusé. Qu'en dites-vous ?

— Je crois que vous avez eu tort. Vous auriez au moins mangé à votre faim. Qu'allez-vous devenir ? Y avez-vous songé ?

Je sentis que je l'avais touché au point sensible. Il eut un beau mouvement de fierté outragée, avant de me confier :

— Je comptais ramener de cette expédition de quoi régler mes dettes auprès des templiers, agrandir mon domaine de Moustiers et faire construire un autre moulin... Et puis... et puis... vous savez ce qu'il est advenu de ce projet. Avec ce que je gagne comme débardeur sur le port, je peine à nous faire subsister, ma compagne et moi.

Je sursautai.

— Votre compagne, dites-vous ?

— Je partage mon existence avec une Arménienne que j'ai rencontrée dans un bouge. Elle va me donner un enfant. Vous comprenez donc pourquoi j'ai été contraint de refuser la proposition de mon cousin.

— Si je puis vous aider...

— Vous le pouvez, frère Thibaud, car, je le confesse, sans être misérable, ma condition est des plus précaires.

Je lui promis de parler de lui à un négociant vénitien qui avait dans notre maison du Temple porte et table ouvertes, et qui employait une centaine de commis, à Acre et à Tyr. Il possédait, rue de la Reine-Alix, au centre de la ville, une boutique de tissus tenue par maître Rigal, un Provençal comme lui, qui ne refuserait pas de le prendre à son service. Pierre me remercia avec effusion, mais n'osa pas me faire entrer dans sa masure, devant laquelle se tenait une grosse femme noire de peau, vêtue de défroques sales et mal ravaudées, mais jolie de visage.

— Je n'oublierai pas le service que vous me rendez, me dit Pierre. Dieu vous assiste, mon ami...

Cette aide, j'allais, moi aussi, en avoir besoin.

4

Ira et *Dolor*

C'est en ce temps-là, à quelques semaines de la visite de Pierre de Moustiers, que j'écrivis le poème que j'intitulai *Ira et Dolor* (« Colère et douleur »). Plutôt que d'en rédiger les strophes à la pointe de mon roseau, je les arrachais de ma tête et de ma chair dont elles jaillissaient par saccades, comme le sang d'une blessure. Aujourd'hui, bien des années après les événements que j'ai relatés, cette brutale musique de mots chante encore dans ma mémoire, et les images auxquelles ils se rapportent se décalquent sur mon horizon familier, avec la netteté d'une de ces mosaïques de palais byzantins sur lesquelles le temps n'a pas de prise.

Ce long poème mûrissait en moi depuis longtemps quand j'ai commencé à le coucher sur le papier, dans la cellule de Guillaume-Rachid, en me servant de ses roseaux, de son écritoire, des liasses de papier qu'il avait laissées sur sa table. Enveloppé du silence et de la paix de la mer, j'étais pris à ce point par mon sujet que des mots, des phrases, des vers, surgissaient dans mon sommeil. J'allumais ma chandelle, jetais ce brouillon sur une feuille pour, le plus souvent, les détruire au réveil ou les remodeler.

C'est le récit de Pierre de Moustiers qui a libéré en moi cette source cachée, nourrie, jour après jour, au fil des événements, d'un flux nouveau de colère et de douleur.

Un dimanche, au retour d'un office religieux dans notre chapelle templière, alors que le sénéchal Geoffroi de Sergines, baile du royaume, auquel le roi Charles de Sicile avait confié les vases canopes contenant les restes de son frère, s'embarqua pour les porter à Saint-Denis, je me mis à la tâche, poussé par une impulsion irrésistible.

D'un seul élan, je jetai six strophes sur le papier. Elles sont encore, des années plus tard, gravées dans ma mémoire, comme avec un stylet dans le marbre

Colère et douleur se sont installées dans mon cœur
Si intenses que c'est à peine si j'ose rester en vie
On a humilié la Croix que nous avons prise au nom du Crucifié
Aujourd'hui, ni la Croix ni la Loi ne nous protègent
Des Sarrasins, ces félons que Dieu maudit !

Un mouvement de colère intense me faisait écrire plus loin :

Bien fou qui veut lutter contre les Sarrasins...
Car Dieu dort, qui veillait autrefois, et Mahomet
Resplendit et fait resplendir le sultan d'Égypte...
Ils ont vaincu, ils vaincront, et cela m'afflige.
Français et Mongols, Arméniens et Perses
Savent que, chaque jour davantage, ils nous humilieront
Car Dieu dort, qui veillait autrefois, et Mahomet
Resplendit et fait resplendir le sultan d'Égypte...

Quelle démence me poussait à de tels blasphèmes ? Je me disais parfois que si le maître, le maréchal ou quelque autre de mes frères découvrait cette diatribe, il m'en coûterait mon renvoi pur et simple du couvent. Dieu merci, il n'en a rien été. À la réflexion, si mon œuvre doit être détruite, je souhaite qu'au moins ce poème lui survive.

La campagne est paisible, autour du modeste casal chypriote où j'ai trouvé refuge après le grand cataclysme qui nous a chassés de la terre du Seigneur. L'air sent le blé mûr que nos paysans sont occupés à moissonner ; ce sont pour la plupart des prisonniers que nous avons naguère pris au sultan : des fellahs noirauds, maigres, infatigables. De temps en temps l'un d'eux se redresse, et, en brandissant sa faucille, entonne un chant rauque, repris par toute la chiourme ; un chant qui parle du grand fleuve d'Égypte, du sultan, d'Allah et des femmes.

Il resplendissait, oui, le sultan Baïbars, de toutes ses armes et de toutes ses conquêtes. Cela faisait autour de lui comme un feu de joie qui, semblait-il, ne s'éteindrait jamais. Ce grand potentat musulman n'est qu'une brute, un fauve jailli tout armé des ténèbres du Geol. On dit qu'il a posé sur le trône qu'il a usurpé deux coussins : *Honneur* et *Loyauté* et que son arrière-train monstrueux s'y sent à l'aise. Sa parole n'est que du vent et le pardon une faiblesse. Si cet ancien esclave, issu du peuple des Coumans, au sud de la Russie, a pu accéder au pouvoir suprême, si aucun obstacle sérieux ne s'est dressé sur sa route, il le doit non à son génie propre, mais à sa puissance physique et à son manque total de scrupules. Qu'il soit trois fois maudit !

Où étaient les preux, les croyants sincères de l'Islam : Nourredin, Saladin, al-Khamil, dont Guillaume de Tyr, l'écuyer Ernoul, Étienne Josserand et Guillaume-Rachid nous ont parlé dans leurs écrits ? L'esprit chevaleresque est mort, chez nos ennemis comme chez nous, et rien ne dit qu'il pourrait renaître. Nous vivons le temps de l'infamie.

J'ai écrit que le pardon était pour Baïbars une faiblesse. Il est vrai qu'il aurait eu beaucoup à pardonner aux nôtres. Je n'en donnerai qu'une preuve, entre cent autres.

L'année 1263, après que les Mameluks eurent détruit notre sanctuaire de Nazareth, j'accompagnai le baile Geoffroi de Sergines, des chevaliers du Temple et de l'Hôpital, mêlés à quelques chevaliers, au camp de Baïbars, sur le mont Thabor, pour y négocier un échange de prisonniers, à la suite d'une trêve. Mes frères n'avaient suivi cette opération qu'à contre-cœur, si bien qu'ils firent en sorte qu'elle échouât, sous le prétexte absurde que nous avions besoin des prisonniers pour l'exploitation de nos domaines. C'était faire bon marché de ceux des nôtres qui mouraient de faim et de mauvais traitements dans les prisons du sultan. J'exprimai mon désaccord et fus blâmé. Je vis avec terreur le géant aux yeux vairons se dresser et nous accabler d'injures, de reproches et de menaces qui me firent froid dans le dos. Je redoutai un moment, tant était brutale sa colère, qu'il nous fît saisir par ses gardes et jeter dans une geôle. Suprême injure, il traita les chevaliers du Temple et de l'Hôpital de « banquiers stupides », ce qui est proche de la vérité, car les ordres militaires tenaient comptoir de banque et prêtaient de l'argent à des taux usuraires, comme les moins scrupuleux des Juifs et des Lombards. Mais, stupides, ils ne l'étaient pas.

La riposte de Baïbars fut celle que je craignais : il reprit les armes, vint se livrer à une démonstration de force devant Saint-Jean-d'Acre ; comme il n'avait pas les troupes nécessaires pour un siège, il se contenta de prendre d'assaut la colline qui se dresse à l'orient, de saccager les vergers et de bouleverser le cimetière chrétien de Saint-Nicolas. Fou de colère, le baile se lança à sa poursuite, mais sa contre-attaque se brisa contre une masse de deux mille guerriers ; il faillit payer de sa vie cette imprudence, une lance lui ayant percé le flanc.

Le cycle implacable des campagnes du sultan Baïbars ne nous laissait guère en repos, mais tout ne lui réussissait pas. Il échoua devant plusieurs places fortes avant de se diriger sur l'une des plus puissantes de notre système de défense : Safed.

Cette forteresse se situe entre le lac de Hulé et la mer de Tibériade. Elle domine les campagnes de Haute-Galilée et règne sur cent soixante villages. Plus de dix mille paysans exploitaient alors ces domaines, sous la garde d'une centaine de chevaliers du Temple.

En abordant les chemins abrupts qui mènent à cette place, Baïbars devait avoir encore à la mémoire l'humiliation que nos frères lui avaient infligée en refusant un échange de prisonniers, trois ans auparavant.

Le siège débuta dans la lourde chaleur de l'été de Galilée. Le sultan eut beau promettre une forte somme pour chaque moellon que ses soldats arracheraient à nos murailles, rien n'y fit. Ses émirs lui firent comprendre qu'il perdait son temps, que son armée était épuisée et qu'il serait judicieux de renoncer. Il en fit arrêter et mettre aux fers une quarantaine, puis décida de persévérer. Il n'eut pas tort : un assaut général lui livra notre barbacane, avec quelques prisonniers. Parmi eux se trouvait un frère d'origine syrienne nommé Léon que, Dieu sait pourquoi, le sultan chargea d'aller proposer une reddition aux assiégés, avec promesse d'un *aman* pour tous et, pour le négociateur, une somme rondelette.

Léon accomplit sa mission en toute conscience, mais l'offre du sultan eut le don de mettre la discorde parmi les défenseurs d'origine syrienne, qui étaient en nombre, et nos autres frères, les uns étant favorables à une capitulation, les autres contre. On en vint aux insultes puis aux mains, si bien que, la querelle ayant gagné toute la place, Léon informa Baïbars que le fruit était mûr. Un assaut lui livra Safed. Oubliée sa promesse d'un *aman*, il fit décapiter toute la garnison.

Baïbars n'avait pas reporté toute sa haine sur les seuls Chrétiens d'origine franque : les indigènes qui avaient embrassé la religion du Christ lui étaient deux fois odieux, car il les tenait à la fois pour des ennemis et des parjures. C'est ainsi qu'au retour de Safed il fit massacrer la population d'un village chrétien, convertit l'église en mosquée et fit décapiter à la hache de paisibles moines qui vivaient dans les parages.

Son but suprême était la prise de Saint-Jean-d'Acre, cette ville sur laquelle, à plusieurs reprises, il s'était brisé les dents. Pour violer nos défenses, réputées inexpugnables, il usa d'un stratagème : il revêtit un détachement de Mameluks avec les défroques des templiers morts à Safed, plaça leur bannière en tête du cortège et les dirigea vers la tour Saint-Nicolas pour réclamer le passage. Par chance pour les nôtres, l'astuce fut déjouée et les faux templiers repoussés avec des pertes. La vengeance de Baïbars fut digne de sa renommée de sultan sanguinaire : il fit massacrer les Chrétiens des villages environnants.

Lorsque des émissaires de Geoffroi de Sergines allèrent à ses devants pour négocier une trêve et un échange de prisonniers, ce qui était une dangereuse illusion, le sultan les conduisit jusqu'au ravin où s'entassaient les corps des paysans suppliciés. Pour finir de les impressionner, il se fit amener quelques dizaines de prisonniers, les fit aligner aux abords de la palmeraie et leur fit trancher la tête.

— Ces trophées, dit-il, seront envoyés dès aujourd'hui à Safed. Nous en ferons une guirlande pour orner nos remparts. Ils y resteront accrochés jusqu'à ce que la corde pourrisse.

Duplicité, parjure, trahison n'étaient pas le fait du seul Baïbars : les Génois lui donnaient la réplique, avec de la surenchère. Maîtres du port de Tyr que leur avait abandonné Philippe de Montfort, ils ne pardonnaient pas aux Vénitiens, leurs ennemis jurés, leur mainmise sur Acre, ville plus importante, et le monopole du commerce qu'ils détenaient.

Ils s'abouchèrent avec le sultan d'Égypte, lui proposèrent d'entreprendre contre Acre une opération par terre et par mer, se faisant fort, pour cette dernière, de rassembler une centaine de navires et un millier de combattants. L'affaire était sur le point d'aboutir quand un groupe de Génois, conscients de la dangereuse absurdité de cette action, se retirèrent. Baïbars voyait de nouveau s'effondrer son espoir de prendre pied dans Acre.

Écartée la redoutable alliance avec les Mameluks, les Génois reprirent le projet à leur compte. Ils s'emparèrent de la tour de la Mouche, l'occupèrent durant deux semaines et en furent expulsés par une patrouille vénitienne, après une bataille navale à laquelle nous assistâmes du haut de nos terrasses. Le spectacle des navires incendiés par des jets de feu grégeois, plongeant lentement dans la rade, des matelots accrochés aux agrès ou grimpant aux mâts comme des fourmis sur un brin d'herbe, était d'une beauté sauvage. L'odeur des sinistres persista plusieurs jours, mêlée à la puanteur des cadavres de paysans chrétiens abandonnés par les Mameluks dans un ravin, sous la colline de tell Fukhal.

Dans l'épopée brutale de Baïbars, entre Le Caire et Damas, le pire était à venir.

Les sommeils du sultan devaient être hantés par une obsession : l'alliance, qui remontait à huit ans mais n'avait pas été dénoncée, du prince d'Antioche et du roi d'Arménie, avec le khan des Mongols, Kitbuka. Dans l'intention de la briser, il avait jeté ses escadrons de Mameluks sur l'Arménie avant de se retourner vers la principauté d'Antioche et de Tripoli, que le prince Bohémond avait héritée des comtes de Saint-Gilles. Il dut ajourner son projet car l'hiver était venu, avec des chutes de neige qui interdisaient les pistes de la montagne. Ce n'est qu'en mai de l'an 1268 qu'il reprit ses opérations.

Baïbars s'empara du port de Saint-Siméon et investit la cité dont il dépendait : Antioche. Il était en train d'observer le travail de ses charpentiers et de ses mineurs quand il se frotta les yeux : un groupe de templiers, précédés de leur bannière, s'avançait vers lui, encadré par ses gardes. Ils arrivaient de Tortose et de la forteresse de Chastel-Blanc pour prier le sultan d'épargner leur territoire, promettant qu'ils ne s'opposeraient pas au passage de ses troupes. Un mot me semble qualifier l'attitude de ces frères : *infamie*. Baïbars, se contenta de rire de cette démarche et laissa partir les émissaires avec la tête sur leurs épaules.

Les avis divergent quant au déroulement et à la conclusion de ce siège. La garnison, placée sous le commandement de Simon Mancel, opposa-t-elle une résistance désespérée aux envahisseurs (ce que je crois) ? Des maladresses fatales furent-elles commises, qui permirent au premier assaut des Égyptiens d'entrer dans Antioche (ce dont je doute) ? La confusion règne sur cet événement. Ce dont on est certain, c'est que les Mameluks attaquèrent par le mont Silpios, pénétrèrent comme un torrent dans la ville haute, et que la population, comme toujours en telle circonstance, reflua vers la citadelle qui dut capituler au bout de quelques jours. Ceux qui ne furent pas abattus furent vendus comme esclaves, les Mameluks se réservant les jeunes hommes pour en faire des soldats. S'il faut en croire un témoin, le nombre des victimes et des prisonniers atteignit un chiffre proche de cent mille !

Le prince Bohémond échappa à l'holocauste : il se trouvait, au moment des événements, dans l'autre ville importante de sa principauté : Tripoli, et n'avait pas eu le temps, ni sans doute les moyens, de porter secours aux gens d'Antioche.

Le retentissement de cette victoire causa un tel désarroi dans la Syrie chrétienne qu'elle déclencha un exode : templiers et hospitaliers quittaient leurs caseaux, leurs forteresses du désert, leurs postes de montagne pour se réfugier sur le littoral, cédant au réflexe qui pousse des masses humaines en proie à la peur à se précipiter vers les ports et ces images de liberté et de sauvegarde que sont les navires.

La lettre que le sultan adressa au prince est d'une rare insolence et d'une cruauté à faire frémir. J'en ai encore les termes en mémoire, comme le souvenir d'une fanfare de mort : « Par Allah ! où te sauveras-tu à présent ? Il faudra absolument que je t'arrache le cœur et que je le fasse rôtir ! Les Mongols, sache-le, ne te seront d'aucun secours. »

Il faut faire la part du défi et de l'exagération dans cette diatribe, mais rien ne permet de dire que ce monstre n'eût pas mis sa menace à exécution sur un coup de colère. Toujours est-il que la prise d'Antioche paraissait sonner le glas de la Syrie chrétienne. Cette principauté était devenue le symbole de la résistance et l'image d'un refuge ultime. Elle était restée inviolée depuis que les princes normands de Sicile en avaient fait la conquête, au temps des premières croisades, avec comme palladium les bannières de Bohémond et de Tancrède. Même les empereurs de Byzance n'avaient pu lui imposer leur loi. Antioche, Tripoli avaient gardé leurs murailles intactes depuis près de deux siècles.

Que restait-il, à l'époque dont je parle, du royaume de Jérusalem, et quel espoir subsistait de le voir revivre ? Ce sont les questions que je me posais chaque jour, dans ma cellule templière, ce poste d'observation qui m'ouvrait les horizons du passé, du présent et de l'avenir.

Le passé ? C'était le règne des premiers rois chrétiens ; ils avaient épousé sans réserve l'idée de la *croisade*, au plein sens d'un terme aujourd'hui dévoyé ; ils n'étaient pas exempts, certes, de faiblesses, de défauts, de vices, mais ils gardaient au cœur une foi ardente dans leur mission initiale et avaient restauré les autels dans la maison du Seigneur.

Le présent ? Il se dégrade dans l'incertitude, la gabegie, l'anarchie, le mépris, souvent, de la foi des pères. Que nous reste-t-il du royaume que nous ont légué les anciens souverains ? Jérusalem est retombée aux mains des Infidèles, mais il nous reste Acre, bien sûr, la nouvelle capitale, la Jérusalem de la mer, le sanctuaire de la résistance, de même que Sidon, Tyr, Beyrouth... Il nous reste aussi cette île de Chypre où se maintient la dynastie des Lusignan, avec à sa tête le roi Hugues, un chevalier qui eût mérité la couronne de Jérusalem mais se heurtait à la jalousie des barons.

Le futur ? Il se présente sous un jour des plus sombres. Chaque matin nous apporte son lot de nouvelles désastreuses, un grignotement inlassable de nos territoires, des bruits d'armée en marche avec des chants de guerre, de multiples raisons de désespérer ou d'attendre que Dieu, qui semble nous avoir abandonnés, se réveille enfin de son lourd sommeil d'éternité.

Le château de Tyr semblait plonger ses fondations dans la mer et s'accrocher comme un arbre aux rochers du littoral. On aurait pu, en creusant ses jardins, retrouver des vestiges des Phéniciens, ces maîtres de la mer du Levant, qui avaient créé, développé Carthage, et en avaient fait une puissance commerciale et militaire. Il se dressait sur un îlot ceinturé d'écueils où la mer se brisait sans arrêt, entretenant une rumeur, sensible où que nous nous trouvions dans la cité. J'aime à dire, lorsque j'entends le bruit des vagues : c'est la chanson de Tyr. La ville elle-même se développe à l'arrière, puissamment fortifiée.

J'y rencontrais souvent, au cours de mes missions, le maître des lieux, le comte Philippe de Montfort, dont le père, Simon, avait été décapité à Toulouse par un boulet de catapulte cathare, un demi-siècle auparavant. Je n'eus qu'à me louer de son accueil et de sa serviabilité. Il alliait la courtoisie à la compétence et à l'autorité, si bien que beaucoup voyaient en lui un personnage digne de porter la couronne de Jérusalem. Il tranchait, par ses qualités, avec la tourbe de poulains qui grenouillait autour de lui.

Malgré la pression que l'armée d'Égypte faisait sans relâche peser sur ses domaines, c'est en grande partie grâce à lui si ce qui restait du royaume avait encore quelque apparence de vie. Par l'alliance qu'il avait contractée avec le royaume de Chypre en mariant son fils, Jean, à Marguerite, sœur du roi Hugues, il avait suscité beaucoup d'espoir dans la Chrétienté et d'inquiétude dans l'Islam.

On a dit que Marguerite était la plus belle femme de Syrie ; elle fut, c'est certain, une épouse sans reproche, et Jean ne lui ménagea pas les témoignages de sa passion. Je fus délégué pour représenter notre couvent à la cérémonie de mariage qui eut lieu à Nicosie ; elle a laissé dans ma mémoire des images de paix et de lumière : je voyais, derrière ce couple jeune et resplendissant, se dessiner un avenir radieux. La conséquence immédiate de cette union fut un resserrement des liens entre les deux royaumes, assorti d'une promesse de cessation des hostilités entre Vénitiens et Génois. L'amour a parfois des conséquences heureuses sur la marche du monde.

Je venais de prendre mes quartiers dans la maison chevetaine qui jouxte les jardins du château et ouvre sur le large, lorsque j'appris que deux Syriens, transfuges de l'armée d'Égypte, venaient de demander le baptême. Ému de cette décision, Philippe se déclara leur parrain et les confia à un prêtre. Ils s'installèrent dans une cellule voisine de la mienne et y vécurent une semaine, s'informant de l'administration, des coutumes et des habitudes des gens du château, et du comte Philippe notamment, qu'ils appelaient leur *bienfaiteur.* Leur attitude me parut singulière, puis suspecte, si bien que j'en informai le maître du couvent, lequel fit fouiller la cellule de ses hôtes, en leur absence, par un sergent des Turcopoles. On y découvrit un poignard enduit d'un liquide qui avait toute l'apparence d'un poison. Le sergent s'apprêtait à montrer l'arme suspecte au maître, quand les deux Syriens surgirent et lui intimèrent l'ordre de garder le secret s'il ne voulait pas se retrouver avec la même arme entre les omoplates. Terrifié, le sergent obtempéra.

Le dimanche suivant, à l'issue de la messe dite dans la chapelle castrale, le comte Philippe s'attarda, en compagnie de son fils, Jean, à bavarder avec ses intimes, lorsque l'un des Syriens s'avança vers lui pour lui demander l'obole. Alors que Philippe fouillait dans sa ceinture, il lui planta le poignard dans la poitrine. Il s'apprêtait à renouveler son acte contre Jean, mais il fut arrêté dans son élan par un proche du roi. Maîtrisés, les deux brigands avouèrent que cette mission leur avait été confiée par le chef des Assassins, le *Vieux de la Montagne*, à la requête du sultan Baïbars. Guillaume-Rachid avait raison d'écrire dans son récit qu'on ne pouvait faire fond sur la sincérité de ces monstres avec lesquels, jadis, on avait fait alliance contre le sultan de Damas.

Ainsi disparut le comte Philippe de Montfort. Eût-il vécu, l'équilibre des chances eût basculé en notre faveur, d'autant qu'il ne restait à notre ennemi que peu de temps à profiter de ses turpitudes et de ses crimes. Dans toute la Chrétienté, ce fut une profonde douleur et un grand espoir évanoui.

Peu de temps après cet événement dramatique, nous reçûmes l'annonce d'une prochaine croisade : une nouvelle à laquelle, blasés que nous étions, nous accordâmes plus d'inquiétude que de confiance. Elle nous était envoyée par le roi Jayme d'Aragon, adversaire implacable des Maures d'Espagne, avec à sa tête deux de ses bâtards, les infants. Lui-même avait pris la croix, s'était lancé sur la mer, mais une tempête l'avait rejeté sur la côte ; il y avait vu un avertissement du Ciel et avait renoncé.

Débarqués en rade d'Acre vers la fin d'un mois d'octobre balayé de pluies, à la tête d'une troupe sans éclat sinon sans ardeur, Fernando et Pedro eurent, au mois de décembre, la possibilité de montrer leur détermination et leur valeur, mais cette occasion leur fut refusée.

Ce fut à l'occasion d'une nouvelle approche du sultan d'Égypte, à la tête d'environ dix mille cavaliers. Dissimulé derrière le tell Meshiya aux pentes envahies par des champs d'oliviers, Baïbars envoya vers nos portes un détachement de trois mille cavaliers, dans l'espoir d'une sortie qui nous ferait tomber dans le piège. L'astuce était si grossière que le roi Hugues de Chypre, qui se trouvait alors dans la ville, haussa les épaules et laissa les Mameluks cavalcader le long de nos fossés.

Les Aragonais considérèrent cette prudence comme une

dérobade et protestèrent avec énergie. Pourquoi ne donnait-on pas la chasse à ces Infidèles ? On n'en ferait qu'une bouchée ! Ils brocardèrent ceux qu'ils appelaient des *medrosos*, des *quizas*, et qui les privaient d'une belle empoignade ! Hugues resta de marbre.

Déçu, son stratagème éventé, Baïbars eut sa revanche quelques heures plus tard.

Une petite troupe conduite par Robert de Crésèques, un chevalier qui avait accompagné le roi Louis à Carthage, et par Olivier de Termes, ancien chevalier cathare, était de retour d'une mission lorsqu'elle se trouva soudain face au gros de l'armée d'Égypte. Plutôt que de se replier sur le littoral pour pénétrer dans la ville, ils foncèrent sur les Mameluks qui, pris par surprise, les laissèrent s'enfoncer dans leurs rangs comme un fer de cognée. Ils se battirent comme des loups mais cédèrent sous le nombre et furent hachés menu. Leurs têtes furent ramenées triomphalement au sultan qui, du haut du tell Meshiya, contemplait la bataille en se caressant la barbe.

L'idée me vient, en relatant cette scène, que le sultan ne se faisait guère d'illusions quant à la prise d'Acre. Il éprouvait pour cette ville la passion désespérée qu'un homme peut éprouver pour une femme. Il se donnait des rendez-vous avec elle, tâchait de la surprendre, de l'impressionner par ses bravades, de la séduire ou de la prendre de force. Qu'elle lui résistât, belle, riche, puissante qu'elle était, n'y faisait rien. La contempler du haut d'une des collines qui l'entourent, c'était un peu la posséder.

Malgré la modicité de ses effectifs, la croisade des infants d'Aragon aurait pu nous offrir une aide efficace, d'autant que Baïbars poursuivait ses chevauchées dans le nord de la Syrie. L'occasion ne se présentait pas, et ils restaient l'arme au pied, rongeant leur frein. C'était donc cela, une croisade ? Ils n'avaient fait tout ce chemin que pour perdre leur temps en fêtes, en duels, en festins ?

La désagrégation du royaume se poursuivait inexorablement.

Qui aurait pu songer que des forteresses comme Chastel-Blanc et surtout le fameux Krak des Chevaliers, propriété des frères de l'Hôpital, auraient pu sombrer comme des navires pris dans la tempête ? Elles semblaient, par la grâce de Dieu, devoir rester jusqu'à la fin des temps sous la garde des soldats chrétiens. Et pourtant, en cette année 1271, un an après la mort du roi Louis devant Tunis, elles étaient prises d'assaut par les Infidèles.

Il faut dire que Baïbars n'avait pas lésiné sur les moyens. À son armée de Mameluks s'était jointe celle que lui avait envoyée al-Mansour, son allié de Hama, et le chef des Assassins, Najm al-Din.

Les pluies de mars, qui avaient suivi les dernières neiges, avaient ralenti la préparation du siège du Krak. Les alliés s'étaient emparés sans trop de pertes de la tour d'entrée, puis de la deuxième enceinte, et enfin d'une autre tour qui défend l'accès principal au château. En pénétrant en force dans la cour, ils n'avaient trouvé devant eux que des montagnards syriens mal armés et quelques chevaliers dont la résistance fut éphémère. Prendre le cœur du château était une autre affaire. C'est alors que Baïbars eut recours à une ruse bien digne de sa perfidie : il fit rédiger par un Syrien une fausse lettre émanant, disait-il, du gouverneur de Tripoli, enjoignant aux hospitaliers de mettre bas les armes et de capituler. Ce qu'ils firent, après que la lettre leur eut été communiquée, sans subir le traitement réservé d'ordinaire à ceux qui opposaient une résistance au sultan.

Baïbars n'osa s'en prendre à Tripoli, comme si la prise d'Antioche condamnait cette cité à ouvrir ses portes à brève échéance. Le courrier qu'il échangea durant cette période avec le prince Bohémond ne laissait guère de doute sur ses intentions.

BAÏBARS : « Nous avons franchi des montagnes où les oiseaux ne s'élèvent qu'avec peine, et dressé nos machines de guerre sur des terrains où glisserait une fourmi ! Nos drapeaux jaunes ont refoulé tes drapeaux rouges, et le son des cloches a été remplacé par le chant du muezzin ! »

BOHÉMOND : « J'ai perdu Antioche mais gardé mon honneur. Je sais bien que je ne puis te résister, mais je préfère tout perdre plutôt que de laisser à mes descendants un nom marqué par le déshonneur ! »

BAÏBARS : « Tiens tes navires prêts pour la fuite ! Nous gardons prêtes les chaînes que nous te destinons. »

BOHÉMOND : « Si tu refuses la paix, moi et mon peuple sommes disposés, avec l'aide de Dieu, à combattre jusqu'à la mort. »

Est-ce cette fière réponse qui donna à réfléchir à l'agresseur ? Il proposa à son adversaire une trêve de dix ans. Connaissant la perversité du personnage, pouvait-on accorder crédit à cette apparence de magnanimité ?

Je reste confondu à la lecture de ces courriers que j'ai résumés, par le ton qui révèle, chez l'ancien esclave illettré et inculte, un certain esprit, une sorte de talent dans l'invective et la menace, qui, dit-on, ne doit rien à ses scribes. Force est de reconnaître, d'ailleurs, que ce monstre s'est conduit, dans l'administration de son empire, avec beaucoup de circonspection et de sagesse. Il a ramené l'ordre dans le vivier de reptiles et de batraciens qu'était la cour des sultans du Caire et de Damas. Il a favorisé les arts, les lettres, les sciences ; s'il ne s'entourait pas de philosophes et de mathématiciens, comme son prédécesseur, al-Khamil, l'ami de l'Empereur Frédéric, du moins les a-t-il dotés d'écoles où il les laissait libres d'enseigner à leur convenance. Jamais les routes des caravanes et les chemins de la mer n'avaient été aussi sûrs. Il reste que, dans ses campagnes guerrières, il s'est conduit comme jadis Sardanapale.

Rien ne semblait devoir résister à ce fauve. Il connut pourtant, devant le port chypriote de Limassol, une sévère défaite. Alors que le roi Hugues se trouvait à Acre, Baïbars avait décidé, pour tromper l'ennemi, de se présenter avec des galères équipées à la manière franque. Une fausse manœuvre ayant jeté sa flotte sur les récifs, deux mille de ses soldats et marins avaient péri noyés ou avaient été capturés.

En mai de l'année suivante, une nouvelle croisade nous arriva, d'Angleterre cette fois, alors que celle des infants d'Aragon avait fait demi-tour. Forte d'un millier d'hommes, elle était commandée par un chef prestigieux, le prince Édouard. Nous n'eûmes pas à nous plaindre de ces nouveaux venus : ils étaient, à l'égal de leur chef, d'une élégance racée, d'une courtoisie un peu convenue, animés d'un esprit religieux et d'une rigueur morale qui détonnaient avec la désinvolture et les turpitudes des poulains.

J'étais présent le jour où le maître Thomas Béraud accorda une audience au prince Édouard. Je garde le souvenir d'un personnage de haute taille, aux cheveux d'un blond roux, au visage vultueux, animé de tics nerveux qui eussent porté à rire si les circonstances s'y fussent prêtées. Il avait du mal à contenir la colère qui l'animait. À une semaine de son arrivée, après s'être livré à une enquête sur ce qu'il appelait la *colonie*, il avait appris notamment que les Vénitiens approvisionnaient l'Égypte en matériaux nécessaires à la construction des machines de guerre, ainsi qu'en armes, en navires et — suprême honte ! — des esclaves turcs dont les Égyptiens feraient des Mameluks.

— Je partage votre indignation, répondit avec gêne Thomas Béraud, mais nous ne pouvons mettre fin à ce trafic, car les Vénitiens sont pour nous de précieux alliés. Nous avons besoin d'eux comme ils ont besoin de nous. Je n'ignore pas qu'ils sont sous le coup d'une excommunication, mais ils s'en moquent et tous ferment les yeux...

Le prince se dressa hors de son siège, le sang au visage, s'écriant :

— Vraiment ? Vos gens ferment les yeux, eh bien, je vais les leur ouvrir !

Le maître ne se laissa pas démonter. Ce butor l'excédait. Il bougonna :

— Allez donc, si cela vous chante, consulter le baile vénitien,

Fîlippo Benigno ! Il vous montrera les diplômes et les immunités consentis par la cour d'Acre, qui l'autorisent à commercer avec Alexandrie et Damiette où il gère des comptoirs prospères. Pour ces négociants, le commerce est capital, comme la religion pour nous. En vérité, le commerce est leur religion.

— Il y a commerce et commerce ! s'écria le prince. Comptez sur moi pour mettre bon ordre à cette abomination !

Le prince anglais ne changea rien, malgré toutes les démarches auxquelles il se livra, tant à la cour que dans les boutiques, à cette situation détestable en elle-même mais tolérée par tous ou presque. Il rumina sa déception et les rebuffades auxquelles il s'exposait, mais trouva une autre occasion de montrer son goût de l'ordre moral et son énergie inébranlable.

Il admettait difficilement que l'on eût fait preuve de coquetterie pour une alliance avec les Mongols nestoriens, alors que l'on avait plié, à Tripoli notamment, devant ceux qu'il appelait les *Turcs*. Il entra en relation avec le khan de Perse, Abagha, ennemi redouté de Baïbars, et obtint son accord pour une offensive contre l'ennemi commun : l'Islam. On allait enfin assister à une véritable croisade ! Cette initiative désinvolte souleva la réprobation des barons et des chevaliers qui se demandaient de quoi se mêlait ce Saxon brouillon et mal embouché.

Dans l'attente de cette opération, et pour tromper son ennui, Édouard convia les templiers et les hospitaliers à quelques razzias dans les parages. Il dut partir seul avec ses hommes et, à défaut d'exploits guerriers, ramena son content de chèvres et de moutons.

Il n'eut guère plus de chance avec son allié, le khan Abagha. L'offensive commune débuta pourtant avec quelque succès. L'allié du prince lâcha ses hordes sur Alep, dispersa la population qui alla se réfugier jusqu'en Égypte. Quant au prince, il mit le siège devant la place forte de Qacun, au sud de Césarée, sans parvenir à impressionner ses occupants autrement que par quelques-unes de ces razzias auxquelles il paraissait avoir pris goût. Une contre-offensive menée par Baïbars ramena l'un et l'autre de ses agresseurs sur leurs bases.

Une fois de plus, la croisade tombait en quenouille, faute d'effectifs, de jugeote et de circonstances favorables. Lorsque le prince Édouard reprit la mer, moins d'un an après son arrivée, la situation était dans l'état où il l'avait trouvée. Nous étions, une fois de plus, seuls devant le fauve déchaîné, excité par de vaines tentatives contre lui. Dans une lettre lourde de mépris adressée au roi virtuel de Jérusalem, Charles d'Anjou, il déclarait : « Vous avez rameuté beaucoup de gens sans parvenir à nous ravir une de nos places. Alors, n'espérez pas reconquérir le royaume de Jérusalem ! »

Dans la situation désespérée où se trouvait le royaume d'Acre, il restait une solution de sauvegarde que nul ne croyait fiable et que beaucoup jugaient révoltante : faire la paix avec le sultan.

Hugues, roi de Chypre, lui, y croyait ferme. Fort du soutien de quelques barons, et notamment de Charles d'Anjou, dont la sympathie pour certains Musulmans de Palerme était connue, il engagea des pourparlers et — surprise ! — trouva Baïbars disposé à négocier, sinon la paix, du moins une trêve. L'intervention de Charles, roi de Sicile, où il était en contact permanent avec l'Islam, avait été décisive. Encore faudrait-il ne s'engager qu'avec des réserves et de solides positions de repli. Ce qui assura le succès de cette démarche, c'est aussi, sans conteste, le fait que le sultan, pour infatigable qu'il parût, aspirait au repos.

Une trêve de dix ans et dix mois fut signée à Césarée, en avril de l'an 1272. Elle n'intéressait que les possessions d'Acre, la route de Galilée et l'accès à Jérusalem. Beaucoup jugèrent que c'était une piètre victoire, mais il faut convenir que cela permettrait de voir venir, d'entreprendre la restauration du royaume et, peut-être, d'attendre un secours de l'Occident.

C'est à cette double tâche que s'attacha le roi Hugues, avec une bonne volonté, une lucidité et une énergie exemplaires. Il n'allait pas tarder à se heurter à l'hostilité des bourgeois qui, organisés en commune, entendaient prendre leur destin en main ; ils ne respectaient pas les décrets du souverain et ne se gênaient guère pour le brocarder.

La même attitude se retrouvait dans notre maison du Temple : nous tenions, à l'instar des bourgeois, à notre indépendance, considérant notre Ordre comme un État dans l'État et une puissance internationale aux mille commanderies, sur laquelle le *petit roi de Chypre* n'avait aucun pouvoir.

Je n'ai pas toujours approuvé le comportement de Thomas Béraud, au cours du long magistère que sa mort vint interrompre, l'an 1273. Il professait et mettait en pratique des méthodes de gouvernement intérieur qui n'avaient pas mon accord, et qu'à titre de commandeur je ne me privais pas de critiquer le cas échéant. Il imposait aux néophytes des contraintes que je juge vexatoires et impies, comme de cracher sur la croix et de renier le Seigneur ! Je n'ai jamais assisté à ces étranges cérémonies, mais cela m'a été rapporté. Que penser de ce rite ? Il permettait, m'a-t-on dit, de mettre à l'épreuve la foi des novices. Je ne sais qu'en penser.

Avec le maître qui allait lui succéder, Guillaume de Beaujeu, venait une ère de rigueur qui allait changer de fond en comble les mœurs et les coutumes de notre maison.

5

Le silence de l'Occident

Lorsque Guillaume de Beaujeu eut vent de sa nomination, il exerçait dans un couvent des Pouilles, au sud de l'Italie, les fonctions de commandeur. Ce n'était pas un mince personnage : cousin du roi de France, Philippe le Hardi, fils de Louis, héros malheureux de la croisade de Carthage. J'ignore comment il accueillit cette nomination intempestive et cet honneur redoutable. Il passa deux ans à arpenter les routes d'Italie, de France et d'Angleterre, pour collecter un trésor de guerre, si bien qu'il ne se présenta en Terre sainte qu'en septembre de l'année 1275.

Ma première impression en le voyant débarquer sur le port d'Acre fut que cet homme était taillé dans le roc : visage marmoréen, lèvres minces sans être pincées, regard scrutateur, peu loquace mais soucieux de faire respecter son autorité. On le disait habile en politique, ferme dans sa foi, énergique envers lui et les autres, et ce dont je ne doutais pas de prime abord, redoutable meneur d'hommes. Cette puissante nature avait ses failles : Guillaume se montrait volontiers arrogant, orgueilleux, impérieux. Je compris d'emblée qu'il ne ferait pas bon lui susciter des traverses.

À peine installé dans ses nouvelles fonctions, fort des informations qu'il avait recueillies, le maître se tourna vers le roi de Sicile dont il attendait, plutôt que du roi Hugues, une aide en vue de la restauration du royaume, un sujet qui l'intéressait au premier chef. Il trouva en Charles une oreille attentive et une bonne volonté acquise d'avance. Quant au projet similaire mis en train par le roi de Chypre, il fut jeté aux oubliettes. Déjà Guillaume considérait le royaume comme sa maison. Il s'imposait comme une tête politique et un soutien de la foi.

J'avais, je dois le confesser, quelque humeur de l'ostracisme que Guillaume manifesta au roi Hugues, alors que, durant huit ans, au lieu de jouir, à Chypre, de son pouvoir et de sa fortune, il avait tout mis en train pour la sauvegarde du royaume d'Acre.

Ce qui, creusant le fossé entre le roi et le Temple, mit la discorde entre eux, c'est la décision de Guillaume d'acquérir sans son avis le casal de la Fauconnerie, propriété d'un chevalier chypriote. Manœuvre habilement tramée pour montrer à Hugues qu'il n'était plus le maître ? Je l'ignore, mais je n'ai aucune peine à imaginer la colère du roi. Écœuré, il choisit de quitter cette terre ingrate, ce faux royaume, cette terre de désillusion où il n'avait essuyé qu'échec naguère et rebuffades aujourd'hui. Il écrivit au pape pour lui faire part de ses déboires, persuadé qu'il était, peut-être, que tenter de faire le bonheur des gens malgré eux est une ambition aléatoire.

En attendant l'intervention de Charles de Sicile, l'anarchie, alliée à un sentiment de révolte contre une autorité jugée indue, menaçait de reprendre de plus belle.

Par Pierre de Moustiers, qui avait trouvé un emploi chez le négociant vénitien auquel je l'avais recommandé, j'avais des témoignages de l'état d'esprit de la communauté italienne et, partant, de l'ensemble de la population. Elle avait mal accepté la retraite du roi Hugues et se trouvait soudain comme orpheline. Des bourgeois lui adressèrent des courriers l'invitant à revenir et à reprendre sa place ; il repoussa ces démarches, ce que je n'eus garde de lui reprocher.

— Ce que beaucoup redoutent, me dit Pierre, c'est que le départ du roi Hugues soit considéré par Baïbars comme une rupture de la trêve. S'il repart en campagne, ce n'est pas votre Guillaume qui pourra lui tenir tête !

Je lui demandai des nouvelles de sa famille. L'Arménienne,

qu'il avait fini par épouser, lui avait donné une fille qu'il avait baptisée Provence. Pris de nostalgie, inquiet pour son avenir, il avait hâte de reprendre la mer pour retrouver son moulin et ses olives. En attendant, il passait son temps libre à aller voir tourner, à la saison, ceux des Syriens, dans le quartier de Montmusart, où il avait trouvé à se loger d'une manière plus décente. Il s'était peu à peu incorporé à cette catégorie sociale qui a fait de l'égoïsme sa morale, et sur laquelle les événements glissent comme la pluie sur les plumes de l'oiseau.

L'activité déployée par le nouveau maître du Temple, devenu une sorte de baile, ne tarda pas à porter ses fruits : Charles d'Anjou, roi de Sicile, frère du roi Louis IX, oncle du roi de France Philippe le Hardi, coiffa, l'année 1277, la couronne de Jérusalem, qui était à prendre, le titulaire, l'Empereur, paraissant s'en désintéresser. Comme il se trouvait en Sicile, agitée par des troubles, il nous envoya, pour le représenter, une sorte de légat laïque : le comte de Marseille, Roger de San Severino.

Nous vîmes d'un mauvais œil l'accostage, à la tête de six galères, de ce personnage fastueux. Il s'installa dans notre maison chevetaine avec ses chevaliers, à l'invitation du maître qui ne tarda pas à montrer sa déception : il attendait une armée et on lui envoyait un escadron ! Il aurait fallu, pour impressionner Baïbars, cent mille hommes. Nous étions loin du compte.

Nos barons, dont la plupart avaient fait preuve de loyalisme envers Hugues, acceptaient mal la tutelle du nouveau baile, dont on ne savait s'il était français ou italien. Au cours d'une assemblée où il put observer leur hostilité, il leur lança, avec un accent d'autorité qui me surprit :

— Fort bien, mes beaux seigneurs ! Vous répugnez à obéir à mon maître ? Alors, en bonne logique, vous serez privés de vos fiefs et de vos bénéfices.

Les barons ne tardèrent pas à faire leur choix : ils se hâtèrent de rendre hommage au nouveau souverain.

Notre maître ne restait pas les pieds dans le même sabot : son action fut déterminante pour l'avenir du royaume. Au mois de juillet de l'année 1277, il réunit, dans un lieu proche d'Acre, au milieu des vergers et des champs d'oliviers, la Sommellerie, tout ce que le royaume comptait de notabilités, afin de régler les problèmes qui subsistaient entre Vénitiens et Génois, et qui empoisonnaient encore l'atmosphère. Après des débats houleux, les Génois plièrent le genou et acceptèrent de restituer les quartiers qu'ils occupaient indûment à Tyr, soit le tiers de la cité.

L'avenir de la Syrie franque s'annonçait sous un jour plus serein, lorsque la nouvelle de ce qu'on devait appeler les Vêpres siciliennes parvint jusqu'à nous.

Un jour de Pâques, les cloches de la cathédrale de Palerme sonnèrent à l'heure des vêpres pour ameuter la population, à la suite d'un événement en apparence mineur : l'interdiction de porter les armes durant les fêtes, mais surtout des exigences financières que le roi Charles faisait peser sur le peuple. Les habitants d'origine franque de toute l'île furent pourchassés, traqués, massacrés. Charles n'échappa aux rebelles que pour se heurter, peu après, au roi d'Aragon venant à la curée, qui lui livra bataille, le vainquit et lui donna la mort.

Conséquence logique de ces événements : le rappel en Sicile de Roger de San Severino et des troupes qui l'avaient accompagné en Terre sainte. En apprenant cette décision, il nous parut que le sol se dérobait sous nos pas. La couronne laissée vacante, qui aurait pu la coiffer ? Le roi Hugues ? il était trop âgé, malade, au seuil de la mort. Une sorte de *fatum* s'acharnait sur cette famille : Jean, le fils aîné de Hugues, ne régna qu'un an ; son frère, Henri, n'avait que quatorze ans et se moquait des événements de Syrie ; lorsqu'il les prit au sérieux et daigna nous rendre visite, c'était un adolescent débile, sujet à des crises d'épilepsie, à qui la moindre couronne paraissait trop lourde à porter. Nous avions eu des rois virtuels ; nous héritions d'un roi fantôme.

Par chance, la pression des Mameluks avait perdu de sa vigueur, Baïbars ayant été victime d'une mort peu banale.

Il souhaitait en finir avec les provocations d'un vassal, le malik de Transjordanie, al-Nasser Dawud. Il le convoqua à Damas, organisa à son intention un festin et, pour sceller leur amitié, l'invita à boire une coupe de *qumiz*, la liqueur du pays. Dawud en avala une gorgée, chancela, tomba mort. Baïbars éclata de rire et, afin de célébrer cette facile victoire, saisit étourdiment, au lieu de la sienne, la coupe qui contenait le poison. On vit le colosse faire la grimace, éructer violemment, se rattraper à une table chargée de vaisselle, avant de s'écrouler dans un rugissement de lion.

Les troubles qui agitèrent la Syrie musulmane à la suite de cet événement faisaient bien notre affaire. L'émir Qalawun, qui prit la place de Baïbars, était de la même trempe : comme lui ancien esclave turc de Qipchak, acheté moins de mille dinars sur le marché, il avait gravi les échelons de la puissance au galop de son cheval.

Alors que le nouveau maître de l'Islam montait en puissance, nos frères, les chevaliers de l'Hôpital, ne perdaient pas leur temps en vaines palabres.

La prise du Krak des Chevaliers leur restait en travers de la gorge. Conjointement avec leurs frères restés à Marqab, ils reprirent l'offensive en livrant bataille, au nombre de quelques centaines, aux milliers de guerriers du sultan, qu'ils dispersèrent. À défaut de reconquérir le Krak — il y eût fallu cent mille hommes ! —, ils rétablirent leur domination sur le pays.

Cette réaction énergique marquait la fin des temps héroïques. À tout prendre, ce n'est que sur les ordres militaires, ces moines-soldats si souvent décriés, que le royaume pouvait fonder sa survie. Avec cette campagne victorieuse, les Hospitaliers s'étaient taillé la part du lion, et nous restions sur notre faim, humiliés, jaloux, en nous demandant si Guillaume de Beaujeu n'était pas davantage banquier que soldat du Christ. Dieu merci, il n'allait pas tarder à nous montrer que le cousin du roi de France avait de qui tenir.

En dépit de nos préventions, il fallut songer à faire couronner roi le jeune Henri, ce prince chypriote, fils du roi Hugues, qui venait de débarquer. Je dus servir d'émissaire entre le maître du Temple et l'envoyé du futur souverain, un jeune chevalier chypriote élégant, timide, discret, qui portait le nom de Julien le Jaune. Lors de notre première entrevue, il me dit :

— J'ai senti des réticences chez le maître de votre couvent, et j'en suis peiné. Frère Thibaud, veuillez lui faire comprendre qu'il n'a pas le choix, que la pérennité du royaume de Jérusalem ne repose pas sur une caste bourgeoise mais sur une royauté solide. Le couronnement d'Henri est sa seule planche de salut. Que Guillaume de Beaujeu accepte de tourner la page et ne nous contraigne pas à nous passer de lui !

Lorsque je rapportai cette déclaration au maître, il fronça ses sourcils broussailleux et son visage se crispa. Je crus qu'il allait laisser éclater une de ces colères qui faisaient trembler les vitres. À ma grande surprise, il me lança :

— On aura mon accord ! Au fait, comment appelez-vous votre interlocuteur ?

— Julien le Jaune, maître.

Guillaume haussa les épaules, égrena un petit rire et s'éloigna en murmurant :

— Drôle de nom... Julien le Jaune... Julien le Jaune...

Je ne puis oublier le débarquement du futur roi de Jérusalem, le prince Henri de Chypre, pas plus que la date : le 24 juin de l'an 1286. Présent pour l'accueillir sur le port, à titre de commandeur représentant de l'Ordre, je ne pus réprimer un sursaut. Cet adolescent de quinze ou seize ans, maigrichon, chafouin, de taille plus que modeste, l'œil égaré et la bave aux lèvres, vacillait, soutenu aux aisselles par deux sergents. Il s'efforçait de sourire.

Julien le Jaune, qui se tenait entre moi et le maître de l'Hôpital, me glissa à l'oreille :

— Ne vous fiez pas trop aux apparences, frère Thibaud.

Notre jeune prince supporte mal les voyages en mer : ils le mettent dans l'état où vous le voyez. Je vous accorde qu'il est parfois sujet à des crises de haut mal, mais elles ne durent guère et n'affectent en rien ses facultés mentales. D'ailleurs, en cas de besoin, il trouvera dans votre communauté des conseillers éclairés.

Je constatai, alors qu'Henri traversait la foule à pas lents, en saluant du regard et de hochements de tête, que le gouverneur d'Acre, Eude Pellechien, donnait des signes de nervosité. Je ne pouvais oublier qu'il avait été l'ami et le soutien de l'ancien roi, Charles d'Anjou, et qu'il ne portait pas les Chypriotes dans son cœur, mais je ne pouvais non plus supposer qu'il allait manifester cette hostilité de manière inattendue, par un coup de force : il s'enferma avec sa garnison dans le château et proclama qu'il n'en sortirait pas avant que le prince n'eût repris la mer ! Des envoyés de Chypre, parmi lesquels Julien le Jaune, tentèrent de le faire fléchir ; il refusa de les entendre, se mit en défense et fit sortir des hangars ses machines de guerre. À ma surprise, à mon regret, ni les templiers ni les hospitaliers ne tentèrent de le ramener à la raison, alors qu'il les eût écoutés et eût sans doute suivi leurs conseils de modération. Il fallut que le spectre de la guerre civile menaçât de nouveau pour qu'ils intervinssent et évitent le bombardement du château royal.

Le roi eut la sagesse de déclarer devant des notables :

— Je me refuse à considérer le gouverneur comme un rebelle, car il est d'origine franque, mais je regrette son attitude. Qu'il accepte de me remettre la garnison et nous demanderons l'arbitrage du roi Philippe.

Henri fit en sorte que ces propos soient communiqués au gouverneur. Eude Pellechien mit une sourdine à sa rancœur, fit sa soumission avec des grognements de chien battu et daigna même être présent, le 15 août, au couronnement du prince, en l'église Sainte-Croix. C'est l'archevêque de Tyr, Bonaclous de Gloire, qui plaça sur la tête du prince adolescent la couronne des anciens rois : celle que Baudouin Ier avait portée deux siècles avant lui. Les fêtes qui suivirent déchaînèrent l'enthousiasme de la population. On était en paix avec les Musulmans ; on avait un roi à demeure ; le commerce n'avait jamais été aussi prospère...

Alléluia !

Décrire en détail les festivités qui marquèrent cet événement heureux dépasse mon propos. Je ne puis pourtant feindre d'avoir oublié le spectacle qui se déroula dans l'immense réfectoire du couvent des Hospitaliers. On y joua quelques scènes adaptées des romans de Chrétien de Troyes. Je constatai avec stupeur que des chevaliers poulains tenaient des rôles de femmes et que, dans les combats, où ils utilisaient des épées de bois, ils ignoraient pour la plupart le maniement des armes qu'on eût dû leur enseigner dès leur sortie de l'enfance ! Un malaise s'empara de moi, au milieu des cris d'encouragement, des vivats qui saluaient chaque exploit. De plus, l'odeur âcre que répandait la rouelle de cire placée au-dessus de ma tête m'indisposait. Sous son apparat resplendissant, dans des décors représentant des forêts et des châteaux de toile et de bois, ce spectacle sinistre me semblait révélateur d'une confiance enfin revenue, mais dangereuse et précaire. Les murmures, les exclamations joyeuses qui bourdonnaient autour de moi me confortaient dans cette impression : j'assistais, me disais-je, au dernier acte d'une comédie qui allait se transformer en drame. Demain, dans un mois, dans un an, ces Lancelot, ces Tristan, ces chevaliers errants dérisoires sous leurs défroques chamarrées, seraient-ils prêts à abandonner leur épée de bois pour des armes de bon acier et leurs cavales de carton pour des destriers bardés de fer ? Mon malaise était d'une telle intensité que je restai un moment privé de sens, jusqu'à ce que ma voisine de table me secouât l'épaule pour me prendre à témoin de l'assaut, très réussi, d'une forteresse de toile...

La jeunesse de notre nouveau souverain aurait pu constituer un avantage si elle ne s'était accompagnée de quelques faiblesses. Il n'était point sot, il avait même le jugement sûr, mais il ne parvenait pas à imposer le respect dû à sa personne. Je me souviens qu'il jeta la consternation dans un conseil de barons en se roulant à terre, la bouche écumante, pris par une de ces crises qui le terrassaient de temps à autre. Ses proches lui évitaient des promenades en ville, pour ne pas l'exposer aux moqueries de la population, au cas où il serait de nouveau, en public, victime de son mal. Il gouvernait sans éclat mais avec sagesse, en prenant l'avis de ses conseillers. On devinait bien que, le moment venu de maîtriser les émeutes qui menaçaient de reprendre de plus belle, il resterait impuissant.

C'est avec tristesse mais sans surprise que nous apprîmes, quelques mois après son couronnement, qu'il avait décidé de regagner son palais de Chypre, sans pour autant renoncer à la couronne.

Les querelles, les échauffourées reprenaient comme des foyers mal éteints, entre les citoyens des républiques italiennes, sous des prétextes divers. La petite guerre qui succéda au départ du roi était circonscrite entre Génois et Pisans qui se disputaient la propriété de la Corse. Dans leurs courses en mer, ils venaient s'affronter jusque sur les côtes de Syrie et de Palestine. Nous dûmes intervenir le jour où un amiral génois captura des navires de pêcheurs devant Acre, croyant avoir affaire à des

Pisans camouflés. Nous eûmes du mal à faire relâcher ces innocents et à obtenir la restitution de leurs barques. Parfois c'étaient de véritables batailles navales qui se déroulaient jusque sous nos fenêtres.

Ces événements coïncidaient avec la fin de la trêve signée avec les Musulmans. Le sultan Qalawun n'attendit pas une journée pour reprendre les armes, se diriger vers la principauté d'Antioche et mettre le siège devant le port de Lattaquié. À Saint-Jean-d'Acre, personne ne bougea. Antioche, aux mains des Musulmans depuis des années, n'était plus qu'un fantôme de ville. Tripoli seule résista, mais, Bohémond mort de vieillesse depuis peu, elle ne put tenir longtemps. La disparition de ce prince sans héritier, preux de bonne race mais de peu de cervelle, allait déclencher une querelle dynastique mettant aux prises la princesse Sibylle d'Arménie et un couple : Lucie et Narjot de Toucy, qui, résidant en Italie, inconnus de tous n'avaient guère de chances.

Le sultan régla le dilemme à sa façon. Il s'empara de Tripoli, rasa cette ville, chère, jadis, au comte de Toulouse, Raimond de Saint-Gilles, qui y avait laissé sa dépouille. Autour de la forteresse du Mont-Pèlerin, il fit édifier une ville nouvelle. Il mourut peu après cette victoire, laissant à l'un de ses fils, al-Afdal Khalil, le soin d'en finir avec le royaume de Jérusalem.

LIVRE III (1271-1291)

1

Une croisade vénitienne

Il semblait que l'Occident chrétien fût soudain frappé de surdité et d'aveuglement.

Le royaume de Jérusalem appelait au secours, mais tous se bouchaient les oreilles. Nous avions perdu un roi ? silence. La principauté d'Antioche n'était plus qu'un souvenir ? silence. Si l'on ne tentait rien, ne perdrions-nous pas la Syrie et la Palestine ? silence. L'Occident ne paraissait préoccupé que du conflit qui opposait l'Aragon et la Sicile, comme si le sort du monde en dépendait. Les émissaires que nous envoyions à l'Occident recevaient, des rois, des barons, de l'Église, la même réponse : « Gardez haut les cœurs et ne cessez pas de prier. Nous vous viendrons en aide dès que nous en aurons les moyens. Dieu le veut ! »

Nous voyions bien, de temps à autre, arriver un convoi de pèlerins et de chevaliers venus faire leur acte de contrition, avec ou sans armes. L'un d'eux, un baron originaire de l'Helvétie, Otton de Granson, repartit le jour même avec ses gens, en apprenant que le royaume était au bord de l'abîme. Le pape Nicolas avait bien entrepris de faire prêcher une nouvelle croisade, mais le cœur n'y était plus, et on lui rit au nez. Les marchands de Venise, qui avaient beaucoup à se faire pardonner pour n'avoir fait qu'ouvrir des comptoirs sur la terre du Christ, tentèrent d'organiser leur propre croisade. Il eût mieux valu qu'ils restassent dans leurs boutiques...

À cette malade exsangue qu'était la Syrie chrétienne, il eût fallu, plus qu'une nouvelle croisade, d'où qu'elle vînt et quelle que fût son importance, une longue période de paix. Le roi de Chypre, le jeune Henri, semblait l'avoir compris. Une ambassade qu'il envoya au Caire nous donna une nouvelle paix de dix ans et dix mois, renouvelant celle que nous avions conclue naguère avec le sultan Baïbars. Elle était la bienvenue ! En dix ans, nous pourrions redresser la marche du navire, le maintenir dans le bon cap, nous préparer à une opération de reconquête, avec l'aide des royaumes d'Occident.

C'était compter sans les Vénitiens qui, on le sait, tenaient à se réhabiliter par une croisade de leur façon. Seigneur Dieu ! à la pensée des imprudences et des fautes qu'ils risquaient de commettre, nous avions des sueurs froides.

Certes, Venise pouvait mettre en ligne une flotte importante, peut-être la plus puissante du monde, mais où irait-elle pêcher les croisés ? Le doge Tiepolo frapperait-il le sol, comme César, pour en faire surgir des légions ? La Sérénissime n'avait à sa disposition qu'une troupe cosmopolite de mercenaires auxquels la perspective d'aller affronter des hordes guerrières ne disait rien qui vaille. Les Vénitiens lancèrent une campagne de prédication dans toute la Péninsule, jusqu'en Piémont et en Lombardie. Ils ramenèrent dans leurs filets quelques milliers de malheureux que l'on vêtit tant bien que mal, que l'on arma à la légère pour les entasser dans une vingtaine de galères. Une flotte d'Aragon se joignit à la croisade. Le commandement général fut confié au fils du doge, l'aimable Nicolo.

Imprégné des récits des premières croisades, je sais quelle confiance on peut accorder à celles que l'on dit *populaires* et que les chevaliers ne font qu'encadrer, comme celles de Pierre l'Ermite, de Gautier Sans Avoir, ou celle des Enfants, la plus récente, qui avaient abouti à des holocaustes effrayants. Je ne pouvais oublier que, sur leur route, ces bandes, cheminant sous le signe de la croix, avaient procédé à des massacres de Juifs dans les villes et de paysans dans les campagnes, en Hongrie et en Bulgarie notamment. Il ne fallait rien en attendre de bon.

La nouvelle de l'arrivée prochaine de cette croisade nous parvint en même temps que se manifestaient les premiers signes d'une reprise de la prospérité et de l'ordre. Un contrat fondé sur la confiance réciproque venait de nous lier à des négociants syriens musulmans. Les routes des caravanes avaient retrouvé leur sécurité ; les *fondachi* regorgeaient de produits en provenance des émirats, des califats, des déserts d'Arabie. Les marchands d'Acre, Tyr, Beyrouth accueillaient chaque jour des paysans de Galilée qui leur apportaient de la viande sur pied, des fruits et des légumes.

Nos craintes relatives à la croisade du doge Tiepolo se confirmèrent le jour où nous assistâmes à son débarquement. On nous annonçait une armée, et nous voyions descendre à terre, à pleines chaloupes, un ramassis de truands sans chefs, sans discipline, et, pour ainsi dire, sans armes. Nous eûmes le plus grand mal à installer cette tourbe insolente dans les locaux que nous avions prévus à son intention, dans le faubourg de Montmusart dont nous prîmes soin de fermer les portes.

Les quelques bourgeois que nous dûmes héberger dans notre couvent, certains avec leur famille, s'y conduisaient en maîtres. Non contents d'occuper les moindres recoins, jusqu'aux écuries, dans des conditions précaires le plus souvent, ils assaillaient Guillaume de Beaujeu de réclamations, mais nous ne pouvions faire mieux, car notre couvent n'avait rien d'un caravansérail.

Le maître m'avait confié la mission de les surveiller, de pourvoir à la distribution des vivres, d'organiser au mieux leur logement. Ce n'était pas un cadeau qu'il me faisait. En butte, chaque jour, à des récriminations et à des rebuffades véhémentes, je m'efforçais malgré tout de leur donner satisfaction, de faire en sorte que les enfants et les malades, ceux qui avaient mal enduré le voyage en mer, ne fussent pas privés des soins nécessaires. Les adultes qui avaient bien supporté l'odyssée se montraient intransigeants : tel exigeait un lit de plume au lieu d'une paillasse, tel autre de l'eau chaude pour sa toilette, la plupart une table mieux garnie et du vin à volonté. Les femmes étaient les plus âpres dans nos discussions et certaines employaient, mais en vain, tous les moyens en leur pouvoir pour obtenir satisfaction. Un comble : lorsque nous achoppions sur la traduction d'un desiderata par l'interprète, ils s'étonnaient que le monde entier ne daignât pas parler leur langue !

Les menus troubles qui affectaient notre couvent, comme celui des hospitaliers, n'étaient rien en comparaison des incidents qui avaient comme théâtre les quartiers du négoce.

Les *croisés* vénitiens avaient fini par se faire ouvrir les portes du faubourg, sous la promesse qu'ils ne créeraient pas de scandale à travers la ville. Par groupes, un couteau dans la ceinture, une canne ferrée à la main, cette gueusaille se répandait dans le centre de la cité. Ils longeaient les rues Saint-Romain, de la Reine-Alix, de la Cossonnerie, insultant les passants, s'en prenant aux femmes. Dans les souks et les bazars, ils faisaient mine de marchander mais emportaient sans bourse délier, car ils n'avaient pas de solde, les marchandises qu'ils convoitaient. Malheur au marchand récalcitrant ! S'il lui prenait l'intention de défendre son bien, il était rossé et bien souvent laissé pour mort.

Je fus alerté un matin, par Jean de Grailly, le capitaine des Aragonais, qui se montraient plus disciplinés, que de graves incidents venaient de se produire dans le faubourg, sous la porte Saint-Antoine. C'est là que se tenait habituellement un vaste marché de friperie. J'y courus à cheval, avec trois sergents. Après avoir fendu la foule, je me trouvai en face d'un groupe de pèlerins qui se préparaient à brancher un pauvre bougre de paysan de Galilée auquel sa femme s'accrochait avec des cris et des larmes pitoyables. Dans la foule, aucun badaud ne daigna s'interposer pour arrêter le supplice. Tous semblaient même se réjouir par avance du spectacle. On avait accroché sur la poitrine du malheureux la paire de volailles qu'il avait refusé de céder *gratis pro Deo*, ce qui ajoutait du piment à la scène.

Indigné, suivi de mes sergents, je m'avançai vers le gibet

improvisé et ordonnai aux bourreaux de libérer leur victime. L'un d'eux, un nabot râblé qui portait au cou trois colliers et une bague à chaque doigt, me pria avec insolence de m'occuper de mes affaires. Comme je tirais mon épée, je reçus un coup violent sur le sommet du crâne et m'écroulai, avant que mes sergents eussent le temps d'intervenir.

Ce qui se passa par la suite, l'un des soldats de mon escorte me le raconta peu après ; lui-même avait été agressé ; il souffrait d'une blessure à la pommette, et son visage était entouré d'un bandage. Les deux autres se trouvaient à l'infirmerie, fort mal en point, après avoir été roués de coups. Pour me protéger, ils s'étaient battus contre une dizaine de pèlerins, ce qui m'avait évité une mort certaine : ces gueux nous auraient achevés sans l'intervention d'une compagnie du guet et de quelques habitants du faubourg, qui prirent notre défense avec courage et libérèrent le paysan.

Une fois remis, je partis en quête de mes agresseurs dans l'intention de nous venger, moi et mes trois frères sergents. On me dit que je les trouverais chez les chevaliers teutoniques. On m'y accueillit avec arrogance, en me faisant comprendre qu'il était indécent et contraire à la religion de chercher noise à des malheureux qui avaient quitté leur pays sous le signe de la croix, pour la défense du Seigneur. Je me gardai d'insister et repartis, la rage au cœur.

Dans les jours et les semaines qui suivirent, les incidents de ce genre se multiplièrent. Chaque jour, l'Hôpital général de Montmusart recueillait des commerçants houspillés, des femmes et des filles forcées, des enfants malmenés et violés.

Chaque soir, dans les locaux réservés aux hôtes de notre couvent, c'était la fête. Nous veillions à en modérer les excès mais nous heurtions à une hostilité qui nous contraignait à prendre des mesures rigoureuses.

Je compris que les choses prenaient un tour dramatique lorsque Pierre de Moustiers m'informa que ces chiens de pèlerins de Montmusart venaient de prendre d'assaut une des *fonda-*

chi de son maître, avec des armes qu'ils s'étaient procurées on ne sait comment. Ils avaient déclenché une véritable bataille au corps à corps, qui avait laissé sur le carreau des morts et des blessés.

User avec ces drôles de *croisés* des châtiments réservés d'ordinaire aux brigands ; la geôle ou la corde, était impossible : partis sous les bannières aux lions de la Sérénissime République, ils étaient intouchables. On l'avait bien vu, à diverses reprises, lorsque des mercenaires vénitiens avaient fait cause commune avec eux. Dans l'affaire dont Pierre de Moustiers m'avait averti, ils avaient été contraints de réagir en vertu des lois communes, car la victime était un Vénitien, mais ils s'étaient bornés à une réprimande.

Dieu soit loué, il ne vint à personne l'idée d'embarquer cette piétaille dans une expédition extérieure à la ville. Cette opération eût constitué une rupture de la trêve et nous eût entraînés dans une aventure où le royaume eût sombré.

L'insécurité que ces gueux faisaient régner en permanence sur les marchés vida ces lieux des paysans qui les approvisionnaient. Déçus, les gueux allèrent chercher sur place ce qui leur manquait. Ils partaient par compagnies, sous la conduite d'hommes d'armes, écumaient les villages proches et revenaient avec des bourricots ou des chameaux chargés de produits, ivres et chantant des refrains obscènes.

Ils tombèrent un jour sur un groupe de paysans bien décidés à se défendre, mais qui succombèrent sous le nombre, mal armés qu'ils étaient. Cette affaire fit froncer les sourcils aux émirs de Tibériade et de Nazareth, car, outre les marchandises qu'ils razziaient joyeusement, les pèlerins enlevaient des filles de paysans.

Ce que nous redoutions ne tarda pas à se produire. Informé par ses émirs des crimes et des dégâts occasionnés par cette racaille, le sultan Qalawun entra dans une violente colère et nous adressa des messages qui traduisaient une profonde irritation : ces agressions répétées, disait-il, constituaient un motif de rupture de la trêve. Il exigeait des excuses ; nous les lui présentâmes.

Les choses en étaient là, et il semblait que la situation n'allait pas dériver, quand les faux pèlerins, pris d'une frénésie de meurtre, décidèrent de débarrasser Acre de la *vermine musulmane.*

D'où leur vint cette incitation absurde et dangereuse ? Je l'ignore. Sans doute y voyaient-ils une sorte de croisade intérieure, prélude à celle que certains envisageaient, en direction de Jérusalem. Ils s'armèrent, parcoururent par bandes les quartiers marchands, malmenant ou massacrant tout ce qui portait turban, sans épargner les Syriens de rite chrétien. Ils allèrent porter leur soif de meurtre dans les faubourgs et les campagnes. Des gens épargnés par les massacreurs trouvèrent refuge dans nos murs et dans le château, sous la protection des chevaliers.

Le jour où des émirs de Galilée vinrent à Damas présenter au sultan les vêtements ensanglantés des victimes de ces forcenés, et qu'ils lui firent le récit de ces horreurs, Qalawun sentit monter en lui une recrudescence de ressentiment et de haine contre les Chrétiens. Il décida de réagir et de prendre les armes. Peut-être, à ce qu'on m'a affirmé, attendait-il cette occasion pour couronner sa carrière avant sa mort, qu'il savait prochaine. Il demanda qu'on lui livrât les coupables. C'est à Guillaume de Beaujeu qu'échut, à la requête du roi Henri, le soin de traiter cette délicate affaire. Il nous dit, au cours d'un conseil :

— Nous sommes tenus de donner satisfaction au sultan, sinon ce sera la guerre, et personne ne la souhaite moins que nous. Il convient, de même, de ne pas mécontenter la colonie vénitienne, très susceptible, comme vous le savez. Je propose que nous adressions à Qalawun quelques condamnés à mort, prélevés dans nos prisons. Il n'y verra que du feu.

La mesure fut trouvée judicieuse par toute la société chrétienne d'Acre, mais elle se heurta aux protestations du populaire qui, informé je ne sais par qui, l'estimait injuste. Elle l'était, assurément, mais elle présentait la seule solution efficace à cette affaire. Le roi Henri en jugea autrement : il prit le parti de la population et décréta qu'on se contenterait d'excuses, avec une justification contestable : les coupables, en tant qu'étrangers, tous Italiens qu'ils étaient, échappaient à la responsabilité et à la justice des autorités d'Acre. On pourrait aussi suggérer au sultan qu'il s'en prenne directement à la république de Venise et attaque ses navires. Le sultan écarta d'un index dédaigneux ces mauvaises raisons et fit jeter en prison les émissaires.

De nouveau, il fallait se préparer à la guerre.

Sur ces entrefaites, coup de théâtre ! Qalawun venait de mourir, au mois de novembre de l'an 1290, alors qu'il rassemblait son armée pour marcher sur Acre. Il laissait à son fils, al-Afdal Khalil, une situation difficile, face à une tâche urgente : mater certains émirs rebelles, et une mission : jeter les Chrétiens à la mer. Le roi Henri lui envoya des émissaires chargés de lui présenter ses vœux de long règne ; Khalil les fit mettre en prison, comme son père l'avait fait des précédents.

C'est dire que je n'accueillis pas de gaieté de cœur le projet que me proposa Guillaume de Beaujeu.

— Les négociations avec les maîtres de l'Islam, me dit-il, ont été menées à ce jour, en dépit du bon sens, par des émissaires qui n'étaient pas préparés à cette mission. Je suis persuadé que la paix peut encore être sauvée, si nous y mettons du nôtre. J'ai songé que vous pourriez être le meilleur de nos ambassadeurs. Je m'en suis entretenu avec nos frères hospitaliers et avec les autorités. Tout le monde est d'accord. L'êtes-vous vous-même, frère Thibaud ?

Je restai bouche bée et sentis des sueurs froides me mouiller les tempes. Le maître du Temple m'envoyait sereinement au massacre. Je faillis protester que d'autres que moi... Il m'interrompit d'un geste, ajoutant d'un ton désinvolte :

— Je savais que nous pourrions compter sur vous, mon ami. Vous tenez entre vos mains le destin de notre royaume. Que Dieu vous garde !

Ce n'est pas, on s'en doute, avec la joie au cœur que je pris la route du Caire, d'autant que j'avais à traverser des contrées hostiles et à me cacher souvent pour échapper aux convois armés remontant vers la Syrie. J'avais pour m'accompagner deux chevaliers du Temple et quatre sergents. Des mulets nous suivaient, chargés de présents pour Khalil. Dans les localités où nous nous arrêtions, nous étions reçus comme des chiens : on refusait de nous vendre des vivres, de nous donner de l'eau ; on menaçait de nous dénoncer à l'émir de l'endroit.

Al-Afdal Khalil, nouveau maître de l'Islam, nous fit grise mine, mais les croix que nous portions à l'épaule parurent l'impressionner, autant que ce que je lui révélai des bons rapports que son père avait entretenus avec notre Ordre, ce qui était un mensonge dont je demande pardon à Dieu.

J'ai gardé en mémoire les suaves préliminaires du discours que je lui adressai :

— Le grand sultan, le roi des rois, le seigneur des seigneurs, le plus puissant et le plus redouté, le châtieur des rebelles, le vainqueur des Tartares et des Mongols, le conquérant des châteaux détenus par des mécréants, le seigneur des deux mers, protecteur des pèlerinages...

Le jeune sultan souriait, se rengorgeait, paraissait savourer chaque phrase de cette honteuse palinodie dont je ne croyais pas un mot, mais que je débitai pendant de longues minutes, enfilant les compliments comme des perles, avec la gravité de ton qui seyait à ma mission. D'une main indolente, il lissait sa barbe brune, partagée en deux pointes, et jouait de l'autre avec les perles de son collier. En termes moins amphigouriques, je l'informai que nous venions demander pardon de nos maladresses, de nos fautes, affirmer que nous n'étions pas responsables des incidents qui s'étaient produits autour d'Acre, et que nous veillerions à ce qu'ils ne se renouvellent plus. Je lui fis comprendre qu'il convenait de dissocier les Chrétiens sincères, amis des Musulmans, des marchands plus occupés de leur bourse que de leur âme, et que nous avions avec eux des rapports exécrables.

J'ignore ce que Khalil pensa de ces arguments. Son visage, qui s'était éclairé à plusieurs reprises d'un sourire bienveillant, se ferma soudain, coupant une de mes envolées finales. Il nous congédia d'un geste, nous confia à ses gardes qui nous enfermèrent dans des cellules où, durant des jours, nous attendîmes une réponse. Je devinais que cette ambassade mettait le jeune sultan dans l'embarras, peu formé qu'il était peut-être aux affaires et soucieux de recueillir l'avis de ses conseillers.

Un matin, des gardes mameluks nous firent évacuer nos cellules. Nous n'en menions pas large, persuadés que nous étions qu'on affûtait les cimeterres qui allaient faire tomber nos têtes.

La réponse que nous attendions ne vint pas. Les gardes nous remirent nos chevaux et nos mulets et nous montrèrent la route du Sinaï qui nous ramènerait en Syrie.

Guillaume de Beaujeu devait être dans le même embarras que le sultan, mais il ne nous le montra pas. La seule chose certaine, c'est que Khalil poursuivait la préparation de la campagne que son père avait amorcée. Le peu que nous avions vu du Caire nous avait révélé que des préparatifs s'y déroulaient, qui n'avaient rien de ceux qui précèdent un pèlerinage à La Mecque. Il aurait fallu être aveugle pour ne pas comprendre que Khalil avait renoncé à revenir à des sentiments pacifiques. Tandis que nous cheminions le long du littoral, dans la bonne odeur des embruns et le silence de la mer, la guerre était en train de mûrir comme un abcès.

Nous apprîmes en cours de route, par des Syriens de rite chrétien, que les Musulmans venaient de récupérer dans la forteresse de Hosn — le Krak des Chevaliers des hospitaliers — une machine de guerre gigantesque appelée la *Mansourienne* ; ils avaient dû la démonter pièce à pièce car elle était intransportable dans l'état, et la faire tracter par des attelages de bœufs et de chevaux, à travers des montagnes enneigées. Il fallut un mois pour la conduire dans les parages d'Acre, alors qu'un attelage normal eût mis une semaine. D'autres catapultes, prélevées ici et là, prirent le même chemin, si bien que jamais, en nul endroit, on n'avait vu une telle accumulation de matériel de siège.

Pour plus de sûreté, et pour nous éviter les fatigues de la route, nous prîmes place dans une barque empruntée à un pêcheur. Nous apercevions de loin les convois de troupes qui longeaient la côte en direction du nord. Nous savions que nous les retrouverions à Acre, avec des épaisseurs de murailles pour nous séparer.

Lorsque nous arrivâmes au port, les Mameluks avaient commencé à dresser leurs tentes corde à corde, au pied du tell Fukhal, en vue de nos murs. À la veille des hostilités, ils étaient environ soixante mille, accompagnés d'un nombre considérable de piétaille, pour la plupart des fellahs. Cela nous donnait le vertige.

Le 5 avril de l'an 1291, un remue-ménage insolite venu de l'extérieur nous jeta sur les remparts de la tour Maudite et de la barbacane du Roi-Hugues, qui s'avançait en éperon sur la plaine. Le spectacle était hallucinant. Entre deux haies d'honneur, dans le grondement des tambours de guerre et les éclats des buccines, le sultan des sultans faisait son entrée dans le camp ; il s'avançait sur un grand cheval noir vers la tente vermeille au-dessus de laquelle flottait l'étendard frappé du croissant.

Le chantier de reconstruction des machines allait bon train, sous le soleil d'avril, qui avait succédé aux pluies. La *Mansourienne* dressait déjà, devant la tour des Anglais, sa structure qui rappelait le profil d'une énorme sauterelle. Non loin d'elle, une autre catapulte, de mêmes dimensions, la *Furieuse*, recevait les derniers madriers de sa plate-forme supérieure, face à la tour Saint-Nicolas. Autour de ces deux monstres se dressaient des engins de moindre importance, comme une couvée de monstres entre père et mère ; les Musulmans les appelaient, Dieu sait pourquoi, les *Taureaux noirs*.

2

Les voûtes d'Acre

Pierre de Moustiers n'avait pas attendu les premiers bombardements pour me proposer ses services. Il m'avait choisi pour le conseiller, en l'absence de son cousin, le frère Anselme, parti en mission dans un de nos derniers caseaux de Galilée.

— J'ai bien réfléchi, me dit-il. Je serai plus utile parmi vous que dans les magasins de mon maître. D'ailleurs le commerce est pour ainsi dire interrompu et reprendra Dieu sait quant, à supposer qu'il renaisse. Je pourrai prendre les armes s'il le faut. Je ne suis pas robuste mais je sais me servir d'une épée.

— Si nous t'acceptons, que deviendra ta famille ?

Il se gratta la joue d'un air gêné, m'avoua qu'il avait espéré que nous pourrions l'héberger. Je lui rappelai que notre couvent ne pouvait, de par sa règle, abriter des femmes, même d'un âge canonique.

— Mais, frère Thibaud, vous hébergez bien les familles des Vénitiens...

Embarrassé à mon tour, je promis de lui trouver une place pour son Arménienne et leurs deux enfants : Provence et Olivier.

À quelques jours de l'arrivée des troupes de Khalil, le maître du Temple me chargea du recensement de la population et des forces armées dont nous disposions. Il me fallut une semaine pour n'effectuer qu'une estimation sommaire.

Pour ce qui est de nos forces, elles étaient dérisoires, comparées à celles de l'ennemi, mais leur insuffisance était compensée par la puissance de notre double enceinte : partant des Sablons, près du fleuve Nahr al-Namein, elle remonte vers le nord jusqu'à la porte Saint-Lazare. Du côté occidental, la mer nous protège sur une demi-lieue de front. Nous disposions de huit cents chevaliers ou sergents montés, et, en comptant les *croisés* vénitiens, et des contingents de diverses origines, environ quatorze mille piétons. Nous avions en outre un armement excellent en qualité comme en quantité, et des vivres pour des mois, avec un réapprovisionnement assuré par la mer. Quant au nombre des habitants, il pouvait être estimé à quarante mille, répartis entre la ville et les faubourgs.

Pourrions-nous compter sur l'aide des chevaliers teutoniques, qui sont de bons soldats ? Peu avant le début du siège, leur maître, Burchard von Schwanden, persuadé que la partie était jouée d'avance, avait repris la mer, à peine débarqué ; il avait été remplacé par un commandeur originaire de Franconie, Conrad von Feuchtwangen, en qui nous avions pleine confiance. Mais qu'en était-il de ses frères ?

Nous avions partagé avec les hospitaliers la défense des remparts qui, partant de l'extrémité nord, s'arrêtent au saillant de la tour des Anglais. Le reste de l'enceinte, jusqu'aux Sablons, était dévolu aux chevaliers chypriotes, aux teutoniques, aux Aragonais de Jean de Grailly, aux Anglais d'Otton de Grandson... Cette étrange et dangereuse mosaïque de nations et de conditions ne laissait pas de m'inquiéter. Comment assurer la cohésion de cette armée dispersée dans l'immensité de la double enceinte ? N'était-il pas à craindre que, si l'un des secteurs cédait, tout le reste ne suivît ? Dans ces cas-là, nous ne le savions que trop bien, la contagion de la fuite gagne très vite la meilleure des armées. Mais pouvions-nous faire autrement ?

Un matin, passé l'office, Guillaume de Beaujeu me convoqua dans son cabinet et me dit d'un air grave :

— Frère Thibaud, j'ai décidé que, la nuit prochaine, moi et le sire de Grandson effectuerions une sortie sur le camp des cavaliers de Hama, par la porte Saint-Lazare. J'aurais aimé que vous fussiez des nôtres, mais votre âge vous l'interdit. D'ailleurs, à titre de commandeur, vous aurez la garde de notre maison et la charge de la gérer, au cas où... (il respira profondément), au cas où je ne reviendrais pas.

Soumise à un couvre-feu rigoureux, la ville était silencieuse lorsque, à la nuit tombée, j'accompagnai, avec des porteurs de torches, le maître et le seigneur anglais jusqu'aux remparts. Guillaume descendit de cheval, me serra contre sa poitrine et me renouvela ses recommandations. Puis, tourné vers la petite troupe qui l'accompagnait, il remonta son courage par une brève harangue, disant que le succès de nos armes dépendait peut-être de cette attaque.

Pour assister à cette opération, qui avait été tenue secrète, je montai sur le chemin de ronde de l'enceinte extérieure. La nuit était claire, avec une belle lune pommelée suspendue au-dessus des monts de Galilée. Je pus suivre sans peine les péripéties de cette action audacieuse : la troupe de Guillaume comptait moins de cent cavaliers, et ceux de Hama étaient plus de deux mille, mais ils dormaient et les nôtres étaient bien éveillés.

Le cœur serré, je vis nos cavaliers faire place nette dans la garde du camp et foncer vers les catapultes, dans l'intention de les incendier, mais des chevaux se prirent les pieds dans les cordages des tentes et peinèrent tant pour s'en dépêtrer que, l'alerte donnée, les nôtres, soudain assaillis de toutes parts, durent retourner précipitamment à leur base sans avoir pu accomplir leur mission.

Une nouvelle tentative, confiée à Jean de Grailly et aux teutoniques, eut lieu quelques jours plus tard.

Cette fois-ci on choisit d'opérer sans attendre le clair de lune. Je n'eus connaissance de cette action qu'après qu'elle eut lieu, et je n'eus pas à regretter d'en avoir été absent, car, en fait de surprise, ce sont les nôtres qui l'eurent, et ils n'avaient pas lieu de s'en réjouir.

Ils étaient sortis par la porte Saint-Antoine, au mitan des remparts, et avaient progressé à travers l'ombre vers le camp occupé par les premiers éléments ennemis, quand soudain la nuit s'illumina de toutes parts, dans un concert de vociférations et d'appels aux armes. Les Égyptiens avaient disposé des tas d'herbe et de branchages secs et y avaient mis le feu à la première alerte. Sans doute, en dépit des précautions prises pour préserver le secret, l'ennemi avait-il été prévenu. Il ne restait aux nôtres qu'à rétrograder et à faire refermer précipitamment la porte.

Décidément, nous jouions de malchance, à croire que la Providence — ou Dieu peut-être — nous avait abandonnés. Toujours est-il qu'il n'y eut pas d'autre tentative du même genre, trop dangereuses qu'elles étaient contre un ennemi bien supérieur en nombre et désormais préparé à ces surprises. Notre chance unique restait nos défenses et, Dieu merci, elles étaient solides !

La date du 4 mai est à marquer d'une pierre blanche.

Le cœur bondit de joie dans ma poitrine lorsque, aux premières heures de la matinée, je vis venir à nous des voiles timbrées aux armes de Chypre. Le roi Henri venait à notre secours, avec deux cents cavaliers et cinq cents hommes de pied, tous bien armés, des subsistances et du vin. Certains, qui commençaient à désespérer, crièrent au miracle, mais ce secours ne dépendait que de la volonté du jeune souverain de sauver ce qui pouvait l'être encore de nos terres chrétiennes.

Du coup, nous reprîmes courage. Je n'oublierai pas les larmes de joie qui accueillirent ce prince affligé d'un mal terrible mais qui savait surmonter ses souffrances, comme jadis Baudouin, le roi lépreux de Jérusalem. Il s'avançait avec majesté dans la rue de la Cossonnerie, qui, du port, remonte vers le centre de la ville, son cheval foulant des tapis, des bouquets pleuvant sur lui des fenêtres, avec les sourires des femmes et les vivats des hommes qui agitaient leur bonnet, tandis que de vieilles femmes vêtues de noir, agenouillées de chaque côté du cortège, murmuraient des oraisons.

Soucieux de ne rien entreprendre en matière d'offensive, pas plus que de laisser durer ce siège, le roi Henri, à peine installé au château, envoya au sultan une ambassade dirigée par un sergent du Temple qui parlait couramment la langue de Khalil et avait entretenu des relations amicales avec les émirs de Galilée. La réponse du sultan fusa, ironique :

— Soyez les bienvenus ! M'apportez-vous les clés de la ville ?

Il promit pourtant, après avoir entendu le message que lui adressait le roi de Chypre, de se montrer clément : il laisserait la population sortir libre, avec ses biens. Le calcul était habile : cela ferait autant de combattants de moins contre lui.

Alors que les batteries ennemies s'en donnaient à cœur joie, le commandeur du Temple, Jacques de Molay, avec lequel j'entretenais des rapports de courtoisie et même d'amitié, me prit par la main, m'annonçant qu'il allait me montrer une *petite merveille.* Il m'entraîna dans le quartier des Pisans, proche de notre maison. Les négociants de ce secteur avaient fait construire par un ingénieur de la marine, originaire de Pise, une catapulte de modestes dimensions, mais vive et nerveuse comme une demoiselle, qu'il avait baptisée la *Giovanella.* Muet de surprise, je tournai autour de ce bijou, observant, comme si j'étais connaisseur en matière de balises, la solidité et la torsion des cordes, la résistance du bâti de charpente et du style portant à son extrémité un cuilleron de fer gravé aux armes de Pise.

— Cette jolie machine, m'apprit Jacques, est une arme redoutable, en dépit des apparences. Les Égyptiens n'ont pas sa pareille. Elle peut lancer, malgré son aspect gracile, des boulets de trente livres. D'ailleurs vous pourrez vous en rendre compte vous-même, en l'absence de maître Guillaume. Il vous a laissé l'honneur de le représenter...

L'*honneur* en question consistait dans le déclenchement du premier tir, en présence de la garnison et des notables pisans. Je laissai à l'ingénieur le soin de garnir le cuilleron d'une pierre grosse comme ma tête. Le souffle suspendu, je dégageai d'un geste rapide l'encliquetage qui tenait le style et sa charge à l'horizontale. La *Giovanella* sursauta lorsque le style heurta brutalement le sommier dans un bruit mou. La lourde pierre traversa l'espace avec un ronflement de chat en colère. Nous nous précipitâmes aux créneaux pour repérer le point d'impact du projectile : il était tombé sur une tente proche de celle du sultan, causant un début de panique dans le reste du camp.

On me congratula de ce beau coup, comme si j'y étais pour quelque chose, et l'on m'invita à trinquer avec le vin du roi.

— Cet ingénieur, me dit Jacques de Molay, travaille sur un autre modèle, de dimensions identiques, mais qui propulsera des flèches et des carreaux. Nous en aurions une dizaine, les Égyptiens n'auraient plus qu'à lever le siège !

Bien que j'eusse du mal à y croire, ces propos m'étaient aussi agréables à entendre que le vin du roi à boire.

Un silence de cimetière tomba sur la ville. La plupart des boutiques et des entrepôts n'ouvraient qu'une heure ou deux par jour, et les spectacles qui, d'ordinaire, animaient les lieux publics avaient été bannis. La population, qui avait trompé les espoirs du sultan en refusant de quitter la ville, persuadée qu'on lui tendait un piège, se massait dès le lever du jour sur les chemins de ronde de l'enceinte intérieure d'où elle pouvait apercevoir une partie du camp ennemi qui occupait la plaine et les pentes du tell Fukhal.

Ce n'est que lorsque les premiers boulets et les jets de feu grégeois commençaient à pleuvoir que le roi faisait évacuer les chemins de ronde et les sommets des tours. Servies chacune par une dizaine d'hommes, la *Mansourienne* et la *Furieuse* faisaient des dégâts et suscitaient dans la ville une ambiance de terreur.

Al-Afdal Khalil avait mis au travail ses équipes de mineurs. Jacques de Molay, récemment revenu d'une mission en Galilée, où il avait vu à l'œuvre des sapeurs de murailles, ne me cachait pas son inquiétude :

— C'est le seul moyen, avec la trahison, qu'ait le sultan de prendre cette ville. C'est pourquoi il fait entreprendre le minage en même temps que le bombardement. J'ai fait le compte des hommes qu'il emploie à la sape : ils sont plus de mille !

Mille hommes pour quelques galeries de mine... Je me dis que mon frère exagérait, mais il est vrai qu'ils grouillaient comme des fourmis, à l'abri des tranchées couvertes sur lesquelles nous déversions des moellons et des matières incendiaires, sans parvenir à interrompre leur tâche. L'essentiel de ces travaux se portait sur le secteur central, un saillant composé de la tour Neuve, de la tour Maudite et de la barbacane, l'ouvrage le plus avancé.

Le 8 mai, à la suite d'un bombardement intensif, le roi donna aux chevaliers chypriotes l'ordre d'incendier cette défense qui, sapée au plus profond, menaçait de s'effondrer. Les sapeurs reportèrent leur énergie sur la tour Neuve, reliée à la barbacane par un pont de bois qu'il fallut détruire. Après un tir nourri, la *Mansourienne* ouvrit une brèche par laquelle s'engouffrèrent les Mameluks.

Ce terrible incident nous fut d'autant plus sensible que cette tour Neuve portait un autre nom : la tour du Roi-Henri. J'y vis un mauvais présage. Il n'allait pas tarder à se confirmer.

Le premier assaut eut lieu dans le même secteur, autour de la porte Saint-Antoine. Franchissant les fossés en vagues serrées, porteurs d'échelles, des Mameluks tentèrent de profiter d'une brèche pour s'engouffrer dans la ville. Unis comme les doigts de la main, Templiers et Hospitaliers firent front et repoussèrent l'envahisseur. Le maréchal des Hospitaliers, Mathieu de Clermont, revint du combat couvert de sang, des blessures au visage, mais radieux : il avait pris la tête de la contre-attaque et avait fait à lui seul une hécatombe d'assaillants.

Nous nous attendions, chaque jour davantage, à un assaut général. Il fut préparé par un concert qui nous réveilla dès l'aube et me jeta hors de mon lit. Je me retrouvai en armes dans la cour où nos frères s'étaient déjà regroupés autour de Guillaume de Beaujeu qui, monté sur quelques marches du perron, nous lança :

— Ce matin, mes frères, je vous dispense des offices et des tâches ordinaires. Une prière commune suffira. Nous allons subir l'épreuve la plus terrible et la plus lourde de conséquences de toute notre existence. Je vous exhorte à garder votre sang-froid et à combattre pour le Christ, comme vous l'avez fait par le passé, avec la même foi et la même ardeur. Rendez-vous sur les positions qui vous ont été assignées. Dieu le veut !

Nous reprîmes en chœur cette dernière phrase. Le maître redescendit parmi nous et s'agenouilla pour la prière, nous incitant à faire de même.

Je m'apprêtais à emboîter le pas à Jacques de Molay quand Guillaume de Beaujeu, me saisissant le bras, arrêta mon élan.

— Frère Thibaud, me dit-il, je suis au regret de devoir me passer de vos services. Vous n'êtes plus en âge de vous battre. Restez donc et veillez à maintenir l'ordre dans cette maison, comme vous l'avez fait en d'autres temps. S'il m'arrivait malheur, c'est vous qui me remplaceriez à la tête de notre couvent. Tout cela est noté sur un document que vous trouverez sur ma table. Adieu, mon frère !

Guillaume me serra contre sa poitrine, avec un éclat de larme dans les yeux.

Je ne devais plus le revoir vivant.

Un assaut des Mameluks, après un déferlement dans les lices qui séparaient les deux enceintes, leur avait livré la tour Maudite, l'ouvrage le plus puissant de notre dispositif de défense, à la charnière des deux secteurs de la muraille intérieure. La population commençait à évacuer le faubourg Montmusart, trop exposé désormais et, dans le port, des navires se tenaient prêts à embarquer les rescapés du siège.

Lorsque les Mameluks se jetèrent sur la tour Saint-Antoine, ils trouvèrent de nouveau en face d'eux un bloc de défenseurs composé des frères templiers et hospitaliers, qui leur tinrent tête avec courage avant de les repousser. La stratégie de Guillaume consistait à bloquer des deux côtés les accès aux lices, de défendre les murailles intérieures afin de réoccuper la tour Maudite. C'est ce que Jacques de Molay devait m'expliquer peu après, à son retour.

— Je combattais dos à dos avec le maître, me dit-il. Nous étions comme accrochés l'un à l'autre et rien ne semblait pouvoir nous déraciner, mais nous étions en trop petit nombre — une centaine, tout au plus, je vous le rappelle, en comptant les frères de l'Hôpital ! — et nous étions débordés par les Mameluks qui avançaient en rangs serrés, comme les légions de César. Nous en abattions dix, il en surgissait cent ! L'atmosphère devenait irrespirable. L'incendie dû à un pot de feu grégeois, qui s'était déclaré dans la bâtisse, commençait à consumer les cadavres. La fumée était si dense que nous distinguions avec de plus en plus de mal les ennemis, mais nous frappions comme des forcenés, au risque de rompre la lame de nos épées.

Jacques de Molay précédait de peu, dans la cour, d'autres frères transportant une civière sur laquelle gisait Guillaume de Beaujeu. Je demandai s'il était gravement blessé et à quel endroit de son corps. Jacques me répondit qu'il était mort, une épée lui ayant percé le flanc droit. Le combat lui avait fait un masque de sang et de fumée.

— Nos autres frères, dis-je, que sont-ils devenus ?

— Morts ou blessés pour la plupart. Peu d'entre nous reviendront de cette boucherie. J'ai eu beaucoup de chance.

La civière portant le corps du maître du Temple était suivie de quelques combattants, Templiers et Hospitaliers confondus, conduits par le comte de Clermont que deux frères soutenaient aux aisselles, car il avait perdu beaucoup de sang. Ils s'inclinèrent devant le corps de Guillaume, récitèrent une courte prière et se signèrent. Sur leur visage, les larmes se mêlaient au sang.

— Venez vous restaurer, dis-je. Vous en avez besoin.

Ils haussèrent les épaules, tant cette idée leur paraissait saugrenue.

— Nous devons retourner au combat, me dit l'un d'eux. Nous n'en avons pas encore fini...

Malgré la défense héroïque de tous nos combattants, les Mameluks étaient parvenus à faire une percée et à pénétrer dans Acre. Arrivés dans le quartier des Génois, ils se heurtèrent à un dernier groupe de Templiers et d'Hospitaliers, qui formaient un front indivisible sous la conduite du maître de ces derniers, Jean de Villiers, un colosse à la voix puissante et à la barbe en broussaille. C'est au cours de ce combat féroce, auquel il avait tenu à se mêler malgré ses blessures, que Mathieu, comte de Clermont, trouva la mort, le corps traversé de part en part d'un fer de lance. C'est Jean de Villiers qui le recueillit dans ses bras ; il portait lui-même une large plaie au visage, provoquée par un coup de cimeterre : la moitié de sa joue droite, avec la barbe, avait été arrachée et lui pendait sur le cou.

Dans le secteur méridional, tenu avec une héroïque fermeté par Jean de Grailly et Otton de Grandson, les tours du Pont et de Saint-Nicolas résistèrent quelques heures, mais, submergés par des bataillons serrés, les défenseurs durent céder la place, pied à pied, sans cesser de faire front.

Les Mameluks et les guerriers des autres races et nations racolés par le sultan s'étaient répandus rapidement dans toute la ville. Dans les quartiers des Allemands, des Génois, la rue Saint-Romain et quelques autres endroits du centre, se livraient encore des combats sporadiques, au corps à corps.

— C'est la fin... soupira Jacques de Molay. Tout espoir est perdu. Il ne nous reste qu'à sauver par la mer ce qui peut l'être encore de nos frères et de la population. Que Dieu nous assiste dans cette dernière épreuve.

— Dieu... dis-je. Aujourd'hui Il n'était pas de notre côté...

Organiser, dans le chaos où était plongée la ville, l'exode de milliers de gens n'était pas une mince affaire. Une flotte était prête à appareiller, mais les navires étaient en nombre insuffisant. Je demandai à Jacques et à quelques frères, retour du combat ou qui n'avaient pu y participer, comme moi, en raison de leur âge, de m'accompagner jusqu'au port. Lorsque nous y parvînmes, la foule s'y pressait déjà. Pour ne pas alourdir les navires, j'ordonnai de faire jeter à l'eau les bagages dont beaucoup s'étaient encombrés. Nous dûmes nous gendarmer pour qu'on livrât passage aux soldats blessés, parmi lesquels Jean de

Villiers, qui marchait en chancelant, appuyé à son épée sanglante.

Je veillais du mieux que je pouvais à l'embarquement des mères et des enfants, quand je vis surgir une femme en voile noir qui me tira par la manche en me disant qu'elle était l'épouse de Pierre de Moustiers et qu'elle avait avec elle sa fille, Provence, et son fils, Olivier. Je lui demandai où se trouvait son époux ; elle fondit en larmes en me disant qu'il était parti se battre et qu'elle ne savait ce qu'il était devenu. Je l'aidai à gravir l'échelle de coupée ; elle disparut dans le magma humain.

— Jacques, dis-je, allez donc voir ce qui se passe en ville et revenez m'en informer. Dieu veuille que nos soldats puissent contenir les Mameluks, le temps de faire embarquer ces pauvres gens.

Chargé à couler bas, le premier navire put quitter le port sans encombre, en direction de Chypre, de même que celui qu'il précédait. Quant au troisième, que je chargeai à ras bord, au milieu d'un tumulte de cris et de lamentations, il parvint à doubler la tour de la Mouche mais, pris à revers par une vague puissante, il sombra corps et biens. Les quelques barques de pêcheurs et les chaloupes qui vinrent à la rescousse ne purent ramener que quelques dizaines de survivants.

Nous n'étions pas au bout de nos épreuves. Le lendemain, après une nuit blanche, passée à réconforter et à nourrir les familles italiennes qui avaient trouvé refuge, naguère, dans notre maison, et qui attendaient leur embarquement, nous vîmes revenir au port les deux navires partis la veille : une tempête les avait surpris au large et contraints au retour.

Les abords du port étant trop encombrés pour les héberger, la plupart des gens qui redescendirent à terre voulurent regagner leur domicile en attendant un autre départ. Lorsque les Mameluks et autres Musulmans surgirent, il était trop tard pour retourner vers le port et y chercher refuge. Jacques de Molay revint, affolé, tremblant de tous ses membres, bredouillant :

— Un carnage, frère Thibaud, un véritable carnage ! Ces

monstres n'épargnent personne, ni les femmes ni les enfants. Ils...

Pâle comme un suaire, il se retourna pour vomir dans le caniveau.

Jacques était, comme moi, à bout de forces. Il s'apprêtait à retourner vers la ville quand il s'affaissa. Je crus que le cœur lui avait lâché ; il n'était qu'endormi.

Il ne restait dans toute la cité qu'une place forte dont les troupes du sultan ne se fussent pas emparées : la maison du Temple. La miner ? Impossible : elle était bâtie sur le roc. La bombarder ? Difficile : l'espace alentour était insuffisant. Restait à la prendre d'assaut, mais c'était une action dangereuse, car les frères qui s'étaient regroupés dans nos murs, tous ordres confondus, étaient encore au nombre d'une centaine : des survivants des combats aux remparts, qui n'avaient pas mis bas les armes. Dans la cohue des derniers affrontements, dans l'orgie de sang qui avait suivi l'assaut des Mameluks, notre couvent prenait l'apparence d'un îlot de pierre invulnérable. L'ouverture sur le port était notre atout principal et notre ultime espoir d'échapper à cet enfer. C'est du moins ce que je croyais. J'allais devoir en rabattre.

En vertu du testament rédigé par Guillaume de Beaujeu, le gouvernement de notre maison me revenait. N'eussent été les événements dramatiques que nous vivions, cette charge ne m'eût pas paru insurmontable, car j'étais, depuis ma jeunesse, au fait de son fonctionnement. Propulsé au titre de maître du Temple, j'avais sous mes ordres directs le maréchal Pierre de Sévry et le commandeur Jacques de Molay. Tous deux m'aidèrent de leur mieux dans cette passe difficile. Dieu merci, nous avions des vivres en suffisance pour au moins une semaine, mais, l'avoine faisant défaut, nous dûmes sacrifier les chevaux. De toute manière ils ne nous eussent servi à rien et nous n'avions cure de les laisser aux mains de l'ennemi.

Une petite flotte en provenance de Sidon et de Tyr s'engagea le lendemain dans le port et nous soulagea d'une centaine de bouches inutiles.

Durant une semaine, nos murailles et nos portes résistèrent aux chocs des petites pierrières installées tant bien que mal sur les terrasses des bâtiments voisins, aux jets de feu grégeois et au choc des boutoirs. Nous aurions pu tenir plus longtemps encore, mais nous savions que rien ne parviendrait à décourager nos assaillants qui occupaient toutes les maisons d'alentour, avec, à chaque fenêtre, des archers qui guettaient nos déplacements et faisaient des victimes.

Nous eûmes quelque espoir de délivrance lorsque le sultan nous adressa un message rendant hommage à notre courage, à notre ténacité, et nous proposant une reddition dans l'honneur, un *aman* pour tout dire. Nous pourrions nous retirer librement, de même que les chevaliers et les Vénitiens. Au cours du conseil que je réunis, nos frères furent d'accord pour accorder crédit à cette proposition. Notre propre sauvegarde importait peu, mais nous avions encore avec nous des familles vénitiennes dont le salut nous tenait au cœur.

L'accord conclu, un émir accompagné d'une centaine de Mameluks pénétra dans la forteresse pour assurer notre sortie et notre embarquement. Je le reçus dans le cabinet de Guillaume de Beaujeu, en compagnie de Sévry et de Molay. Nous étions entrés en pourparlers quand des cris de femmes nous firent sursauter. Je bondis dans la cour et assistai à un spectacle révoltant : des Mameluks s'étaient mis en devoir de violenter les femmes que j'avais pris soin d'abriter dans une cellule, sous bonne garde. Je ne pus retenir les chevaliers qui attendaient, sous la galerie, la fin des négociations. Ils se jetèrent sur les soldats du sultan, en tuèrent une trentaine, mais se gardèrent de poursuivre au-dehors ceux qui s'enfuirent. Je fis enfermer dans une cellule l'émir qui protestait de son innocence et fis barrer la porte par laquelle il était entré.

Les négociations rompues par la faute d'un groupe de soudards excités, le siège reprit avec une intensité accrue.

Un matin, alors qu'il dispersait avec du sable un pot de feu grégeois qui avait failli tomber dans le puits, Pierre de Sévry me dit d'un air gêné :

— Je viens de parler avec nos frères. La situation, vous le savez mieux que quiconque, est désespérée. La plupart d'entre nous sont d'accord pour quitter notre maison et prendre la mer.

Je protestai vivement : c'était faire injure à l'Ordre et à Dieu que de renoncer au combat et de prendre la fuite honteusement. Je répétai en haussant le ton : *honteusement !* Il objecta, avec le même embarras, qu'il fallait sauver de la destruction, qui ne manquerait pas de se produire si nous restions, les reliques, les archives et le trésor.

— Nous avons perdu, ajouta-t-il, notre vénéré maître, Guillaume de Beaujeu. Vous devez survivre, ne serait-ce que pour témoigner de ce que nous avons vécu. Faites-nous la grâce d'accepter cette requête et de partir.

J'avoue que cette proposition, que Jacques de Molay appuya par la suite, me troublait. Je finis par accepter. Il fut décidé que je partirais avec Molay et quelques chevaliers impuissants à combattre en raison de leur âge ou de leurs blessures. Les autres décidèrent courageusement de rester et de tenir jusqu'au bout, en espérant que le sultan, informé des raisons de l'échec des pourparlers, reviendrait à la charge, d'autant que nous détenions un otage de marque : l'émir prisonnier.

Nous montâmes de nuit dans une chaloupe qui nous mena au navire pisan venu embarquer les familles qui restaient encore dans notre maison, ce qu'il fit au cours de la même nuit. Nous emportions pour tout bagage le trésor du Temple : peu de chose si l'on excepte les reliques et les archives. Le navire nous débarqua à Sidon, où les troupes du sultan ne s'étaient pas encore montrées. Une autre nef nous conduisit à Chypre. Nous allions y retrouver le roi Henri qui avait quitté Acre au début du siège.

J'appris la chute de notre maison par un marchand vénitien qui avait traversé les dramatiques épisodes du siège caché dans une masure du faubourg de Montmusart, et qui, comme nous, était parvenu à gagner l'île de Chypre.

Le sultan avait réitéré sa proposition d'*aman*, jugeant que l'échec des premiers pourparlers était dû à un *malentendu regrettable.* Pierre de Sévry avait eu la candeur de croire qu'on lui tendait la perche. Sous la tente du sultan, c'est le sabre qui l'attendait : une heure après qu'il y fut entré, il avait la tête détachée du corps.

Ceux de nos frères qui restaient décidèrent, plutôt que de tenter d'embarquer, de résister jusqu'à la mort. Quand les opérations de sape eurent fait s'écrouler un pan de muraille suffisant pour risquer une attaque, les Mameluks s'y ruèrent pour l'assaut final. Un combat sanglant s'engagea à l'intérieur du bâtiment principal. Les nôtres tenaient tête hardiment à la meute, quand voûtes et murailles s'effondrèrent, ensevelissant sous un amas de moellons la totalité des combattants, Chrétiens ou Musulmans, entremêlés les uns aux autres.

— Pas un seul de vos frères, me dit le marchand, n'est sorti vivant de ce piège. Ceux qui, au moment du drame, se trouvaient en d'autres endroits de la Terre sainte ont pris la route de l'exode.

— Et nos villes : Tyr, Sidon, Beyrouth, qu'en est-il advenu ?

— Elles ont été livrées au sultan sans résistance, sauf à Sidon.

Sidon... J'y avais reçu, au cours d'une escale sur la route de Chypre, la consécration officielle de mon grade de maître du Temple pour les Terres d'Orient. Mais, ces terres, où étaient-elles ? Qu'était devenue notre communauté ? Pouvions-nous nourrir le moindre espoir de retour ?

Sidon... Les notables, informés des événements qui s'étaient déroulés à Saint-Jean-d'Acre, décidèrent, en voyant surgir les Mameluks, de faire évacuer la population sur un îlot proche du littoral, où se dresse le château Qalat al-Bahr, où, dépourvues de flotte, les troupes du sultan ne purent les assiéger. Ils attendirent là quelques jours les navires qui les conduisirent à Chypre.

Dans les dernières places qui tombèrent aux mains des Musulmans : Caïffa, Tortose, Château-Pèlerin, les occupants se rendirent à merci.

C'en était fini de la longue et dramatique épopée des croisades et de la Chrétienté sur ce coin de terre que nous avions été impuissants, durant des générations, à conserver au Seigneur. Un miracle, pourtant, comme une fragile lumière au sein de ces ténèbres qui s'épaississaient de mois en mois : un groupe de Templiers s'était réfugié sur la petite île de Ruad, au sud de Tortose. Ils allaient y survivre des années avant d'être délivrés, narguant le sultan, les Mameluks, l'Islam. Que Dieu les ait en Sa sainte garde...

Récit de Jacques Molay
Année 1295

Je n'ai pas eu à chercher longtemps pour découvrir les écrits du maître de l'Ordre du Temple, Thibaud Gaudin. À ma première requête, Olivier de Moustiers, ce jeune garçon qui le servit à titre d'écuyer quelque temps après notre arrivée à Chypre, m'indiqua l'emplacement du petit coffre de cèdre, renforcé de fortes ferrures, où se trouvaient ces documents. Olivier, d'ailleurs, m'eût remis les clés de son propre chef, du jour où je remplaçai le frère Thibaud à la tête de l'Ordre.

En feuilletant ce fort volume, je constatai qu'il avait choisi, comme terme de son *Histoire des croisades*, la chute de Saint-Jean-d'Acre, dont nous fûmes témoins, et le sacrifice des derniers chevaliers du Temple.

Installé au château de Kolossi, situé entre Limassol et Episkopi, où nous avons notre commanderie, il avait consacré chaque jour plusieurs heures à l'écriture, en se servant de la multitude de notes qu'il avait prises, depuis des temps. S'il a terminé son récit avec la chute de Saint-Jean-d'Acre, c'est que, par la suite, à Sidon puis à Chypre, il n'a pas été le témoin d'événements de grande importance pour la suite de sa chronique. Et cette île, depuis quelque temps, semble être à l'abri des tempêtes et des misères du monde.

C'est là que le maître Thibaud Gaudin a vécu les six dernières années de sa vie. Je l'ai rarement vu d'humeur plaisante, obsédé qu'il était en permanence par des questions de service, scrupuleux au point de faire chaque jour son examen de conscience et nous conseillant à tous de le faire, hanté par la crainte de faillir à l'honneur. Depuis notre retraite, il était devenu insupportable : bougon, rabâcheur, vindicatif, de moins en moins soucieux de veiller sur notre maison, qui serait allée à vau-l'eau si je n'en avais pris la direction, comme m'y autorisait mon titre de commandeur.

Cette mesure d'autorité devenait indispensable du fait des difficultés que nous avons connues, lors de notre installation, en dépit des secours du roi Henri et des maîtres des petites commanderies qui vivotent dans l'île.

C'est à moi qu'il revenait de surveiller les travaux de maçonnerie et d'organiser la production de notre domaine agricole. Thibaud me laissait libre d'agir à ma guise, mais, pour se donner encore le semblant d'autorité qu'il n'avait plus, il faisait mine de s'intéresser à mes rapports quotidiens, puis il m'interrompait soudain pour me lancer :

— Fichez-moi la paix, Molay ! Vous savez que je n'entends rien aux chiffres. Faites comme il vous plaira !

Non seulement il n'entendait rien aux chiffres, mais la surdité le coupait de plus en plus de notre monde. À sa décharge, il faut mettre les déceptions et les déboires qu'il avait subis avant son départ : il avait hérité du destin de l'Ordre au pire moment et ne se consolait pas d'un échec dont il n'était en rien responsable. Il vivait avec, accroché au cœur, l'espoir insensé d'un retour en Terre sainte ; il était bien le seul à y croire ; moi-même, je ne me faisais plus d'illusions. Pourtant, à peine avions-nous débarqué à Limassol, nous avons eu l'impression, en le regardant marcher voûté, l'air absent, taciturne, qu'il avait déjà quitté le monde. En vérité, c'est un destin brisé que la mer avait rejeté sur ces côtes.

Au physique, Thibaud avait gardé un visage sans rides mais tavelé de taches brunâtres venues avec l'âge. Il se moquait d'ailleurs de son apparence, négligeait sa barbe, refusait de se faire épouiller et restait parfois une semaine sans passer au bain. Je vois encore ses mains recroquevillées peiner sur ce papier arabe qu'il appréciait pour sa finesse et, disait-il, sa *connivence avec l'encre...*

Il avait été contraint, dans les derniers temps de sa vie, de dicter souvenirs et témoignages divers à Olivier, auquel il avait appris à lire et à écrire, qu'il avait enrichi de quelque connaissance, et dont il avait fait à la fois son domestique et son secrétaire. Il avait encore une bonne mémoire, mais, sur ses derniers jours, il lui arrivait de confondre les personnages et de se tromper dans les dates.

Il détestait le château de Kolossi, cette forteresse qui avait jadis appartenu aux chevaliers de l'Hôpital, et qui tombait en ruine. Il allait falloir le reconstruire, l'aménager, ce qui était audessus de ses forces. Il détestait ces hautes murailles lézardées, ces salles profondes et silencieuses, ces voûtes qui semblaient sur le point de s'écrouler, comme celles de notre maison d'Acre. Peut-être voyait-il, dans ce sanctuaire de moines-chevaliers, hanté par leur présence, une préfiguration de son tombeau.

Un an après notre arrivée, il désertait le château de Kolossi pour une cabane de pisé, dotée d'une terrasse ombragée de vigne vierge, placée sur une éminence proche de notre commanderie. Il avait, de cette thébaïde, une vue large et profonde sur la mer, jusqu'au-delà de Kourion et des plages de sable ou de cailloux noirs.

Il avait installé là sa table de travail, le coffre contenant ses vivres et les bouteilles de vin de la *Commandaria*, dont il était friand. Il vivait en compagnie des hirondelles, d'un jeune berger qui faisait paître ses chèvres sur les pentes et lui fournissait le lait et le fromage, ainsi que d'Olivier qui lui apportait son pain quotidien et l'aidait dans sa tâche.

Il m'avait dit, peu de temps avant sa mort, sa volonté d'être inhumé sur un tertre voisin de sa masure, à l'ombre d'un gros caroubier et de lauriers-roses. Je lui fis observer qu'on n'enterre pas un maître du Temple, historien de surcroît, comme un simple paysan. Je n'ai pas respecté son souhait : Thibaud Gaudin gît dans notre chapelle castrale, sous une grosse dalle gravée à son nom.

Le temps est venu pour moi de regagner mon pays natal. Je compte effectuer une longue halte dans ma province, la Franche-Comté. Des membres de ma famille vivent encore dans le modeste domaine de Molay, près de Dôle, sur une rive du Doubs.

Depuis l'an 1298, où Thibaud s'est montré incapable, du fait de son âge et de ses déficiences, de se maintenir avec autorité à la tête de l'Ordre, mes frères m'ont confié ses fonctions et son titre. Je n'en éprouve aucun orgueil, simplement la satisfaction d'œuvrer plus efficacement au redressement de notre confrérie. Pauvre confrérie... Nous étions, jadis, riches et respectés ; nous possédions en Terre sainte d'immenses domaines, nous exercions des activités banquières, nous comptions des centaines de chevaliers, entre Antioche et Jérusalem. Aujourd'hui, avec quelques parcelles de terre, une ruine pour habitation, moins d'une centaine de chevaliers, nous ne faisons que survivre.

Je n'aurais garde de gémir, car d'autres sont plus misérables que nous. Nous avons des champs de canne à sucre, de froment, d'orge, des plantations d'orangers et d'oliviers, des vignes, des troupeaux. La cour de Nicosie, où règne le roi Henri, est pour nos produits un débouché constant, et nous savons que le moindre baron de l'île a notre vin sur sa table.

Que vais-je trouver en France ? Nous avons acquis, certes, la confiance du roi Philippe le Bel, qui abrite son trésor dans la commanderie du Temple de Paris, mais la population ne nous est guère favorable. Que ne nous reproche-t-elle pas ? elle s'insurge contre notre vénalité, notre richesse qu'elle juge *insolente*, notre orgueil, les mystères dont, prétendument, nous entourons nos cérémonies, la perte de la Terre sainte, que sais-je encore ?

L'Église, elle non plus, ne nous épargne pas ses critiques : elle nous reproche les rapports privilégiés que nous entretenons avec le Saint-Siège, la puissance que nous donne notre fonction de milice du Christ, une fortune que nous ne devons qu'à la bonne exploitation de nos commanderies et à la gestion rigoureuse de nos comptes. Aurait-elle oublié que, tandis que prêtres et moines se contentaient de dire leurs messes et de prier le Seigneur, nous nous battions, l'épée au poing, contre les ennemis de la Chrétienté ?

J'ai passé mes derniers jours dans l'île de Chypre à faire mes adieux aux frères des autres commanderies, au roi, aux barons, aux chevaliers, à ces preux dont les ancêtres ont suivi la famille des Lusignan sur cette terre généreuse, refuge, de tout temps, des exilés. Le roi m'a reçu avec son amabilité coutumière, distante, un peu guindée, mais sincère. Il avait le regard embué de tristesse en posant sa main sur mon épaule.

— Lorsque vous verrez le roi de France, me dit-il, rappelez-lui qu'il existe en Orient un petit royaume insulaire où son nom est vénéré, où les fontaines de la foi ne tarissent jamais.

Il ajouta à ma grande surprise :

— Dites aussi aux frères du Temple et de l'Hôpital que vous rencontrerez, que les défaites subies par votre milice n'ont en rien altéré le respect qu'ils nous inspirent.

Ma dernière visite a été pour le sépulcre de mon frère dans le Seigneur, mon ami Thibaud Gaudin, digne successeur de l'illustre Guillaume de Beaujeu. La lumière du printemps, s'infiltrant dans la crypte à travers les branches et les vitraux grisâtres, faisait bouger sur le dallage des ombres de mains qui semblaient me saluer.

Je me suis agenouillé et j'ai prié longtemps.

LIVRE IV (1292-1314)

1

La grande rafle d'octobre

Récit d'Olivier de Moustiers

Jacques de Molay ne mentionne pas, dans le récit que j'ai entre les mains, l'affaire de Tortose, qui n'est guère à son honneur.

Il s'était mis en tête, alors qu'il avait trouvé refuge à Chypre, de monter une expédition pour ravir cette ville aux Musulmans et en faire une base d'opérations pour la reconquête du royaume. Le roi Henri refusa sagement son soutien à ce projet généreux mais insensé. Jacques de Molay ne trouva une oreille attentive que chez le connétable Amaury de Lusignan. De la campagne qui suivit, je ne retiendrai que l'essentiel : l'échec de la flotte devant Tortose et la honte qui accablait le maître à son retour.

Plus sages, les Hospitaliers avaient limité leur ambition à l'île de Rhodes : elle avait appartenu à Byzance qui la partageait avec les Turcs. Ils en ont fait un territoire puissant et prospère, imitant en cela les chevaliers teutoniques qui s'étaient constitué, en Prusse, un royaume indépendant.

C'est l'orgueil qui a guidé le maître du Temple dans cette entreprise vouée d'avance à l'échec : il souhaitait faire oublier le désastre de Saint-Jean-d'Acre, se poser en héros de la revanche et de la reconquête ; il voulait pouvoir, en arrivant en

France, s'enorgueillir d'une victoire ; il ambitionnait une auréole et ne récolta que de la méfiance, sinon du mépris.

Il avait atteint la cinquantaine, mais portait beau, malgré une taille modeste, une maigreur de sarment et un regard fuyant. Il ne vivait en Terre sainte que depuis dix-sept ans, au moment des événements d'Acre, et n'avait guère brillé dans la lutte contre les Infidèles. Je n'eus avec lui que des rapports brefs et dépourvus d'aménité ; il semblait jaloux, j'ignore pourquoi, de mes rapports avec Thibaud Gaudin, qu'il méprisait sous des allures complaisantes. Il ne m'aimait guère et je le lui rendais bien.

Lors de notre arrivée en France, où le maître, malgré l'antipathie qu'il me vouait, m'avait demandé de l'accompagner, la population s'attendait à nous voir débarquer montés sur des chevaux arabes caparaçonnés comme pour une parade, harnachés d'armes damasquines et de colliers de dinars et de séquins d'or, suivis d'une légion d'esclaves syriens et soudanais. Elle fut déçue ! Nous n'étions vêtus que de notre tenue ordinaire, grisâtre et rapiécée, qui n'inspirait ni l'envie ni la pitié, et moins encore le rêve. On nous interrogeait pour savoir ce que nous avions fait de notre *trésor* : nous répondions que nous l'avions laissé au château de Kolossi au service des frères chargés de l'exploitation de notre domaine, ce qui était la vérité, encore qu'il ne s'agît que de finances des plus modestes.

Informé de notre retour en Occident, le pape Clément avait tenu à nous rencontrer. Pas à Rome, car la Ville éternelle, partagée entre des factions ennemies, était à feu et à sang à la suite d'un attentat dont le pape Boniface avait été victime, à Anagni. De ville en ville, de château en château, le Saint-Père avait fini par se fixer dans son domaine du Comtat Venaissin, en Avignon. C'est là qu'il nous reçut.

J'assistai à l'entretien qui eut lieu entre le pape Clément, le maître du Temple et le nouveau connétable de Chypre, Raimbaud de Caron. Il fut bref mais fertile en surprises. Le

Saint-Père, personnage de petite taille, rabougri et toussotant, sans un semblant de majesté, nous déclara d'emblée :

— Je me dois de vous prévenir contre le roi Philippe. Il a manifesté l'intention de fondre l'Ordre du Temple dans celui des Hospitaliers, avec, à la tête de cette nouvelle confrérie, l'un de ses fils. Votre richesse et votre puissance lui font à la fois ombrage et envie. Vous êtes pour Sa Majesté, à la fois une milice redoutable et une autorité financière qu'il aimerait juguler.

Jacques de Molay sursauta. Il répondit d'une voix vibrante d'indignation :

— Je m'opposerai de toutes mes forces à ce projet de vassalisation ! Nous ne devons de comptes qu'à Dieu et à Votre Grandeur !

Il ajouta, rasséréné :

— Il ne peut s'agir que d'une rumeur malveillante. Sa Majesté nous respecte trop pour nous imposer cet affront, cette servitude...

Désarmé par ce qu'il devait tenir pour une attitude puérile, le pape rétorqua entre deux quintes de toux :

— Détrompez-vous, mon fils ! Philippe vous redoute, certes, mais il vous déteste ! Je suis bien informé sur lui. Je sais que, lorsqu'il a pris une décision, il s'y tient jusqu'à ce qu'elle réussisse.

Clément fit signe à son médecin pour qu'il lui fît porter sa tisane. Il la but à petits coups, avec des grimaces, avant d'ajouter :

— Vous aurez aussi à vous méfier de Guillaume de Nogaret, le conseiller au Parlement, l'âme damnée du roi, l'auteur de l'attentat d'Anagni qui a coûté la vie au pape Boniface. Ce Cathare repenti, ce chien, est capable de toutes les bassesses pour servir son maître. Dieu veuille que vous n'ayez pas affaire à lui. Osez contrarier Philippe, c'est à Nogaret que vous aurez à rendre des comptes. Il faut aussi...

Clément se dressa à demi, ses mains sèches et tremblantes accrochées aux accoudoirs. Les traits crispés par la douleur qui lui oppressait la poitrine, il ajouta *mezza voce*, en se rasseyant :

— Je me dois aussi de vous mettre en garde contre le peuple de Paris. Il a deux ennemis : le roi qui l'écrase d'impôts et fait frapper de la fausse monnaie, et vous-mêmes, les chevaliers du

Temple, qu'il tient pour responsables de l'abandon de la Terre sainte. Dites-vous bien que vous allez avoir à affronter bien des embûches.

— Je parlerai au roi, s'écria le maître, au peuple, à Nogaret s'il le faut ! Je balaierai ces calomnies !

— Dieu vous entende et vous exauce... murmura le Saint-Père en nous adressant un regard de compassion, comme pour nous prendre à témoin de la naïveté de ces propos.

Clément nous garda à dîner pour se faire raconter les dernières heures de la présence chrétienne sur la terre du Christ. De temps à autre il essuyait une larme.

Le Saint-Père ne nous avait pas menti : Paris bouillonnait comme une marmite au feu. L'accueil que la population, informée de notre retour, nous réserva, passé Saint-Nicolas-du-Chardonnet, aux approches de l'île de la Cité, n'avait rien de rassurant, au point que nous gardions la main à la garde de notre épée. Ce n'étaient qu'insultes et lazzis, mais qui laissaient craindre une lapidation :

— Votre place n'est pas ici, traîtres ! Retournez d'où vous venez !

— Allez donc faire votre cour au sultan !

— Mauvais Chrétiens !

— Sodomites !

Tandis que nous cheminions au milieu de cette tempête, j'observais Jacques de Molay du coin de l'œil. Impavide, figé comme une statue, le regard lointain, il ne bronchait pas, mais je n'avais pas de peine à deviner le tumulte qui devait agiter son esprit et son cœur, le désir qui devait poindre en lui de disperser cette racaille hurlante. Le connétable et nos frères firent bloc sur nos flancs pour nous protéger, lorsque, face au Petit-Pont ouvrant sur la Cité, un groupe armé de gourdins et de couteaux emmanchés sur des perches tenta de nous barrer le passage.

Nous dûmes tourner bride et, par la place de Grève, nous diriger vers la porte Barbette, en essuyant le même concert malsonnant. L'émeute grondait avec une puissance accrue dans les parages de l'hôtel d'Étienne Barbette, directeur de la Monnaie, que des gredins s'apprêtaient à envahir.

La chanson avait changé : c'est au roi Philippe et à son conseiller, Nogaret, que les séditieux en avaient :

— Barbette à Montfaucon !

— Mort aux faux-monnayeurs !

— Qui paiera nos loyers ? Qui donnera du pain à nos enfants ?

Des groupes d'émeutiers coupaient les arbres du jardin, crevaient des futailles à coups de hache, houspillaient les gardes. Je proposai à Jacques de Molay d'intervenir pour faire cesser l'émeute que les gardes étaient impuissants à juguler. La rumeur était telle qu'il ne réagit pas ou feignit de ne pas m'entendre. Peut-être avais-je tort : un courant de foule s'amorçait en direction du Temple.

C'est là que nous nous rendions.

Le Temple était lui-même en état de siège. Une tourbe de populace bouillonnait le long des remparts dominés par le donjon, et tentait des échelades vouées à l'échec, nos frères veillant aux créneaux dans leur manteau blanc marqué de la croix pourpre.

Guidés par des sergents, nous pénétrâmes, par le puissant châtelet d'entrée, dans la vaste cour précédant l'abreuvoir et la chapelle. Je restai confondu par les dimensions de l'enceinte, la qualité de l'architecture, l'importance des bâtiments, le calme qui contrastait avec le tumulte de l'extérieur.

Le Temple de Paris était une ville au cœur de la ville. Il donnait l'image d'un lieu d'asile, d'une puissance sereine, d'une opulence à l'abri de toutes les convoitises. Rien, dans cet ensemble majestueux, qui pût se comparer aux commanderies de Terre sainte, à leur animation constante, à leurs couleurs, à leurs odeurs. Sous le ciel assombri d'octobre, le Temple n'était qu'austérité et froideur militaires.

Un sergent nous guida vers les écuries puis nous conduisit vers le palais du Grand Prieur, vaste édifice flanqué de deux tours massives et carrées précédant un verger bien entretenu.

Comme nous abordions l'escalier intérieur, une voix venant de la conciergerie nous interpella joyeusement :

— Mes amis, soyez les bienvenus !

Nous pensions que le roi ne pouvait se trouver qu'au château du Louvre ; il était là, planté devant nous, vêtu avec simplicité d'une tunique de gros drap serrée à la taille, une fleur de lys brodée sur la poitrine et un simple bonnet de laine comme coiffure.

Nous mîmes un genou à terre. Il nous fit relever et nous dit avec un air bonhomme :

— Vous arrivez au bon moment ! Nous avions besoin de renfort. Je crains que ces gueux qui nous assaillent n'envahissent le Temple, à la faveur de la nuit. Tout à l'heure, ils se sont emparés du convoi de viandes qu'on nous apportait et les ont gâtées ! Prenez quelque repos et venez me rejoindre dans mon appartement.

Philippe le Bel, le bien nommé, me fit une forte impression, avec sa taille imposante, son visage large et lisse qu'un sourire tranchait comme un coup de dague, au-dessus d'une barbe courte. La simplicité et la courtoisie de son accueil me touchèrent. Je me disais que ce prince, dont on prétendait qu'il n'était *ni un homme ni une bête*, qui avait frisé l'excommunication, ne méritait pas le jugement sévère qu'on portait sur lui.

Avant que nous ne nous retirions pour gagner notre logement, j'eus le temps d'apercevoir, par l'entrebâillement de la porte ouvrant sur la conciergerie, un autre personnage qui me fit une impression contraire, avec son allure sournoise et son visage ravagé par la petite vérole. C'était Guillaume de Nogaret. Me souvenant des paroles du Saint-Père, j'éprouvai un frisson désagréable, et me dis que cet homme-là pourrait bien nous susciter des ennuis.

À l'heure de vêpres, alors que la nuit tombait, Jacques de Molay gagna l'appartement réservé au roi dans le Temple, où le souverain l'attendait, en compagnie de son conseiller. Je ne fus pas invité à cet entretien. De ce qu'ils se dirent, rien n'a filtré, ou peu de chose.

Il tomba, au cours de la nuit, une neige précoce, délicate

comme un duvet, dans une atmosphère calme. Accompagné du connétable Raimbaud, je me mêlai à plusieurs rondes. À l'extérieur, rien ne bougeait. Le couvre-feu avait sonné tôt et il était respecté, du moins dans les parages du Temple.

Le lendemain de notre arrivée, l'agitation reprit dans la cour. Dès l'aube, les sergents, aidés par la milice urbaine, avaient procédé à des arrestations parmi les émeutiers : c'étaient des gueux, la lie de la population, des gredins à tous usages, mais aussi des commerçants, des artisans et quelques fils de grands bourgeois égarés dans cette gueusaille. Ils menaient grand tapage, protestant de leur innocence, de leur fidélité au roi, et se plaignant des mauvais traitements qu'on leur infligeait. Philippe les passa en revue comme il venait de le faire de sa garde personnelle, en retira quelques-uns, au hasard semble-t-il, et annonça aux autres qu'ils allaient être *pendus par la gueule,* ce qui souleva une tempête de protestations et d'implorations.

Ce n'est qu'à quelques jours de cet incident que Jacques de Molay daigna m'informer de son entretien avec Philippe. Il en était ressorti, me dit-il, avec une pénible impression et un mauvais pressentiment.

La conversation avait débuté sur un ton abrupt. Le roi avait demandé au maître de rassembler ses frères, d'effectuer une sortie pour les lancer sur les émeutiers, comme il l'eût fait, dit-il, *sur des Turcs.* Jacques de Molay lui avait fait une réponse ferme : des Templiers, ne pouvant tirer l'épée contre des Chrétiens, se contenteraient de veiller au grain. Le roi n'avait pas insisté.

Lorsque Philippe avait fait part au maître de son intention de fondre en une seule fraternité Templiers et Hospitaliers, Jacques de Molay lui avait fait une réponse aussi ferme et catégorique.

— J'ai jugé indécent de la part du roi, me dit-il, de traiter le pape Clément de vieil avare, de parjure, de serpent venimeux. Il supporte mal le soutien que Sa Sainteté nous témoigne, les privilèges qu'elle nous a renouvelés. J'ai le sentiment que

Philippe souhaite se débarrasser de nous et que, si la persuasion ne suffit pas, il emploiera la force, car j'ai perçu de la menace sous ses propos. Je crains, Olivier, que nous n'ayons à vivre des jours difficiles.

— Pourtant, dis-je, Philippe a toujours manifesté sa sympathie et sa confiance à nos frères du Temple de Paris. C'est à eux qu'il a confié son trésor et le soin de ses affaires. Les Templiers sont devenus ses financiers. Quel intérêt aurait-il à nuire à l'Ordre, à vouloir le supprimer ?

Jacques de Molay haussa les épaules devant l'expression de ma naïveté.

— Le roi est impécunieux et, de plus, peu scrupuleux, comme le montre la fabrication de la fausse monnaie, qui a déclenché en partie l'émeute de ces derniers jours. Notre fortune, nos biens le fascinent. Il doit rêver chaque nuit au trésor du Temple, aux milliers de commanderies prospères que nous possédons en Occident, à la force armée que nous représentons. Je le répète : nous lui faisons de l'ombre, comme un arbre, et cet arbre, il l'abattra un jour prochain. Il a déjà, je le devine, la cognée entre les mains.

La fin de l'émeute ramena le calme dans la capitale.

Quelques jours après le supplice des meneurs, le roi nous annonça la mort, à Saint-Ouen, de Catherine de Courtenay, sa belle-sœur, épouse de Charles, roi de Sicile. Il pria Jacques de Molay de tenir les cordons du poêle jusqu'aux Jacobins, lieu des obsèques. Cet honneur lui était dû : en tant que grand maître de l'Ordre, il avait rang de prince souverain. Cet honneur le flatta au point qu'il en oublia ses pressentiments et sa rancune envers le roi.

Cette cérémonie funèbre se déroula le 12 octobre, sous un discret soleil d'hiver, en présence d'une foule silencieuse, mais qui ne semblait guère participer à l'affliction de la famille royale.

Ce fut l'occasion de ma première et de ma dernière promenade dans Paris.

Au lendemain des obsèques de la reine Catherine, nous constatâmes que le roi, accompagné de Nogaret et de ses serviteurs, avait quitté le Temple pour le château du Louvre. Il s'était abstenu, sans nous prévenir, d'assister à la première messe. Cela nous parut discourtois, mais nous n'y attachâmes que peu d'importance. Moins encore que le maître du Temple pour le royaume, Gérard de Villiers, et son adjoint, le précepteur d'Auvergne, Imbert Blanc : ils avaient l'habitude de ces caprices.

La journée se passa en travaux ordinaires : soins à donner à nos chevaux, ravaudage des vêtements, offices religieux... À l'aube du lendemain, le portier fut réveillé par un dignitaire arrogant, qui se disait envoyé par le roi pour effectuer une inspection. Il était accompagné d'une escorte armée, ce qui souleva un murmure d'émotion, mais sans que nul ne tentât de s'opposer à cette intrusion. Il en alla autrement lorsque les gardes se répandirent dans les logements et nous ordonnèrent de nous lever prestement pour nous rassembler dans la cour.

Après la messe de laudes, dans la chapelle glaciale, j'étais mal réveillé et encore transi, lorsqu'on frappa à ma porte. Quand je tentai de m'informer des motifs de ce coup de force, je me heurtai à un mur de silence et de mépris. Jacques de Molay, que je croisai dans le couloir, paraissait atterré. Il me dit en bouclant sa ceinture :

— Je me doutais bien que Philippe nous réservait un mauvais coup, et même j'en aurais mis ma main au feu, mais j'étais loin d'imaginer qu'il s'y prendrait si tôt ! Avant-hier, aux obsèques de la reine Catherine, il s'est répandu en bonnes paroles et en flatteries à notre égard.

Il ajouta d'un air pitoyable, en me quittant, poussé aux épaules par les gardes :

— Mon Dieu, Olivier, que nous veut-on ?

Ce que l'on nous voulait, nous n'allions pas tarder à le savoir. À peine étions-nous descendus dans la cour, poussés aux reins par les lances des gardes, Nogaret surgit, descendit de cheval et nous lança d'une voix âpre :

— Le maître Gérard de Villiers et le précepteur d'Auvergne manquent à l'appel. Où sont-ils ?

Nous nous interrogeâmes du regard, incapables de répondre.

— Veuillez d'abord nous dire, répliqua Jacques de Molay, ce que signifie cette action. Que va-t-on faire de nous ?

Nogaret tapa du pied, se croisa les bras et, l'air furieux, réitéra sa demande. Je m'armai d'audace pour répondre que nous ne partagions pas la cellule des absents et n'étions pas chargés de les surveiller. Je dus mettre de l'insolence dans ma réplique car Nogaret s'approcha de moi et me gifla. Si l'on ne nous avait privés de nos épées, qui sait si je n'en aurais pas fait usage pour riposter à cette insulte ?

Les intrus, après avoir fouillé le couvent de fond en comble, ce qui demanda des heures, durent convenir que les deux oiseaux s'étaient envolés. Je devais apprendre plus tard que le maître était en mission, on ne savait où, et que le précepteur avait fui pour l'Angleterre. Ils avaient été avertis, je présume, de cet attentat. S'ils ne nous en avaient pas prévenus, me disais-je, c'est qu'il leur était impossible de faire évacuer tous nos frères sans donner l'éveil.

À la question, que nous nous répétions inlassablement : à savoir ce que l'on allait faire de nous, la réponse ne tarda guère.

Un greffier avait installé son pupitre sur la margelle du puits pour relever nos identités et nos grades. Les soldats nous conduisirent par groupes dans la prison attenante au châtelet d'entrée, face au carcan dépourvu pour l'heure de tout condamné. Nous étions si nombreux que cet édifice ne suffit pas à nous contenir, si bien que l'on nous répartit dans les caves voisines.

Les portes de notre geôle refermées, plus personne ne s'occupa de nous jusqu'à la tombée de la nuit où l'on vint nous distribuer de la soupe et un mauvais pain de son. J'étais parvenu à me rapprocher de Jacques de Molay et du connétable Raimbaud de Caron, car nous n'étions, Dieu merci, ni liés aux mains ni entravés.

— Si nous avions été prévenus par Villiers, bougonna le connétable, nous aurions pu nous défendre, les armes à la main...

— ... et tenir le roi en échec assez longtemps pour l'amener à composer, ajoutai-je, d'autant que la révolte gronde encore dans le peuple et qu'il redoute un soulèvement général !

Jacques de Molay nous écouta en silence avant de lâcher d'une voix tranchante :

— Cessez de rêver, mes amis ! Ce qui est fait est fait. Nous avons été trahis par le maître de France et le précepteur d'Auvergne, voilà la vérité toute simple ! S'ils nous avaient prévenus, nous aurions pu, par petits groupes, échapper au piège. Quant à résister, les armes à la main, je m'y serais opposé ! Souvenez-vous que la règle nous interdit d'affronter d'autres Chrétiens.

Je protestai :

— La règle... La règle... Elle ne nous oblige pas à nous laisser parquer et égorger comme des moutons ! J'espère que les frères des autres commanderies, informés des mauvais traitements qu'on nous inflige, vont voler à notre secours !

— Renoncez à cette illusion, Olivier, et vous aussi, Raimbaud. J'ai la conviction qu'en ce moment, ils subissent le même traitement que nous...

Le connétable n'allait pas tarder à être libéré : il ne faisait pas partie de notre confrérie.

L'opération avait été préparée de main de maître.

Depuis des mois, le projet mûrissait dans l'esprit retors du roi. Au mois de septembre précédent, en l'abbaye de Maubuisson, proche de Pontoise, Philippe en avait informé les grands prélats du royaume, dominicains et inquisiteurs. J'imagine que la décision ne fut pas facile à prendre, et non seulement pour le roi : il fallait ménager la susceptibilité du pape Clément, l'Ordre du Temple relevant de son autorité ; il avait vaguement promis, à la suite de quelques plaintes, d'initier une enquête sur les mœurs de notre communauté, mais jugeait qu'elle présentait moins d'urgence et de rigueur que sa santé. Ces tergiversations avaient incité Philippe à réagir avec sa brutalité coutumière. Il avait attendu que les Templiers d'outre-mer se fussent retrouvés à Paris, pour tendre ses filets. Le coup avait parfaitement réussi. L'habile homme que ce roi...

Quelles erreurs nous imputait-on ? On nous chargeait, à tort, de l'entière responsabilité des revers qui nous avaient fait perdre la Terre sainte, alors que nous l'avions défendue avec un rare héroïsme. Que reprochait-on à nos mœurs ? D'être suspectes, dévoyées, mais elles ne l'étaient que pour nos ennemis.

Le colloque de Maubuisson avait sonné le glas de l'Ordre, non seulement en France, mais dans d'autres nations d'Occident, exception faite de l'Espagne et du Portugal, où notre confrérie participait activement à la lutte contre les Maures.

Le secret du roi avait été bien gardé. Des lettres scellées avaient été adressées aux baillis et aux sénéchaux de tout le royaume, avec une consigne : ne pas les ouvrir avant le jour indiqué. À cette même date, le vendredi 13 octobre de l'an 1307, à l'aube, ces hommes de loi avaient frappé aux portes de toutes les commanderies de France, sous le prétexte fallacieux de procéder à une inspection, comme cela s'était passé au Temple de Paris. Nos frères s'étaient laissé prendre à ce traquenard, sans qu'à ma connaissance le moindre incident grave n'eût été enregistré. En revanche, quelques Templiers, avertis de la manœuvre ou partis en mission, échappèrent à cette rafle.

Les commissaires royaux chargés de l'opération, dans la capitale et ailleurs, ne s'étaient pas contentés de nous jeter en prison : ils avaient effectué le relevé des trésors et des biens de nos commanderies, n'omettant ni une volaille ni un jambon ni un tonnelet de vin...

En une journée, l'affaire était dans le sac : l'Ordre du Temple avait vécu.

La vie ne m'avait pas encore suffisamment mûri pour que je prisse pleinement conscience de la gravité de notre situation. Je passai une partie de la nuit qui suivit notre incarcération à me dire que ce coup de filet ne constituait qu'une mesure d'intimidation, que le roi Philippe, après avoir mis la main sur nos biens, nous relâcherait, que je serais libre d'aller trouver refuge dans le domaine de Provence dont mon père me parlait souvent ; je m'y retrouverais seul, mes parents et ma sœur ayant disparu dans la tourmente de Saint-Jean-d'Acre ; je pourrais reprendre l'oliveraie et le moulin de Moustiers, mener une existence sereine et laborieuse, me marier peut-être, mon manteau de Templier m'ayant été arraché. À vingt ans, le célibat est difficile à supporter, et la cordelette bénie qui nous ceignait les reins était impuissante à maîtriser les tentations nocturnes de la chair.

Naïf comme un enfant, il m'était difficile de concevoir qu'un souverain comme Philippe, fidèle à la foi du Christ, bon époux et bon père, loyal envers ses sujets, pût s'abandonner à des tentations triviales, comme de trafiquer la monnaie ou dépouiller certains de ses sujets, sans autre mobile que la cupidité.

Pas un seul instant, durant cette première nuit dans la prison du Temple, l'idée ne me vint que notre destin pouvait se comparer à celui des Cathares du Languedoc, écrasés par les barons du Nord, mais dont certains rescapés continuaient à résister dans la montagne. Eux aussi, prisonniers des chevaliers chrétiens, avaient été emmurés, à Carcassonne ou dans d'autres forteresses, avaient subi les pressions des inquisiteurs chargés de leur faire vomir leur hérésie et qui, devant leur refus, les avaient livrés au bras séculier et au bûcher. Certes, je ne pouvais plaindre ces égarés dont l'obstination dans l'erreur m'exaspérait, mais leur courage me semblait digne de respect.

Beaucoup de nos frères installés outre-mer s'étaient trouvés dans des situations plus pénibles que celle que nous subissions. Ils avaient dormi dans la boue, dans la neige, sur le sable brûlant du désert, avaient vécu une mort lente dans les prisons turques, syriennes ou égyptiennes, mais ils pouvaient compter sur le secours de leurs frères. Ici, dans la prison du roi, tout espoir nous était interdit.

Avec l'accord de Jacques de Molay, je prenais soin des vétérans, des infirmes, des malades. Nous étions dépourvus des moyens les plus nécessaires, réduits, pour seuls remèdes, à des propos lénifiants. Ces vieux guerriers, ces reliques des temps héroïques, ne comprenaient pas ce qui leur arrivait. Certains, ayant perdu la mémoire et la raison, ignoraient jusqu'au nom du roi de France et du lieu où ils se trouvaient. Ils réclamaient en protestant leurs soins habituels : leur miche de pain, leur cruche de vin, le pot pour leurs besoins. Je m'efforçais de leur faire comprendre que l'on traversait une passe difficile, mais que nous n'allions pas tarder à connaître des jours meilleurs. Qu'aurais-je pu faire d'autre ?

En quelques jours, l'atmosphère de notre sentine devint irrespirable, malgré le soin que nous avions pris d'installer des tinettes de fortune. À nos protestations, à nos requêtes, les gardes répondaient d'un ton narquois qu'avec le temps nous prendrions l'habitude de ces incommodités, d'autant que la boue était notre domaine de prédilection. À plusieurs reprises, je fus sur le point de leur sauter à la gorge, mais cette réaction maladroite n'eût fait qu'aggraver notre situation. Ceux qui s'y étaient risqués avaient été relégués dans des trous à rats, mis au pain et à l'eau.

J'avais parfois l'impression que l'esprit de Jacques de Molay battait la campagne et se laissait emporter par des idées singulières. Nous nous gardions de le contredire, car il paraissait se nourrir de ces chimères. Il me dit un jour, avec le plus grand sérieux :

— Combien nous reste-t-il de frères en l'île de Chypre, en comptant les Hospitaliers ? Deux cents, trois peut-être... Avec un solide contingent de Chypriotes nous pourrions tenter de reprendre Tortose au sultan...

Il pleura de dépit le jour où il nous confia qu'il n'avait pu, durant son séjour en Terre sainte, se rendre à Jérusalem et prier sur le lieu du supplice. Pleurer à chaudes larmes. Pleurer comme un enfant à qui l'on aurait fait une fausse promesse.

Nous avions comme voisin de geôle un personnage important de notre confrérie, Hugues de Pairaud, visiteur des commanderies pour l'ensemble du royaume. Il paraissait au courant des raisons qui avaient conduit le roi à organiser cette rafle. Vétéran dans la force de l'âge, rassis, disert pour peu qu'on lui posât des questions judicieuses, il ne portait pas la barbe et avait le crâne rasé, ce qui lui donnait l'allure d'un César. J'eus à diverses reprises l'occasion de m'entretenir avec lui et d'en apprendre beaucoup sur les mobiles de cette opération.

— Si tu t'imagines, me dit-il, que le roi a agi par esprit de lucre, tu te trompes. Il est le séquestre des biens de l'Ordre, et c'est ici-même, au Temple, qu'est placé le trésor royal. Il a d'ailleurs pris l'engagement de confier ces biens à nos frères hospitaliers, qui sont plus pauvres que nous.

— Dès lors, quelle est la raison de ce coup de force ?

— La raison d'État, mon jeune confrère ! La même qui l'a poussé, il y a deux ans, à chasser les Juifs et à mettre la main sur leurs richesses. Il veut un royaume exempt d'hérétiques, le Royaume de Dieu, même s'il doit se dresser contre la papauté. Philippe est très croyant, mais il est aussi réaliste : il n'épargne rien pour parvenir à ses fins !

J'avais du mal à suivre ce raisonnement alambiqué, voire contradictoire.

— Nous serions donc, dis-je, condamnés pour hérésie ? Voilà

qui me confond. Nous avons défendu les Lieux saints contre les Infidèles, nous avons...

— Qui te parle de *condamnation* ? Le roi a décidé de mener une enquête pour vérifier si les rumeurs qui courent sur notre compte sont fondées. Elle est en cours dans tout le royaume.

Je fis la bête.

— Des rumeurs, frère Hugues ? Quelles sortes de rumeurs ?

Il eut un sourire de commisération pour le benêt que je lui paraissais être. Je le sentais fatigué par cet entretien avec un personnage qui, apparemment, n'était au courant de rien, et dont la naïveté devait lui sembler insupportable. Il soupira en posant la main sur mon épaule :

— Pour mieux t'éclairer, mon garçon, je vais me faire l'avocat du diable. Les Templiers sont des hérétiques, ils ont pactisé à diverses reprises avec les disciples de Mahomet pour garder leurs territoires et leurs biens en Palestine et en Syrie. Ce sont avant tout des banquiers ; ils pratiquent l'usure, comme les Juifs et les Lombards. Ils adorent des idoles exécrables, dévorent les enfants nés de leur copulation avec des femmes indigènes, et surtout, Olivier, ouvre bien tes oreilles ! les réceptions de l'Ordre sont soumises à des rites scandaleux : renier le Christ, cracher sur la Croix, baiser la bouche et l'anus du maître, encourager la sodomie. Si tout cela ne mérite pas le bûcher...

Je sentis l'indignation me chauffer les joues et me levai, persuadé que le visiteur se moquait de moi. Il me tira par le fond de ma tunique en riant, pour me retenir.

— Ne prends pas cela au sérieux ! Ce ne sont que des calomnies. Le roi et les moines inquisiteurs, qui vont être chargés de nous interroger, auront tôt fait de les dissiper.

Je me souvins de ce que j'avais appris des tortures que les inquisiteurs du Languedoc avaient fait subir aux Cathares, et me sentis blêmir.

— Eh oui, ajouta Hugues de Pairaud, l'Inquisition... Nous sommes des religieux et ne pouvons être jugés que par d'autres religieux, à savoir les inquisiteurs, mais rien ne les empêchera le cas échéant, de nous livrer au bras séculier. Tu sais ce que cela signifie...

Je voulus savoir comment le pape Clément prenait cette affaire et s'il pourrait intervenir pour éviter les abus.

— Le pape Clément... soupira le visiteur. Avec lui, c'est un jour blanc, un jour noir. Il a deux affaires importantes sur les bras : celle qui concerne le pape Boniface dont le roi réclame le procès *post mortem* pour dénoncer ses vices et ses erreurs, et celle qui nous concerne, et qui le met dans le même embarras. Il lui en coûte d'affronter un roi qu'il redoute et dont les armées sont pour ainsi dire à ses portes. C'est pourquoi il a accepté que l'on menât dans toutes les nations d'Occident la même enquête que celle qui nous concerne. Mais il trouve, dit-on, beaucoup de réticences.

Ce *dit-on* portait son poids de mystère. Qui était ce *on* qui avait révélé toutes ces informations au visiteur, et dans quelle mesure pouvais-je lui faire confiance ? J'avais bien observé quelques absences insolites, rares à vrai dire, mais prolongées, sans en tirer une conclusion capable de donner consistance à un soupçon de complicité avec les officiers du roi (je pensais : Nogaret). Il devait bien se douter que ce détail de son comportement ne m'avait pas échappé, mais il ne daigna pas apporter une réponse à une question que je ne lui posais pas.

S'il est un mot qui puisse résumer les propos du frère Hugues, ce serait celui de *confusion*. Était-il incapable de répondre à ma curiosité quant à notre incarcération, ou se dérobait-il en déployant des arguments singuliers ? Je l'ignore et devais l'ignorer durant une bonne semaine, jusqu'au jour où un officier vint le chercher pour le conduire auprès des commissaires royaux qui siégeaient dans le donjon.

Je restai des heures à ressasser la même pensée : nous ne reverrions jamais le frère Hugues de Pairaud. Son absence risquait de nous couper du monde extérieur. Avec la propension à l'imaginaire propre à la jeunesse, je me disais que le Moloch de l'Inquisition l'avait happé, englouti, dévoré...

Je me souvenais qu'au cours d'un autre entretien il m'avait parlé des moines inquisiteurs, ces personnages mystérieux et redoutables, ces hommes de fer qui cherchaient la vérité de Dieu dans la chair des hommes, qui n'avaient d'autre ambition que de la servir et d'autre satisfaction que celle d'une mission menée à bien. La règle de leur institution leur imposait d'avoir passé la quarantaine, de justifier d'une carrière exempte de tout péché, de n'obéir qu'au Saint-Père dont ils relevaient. Leur action devait être pure de toute haine particulière comme de pitié, signe de faiblesse. Ils avaient pour mission de soustraire des âmes à leurs erreurs, de traquer l'hérésie et de confier au bras séculier les relaps : un mot terrible auquel faisait écho le crépitement du bûcher.

Ils allaient toujours par deux : le grand inquisiteur, autrement nommé général, et son *socius*, son adjoint. Pour l'affaire dont nous relevions, il s'agissait de deux dominicains, Guillaume de Paris et Nicolas d'Ennezat. Chose étrange : ils étaient tenus de se surveiller mutuellement et d'exercer une sainte délation.

Hugues de Pairaud nous avait quittés à l'aube et ne retourna dans la prison que le soir, après une interminable journée passée à m'interroger sur son sort, à l'imaginer jeté dans une chambre de torture. Il paraissait abattu, au point que je n'osai l'interroger. En apparence, il n'avait pas subi la question, car aucune marque de violence n'était visible. Il avala sa soupe en silence, s'allongea sur sa paillasse et s'endormit.

À l'aube du lendemain, ce fut le tour de Jacques de Molay. Le cœur serré, j'assistai à son départ. Il nous embrassa, l'air digne et résolu, comme s'il s'apprêtait à faire le sacrifice de sa vie.

Quand Hugues eut fait sa toilette dans le baquet d'eau grisâtre de crasse installé dans la geôle, il vint s'asseoir près de moi, les bras repliés autour de ses genoux, et me dit avec un triste sourire :

— J'imagine que, curieux comme tu l'es, tu as dû te poser des questions sur mon absence et te demander si tu me reverrais.

Je me gardai de le démentir et attendis qu'il daignât me révéler ce qu'avait été pour lui la journée de la veille.

— Avant toute chose, dit-il, une recommandation expresse : ne prends pas au tragique les questions qui te seront posées, ainsi qu'aux cent cinquante frères qui vont être convoqués. Évite les réactions ironiques ou violentes, les contestations. Tâche de te conduire en agneau bêlant.

Il me raconta qu'on lui avait fait jurer sur l'Évangile de révéler la vérité, ce qu'il avait fait, me dit-il, *de bouche mais non de cœur*. Soigneusement préparé, interminable, le questionnaire concernait surtout le rite de réception des néophytes. Il avait failli perdre patience tant, dans ces questions, le ridicule se mêlait à l'ignominie. Était-il vrai que l'on conduisît les novices derrière l'autel, qu'on les obligeât à renier le Christ et à cracher sur la croix, à baiser la bouche, le nombril et l'anus du maître, qu'on les incitât à la sodomie ?

— Et qu'avez-vous répondu ?

Il garda le silence un long moment, la tête sur ses genoux, puis il me dit :

— ... ce que je te conseille de répondre en écartant tout sentiment de honte. J'ai dit que j'avais renié le Christ, mais comme Pierre le fit jadis par trois fois, la veille de la Passion, que je n'avais pas craché sur la croix, mais à côté, que je n'avais baisé le maître que sur la bouche, comme le font les chevaliers à l'occasion de leur adoubement. Ils m'ont demandé si j'avais moi-même reçu des frères avec le même cérémonial. Je ne l'ai pas nié, ajoutant que cela relevait de notre règle secrète et que je ne m'y pliais pas de gaieté de cœur. Honte sur moi ! dans un moment d'égarement, j'ai avoué que j'encourageais mes frères à apaiser leurs chaleurs naturelles avec d'autres frères...

Je surpris une brisure dans sa voix.

— Je ne suis pas fier de moi, poursuivit-il, mais mon salut était à ce prix. Nier tout en bloc eût paru suspect et m'eût livré à la question. Je savais que le bourreau attendait sa proie, dans une cave voisine. Il faudra que tu fasses de même si tu tiens à la vie.

Je lui confiai mon inquiétude pour Jacques de Molay :

— Qui sait ce qui va lui passer par la tête ? S'il se rebiffe...

— S'il se rebiffe, on lui fera visiter la salle de torture et il filera doux. Il va falloir faire passer ces consignes à tous nos frères. Qu'ils calquent leur comportement sur le mien.

Nous les réunîmes par petits groupes et, durant toute la journée, en veillant à ne pas attirer l'attention de nos gardiens, le visiteur les informa de la conduite à observer. Certains se révoltèrent, se refusant à des aveux faux et infamants, mais la plupart promirent de s'en tenir à ces conseils.

Nous attendions avec l'impatience que l'on devine le retour du maître. Il ne nous revint que le lendemain matin, chancelant mais, Dieu merci, indemne. Comme le visiteur, il resta un long moment muet, allongé sur son lit de paille, recroquevillé sur lui-même comme un chien. Il repoussa sans un mot la soupe froide que je lui avais gardée. Ce n'est que le soir, alors que la nuit d'octobre tombait sur la cour, qu'il nous fit le récit de son interrogatoire.

Il ne variait de celui d'Hugues de Pairaud que sur un point.

Dans sa déposition, Jacques de Molay avait mis en cause deux chevaliers du Temple, décédés depuis. Les moines avaient sursauté en entendant nommer Amaury de La Roche, qui avait été recommandé par le pape au roi Louis IX, lequel en avait fait un de ses conseillers. Ils s'interrogèrent sous leur cuculle : il était inconcevable que ce saint homme eût pu sacrifier aux rites infâmes de la réception ! Ils avaient préféré passer outre. Aux autres questions, il avait répondu tout ce qu'on voulait. Son âge, sa fragilité, les bizarreries de certains de ses propos incitèrent les moines à la bienveillance. Après l'avoir interrogé une partie de la nuit, ils l'avaient laissé tranquille.

Le lendemain matin, c'est avec stupeur que nous vîmes le capitaine des gardes réclamer de nouveau la présence d'Hugues pour une autre confrontation. Avant de nous quitter, il m'embrassa et me glissa à l'oreille :

— Mon garçon, prie pour moi. Je crains, cette fois-ci, de ne pas sortir indemne du donjon...

Il ne revint que deux jours plus tard. Mon cœur se serra lorsque je le vis surgir, soutenu aux aisselles par deux gardes qui le jetèrent sur sa paillasse comme une guenille. La terreur se lisait encore sur son visage. Il me prit la main, la serra avec force en murmurant :

— Mon Dieu... Olivier... ils ont osé... Mes pieds... je ne puis tenir debout...

Les moines l'avaient livré au bourreau pour le contraindre à préciser certains détails de sa déposition sur lesquels ils avaient du mal à obtenir des précisions, et qui engageaient des frères du Temple de Paris. L'aide du bourreau lui avait enduit les pieds de graisse ou de lard avant de les placer au-dessus d'un brasero. Il s'était évanoui ; on l'avait ranimé avec du brandevin. Il avait fini, ivre de douleur et de liqueur qu'il était, par avouer tout ce que l'on attendait de lui, et par mettre en cause des innocents.

Les moines s'étaient mis en tête de lui faire reconnaître qu'il avait adoré, comme tous ses frères, une idole qui leur était présentée de nuit, dans un lieu clos placé sous bonne garde : le Baphomet. J'entendais ce nom pour la première fois. Hugues avait avoué qu'il avait vu et adoré sur l'autel l'effigie d'un monstre barbu, à sexe de femme, qui était horrible à voir !

Le récit des tourments qu'on lui avait infligés prit près d'une heure. Nous l'écoutâmes en silence, en faisant de temps à autre le signe de la croix lorsqu'il parlait de Dieu ou du diable.

— Mes amis, dit-il, sachez que la perversité, la cruauté et l'obstination de ces moines n'ont pas de bornes. Dieu vous épargne ces épreuves...

Dans les jours qui suivirent, sous une lourde neige de novembre qui nous enveloppait d'un froid intense alors que nous n'avions plus nos manteaux de laine pour nous protéger, les interrogatoires se poursuivirent sur un rythme accéléré. Guillaume de Paris et son acolyte, Nicolas d'Ennezat, semblaient las et pressés d'en finir avec les prisonniers.

Geoffroy de Charnay, précepteur de Normandie, venait de nous rejoindre dans la prison du Temple. Ce beau vieillard, droit comme un if dans sa tunique souillée aux franges d'une neige boueuse, ne resta que quelques heures parmi nous. Interrogé longuement, il avait été biaisé dans ses réponses, en évitant d'entrer dans le jeu des inquisiteurs qui le sommaient de relater les scènes sacrilèges que tous les autres frères avaient reconnues : il les avait niées même avec fermeté. Son âge, peut-être aussi sa bonne réputation, lui avaient épargné le supplice.

Le lendemain de sa venue parmi nous, Geoffroy de Gonneville, précepteur du Temple pour l'Aquitaine et le Poitou, fut appelé par les moines. À son retour, il paraissait nerveux, et, malgré le froid intense qui régnait dans la sentine, la sueur coulait de son front. Il se montra prolixe, comme il l'avait été avec ses juges, moins par souci d'exprimer la vérité qu'on exigeait de lui que pour évacuer le sentiment de panique qui s'était emparé de son esprit. C'est du moins ce qui ressortait du récit confus et souvent contradictoire qu'il nous fit. Il fondit en larmes sur l'épaule de Jacques de Molay, en balbutiant :

— Mes frères... mes amis... je ne suis pas digne de me trouver parmi vous. J'ai commis tout à l'heure le plus ignoble des péchés, j'ai menti, j'ai calomnié, j'ai...

Jacques de Molay l'interrompit :

— Mon frère, n'ayez pas de remords ! Les péchés dont vous vous repentez, nous les avons tous commis. Le sentiment de honte que vous éprouvez, nous en souffrons nous-mêmes. Il fallait en passer par là ou subir la question, comme le frère Hugues.

À aucun moment de sa déposition, nous dit Geoffroy, il n'avait pris la défense de l'Ordre. Il s'était même livré à une sordide surenchère, jetant l'anathème sur ses frères, ce qui parut combler de plaisir les deux moines. Pour mieux les impressionner, il leur avait rappelé que sa famille partageait la table de tel et tel seigneur, qu'elle était reçue à la cour d'Angleterre. Les moines durent le ramener à des considérations conformes à leur propos.

Lorsqu'on lui avait demandé s'il avait renié le Christ, Geoffroy avait répondu par la négative, ajoutant, sans qu'on l'en priât, qu'il n'avait pas non plus craché sur la croix, mais seulement sur la main qui la lui présentait. Dénoncé par ses frères pour avoir refusé d'accomplir le rite selon la règle, il avait failli, dit-il, jeter son manteau à leurs pieds, mais, redoutant leur vengeance, il s'en était abstenu. Il avait pensé se plaindre de ces odieuses simagrées au roi Philippe, mais, là encore, il n'avait pas osé.

Lorsque le moine Guillaume lui avait demandé s'il connaissait l'origine du rite secret, il avait inventé une fable pitoyable : le maître du Temple en Palestine, Gérard de Ridfort, prisonnier de Saladin à la suite de la défaite de Hattin, avait promis au sultan d'introduire des pratiques païennes dans le Temple, notamment la sodomie, afin de saper son unité et sa puissance.

Bavard comme une pie, par lâcheté sans doute, Geoffroy de Gonneville avait accusé le maître du Temple de Jérusalem, Thomas Béraud, d'avoir jadis incité les néophytes à des relations coupables entre eux. Thomas Béraud avait été un homme rude, autoritaire, souvent injuste, mais mon protecteur, Thibaud

Gaudin, qui l'avait bien connu, savait qu'il ne plaisantait pas avec la règle. Les turpitudes que Geoffroy lui prêtait n'étaient que du vent.

Sa prolixité, ses propos confus avaient valu à Geoffroy l'indulgence de ses juges, mais, quant à moi, je ne lui vouai que mépris et le lui exprimai sans ambages. Il en fut si affligé qu'il se retira de notre groupe pour traîner sa paillasse et aller manger sa soupe à l'écart.

Ce qui émerge en moi d'une captivité qui dura plus d'un mois, c'est avant tout un sentiment de honte. Nous avons maudit l'hérésie cathare mais, placés dans la même situation que nous, ils n'auraient jamais consenti, même sous la menace de la torture et du bûcher, à renier leur foi.

Quel mauvais vent soufflait sur l'Ordre du Temple ? Au début de son existence, alors qu'Hugues de Payns les entraînait vers Jérusalem, nos frères étaient des moines et des soldats ; ils portaient fièrement la croix sur leur poitrine et, dans leur cœur, la promesse de délivrer les Lieux saints. Les pires tortures n'auraient pu les faire adjurer. Les tempêtes de l'Histoire, la confusion qui s'était emparée du royaume chrétien, les compromissions avec le siècle, peut-être aussi l'atmosphère émolliente de cette terre, avaient fait d'eux des soldats plus que des moines. De fiers soldats, qui avaient réagi avec courage, avec héroïsme souvent, comme dans les derniers jours de Saint-Jean-d'Acre, dont je fus témoin, malgré mon jeune âge. Honteux, humiliés, ces soldats perdus de la Chrétienté avaient sombré dans le doute et l'hébétude, qui ouvraient la porte à tous les renoncements, sinon à toutes les lâchetés.

Cette honte, je m'en repens et je l'assume. Inséré dans le troupeau, j'ai réagi comme lui, avec, comme objectif, une résistance passive et le souci de sauver ma vie.

Sur la fin du mois de novembre, mon tour arriva d'être confronté à ce sanhédrin inquisitorial qui me faisait peur et horreur. Nommé arbitrairement sous-sénéchal, par la seule volonté de Jacques de Molay, maître suprême de l'Ordre, je n'étais pas un personnage de grande importance, à côté des dignitaires qui m'entouraient. C'est sans doute pourquoi l'on fit tarder ma comparution.

Quand le sergent d'armes qui venait convoquer les détenus eut lancé mon nom, je sentis une peur atroce se nouer dans mes tripes et chancelai en traversant la cour enneigée. Le donjon se situe à l'autre extrémité de l'enceinte, au milieu d'un espace consacré au verger et au jardin. Nous empruntâmes une venelle insérée entre le charnier et l'église, à travers un silence épais qui distillait parcimonieusement les rumeurs de la ville. La neige qui entourait les édifices les faisait paraître plus sombres et plus austères. Des chapelets de corneilles faisaient aux arbres nus une dentelle noire.

Le sergent et les deux archers du roi qui l'escortaient me firent entrer dans la salle de garde où brûlait un grand feu dont la chaleur me donna une sorte de vertige. L'un des archers dénoua mes liens, l'autre me fit asseoir sur un escabeau, face aux deux inquisiteurs et à un greffier qui se caressait le cou avec sa plume. Ils me dévisagèrent et vérifièrent mon identité, en échangeant des hochements de tête et des propos qui m'échappèrent.

L'interrogatoire qui suivit ne me prenait pas au dépourvu : il était identique à celui qu'avaient subi les frères qui m'avaient précédé, si bien que j'aurais pu répondre avant que les questions me fussent posées. J'avouai sans réticence tout ce qu'on attendait de moi, en évitant d'en rajouter, mais avec des réserves : je n'avais pas craché sur le crucifix, mais à côté, je n'avais renié le Christ qu'une fois, de bouche seulement, j'avais refusé d'entretenir des rapports charnels avec mes frères. Quant à l'idole...

— Je ne l'ai vue qu'une fois, mais elle était si horrible que j'en ai encore des frissons. C'était, autant qu'il m'en souvienne, le buste d'un homme barbu, aux yeux faits de pierres de couleur, avec quatre pieds...

— Un buste avec quatre pieds ! s'étonna d'Ennezat.

— C'est bien ce qu'il m'a semblé. Ce pouvait être un nain, je ne sais plus... La chapelle était plongée dans l'ombre, et j'étais si jeune...

Ils parurent intéressés et voulurent en savoir plus. C'est alors que, gagné par la panique, je fus contraint de faire appel à mon imagination, en m'efforçant de pas outrepasser les limites de la vraisemblance. J'inventai une chapelle d'Acre où je n'avais jamais mis les pieds, une date fantaisiste, des détails qui l'étaient autant.

Après une heure de déposition, de baliverne en baliverne, les deux moines se levèrent et me firent signe de ne pas bouger. Je les entendis demander au sergent en faction devant une porte de cave si le détenu qu'ils nommèrent était prêt. Ils disparurent dans la cave en marmonnant je ne sais quoi. Soudain une plainte sourde accompagnée d'un hurlement me glaça le sang. Une voix inhumaine hurlait :

— Non ! pitié ! Mon Dieu, secourez-moi ! Cessez, je vous en conjure !

Je ne saurais dire combien de temps dura le supplice et si le malheureux avoua. Ce devait être un de ces relaps sur lesquels les moines s'acharnaient. Une main se posa sur mon épaule. La voix suave d'Ennezat me glissa à l'oreille :

— Tu peux te lever, mon garçon. Ton épreuve est terminée. Tu nous as dit ce que nous attendions de toi, mais prends garde à ne pas revenir sur ta déposition, sinon...

Il me fit signe de le suivre dans la salle voûtée d'où sortait une odeur épaisse, grasse, de chair grillée. Sur une grande claie était étendu, au-dessus d'un lit de braise, le corps d'un homme entièrement nu, couturé de plaies charbonneuses, dont la bouche béait, comme s'il riait.

— Il n'est pas mort, dit d'Ennezat. Cet obstiné a la vie dure, mais, s'il persiste dans son erreur, Dieu le rappellera à Lui pour le sermonner. Voilà ce qu'il en coûte de renier sa parole. Que cela te serve de leçon...

J'ignore à quoi ressemblaient ces maudits moines : leur visage, tout le temps que dura mon interrogatoire, resta dissimulé sous leur capuche.

2

Mon cœur souffre et mon âme pleure...

Je me suis longtemps demandé d'où pouvait bien venir le ramassis de calomnies déversées sur notre fraternité, quel esprit pervers avait osé les imaginer et les répandre. Je ne devais l'apprendre que plus tard, alors que l'horizon s'était éclairci pour moi et quelques-uns de mes frères de douleur.

Au début du siècle, en Gascogne, dans les environs d'Agen, le prieur de Montfaucon, Floyrans, originaire de Béziers, eut maille à partir avec le maître d'une commanderie de Templiers voisine de son prieuré. Il mûrit sa vengeance et imagina pour cela mille turpitudes dont nos frères se seraient rendus coupables. Un comportement qui rejoint l'idée communément admise que des dissensions entre l'Église et l'Ordre du Temple se perpétueraient, suscitées entre autres motifs par la jalousie de l'une et la présomption de l'autre.

Floyrans communiqua ses élucubrations au roi d'Aragon qui, sagement, s'en désintéressa. C'est alors que le prieur se retourna vers le roi de France. Philippe n'attacha guère, lui non plus, d'importance à ces fables, mais cela lui mit la puce à l'oreille. L'idée avait naguère germé dans son esprit, sinon de supprimer un Ordre qui lui portait ombrage, du moins de le fondre dans celui des Hospitaliers, comme je l'ai déjà rapporté dans cette chronique.

Après mûres réflexions, Philippe informa le pape Clément de ces rumeurs. Réponse indignée du pontife : *invraisemblables et incroyables* (ce sont les mots qu'il employa). Ses *fils de dilection,* comme il aimait à dire, ne pouvaient avoir atteint un tel niveau d'abjection. Le roi avait confié à Nogaret le soin d'éclaircir ce mystère ou, éventuellement, de l'épaissir. Il ne pouvait mieux choisir : ce fin limier se mit en quête de faux témoins, de templiers renégats ou expulsés pour mauvaise conduite, qui n'attendaient que le moment de tirer vengeance de la sévérité de l'Ordre. L'un d'eux déclara au pape que le Temple était coupable d'*apostasie collective* !

La suite est connue : l'envoi des lettres scellées, l'accord du pape pour une enquête et, un mois plus tard, la grande rafle d'octobre...

Il m'est apparu à la longue que Philippe souhaitait en finir avec ce qu'il appelait une *corporation religieuse,* expression qu'il chargeait de mépris et de haine. Les interrogatoires menés par les moines inquisiteurs avaient moins pour but de traquer l'hérésie que de briser une confrérie maudite.

Lorsque Nogaret eut fait parvenir au roi les aveux de Jacques de Molay, signés de la main du maître et assortis d'un conseil adressé à ses frères, les adjurant de se livrer à la même confession d'apostasie, Philippe exulta. Il s'attendait à une résistance farouche de ces moines guerriers ; il découvrait des moutons prêts à se laisser tondre et égorger ! Une poignée de frères seulement, sur les cent cinquante qu'il avait fait emprisonner au Temple de Paris, se montrèrent réfractaires.

Le maître assumait sa lâcheté avec autant d'aisance que s'il eût piétiné avec des bottes la neige boueuse de la cour. Au lendemain de son premier interrogatoire, il fut convié à une confession publique, en présence des clercs de l'Université et de l'Église. Il était entouré de quelques dignitaires originaires de diverses commanderies de province. J'étais présent et je garde de cette épreuve un profond désarroi et un sentiment de honte.

J'ai encore dans l'oreille, comme un lointain bourdonnement, le son de sa voix énonçant quelques absurdités dont l'assistance parut se délecter. Il dénonça en termes alambiqués « la ruse de l'ennemi du genre humain (le diable), qui avait conduit le Temple à une perdition aveugle ». Il devait nous déclarer plus tard, avec la même emphase, comme pour effacer la mauvaise impression que son discours avait pu nous laisser :

— Je me suis gardé de révéler le détail des turpitudes que l'on nous impute pour ne pas perdre notre honneur, notre puissance, notre richesse, et ne pas prêter davantage le flanc aux menaces qui nous accablent, mais Celui à qui rien ne peut être caché les a fait connaître au roi Philippe...

Comprenne qui pourra !

L'attitude du pape Clément allait nous causer une déception tout aussi profonde. Après avoir autorisé l'enquête sur le Temple, il avait suivi le roi dans ses réquisitions et donné son accord à l'arrestation des frères de toutes les commanderies d'Occident. Peu après, il exigeait de Philippe la remise des prisonniers à ses cardinaux : mesure toute platonique puisque, de toute manière, nous restions sous garde royale, mais avec une conséquence inattendue : fort de cette concession du Saint-Père et persuadé d'avoir recouvré son libre arbitre, Jacques de Molay revint sur sa confession publique.

Ce coup de théâtre provoqua chez Philippe une réaction de stupeur puis de colère. Le deuxième allait finir de l'accabler. Les cardinaux, ayant mené leur propre enquête auprès des prisonniers, communiquèrent leur rapport au pape : Clément fit immédiatement casser le pouvoir des inquisiteurs et appeler l'affaire devant la Curie.

La nouvelle tomba sur nous comme une ondée bienfaisante après une journée torride. La réprobation cinglante infligée au roi et à son âme damnée nous apparut comme l'image radieuse de notre libération prochaine et de la reprise de nos fonctions. Hugues de Pairaud, qui recommençait à marcher à l'aide de cannes, pleura sur mon épaule. La protection du pape nous incita à réclamer un meilleur traitement, des soins aux malades et la latitude, en attendant notre libération, de vaquer dans la cour et les communs une heure ou deux par jour. Cela nous fut consenti, mais non sans réticences.

Si nous avions souhaité une libération imminente, nous aurions dû déchanter. Le roi nous tenait et ne nous lâcherait pas sur une simple injonction des autorités ecclésiastiques. Il convoqua les états généraux à Tours, au mois de mai de l'an 1308, abandonnant à Nogaret et à Guillaume de Plaisians le soin de mener les débats, en laissant entendre qu'on ne céderait rien.

Le pape joua de son autorité jusqu'au bout : informé des résultats de l'enquête menée par ses cardinaux, il convoqua à Poitiers Jacques de Molay et quatre hauts dignitaires de province. J'obtins la permission de me joindre à cette délégation.

Nous partîmes avec une escorte royale. Le voyage se déroula le mieux du monde mais, un matin, alors que nous nous apprêtions à remonter en selle, nous trouvâmes close la porte des écuries. Le chef de l'escorte nous informa que nous ne pourrions poursuivre notre chevauchée. La raison qu'il invoqua, par ordre du roi à n'en pas douter, était des plus fallacieuses : il y avait dans notre groupe des malades qui ne pouvaient poursuivre sans danger ! Nos protestations n'y firent rien. Il nous fallut passer la fin du printemps et le début de l'été entre les murs d'une sinistre forteresse, dans une inaction qui minait notre moral. Le maître nous donnait des inquiétudes : de nous tous c'est lui qui supportait le plus mal cette incarcération arbitraire.

Un matin de la mi-août, le capitaine nous annonça de la visite : une escorte pontificale conduisit jusqu'à la forteresse trois cardinaux qui ne daignèrent pas prendre contact avec nous. Le lendemain, autre visite impromptue, un trio patibulaire : Nogaret, Plaisians et un certain Jean de Jamville.

Les interrogatoires reprirent mais adoptèrent très vite un tour insolite, du fait de la présence des trois créatures du roi. Jacques de Molay s'effondra, de même que quelques dignitaires de l'Ordre : d'une voix tremblante il renouvela sa confession et invita ses proches à faire de même. Quand ils en eurent terminé, le maître demanda en leur nom l'absolution des cardinaux et la grâce du roi. La modestie de mes fonctions me permit d'échapper à cette nouvelle humiliation.

Devant ces confessions obtenues sans menaces, Nogaret, radieux, promit l'indulgence du roi. Je devais apprendre, peu de temps après, qu'il avait persuadé le maître, la veille, que sa sauvegarde et celle de ses frères dépendaient de leur soumission.

Au soir de cette terrible journée, je manifestai ma déconvenue au maître.

— Cette comédie, lui dis-je, fait partie d'une machination destinée à nous perdre. Comment ne l'avez-vous pas compris ? Si vous comptez sur la sincérité de Nogaret et de Philippe, vous allez essuyer une lourde déception ! Cette nouvelle confession va aggraver notre cas.

Je m'attendais à une rebuffade ; le maître se contenta de pleurnicher :

— Dieu veuille que vous vous trompiez, mon fils, mais je crains qu'il n'en soit rien. Je ne suis qu'un vieux soldat qui aspire à se retirer du monde. Ces tergiversations, ces tracas m'ennuient et minent ma santé. Olivier, si j'avais votre âge, j'aurais agi autrement que je ne l'ai fait et que le firent ceux qui m'ont imité : je n'aurais pas plié le genou, je n'aurais rien avoué, je m'insurgerais sans crainte de la torture et de la mort. Mais la torture... mon Dieu ! je n'y résisterais pas, en pensant à ce que les moines ont fait à ceux des nôtres qui se sont montrés rebelles...

Tandis que nous languissions dans notre forteresse, sans la moindre nouvelle, le pape et le roi s'entendaient sur un compromis : Clément réhabilitait les inquisiteurs qu'il avait récusés quelques mois avant, mais il exigeait que les prisonniers fussent interrogés par des commissions diocésaines avant de comparaître devant une commission pontificale, ce qui aurait dû nous rassurer.

Les instructions données aux accusateurs par l'évêque de Paris me donnent encore le frisson lorsque j'y songe : il décrétait que les prisonniers réfractaires aux aveux et qui persistaient dans l'erreur seraient mis au *régime étroit*, soit au pain et à l'eau ; s'ils continuaient à nier ce dont on les accusait, on les présenterait au bourreau, afin de les impressionner, puis, pour venir à bout de leur obstination, on leur appliquerait la question. On ne leur administrerait pas les sacrements, hormis la confession suprême, en les exhortant à « revenir dans la vérité du Seigneur, pour le salut de leur âme et le bien de leur corps... ».

Comment ne pas être touché par la mansuétude de ce grand prélat ? Il avait tout prévu et mettrait tout en œuvre pour sauver des âmes en perdition, jusqu'à la promesse d'une sépulture chrétienne si les condamnés se rédimaient sincèrement !

On ne pouvait faire confiance, quant à la simple justice, à ces tribunaux ecclésiastiques : les évêques, tenant leur nomination du roi, lui étaient soumis. À qui nous fier, désormais, pour assumer notre défense ? Un courant irrésisible nous emportait vers on ne savait quel lendemain : au mieux vers la mort, au pire vers le déshonneur.

Nous perçûmes une lueur d'espoir lorsque le capitaine de l'escorte, devenu notre geôlier, nous informa que le pape, las des exigences du roi, avait décidé de réagir avec vigueur et de lui faire admettre que les templiers prisonniers ne pouvaient relever que de sa justice. Il venait même, comme il l'avait annoncé, de créer deux procédures distinctes : des commissions diocésaines chargées de juger les individus, et une commission pontificale qui aurait pouvoir, dans toute la Chrétienté d'Occident, pour juger l'Ordre du Temple en tant qu'institution. Les résultats des réquisitoires ainsi obtenus seraient exposés au concile qui devait se tenir à Vienne, sur le bord du Rhône, l'année suivante.

Je me dis qu'il s'agissait là d'une nouvelle embrouille dont nous risquions de faire les frais. Mes codétenus étaient moins enclins au pessimisme : ils me réconfortaient en me disant que c'était une nouvelle pierre que Clément envoyait dans le jardin du roi : il reprenait l'initiative, s'opposait notamment à la mainmise de Philippe sur nos biens, attribuait au Saint-Siège la décision de réformer l'Ordre du Temple... ou de le supprimer. De plus, il se réservait le sort des dignitaires... mais sans les enlever à la garde du roi !

Attendre une absolution pure et simple du pape était une autre affaire. J'ai eu en main, il y a peu, la copie d'une bulle fulminée à la suite des transactions chaotiques entre Clément et le roi : un monument de duplicité de la part du souverain pontife ! Il admettait que, si le roi avait décidé l'aliénation des biens de l'Ordre, c'était pour les confier à la discrétion de la Sainte Église, avec un désintéressement et une piété dignes de son aïeul, le roi Louis IX.

Lorsque le capitaine-geôlier nous annonça que les portes de la forteresse allaient s'ouvrir pour nous, je me gardai de m'en réjouir : c'est vers Paris qu'on allait nous diriger ; nous aurions toute liberté de nous justifier ; nous aurions même des avocats. Voire...

Je dis à Hugues de Pairaud qui exultait :

— Cela ne me dit rien qui vaille. On ne donne pas des avocats à des condamnés dont on a juré la perte. Si vous m'en croyez, frère Hugues, nous allons assister à une odieuse parodie de justice...

Appelée à juger les dignitaires du Temple, la commission pontificale de Paris était présidée par l'évêque de Narbonne, Gilles Aycelin, avec comme adjoints le trio des évêques de Limoges, de Bayeux et de Mende, ainsi que quelques assesseurs. Tel était l'aréopage huppé, le sanhédrin expert en théologie, auquel les moines-soldats que nous étions, forts seulement de leur expérience guerrière et de leur foi naïve, allaient être confrontés. C'est dire que nous nous apprêtions à cheminer sur un terrain semé de chausse-trapes, plus dangereux qu'une chevauchée à travers les montagnes d'Anatolie ou de Syrie.

À notre arrivée à Paris, certains d'entre nous regagnèrent la prison du Temple ; les autres furent dispersés et placés, sous bonne garde, dans des bâtiments publics ou des demeures de bourgeois réputés pour leur fidélité an trône.

Sans qu'on eût daigné me consulter, je me trouvai relégué avec quelques frères dans une sorte de boyau obscur prolongeant la cave et le charnier d'une demeure habitée par la famille d'un négociant en vin du quartier de Saint-Jacques, maître Gautier. Ce réduit obscur et suintant d'humidité, hanté par des rats bien nourris, prenait jour par un soupirail sur une vaste cour entourée de remises, d'où nous venaient, avec le grondement des futailles que l'on roulait et le charroi des lourds véhicules, des odeurs de vinasse. J'eus la satisfaction de me retrouver là en compagnie de mon ami Hugues de Pairaud, qui avait enfin retrouvé l'usage de ses jambes, quelques sergents du Temple et le cuisinier de Jacques de Molay, Pierre de Saphet.

Du questionnaire auquel on nous soumit, je ne dirai rien, sinon à l'occasion. Ses cent vingt-sept articles décourageraient les meilleures bonnes volontés par leur absurdité, leur insanité, leur caractère répétitif. On eût souhaité tourner en ridicule ce procès que l'on ne s'y fût pas pris autrement, mais la notion de ridicule semblait étrangère à nos juges.

La commission pontificale devait siéger dans le palais de l'Évêché dépendant de l'archevêché de Sens. La première audience fut ajournée à diverses reprises, sans que nous sachions la raison de ce retard. Ce n'est qu'un an après la désignation du tribunal que l'on fit débuter les audiences !

Le premier souci de cette commission fut de faire appel à des défenseurs *volontaires* ; ils devaient être conduits à Paris sous bonne escorte. Lors de la séance inaugurale, qui eut lieu un 12 novembre, surprise : aucun défenseur ne se présenta et deux commissaires faisaient défaut. On pensa qu'il pouvait s'agir d'une nouvelle manœuvre du roi pour retarder ce procès qui le gênait et y jeter le trouble, mais allez savoir !

Reportée au 22 du même mois, la première séance fut l'objet d'un incident qui souleva l'indignation générale : le premier défenseur *volontaire* à se présenter à la commission était une sorte de marionnette féconde en balivernes ; il annonça d'emblée qu'il avait, durant une dizaine d'années, porté le manteau des templiers, à Besançon, avait été expulsé de l'Ordre, mais en se gardant d'en donner les raisons ; il n'avait rien remarqué qui pût prêter le flanc à la critique. À la confusion des juges et des condamnés, il déclara, avec des gestes désordonnés, qu'il était venu de son plein gré pour défendre ses anciens frères... Mais qu'il n'en ferait rien ; il signerait, dit-il, tout ce qu'on voudrait lui faire signer. Avant de se retirer dans un murmure de réprobation, il demanda qu'on le défrayât de ses dépenses, car il était pauvre.

On fit ensuite introduire dans la grande salle du palais épiscopal, somptueusement ornée de fleurs de lys peintes sur les murs, un groupe de six défenseurs qui jetaient autour d'eux des regards inquiets. Leur porte-parole déclara qu'en dépit de leur sympathie pour l'Ordre, ils se récusaient, ignares qu'ils étaient en matière de droit et de rhétorique. Qui avait bien pu, au moment de se présenter, les faire changer d'avis ? On se mettait en quête d'avocats, mais on faisait en sorte qu'ils restent muets ?

Mon ami Hugues de Pairaud fut convoqué parmi les premiers pour livrer une fois de plus sa déposition. Il ne revint que tard dans la soirée, avala goulûment sa soupe froide, mâchonna longuement son pain rassis, se prit de colère contre les rats qui venaient manger les miettes à ses pieds.

— Je crains d'avoir déçu les commissaires, soupira-t-il. Ils devaient attendre beaucoup de la déposition d'un visiteur qui est censé connaître l'alpha et l'oméga quant aux mœurs du Temple. J'ai fait la bête et me suis contenté de souhaiter que la fortune du Temple, réservée à la défense de la Terre sainte ou à sa reconquête, ne soit pas dilapidée. Il faut dire qu'en préambule j'ai été entendu par Nogaret. Il m'a prévenu contre une déposition qui mettrait le roi en cause, et menacé des pires sévices si je ne tenais pas compte de cette consigne. J'ai obéi. Ai-je eu tort ou raison ? Je ne sais, mon jeune ami, je ne sais, et c'est là mon drame...

Il humecta de larmes ce qui lui restait de pain.

Lors de la séance du 2 novembre, aucun défenseur ne se présenta. Les commissaires décidèrent de passer outre et de faire comparaître Jacques de Molay. Cette audience allait déclencher un beau tumulte. Après qu'on lui eut donné lecture de la bulle résumant la confession veule enregistrée durant notre incarcération dans la forteresse, le maître montra un comportement singulier : il fit à trois reprises le signe de croix et manifesta une agitation étrange, s'indignant, avec des éclats de voix, du contenu, jugé mensonger, de ce rapport, et demandant à être confronté aux trois cardinaux qui l'avaient interrogé. Nul ne tint compte de cette protestation indignée, mais on lui demanda s'il était décidé à assumer la défense de l'Ordre. Il en resta bouche bée, répondit qu'il n'était pas assez savant et ajouta :

— Si vous n'étiez pas ceux que vous êtes, je vous dirais bien d'autres choses ! Ce que je puis vous assurer, c'est que j'en ai surtout à la perversion de nos ennemis. Ils mériteraient, comme le font les Sarrasins et les Mongols, d'être décapités ou fendus par le milieu du corps !

Ce pauvre homme était en pleine confusion. De quels ennemis, de quelle perversion voulait-il parler ? Soucieux de tout dire, il ne disait rien. Qu'est-ce que les Sarrasins et les Mongols (il avait dit, en réalité, les *Tartares*) venaient faire dans cette déposition ? Il ne fit qu'indisposer les commissaires par cette ruade contre du vent. Ils lui firent comprendre ce que son obstination dans une argumentation inconsistante pourrait lui coûter. Il blêmit, chancela, sollicita en bredouillant une remise de l'interrogatoire, « le temps de prendre conseil ».

Au sortir de cette audience, Jacques de Molay confia son trouble à Guillaume de Plaisians, cet ancien templier devenu le comparse de Nogaret. Comme dit un proverbe turc : l'homme qui se noie se raccroche à un serpent. Ce personnage suspect se trouvait justement dans la salle d'audience, *par hasard !* dit-il, mais en fait pour surprendre les faux pas de l'accusé et les rapporter à son complice.

Au cours de l'audience qui avait été remise à sa demande, Jacques de Molay, interrogé de nouveau par l'archevêque de Narbonne quant à la défense des prévenus, se déroba une nouvelle fois, expliquant que les conditions de sa sécurité n'étaient pas assurées. Il affirma avec hauteur qu'il ne consentirait à dire qu'au pape et *à lui seul !* insista-t-il, « ce qu'il en est du Christ et de l'Église ». Les commissaires se consultèrent du regard, l'air interloqué, devant une réponse qui n'en était pas une, et une prétention exorbitante. L'archevêque de Narbonne lui répondit avec fermeté :

— Nous nous occupons seulement du procès de l'Ordre. Celui des individus relève des commissions diocésaines !

C'est alors que le maître se lança, à la surprise de tous, dans une interminable et confuse plaidoirie en faveur de l'Ordre du Temple. C'était à ses dires un modèle de piété ; on y faisait l'aumône trois jours par semaine ; on y sacrifiait volontiers sa vie pour défendre la Chrétienté. Il rappela le massacre des templiers, à Mansourah, dans l'entourage du bon roi Louis.

— Sans doute... Sans doute..., bougonna le prélat, mais l'héroïsme n'est rien s'il y manque la foi.

C'était toucher Jacques de Molay au point le plus sensible. Il protesta avec vigueur, mais en restant dans le vague :

— Il n'y a qu'un seul Dieu, une seule foi, un seul baptême, une seule Église !

Une voix retentit au fond de la salle pour couper court à cet acte de foi : celle de Nogaret qui, comme Plaisians, se trouvait là *par hasard.* Il rappela sa qualité de garde des Sceaux et déclara :

— On peut lire dans les *Chroniques de Saint-Denis* qu'au temps de Saladin, le maître de l'Ordre des Templiers et ses dignitaires, qui se trouvaient être ses prisonniers, lui ont fait hommage. Le sultan leur a reproché leurs péchés, les accusant de sodomie, d'indifférence dans l'exercice de leur foi, et disant que c'est ce qui avait causé leur perte !

Protestation indignée du maître :

— Tout cela est faux ! Jamais je n'ai rien entendu de tel ! Il est vrai, en revanche, que certains dignitaires de l'Ordre qui m'ont précédé eurent des rapports de courtoisie avec le sultan, mais ils ne pouvaient agir autrement !

Le vieux soldat qu'il était se lança dans une énumération de faits d'armes qui indisposa l'assistance et fit bâiller les archevêques. Il eut la maladresse d'ajouter que l'aide du roi d'Angleterre — ennemi du roi de France ! — avait été précieuse. C'était une pierre dans le jardin de Philippe. Elle fit sensation.

Pauvre Jacques de Molay... Il lui eût été facile, à supposer qu'il eût des lettres, de mettre Nogaret en mauvaise posture en expliquant qu'il n'y avait rien de tel dans les *Chroniques de Saint-Denis,* qu'il s'agissait d'une imposture, mais il savait tout juste lire et écrire ! Il aurait pu, de même, s'insurger contre cette intervention intempestive et indue, mais les subtilités juridiques lui échappaient. Il ajouta, d'une voix brisée par l'émotion :

— Je vous supplie de me permettre d'entendre la sainte messe dans ma chapelle, avec mes chapelains.

— Nous y pourvoirons, lui répondit l'archevêque de Narbonne. Nous sommes persuadés que vous êtes un Chrétien sincère et que votre dévotion est intacte.

Le maître du Temple s'était fourvoyé maladroitement dans une impasse, entouré de pièges prêts à se refermer sur lui, malgré ses gesticulations désordonnées. Il se trouvait prisonnier de ses confessions, de ses dépositions, de son incohérence ; les renier l'eût désigné comme relaps et conduit à la salle basse de la question.

Le seul défenseur à faire entendre sa voix, et avec quelle autorité ! fut le maître de la commanderie de Payens, Ponsard de Gizy. Ce dignitaire au langage rude et franc, interrogé sur les mœurs prétendues dépravées de nos frères, riposta sans se démonter que tout cela n'était que calomnies destinées à accabler des innocents ; les confessions arrachées aux prévenus par la menace ou la torture n'avaient aucune valeur juridique. Il rappela que, déjà, trente-six chevaliers du Temple étaient morts à Paris de la main du bourreau. D'où tenait-il cette révélation surprenante ?

Lorsque la rumeur soulevée par sa déposition se fut apaisée, il ajouta dans un silence de plomb :

— Je suis prêt à défendre l'Ordre en mon nom et au nom de mes frères, mais à deux conditions : que l'on me défraie de mes dépenses, car je suis sans un sou vaillant, et que l'on me donne comme conseillers deux prélats irréprochables : Pierre de Boulogne et Renaud d'Orléans.

Passant outre, l'archevêque de Narbonne lui demanda si lui-même avait été soumis à la question. Il hocha la tête et répondit :

— Il y a trois mois, des gardes m'ont jeté dans un fossé, les mains liées dans le dos, si serré que le sang a jailli. Je souffrais tant que je promis d'avouer tout ce que l'on voudrait. Je suis prêt à défendre l'Ordre auquel j'ai voué ma vie, mais à condition d'être assuré de ne pas subir une nouvelle fois la géhenne. Que l'on me coupe plutôt la tête ou que l'on me jette dans une cuve d'eau bouillante !

Ponsard de Gizy avait souffert de la prison plus qu'il ne pourrait le dire, affirma-t-il. Il demanda aux commissaires que son cas ne fût pas aggravé ; on le rassura : le prévôt prendrait soin de lui ; qu'il aille en paix...

Au sortir du palais il disparut et plus personne n'entendit parler de lui.

Est-ce la conséquence de cette courageuse intervention ? Des témoins prêts à défendre notre confrérie se présentèrent spontanément dans les jours qui suivirent, beaucoup adoptant une position hardie.

Tel fut Aymon de Barbone, venu du diocèse de Troyes, que j'avais rencontré à Chypre. Sa déposition suscita quelques mouvements d'indignation dans l'assistance, mais laissa le tribunal imperturbable. Aymon déclara :

— La torture m'a été appliquée à deux reprises. On me versait de l'eau dans la bouche au point que mes entrailles menaçaient d'éclater. Je fus, durant deux semaines, mis au pain et à l'eau.

— Ce que l'on vous demande, dit un commissaire, c'est si vous consentez à défendre vos frères !

— Tout ce que je puis dire, c'est que je n'ai rien constaté de ce dont on les accuse, mais je ne puis rien dire de plus puisque je suis prisonnier, sinon que mon cœur souffre et que mon âme pleure.

Les autres témoins et défenseurs eurent à quelques détails près le même genre de comportement. Certains, qui avaient été entendus en confession, renièrent leurs aveux. L'un d'eux, affreusement torturé, avait perdu la raison. Tel autre déclara que la seule défense efficace ne pouvait venir que du pape et du roi. Pierre de Saphet, qui avait prétendu avoir aperçu un templier sortant de la chambre du maître en pleine nuit, refusa de confirmer cette déposition mensongère.

Il me fut révélé, quelques années plus tard, que ce procès avait été volontairement truqué et perturbé par les gens du roi, sinon par ordre du roi lui-même. Il fallait veiller, dans la mesure du possible, à ne laisser paraître aux audiences que des prisonniers rigoureusement sermonnés et menacés, et y susciter la confusion. Les citations à comparaître envoyées par les commissaires pontificaux arrivaient rarement à leur destinataire et, si elles leur parvenaient, les officiers du roi faisaient obstacle à leur comparution, à Paris comme dans le reste du royaume.

Hugues de Pairaud et moi étions moins malheureux dans la cave du vinadier, et soumis à une surveillance moins rigoureuse que dans la prison du Temple.

La cour de maître Gautier était le théâtre d'un incessant manège de manouvriers rouleurs de barriques. De temps à autre, l'un d'eux, trompant la surveillance du gardien, nous tendait, par le soupirail, qui un gobelet de vin, qui un quignon de pain, qui un morceau de fromage ou une pomme, ce qui améliorait un ordinaire fort maigre.

Un matin, c'est une enfant jolie comme une princesse de légende qui vint s'agenouiller devant le soupirail pour observer les étranges animaux que l'on avait enfermés là. Je m'approchai et lui demandai son nom ; elle eut un recul et une hésitation, comme si je portais la peste. Il est vrai que je n'avais pas belle apparence, maigre que j'étais, avec ma barbe en broussaille qui n'avait pas été épouillée depuis des mois, et ma tunique réduite à l'état de guenille. Elle finit par me dire :

— Je m'appelle Odierne, et je suis la fille de maître Gautier.

— N'aie crainte, Odierne, nous ne sommes pas de misérables criminels mais de bons Chrétiens victimes de méchants hommes.

Enhardie, elle me confia qu'elle avait trois frères et deux sœurs, que son père avait loué les services d'un précepteur qui lui avait appris à lire et à écrire. Je pouvais me flatter d'avoir apprivoisé ce joli petit animal blond en quelques instants, et d'avoir presque tout appris d'elle. Je lui demandai si elle pouvait me rendre un petit service ; elle hocha la tête.

— La présence de Dieu nous manque, à moi et aux autres malheureux qui sont dans cette cave. Peux-tu te procurer un crucifix et me l'apporter ?

— Je le ferai, dit-elle en se relevant.

Je la rappelai pour lui recommander de ne confier à personne notre bref entretien ; elle me le promit.

Odierne serait sans doute restée plus longtemps à bavarder avec moi, si une voix autoritaire ne l'avait appelée : celle de sa mère. Elle s'envola vers son logis en laissant derrière elle un parfum de jeunesse et un sillage de lumière blonde.

Nous aurions bien aimé, Hugues de Pairaud et moi, retrouver Jacques de Molay pour obtenir de sa bouche quelque lumière sur le procès, mais, d'après ce que nous apprîmes de son comportement, nous avions acquis la certitude qu'il n'avait fait que s'obstiner dans ses erreurs et ses contradictions, sans le moindre profit, bien au contraire, pour notre cause. Sa première maladresse, et la plus grave, avait été de faire appel au pape : cela revenait à accuser la commission d'incompétence et l'indisposer envers nous. Une autre maladresse avait consisté à rappeler l'action du roi d'Angleterre au profit des Templiers. Avait-il seulement conscience de perdre pied et de s'enfoncer dans ce bourbier ?

Le roi Philippe jouait sur deux tableaux et emportait la mise. D'une part, il avait obtenu du pape la réouverture du procès de son vieil ennemi Boniface ; de l'autre, il voyait se dessiner sa victoire contre l'Ordre du Temple.

Il obtempéra à la requête des commissaires pontificaux lui demandant d'assurer le transfert à Paris, sous escorte de ses gens, des frères qui se portaient volontaires pour la défense des prévenus. Les dignitaires de l'Ordre eurent même droit à un cheval, le *vulgum pecus* suivant, enchaîné sur des charrettes, houspillé par la population dans la traversée des villes et des villages, sans que la garde intervînt pour les protéger.

L'un de ces défenseurs, Gérard de Caus ou de Causse, un dignitaire rouergat, fut placé dans la cave de maître Gautier. Il était hâve, grelottant de froid dans ses guenilles, avec de la boue jusqu'à la ceinture, la croix rouge à demi décousue pendant à son épaule. Il dévora notre réserve de pain et de fromage, but la moitié d'une gourde de vin et s'endormit. Ce n'est que le lendemain qu'il put nous raconter son odyssée.

— En ma qualité de sénéchal, nous dit-il, et en raison d'une santé chancelante, j'eus droit à un cheval. Dans les bourgades que nous traversions, des garnements s'amusaient à piquer, avec la pointe de leur couteau, la croupe de ma monture, si bien qu'à plusieurs reprises je fus désarçonné et finalement contraint de suivre en charrette. Durant le voyage, moi et mes frères de La Couvertoirade et de Sainte-Eulalie, nous avons prié, chanté, et nous sommes donné mutuellement la confession, à défaut d'un prêtre et d'une messe, dépourvus que nous étions de chapelain. Cette attitude déconcertait nos gardiens. Ils se disaient, et nous l'avouèrent, que des gens aussi attachés à leur foi ne pouvaient être que de bons Chrétiens et que le procès que l'on nous faisait était injuste. Certains vinrent se mêler à nos prières. Rien de tel que l'exemple de la foi pour la ranimer dans le cœur de la pire des brutes...

Le 3 février de l'an 1310, les commissaires pontificaux reprirent leurs audiences.

Les défenseurs des Templiers, venus de tout le royaume, étaient maintenant des dizaines à attendre leur tour. Un seul d'entre eux commit l'infamie de témoigner à charge ; les autres parlèrent selon leur cœur, en toute liberté, mais plus en témoins qu'en avocats. Beaucoup d'entre eux avaient subi la torture destinée à leur faire avouer des turpitudes supposées ; certains avaient été réconciliés avec l'Église ; d'autres avaient tenu tête aux moines au risque de perdre la vie dans les tourments.

La déposition de Gérard de Causse fut nette et sévère. Il avait retrouvé parmi nous, dans la cave de maître Gautier, un peu de santé et d'énergie. Nous l'avions réconforté de notre mieux et lui avions conseillé de ne pas provoquer les commissaires. Il nous répondit qu'il dirait ce qu'il avait à dire et n'avait de comptes à rendre qu'à sa conscience, au Saint-Père et à Dieu.

Lorsqu'il parut devant le sanhédrin et eut prêté serment sur les Écritures, il déclara :

— Ce que je pourrais dire de l'Église, du pape, du roi ou de ses conseillers serait sans valeur, compte tenu que je n'ai pas mon libre arbitre, que je suis spolié, prisonnier, éloigné de mes frères.

L'archevêque de Narbonne lui répondit benoîtement que le rôle des commissaires était d'avoir connaissance des faits qui nous étaient reprochés, qu'ils n'avaient pas le pouvoir de le faire libérer, mais qu'ils l'entendraient volontiers.

Ce qu'il fit, sans rien occulter des mauvais traitements que lui et ses frères avaient endurés durant le voyage.

Le système de défense du visiteur d'Aquitaine et du Poitou, Geoffroy de Gonneville, un personnage important, était identique à celui de Jacques de Molay : il déclara d'emblée qu'il n'accepterait de s'exprimer qu'en présence du pape ou du roi. L'évêque de Limoges lui assura qu'il n'avait rien à craindre en révélant ce qu'il savait de ses frères, et que l'on avait le pouvoir de lui épargner la géhenne. Il maintint sa réserve, ajoutant :

— Je suis illettré et donc impuissant à défendre mes frères, face à une assemblée de juristes, d'autant que je n'ai ni conseiller ni moyen de m'en procurer.

Invité une nouvelle fois à déposer, Hugues de Pairaud, avant de me quitter, me serra contre sa poitrine, persuadé que nous ne nous reverrions pas. Il me confia qu'il ne changerait rien à ses précédentes déclarations et qu'il n'hésiterait pas, pour s'épargner la question, à charger ses frères, pour peu que l'on mît sa vie en balance. Je l'accompagnai jusqu'au seuil de la cave avec des paroles de réconfort. Il revint le soir même, accablé de remords mais certain que sa déposition à charge le sauverait.

Le défenseur qui fit la plus forte impression sur les commissaires pontificaux fut le frère Bernard du Gué, chef d'une commanderie proche d'Albi, qui s'aidait de potences pour marcher.

À plusieurs reprises il avait subi des tourments, le plus atroce étant l'épreuve du feu qu'il tint à rapporter en détail : le bourreau, comme avec Hugues de Pairaud, lui avait enduit les pieds de graisse avant de les exposer au feu, avec, par intermittence, pour lui accorder quelque répit, un écran de métal pour atténuer la chaleur. À moitié consumés, les os de ses orteils, mis à nu, s'étaient détachés... Les commissaires échangèrent des regards gênés, firent mine de s'apitoyer mais coupèrent court et le laissèrent partir sans tenter d'obtenir une suite à sa déposition.

Je n'en finirais pas de relater les récits de mes frères, torturés, affamés ou mis à mort, comme vingt-cinq d'entre eux, à Troyes.

Les autorités ecclésiastiques recommandaient des tourments modérés, mais ces épreuves s'appliquaient à des êtres débilités par des semaines, des mois de détention, de nourriture insuffisante et de mauvais traitements. Ces supplices étaient ceux que l'on réservait habituellement aux détenus de droit commun : l'estrapade qui les jetait dans le vide du haut d'une potence, ligotés, les genoux sous le menton, les brodequins qui faisaient éclater les genoux et les pieds, l'eau qui leur gonflait l'estomac comme une outre, le pilori qui les exposait au froid et aux jets de pierre et de boue de la populace, la distension des membres sur une roue, l'arrachement des dents et des ongles, la suspension par les parties génitales... Ces séances de géhenne se déroulaient en présence d'officiers royaux, de commissaires ou de moines inquisiteurs assistés d'un huissier.

La tâche des commissaires pontificaux se compliqua du fait de l'affluence des défenseurs. C'est pourquoi certaines audiences se trouvaient prestement expédiées, alors que d'autres pouvaient durer des heures. Chaque fois, l'un des évêques donnait lecture des cent vingt articles du questionnaire et enregistrait parfois des réponses interminables. C'est ce qui les décida à convoquer les défenseurs par groupes pouvant atteindre jusqu'à quatre-vingts personnes. Dans ces cas-là, l'audience se tenait, si le temps le permettait, dans le jardin de Notre-Dame attenant au palais épiscopal, entre la cathédrale et le fleuve.

Lors de l'ouverture de la première de ces audiences groupées, l'archevêque qui présidait décida de lire les questions en latin. Il eut la maladresse de demander aux défenseurs s'ils souhaitaient qu'on leur en fît une traduction ; ils protestèrent avec énergie :

— Pour qui nous prenez-vous ? Nous sommes des religieux, et la langue de l'Église nous est familière !

— Inutile de traduire ces turpitudes en langue vulgaire !

— Nous savons tous ce que vous attendez de nous, mais nous répondrons si bon nous semble, car il y a, semble-t-il, beaucoup de perversité dans ce questionnaire !

Comme ils menaçaient le tribunal, l'archevêque de Narbonne dut en appeler aux gardes pour apaiser ces furieux. La confusion persista durant toute l'audience, au point de rendre inaudibles questions et réponses qui s'entrecroisaient dans le pire désordre. L'archevêque décida, en tapant du poing sur la table, que les audiences des défenseurs se feraient désormais en petits groupes, ou par l'intermédiaire de procureurs choisis par les frères eux-mêmes.

Lorsque la séance reprit son cours normal, quelques heures plus tard, deux procureurs présentèrent au tribunal une protestation commune qui allait le mettre dans l'embarras.

Ce que voulaient les défenseurs, pour la plupart prisonniers, c'est qu'on ne les privât pas d'offices religieux et de sacrements, qu'on leur rendît leur habit, qu'ils fussent inhumés en terre chrétienne, qu'on les libérât de leurs chaînes, qu'on leur permît de se concerter avec leurs dignitaires, que l'on pourvût à leurs besoins les plus élémentaires... Autant de requêtes qui sombrèrent dans le néant.

À quelques jours de là, Pierre de Boulogne, un des procureurs désignés par les défenseurs, vint faire état des délibérations qu'il avait engagées avec ses frères. Je n'ai aperçu qu'une fois ce personnage, mais il m'a laissé, avec sa haute taille, sa maigreur et sa superbe, une impression d'autorité et de foi inébranlable. Il déclara avec force :

— Nous ne pouvons rien décider sans en référer à notre maître, Jacques de Molay. La règle nous y contraint, et c'est une bonne règle. S'il ne lui est pas possible de se présenter, alors nous aviserons.

Il n'hésita pas à mettre en cause le questionnaire qu'il jugeait rédigé par des ennemis de l'Ordre. Face à un mur de réprobation et de silence, il proclama la conduite du Temple exempte des reproches qu'on lui faisait, mit violemment en cause les tortures qui avaient contraint beaucoup de ses frères à adjurer, et s'exclama dans son exorde :

— Que la miséricorde divine nous fasse rendre justice et nous délivre de l'oppression à laquelle nous sommes soumis ! Les bons Chrétiens que nous sommes réclament en premier lieu les sacrements de l'Église ! On ne peut nous les refuser !

L'Ordre avait enfin trouvé un défenseur, un vrai, qui s'exprimait sans l'intention plus ou moins ostensible de complaire aux juges, et qui se moquait pour lui-même des conséquences de sa franchise.

Entre le 31 mars et le 2 avril, le tribunal procéda à l'interrogatoire de près de cinq cents détenus, par petits groupes la plupart du temps. Tous ou presque récusèrent le questionnaire jugé tendancieux et réclamèrent la présence du maître de l'Ordre. Où se trouvait Jacques de Molay ? Nous étions tous dans l'ignorance. Était-il seulement encore en vie, dans quelle prison, dans quelle cave, soumis à quel traitement ? En séparant le pasteur de son troupeau, on mettait l'un et l'autre dans le désarroi et le doute. Nous avions conscience que, par ses maladresses et la confusion de son esprit, il avait indisposé le tribunal, mais il nous manquait car, quoi qu'on fasse et qu'on dise, il était notre palladium et nous ne pouvions prendre de décision sans son consentement.

Restait que nos frères formaient bloc, malgré, parfois, une

apparence de compromission avec l'autorité judiciaire, contre les mauvais traitements, les menaces, les pièges, l'iniquité érigée en règle. Cette unanimité nous réchauffait le cœur. Qu'allait-il sortir de cette volonté commune de moines-soldats jetés en pâture à l'opinion, abandonnés par le pape et son Église, livrés au bon vouloir d'un souverain sans scrupule ?

Rien de bon, sans doute, à moins d'un miracle...

Je n'attendais pas de miracle et il n'y en eut pas. De temps à autre une lumière d'espoir éclairait notre nuit, mais s'éteignait comme la flamme d'une chandelle après avoir, un bref moment, réanimé notre énergie et nos espoirs.

Une des principales requêtes que nous adressions à nos juges à collet d'hermine portait sur les conditions de notre internement. C'est nous qui devions, en principe, assurer notre entretien, et les douze deniers qui nous étaient attribués par jour de détention ne pouvaient y suffire, car nous devions, sur cette somme dérisoire, payer notre nourriture, la paille de notre cachot, le nettoyage de notre linge et de nos habits... Certains devaient même payer les gardes chargés de leur enlever les fers, et le patron du bac qui leur faisait traverser la Seine pour se rendre au palais !

Mardi 7 avril, nouvelle audience, en présence d'une poignée de prisonniers et du procureur Pierre de Boulogne, chargé de leur défense. Ils comparurent vêtus de la tenue ordinaire des templiers, propres, sans un mauvais pli, barbe soignée et crâne rasé, mais avec, sur leurs visages tannés de vétérans des guerres de Syrie, des signes de fatigue et de souffrance.

Pierre de Boulogne donna lecture d'une cédule patiemment élaborée, qui reprenait, en les amplifiant, protestations et requêtes. Il s'exprima en latin, avec assurance et subtilité, comme un vrai maître en théologie et en droit romain. Celui qui lui succéda devant nos juges, pour un second groupe, était un frère templier du Languedoc, Jean de Montréal ; il parlait la langue de son pays, ignorant qu'il était de celle de la terre d'oïl, si bien qu'il fallut faire traduire son propos. Il paraissait se complaire dans l'invective et parlait avec des gestes désordonnés. Il s'écria :

— Comment peut-on soupçonner d'hérésie et de mauvaises mœurs les templiers qui, à Safed en Galilée, à Mansourah en Égypte, à Saint-Jean-d'Acre en Syrie, ont fait le sacrifice de leur vie pour défendre la terre chrétienne ?

Les trois commissaires restèrent impavides devant cette éloquente envolée qui dépassait leur compétence : ils n'étaient que les envoyés du pape et, comme tels, n'avaient pour mission que de s'informer. L'héroïsme de quelques centaines de templiers, la libération des prisonniers du roi, leurs conditions d'internement n'étaient pas de leur ressort. Étaient-ils seulement émus par les témoignages des détenus et l'éloquence de leurs avocats ? Dieu seul, qui sonde les âmes et les cœurs, pourrait le dire. Mais où était Dieu ?

L'archevêque de Narbonne finit par une concession à la simple humanité :

— Nous vous promettons, dit-il, d'intervenir auprès du roi et de ses conseillers pour que votre sécurité soit assurée et vos conditions d'internement améliorées.

De belles paroles que les événements allaient contredire. Notre pire ennemi dans cette affaire, ce n'étaient ni le roi, ni le pape, ni Nogaret, et moins encore nos juges, mais l'extrême confusion des pouvoirs, voulue peut-être, qui donnait à cette parodie de justice l'allure d'un navire démâté, sans capitaine, et qui faisait eau de toutes parts.

Ces démons, nos ennemis impitoyables : Nogaret et Plaisians, étaient-ils intervenus de la part du roi pour faire cesser le scandale de ces dépositions à décharge, de ces témoignages irréfutables, de ces requêtes intempestives, qui risquaient de compromettre les décisions attendues du tribunal et de faire souffler dans la population un vent favorable aux martyrs de la foi ? Toujours est-il que l'archevêque Gilles d'Ancelin, l'un des trois juges, décida le tribunal à faire intervenir des témoins à charge, qui allaient donner un tour inquiétant aux audiences et précipiter la conclusion du procès.

Elles tournèrent à la farce !

On vit un jour surgir dans le palais quatre personnages qui se disaient — et peut-être étaient — des chevaliers du Temple. Avaient-ils été stipendiés, avaient-ils accordé crédit aux accusations qui nous étaient imputées ? Ils pénétrèrent à grand bruit, sans y avoir été invités, dans la salle et proclamèrent solennellement qu'ils avaient renié l'Ordre maudit. Pour preuve de ce reniement unanime, dans un geste théâtral, ils jetèrent leur manteau et le foulèrent au pied. Persuadé qu'on jouait au tribunal une ignoble comédie, l'archevêque de Narbonne refusa d'en entendre plus et les fit expulser.

Le second témoin à charge était un avocat du roi, Raoul de Prelles, personnage aussi éminent que suspect pour ce qui concernait notre procès. Il déclara qu'un de ses amis, un nommé Gervais, se vantait de posséder, en tant que précepteur de notre maison de Beauvais, une copie de la règle secrète du Temple, les *Retraits.* À ses dires, ce document était un tissu d'horreurs et d'insanités, au point qu'il avait renoncé à le montrer à qui que ce fût, *pas même au roi* ! Les juges se contentèrent de sourire d'une telle naïveté.

Seconde déposition : celle de Nicolas Symon-Damoiseau, et même ambiance de farce. Il avait proposé une somme importante au maître d'une commanderie pour y être accepté. La requête de ce Chrétien exemplaire ayant été rejetée avec dédain, il vouait au Temple une haine implacable. Le tribunal lui donna congé sans phrases.

Troisième déposition : celle d'un certain Guichard de Marchiaco. Ce personnage n'était pas le premier venu : ancien gouverneur de Montpellier, sénéchal de Toulouse, il donnait l'impression d'avoir été propulsé à son corps défendant au milieu de ce prétoire, et d'ignorer les raisons de sa présence. Il avait pris connaissance du questionnaire, mais avoua n'y avoir pas compris grand-chose. En revanche, dit-il, il était de notoriété publique que les templiers se livraient à des cérémonies secrètes au cours desquelles ils adoraient l'idole du Baphomet... et le chat.

— Plaît-il ? s'écria l'archevêque. Voilà qui est nouveau ! C'est la première fois que nous voyons apparaître cet animal ! Il est vrai qu'il a la réputation d'avoir commerce avec les sorcières et le diable. Qu'avez-vous à ajouter ?

Le témoin raconta qu'un de ses oncles, à l'âge de quarante ans, avait décidé de se faire admettre au Temple. Il avait été convoqué au rite secret, qui se tenait au cours de la nuit, dans une salle basse aux portes obturées de matelas pour éviter les curiosités malsaines. De ce qui se passa il ne souffla mot, mais des témoins le virent sortir un moment plus tard, le visage révulsé. Il s'était fait graver par la suite un sceau portant cette mention : *Sigillun Hugo Perditi* (Hugues le Perdu). Il ne resta que deux mois au Temple et retourna chez lui pour y mourir.

Jean Taillefert, frère sergent de Langres, ne portait ni la barbe, ni l'habit, ni la croix rouge. Il déposa avoir renié le Christ et craché sur le crucifix, mais n'avait jamais assisté à un chapitre secret. Il avait pourtant aperçu le buste qu'on appelait le Baphomet, mais il faisait si sombre dans la crypte où on l'avait installé qu'il ne pouvait le décrire en détail.

— Je suis resté cinq ans dans l'Ordre du Temple, dit-il, mais je ne m'y plaisais pas. Lorsque les gens du roi sont venus m'arrêter, je me suis senti soulagé, mais aujourd'hui, dans ma prison, je trouve le temps bien long.

Originaire de Londres, Jean l'Anglais avait été reçu au Temple de La Rochelle. Il n'avait rien à dire qui ne l'eût été. Il croyait que... on lui avait dit que... certains pensaient que... Il y avait pourtant des certitudes dans sa déclaration : les horaires des offices religieux étaient respectés, et ils étaient suivis par tous ; de Toussaint à Pâques, et avant Noël, on jeûnait le vendredi ; les frères récitaient chaque jour soixante *Pater Noster* et *Ave Maria* pour les vivants et les morts, neuf pour les heures canoniales, sept pour les heures de Notre Dame ; la sodomie était sévèrement réprimée...

La déposition de ce témoin à charge se retournait contre nos adversaires. Il dut y avoir, parmi les conseillers du roi, qui se trouvaient là *par hasard*, quelques grincements de dents !

Au cours de ce même printemps, les témoignages et les cédules présentées par Pierre de Boulogne alternèrent avec, m'a-t-on dit, une monotonie insoutenable. Les témoins à charge étaient tous des renégats du Temple, la lie de la religion. Quant aux magistrats, ils pataugeaient d'une façon pitoyable dans un marécage dont ils n'émergeaient que pour y replonger de plus belle. Ils devaient, chaque nuit, se poser la même obsédante question : les templiers sont-ils aussi hérétiques qu'on veut nous le faire croire et proclamer ? Presque tous les témoignages convergeaient dans l'autre sens. Alors, que faire ? Rien. Ils restaient cloués à leur cathèdre, tantôt attentifs, tantôt somnolents. L'enquête était en pleine dérive et la commission épiscopale prenait l'eau.

C'est alors que le roi jugea le moment venu de frapper un grand coup.

Le 10 mai, les procureurs qui assistaient Pierre de Boulogne demandèrent au tribunal à être entendus de toute urgence. L'archevêque de Narbonne fit droit à leur requête.

Ils venaient d'apprendre que l'archevêque de Sens, dont dépendait, je le rappelle, l'évêché de Paris, s'apprêtait à réunir dans la capitale un synode afin de juger les défenseurs de l'Ordre et de les obliger à renoncer à leur mission qui ralentissait les travaux de la cour.

— Cette décision, proclama avec force Pierre de Boulogne, intervient en cours d'enquête, laquelle serait compromise au cas où une sentence nous condamnerait au silence. Nous allons, par écrit, en appeler à Sa Sainteté et vous supplions, révérends pères, de faire en sorte que ce synode n'ait pas lieu.

L'embarras de l'archevêque de Narbonne était tel qu'il se leva soudain et, s'appuyant à la table, balbutia :

— J'ignore ce dont vous me parlez. Pardonnez-moi de lever la séance : je me souviens que je dois célébrer une messe... une messe qui...

La suite se perdit dans le brouhaha.

L'office religieux que devait célébrer le prélat dura une bonne semaine. En son absence, ses assesseurs se trouvaient dans une confusion que l'on n'a guère de peine à imaginer. Ils convoquèrent Pierre de Boulogne et lui dirent :

— Nous n'avons pas qualité pour interrompre le synode projeté par monseigneur l'archevêque de Sens, car il se situe dans une juridiction distincte de la nôtre. Je vous rappelle que nous sommes une commission pontificale appelée à juger l'Ordre en tant qu'institution, et que monseigneur l'archevêque de Sens présidera une commission diocésaine appelée à trancher du sort des individus.

— Certes, répondit Pierre de Boulogne, nous savons tout cela, mais votre intervention ne serait pas indue : elle est prévue par le droit canon et la procédure d'Inquisition. Ce fameux synode de Sens peut être de même contesté par nos soins.

Autant d'arguties dont le grand prélat de Sens se moquait comme de sa première chasuble. Sa décision était prise ; il n'y reviendrait pas. Il ne l'aurait pu, d'ailleurs, car ce synode lui avait été inspiré par le roi, auquel il devait sa carrière et sa fortune. L'ingratitude n'était pas un défaut qu'on pût lui reprocher. Méprisant la menace d'un appel au Saint-Siège par Pierre de Boulogne, négligeant d'informer de son projet la commission pontificale, le seigneur archevêque maintint sa décision.

Le synode fut mené tambour battant. En quelques jours, tout était réglé : les défenseurs, à l'exception de Pierre de Boulogne, furent traînés devant les juges, soumis à un interrogatoire implacable, jetés en prison, avec pour eux une seule certitude : ils n'en sortiraient que pour subir leur ultime supplice.

C'est à Paris qu'eut lieu l'exécution. Malgré les sévices et les tortures qu'on leur fit subir pour les amener à composer avec l'Église, aucun ne renia sa foi dans le Temple. On les promena en char à bœufs à travers la ville pour les conduire au-delà de la porte Saint-Antoine, au pied d'une éminence sur laquelle se dressait un moulin à vent. La foule suivit le sinistre cortège. Dans quel état d'esprit ? je l'ignore. Je suppose que la populace parisienne avait ajouté au calvaire de ces malheureux les insanités, les pierres et les crachats qu'elle réservait d'ordinaire à la racaille, mais on m'affirma qu'il n'en fut rien, que le supplice suscita des protestations et des larmes. Allez savoir...

On n'avait pas prévu de bûchers individuels, les condamnés

étant trop nombreux, mais un enclos fermé par une grosse palissade, dans lequel on avait entassé fagots et bûches. Invités une dernière fois à abjurer leurs erreurs, nos frères s'y refusèrent. Ils furent poussés dans les flammes où se dissipèrent leurs chants et leurs prières. Je ne puis m'empêcher de songer aux Cathares qui, à Montségur, avaient subi le même supplice, avec le même héroïsme, soixante-six ans auparavant.

La haine que nous vouait Philippe s'exacerbait. À quelques jours de cette crémation, il fit monter sur le bûcher, à Senlis, neuf autres défenseurs. Il poussa sa hargne jusqu'à faire exhumer et jeter au feu les restes de l'architecte de notre confrérie, qui avait conçu et réalisé cette forteresse qu'est le Temple de Paris.

Les commissaires pontificaux reprirent le cours de leurs audiences comme si de rien n'était. Sereinement ? j'en doute. L'archevêque de Narbonne, qui présidait d'ordinaire, faisait défaut : il avait renoncé à cette sinistre mômerie qui faisait passer de grands prélats pour des marionnettes maniées par le roi et ses sbires.

La déposition du frère Aimery, originaire de Villiers-le-Duc, bouleversa le tribunal. Impuissant à réprimer ses larmes, se frappant la poitrine de ses poings fermés, il proclama, sur sa conscience, que les erreurs imputées à l'Ordre n'étaient que des mensonges éhontés. Torturé par des chevaliers du roi, il avait avoué tout ce que ses tortionnaires attendaient de lui.

— J'aurais même, dit-il, avoué avoir assassiné le Seigneur s'ils me l'avaient demandé !

Les commissaires parurent ébranlés. Ils décidèrent de suspendre les audiences en attendant le retour de l'archevêque-président : il ne quittait plus son hôtel, le faisait garder militairement et voyait partout, derrière ses tentures et dans son jardin, des agents du roi venus l'arrêter ou le poignarder.

Quand la commission pontificale reprit ses audiences, toujours en l'absence du président, elle fit citer Pierre de Boulogne. On apprit qu'il avait disparu. Il s'était, disaient certains, évadé ; on l'avait, affirmaient d'autres, jeté aux oubliettes. Moins versés que lui en droit canonique, ses adeptes refusèrent de plaider leur cause en son absence. Les commissaires alertèrent le prévôt et l'archidiacre pour qu'on leur amenât le défenseur principal. Impossible de retrouver sa trace ! Peut-être l'eût-on découverte dans les geôles du Louvre ou du Châtelet...

Il était pourtant urgent d'en finir avec cette interminable enquête : le concile général de Vienne était proche. On aurait à y rendre des comptes.

Ma petite Tiennette est venue me tirer par la manche, ce matin, alors que j'étais plongé dans les écritures. Elle a escaladé mes genoux, a posé sa tête au creux de mon épaule et, prenant ma tête dans ses bras, au risque de renverser mon encrier, elle m'a glissé à l'oreille :

— Père, vous avez promis de m'emmener à Moustiers. Pourquoi pas ce matin ?

Je soupire, lâche ma plume : c'est vrai, je le reconnais, je lui ai fait cette promesse, et puis... Il faudrait que le mistral me pousse dans le dos pour m'arracher à mon écritoire. Je dois pourtant me décider à lui donner satisfaction, d'autant que j'ai retardé la visite que j'ai promise — encore une promesse non tenue ! — à celle que je vais épouser sans tarder : Constance. Elle est veuve ; je le suis de même. Elle est encore jeune et le temps des fleurs est passé pour moi, mais qu'importe puisque tout semble proclamer que nous sommes faits pour nous unir.

Tiennette me mordille l'oreille, ce qui me fait courir un léger frisson dans le dos. Elle insiste en me tirant la barbe :

— Répondez-moi, père ! Irons-nous à Moustiers ce matin ?

Traqué dans mes derniers retranchements, je soupire :

— C'est bon... Nous irons, mais cet après-midi. Croix de bois, croix de fer...

— ... et si vous mentez, vous irez en enfer !

Elle applique un baiser mouillé sur ma barbe, quitte mon genou et s'envole vers l'enclos pour jouer avec nos chiens.

Tiennette est mon unique enfant. Rescapés d'une épidémie de peste, de choléra, ou de je ne sais quoi, qui a ravagé le pays, il y a trois ans, nous vivons seuls dans cette maison de famille qui abrite le moulin et donne plus de signes de robustesse que d'opulence.

C'est un mas comme il y en a tant dans nos montagnes, et qui se ressemblent : pierres rousses, toiture de lauzes envahie de grasses joubarbes, avec, sur un de ses pignons, un pin parasol large comme une voûte de cathédrale, et sur l'autre, celui qui donne vers l'orient, un gros olivier planté par le père du père de mon père, peut-être par un paysan qui vivait au temps du Christ. Le paysage que nous découvrons de nos fenêtres donne d'une part sur le village des potiers fabricants de jarres à huile, blotti dans l'anfractuosité d'une faille géante de la montagne et, de l'autre, sur nos vignobles et nos oliveraies : le même panorama, à peu de chose près, que celui que je découvrais de notre maison templière de Kolossi, en l'île de Chypre.

Alors que je me trouvais en prison, en compagnie de mes frères du Temple, je me disais que cette demeure et ce domaine, jamais je ne les verrais. Mon père, à Saint-Jean-d'Acre, avant le désastre, m'en parlait comme d'un paradis perdu, si bien que je me demandais parfois s'il ne rêvait pas. Je me disais aussi que je ne parviendrais jamais à me délivrer sur le bord d'une route du fardeau de souvenirs, de misère, de terribles épreuves, à retrouver, à Moustiers ou ailleurs, un lieu propice où finir mes jours dans la sérénité et la paix. Ce fut Moustiers, de préférence à quelque autre destination qui m'aurait jeté dans l'aventure. Le domaine abandonné, la maison ouverte à tous les vents, il fallait tout reprendre. Avant de partir pour la croisade, Pierre de Moustiers avait confié son bien à un monastère voisin. Les moines m'aidèrent à faire de cette ruine une vraie maison et de mes champs abandonnés une terre fertile.

J'ai peine à en finir avec cette histoire : elle pèse parfois en moi comme une nourriture mal digérée, et je la vomis plus que je ne la raconte. D'autres fois, je me dis qu'elle m'est l'exutoire indispensable pour me purger l'esprit et le cœur de tout ce que j'ai vu et enduré. Cette histoire, dont je me sens prisonnier, je sais que, lorsque j'en aurai fini, elle me manquera, que quelque chose d'essentiel à ma vie sera brisé à tout jamais. Je me sentirai libéré, léger, certes, mais vide.

Avant de reprendre la page commencée, sur laquelle joue l'ombre du figuier, ces larges mains d'arbre, je regarde Tiennette jouer avec son chien préféré, Noiraud : elle est rondelette, comme je l'étais sans doute à son âge, là-bas, en Syrie, avec des joues rebondies qui semblent comprimer son sourire, sa chevelure couleur d'olives mûres, et ces deux mamelons émouvants qui pointent sous la chemise.

Oui, décidément, il faut que je me rende à Moustiers, et pas seulement pour faire plaisir à ma fille. Une femme m'y attend : cette fière garce de Constance. Nous avons parlé mariage, le Noël passé, mais je suis, comme en toutes choses, lent à me décider, toujours à peser le pour et le contre. Je sais qu'elle tient à moi, mais, si je ne prends pas le taureau par les cornes, comme on dit, elle trouvera sans peine un autre parti.

La saison des vendanges passée, celle des olivades approche : les fruits, certains gros comme des noix, font ployer les rameaux délicats ; la meule est prête ; le mulet qui nous sert de factotum semble impatient de recevoir le bât et de reprendre son manège aveugle autour de la meule. Quand elle en aura fini avec ses propres olivades, Constance viendra nous aider, ainsi que les moines, peut-être... C'est après que nous songerons à nous marier. Ce sera, je pense, aux alentours de Noël. À ma dernière visite, je lui ai dit, non sans quelque embarras :

— Constance, as-tu bien réfléchi ? Est-ce bien raisonnable ? Songe que je pourrais être ton père. Regarde-moi bien ! Qu'est-ce que tu vois ? Un barbon grisâtre, une barbe blanche, un crâne nu, un nez qui ressemble à une fraise...

Sa réponse a fusé :

— Grand *fadart* que tu es ! Si tu savais comme je m'en

moque ! C'est toi que je veux, tu le sais bien. Alors, ne fais pas toutes ces histoires et décide-toi.

Elle a ajouté, en collant ses grosses lèvres sur les miennes, ce demi-compliment :

— Si je suis amoureuse, Olivier, c'est de ce que tu as dans la tête.

Si Dieu m'accorde cette faveur, je lui ferai de beaux enfants, en souhaitant qu'ils ne lui ressemblent pas trop, car elle est plus proche d'une Junon que d'une Vénus, et elle ne brille guère par l'esprit. Je peux bien confier cela à ces écrits, car elle n'en aura jamais connaissance : Constance ne sait ni lire ni écrire, mais c'est une bonne ménagère et une travailleuse. On ne peut pas avoir toutes les qualités, et ce sont celles qui me conviennent.

Il faut à présent que j'aborde la partie la plus pénible de mon récit. Je vais devoir, plus que jamais, arracher à mes souvenirs, comme des morceaux de ma chair, chaque mot, chaque phrase. Les événements vont se précipiter, bouleverser, plus que jamais auparavant, ma vie et celle de mes frères du Temple. Certains seront conduits au bûcher, d'autres resteront emmurés, sans doute, jusqu'à la fin de leurs jours, quelques-uns, enfin, iront poursuivre leur mission en combattant les Maures d'Espagne.

Moi, c'est la liberté que j'ai choisie.

3

La justice du roi

Ce que je redoutais, nuit et jour, finit par se produire.

Un matin, j'entendis le tabellion chargé de notre groupe lancer mon nom dans la cave de maître Gautier : Olivier de Moustiers. Je sentis la terreur me nouer les entrailles et jetai à Hugues de Pairaud un regard éperdu. Il me prit dans ses bras, me glissa à l'oreille :

— Tu connais la chanson. Avoue tout ce qu'on te demandera d'avouer, mais avec les réserves dont nous avons parlé. Des aveux sans réticence paraîtraient suspects.

Les archers du roi nous menèrent, moi et quelques autres frères pris en divers lieux, au palais épiscopal, sous un ciel de décembre désespérément triste et bas, traversé de vols de corneilles. Introduits dans une salle de garde puant le salpêtre et la suie, nous fûmes libérés de nos chaînes, ce qui me donna l'impression fallacieuse de me sentir libre. Il n'empêche, j'avais les jambes molles en me présentant devant le tribunal.

Je jouissais d'une double chance : être entendu alors que le procès tirait à sa fin, et être appelé dans les derniers de la charretée. Les commissaires souhaitaient en finir rapidement.

Je jurai sur les Écritures de révéler ce que je savais sur l'Ordre, sans crainte, sans haine et sans complaisance. La lassitude suintait du visage de mes frères comme de celui des commissaires, pareille à cette suie vaguement lumineuse qui tombait des vitraux, dans le bourdonnement fatigué des voix. L'évêque de Limoges, qui présidait cette séance en l'absence de l'archevêque, me demanda si je souhaitais présenter la défense du Temple. Je fis la bête : comment, moi, pauvre innocent, reliquat d'un sénéchalat sans honneur et sans gloire, aurais-je pu y prétendre ? Mon rire niais fit hausser les épaules de l'évêque et suscita une expression de courroux chez ses acolytes.

Je ne me laissai guère impressionner par le questionnaire dont Hugues m'avait révélé le contenu. Pour paraître plus simple que je ne l'étais, et par malice, je me fis répéter certaines questions, en bâillant du bec, comme les pensionnaires des petites maisons, si bien que les prélats abrégèrent mon interrogatoire.

— Laissons partir ce benêt ! lança l'évêque de Limoges. Inutile de lui remettre ses chaînes.

Je crus un moment qu'on avait décidé de me libérer, mais je dus remonter dans la charrette et, sous une pluie crépusculaire qui me trempa jusqu'aux os, je fus reconduit chez maître Gautier. Après s'être félicité de ma bonne fortune, Hugues me dit :

— Le procès tire à sa fin. Tout le monde est pressé d'en finir, à commencer par le roi qui s'est emberlificoté dans l'affaire concernant la condamnation *post mortem* du pape Boniface, et se heurte à la mauvaise volonté de Clément. D'ici que Philippe tente de le convaincre par les armes...

Pauvre pape Clément... Pour échapper aux soucis du siècle, il savourait un repos bien mérité dans sa résidence proche de Malaucène, dans le Comtat Venaissin. Sa santé se dégradait de jour en jour, mais il dut pourtant négocier avec ces deux fauves : Philippe et Nogaret. Le roi renonça à poursuivre le procès contre Boniface et Clément se déclara favorable à la suppression de l'Ordre du Temple. Avant même le début du concile de Vienne, les jeux étaient faits.

Je ne dirai rien de ce concile, sinon que le pape Clément l'ouvrit avec des propos qui m'ont été rapportés et restent gravés dans ma mémoire. S'adressant aux trois cents prélats qui composaient cette assemblée, il lança :

— Dans ce concile, assemblée des Justes, grandes sont les œuvres du Seigneur !

Ce malheureux pape croyait-il vraiment que ces propos inspirés du psalmiste étaient compatibles avec cette réunion ? Ce vicaire du Seigneur était-il naïf au point de croire que la cause des ennemis du Temple était partagée par tous ces prélats, dont beaucoup éprouvaient de la haine pour le roi et de la compassion pour le vieux pontife ? Pourtant, pas une voix ne s'éleva dans cette auguste assemblée pour défendre les Templiers, cette milice du Seigneur, ces *fils de dilection* de la papauté ! Il est vrai que la moindre protestation était interdite aux pères conciliaires, sous peine d'excommunication !

Par la bulle *Vox clamantis*, l'Ordre maudit était supprimé d'un trait de plume. Clément reconnut qu'il n'avait pas pris cette mesure *sans amertume et sans douleur.* On sentait bien, m'a-t-on rapporté, que Philippe tenait entre ses mains ce fantoche égrotant qui vomissait, avec le fiel de ses entrailles, son âme damnée, et qui avait un pied dans la tombe.

Il fut précisé, au cours de ce même concile, que l'abolition de l'Ordre du Temple n'intervenait pas à la suite d'une sentence judiciaire, car il n'y avait pas eu, au sens strict du mot, un *procès.* Le Temple n'était pas *condamné* mais *supprimé par voie de provision,* pour dire que cette décision n'était pas définitive, qu'elle pourrait être rapportée, à la seule initiative du Saint-Père. Autant d'arguties fallacieuses, autant d'hypocrisies...

Nous ne fûmes guère surpris de cette décision : le Temple n'était plus qu'une ruine ; qu'il fût aboli était dans l'ordre des choses. Il restait dans nos cœurs, sinon l'espoir d'une miraculeuse résurrection, du moins la survivance, dans notre mémoire, d'une belle aventure inspirée par Dieu et trahie par les hommes.

Je me gardai de me mêler aux lamentations de certains de nos frères, n'ayant pas connu, comme les vétérans des guerres de Syrie, la belle fraternité de la croisade. Un seul espoir me soutenait dans cette ambiance de faillite : me retrouver libre, finir ma vie selon mon choix. Sans doute est-ce un sentiment égoïste, mais peu importe : j'avais eu un lot d'épreuves suffisamment lourd pour souhaiter m'en débarrasser au plus tôt.

Ce pape débilité se couvrit de ridicule en annonçant au concile qu'il comptait prêcher une nouvelle croisade. Ce projet se heurta à un silence glacial et ne suscita que des sourires ironiques. Quel roi, quel baron, quel chevalier eût répondu à son appel ? La croisade était une idée dépassée. Les seuls à y croire étaient nos vétérans : tant de souvenirs brûlaient encore dans leur mémoire ! Ils n'avaient pas oublié que Jérusalem était aux mains des Infidèles. Ils n'avaient pas la sagesse des Hospitaliers qui se constituaient une puissance maritime et chrétienne dans l'île de Rhodes, ni le courage des chevaliers teutoniques qui taillaient un royaume de Dieu dans les forêts de Germanie.

Une autre bulle dévoluait les biens du Temple à l'Hôpital, sauf pour ce qui concernait les royaumes d'Aragon, de Castille et du Portugal. Pure duperie ! Le roi Philipe ne resta pas en dehors de la curée : il se fit attribuer un énorme dédommagement, ainsi que les deux tiers du mobilier et les objets du culte. Le pape, qui ne voulait pas être lésé, se saisit de quelques commanderies importantes. Les Hospitaliers, en fin de compte, n'eurent que des rogatons.

La commission pontificale dissoute, les diocésaines poursuivirent leurs audiences, à Paris et en province. Certaines montraient quelque compassion pour les détenus ; d'autres se révélaient implacables.

Le pape s'était réservé le sort des dignitaires, mais, soit qu'il ne fût pas en mesure d'assumer cette charge, soit que l'affaire lui parût complexe, il la confia à une commission composée de prélats soumis au roi, notamment l'archevêque de Sens, Guillaume de Marigny, qui, naguère, avait donné le signal de l'holocauste par le feu des premiers templiers. Nous avions tout à redouter de ce nouveau tribunal.

Lorsque les archers vinrent extraire Hugues de Pairaud de la cave de maître Gautier, mon compagnon de geôle me dit d'une voix tremblante :

— J'ignore le sort qui nous est réservé, mais je crains le pire. J'ai récemment, comme tu le sais, rencontré le maître : il croit encore à l'indulgence du Saint-Père. Je suis moins confiant que lui. À moins d'un miracle, nous ne nous reverrons pas. Olivier, que Dieu te garde !

Après lui avoir confié ce qui restait de nos provisions, je le serrai dans mes bras. Une trace de ses larmes resta sur ma joue. Il me semble parfois qu'elle y brille encore.

Hugues de Pairaud, visiteur du Temple, fut conduit au château de Gisors, au nord de la capitale, entre la Seine et la ville de Beauvais. Il y retrouva trois autres dignitaires : Jacques de Molay, Geoffroy de Gonneville et Geoffroy de Charnay. Peu après ils furent conduits à Paris pour un ultime interrogatoire par la nouvelle commission apostolique composée des créatures du roi. Nogaret et Plaisians devaient s'esclaffer en coulisses de cette farce tragique. Les détenus réitérèrent leurs aveux, avec l'espoir que ces mensonges déguisés leur vaudraient des peines canoniques assez bénignes, comme l'obligation d'un pèlerinage outre-mer. C'est une confession publique qui les attendait.

Le roi avait tenu à donner tout le faste possible à cette cérémonie qui allait confirmer sa victoire sur ces maudits templiers. Il fit dresser une tribune sur le parvis de Notre-Dame, la fit décorer d'emblèmes religieux et de tapisseries. Par crieurs publics, il fit prévenir la population. C'est dire qu'il y aurait foule pour assister à ce que tous tenaient pour un spectacle de choix.

Lundi 18 mars de l'an 1314, tout était prêt pour la fête. Dès l'aube, la foule avait envahi le parvis de la cathédrale, entre Saint-Pierre-aux-Bœufs et l'Hôtel-Dieu, jusqu'à la rue de la Juiverie qui traverse de part en part l'île de la Cité. Les marchands ambulants installaient leurs éventaires en marge du parvis. L'air sentait le vin et la fumée.

Des clameurs de joie montèrent de la populace lorsque surgit la charrette qui transportait les détenus revêtus de leur tunique blanche, mais sans la croix du religieux ni la ceinture de cuir du soldat. Ils étaient pâles, tenaient leurs mains liées croisées sur le ventre, tête basse, dans une attitude de recueillement. Curieusement, après le joyeux tumulte qui avait accueilli la charrette, la foule qui les précédait ou les suivait se montrait plus calme ; on vit même des femmes s'agenouiller pour prier et pleurer, des hommes ôter leur bonnet, des enfants saluer de la main

Le moment venu de l'ultime confession, pas un des quatre dignitaires ne changea d'un iota ses précédentes dépositions. Ils semblaient réciter une leçon depuis longtemps apprise et qu'ils connaissaient par cœur. Des mouvements hostiles se dessinèrent dans la foule, déçue des débuts d'un spectacle qui menaçait d'être monotone. Des cris fusèrent :

— Suppôts du diable !

— Hérétiques !

— Sodomites !

— Jérusalem ! Qui nous rendra Jérusalem ?

Après avoir repoussé quelques énergumènes qui se lançaient à l'assaut de la tribune dont ils avaient rompu le cordon de gardes, un sergent des archers imposa le silence pour permettre à la foule d'écouter la sentence dont Marigny s'apprêtait à donner lecture. Elle tomba comme une pierre dans le lourd silence : les quatre dignitaires étaient condamnés à être emmurés à vie. On entendit monter de la populace des protestations accompagnées de nouvelles clameurs de colère :

— La peine est trop légère !

— À mort les bougres !

— Le bûcher pour les sodomites !

Soudain, à la surprise de tous, Jacques de Molay, émergeant de sa torpeur, s'en prit vivement à Marigny. Avançant de trois pas jusqu'au bord de l'estrade, il étendit ses mains liées pour réclamer de nouveau le silence et annonça qu'il voulait parler. La foule se tut. On entendit pleurer un enfant, aboyer un chien, un homme protester qu'on l'étouffait. Le bourdon de Notre-Dame laissa tomber quelques notes lourdes comme du plomb. Le maître du Temple s'écria :

— Les hérésies, les péchés qu'on nous reproche sont sans fondement ! Je le proclame : la règle du Temple est saine, juste et chrétienne !

Sur un signe de Marigny, un sergent tenta de l'interrompre en lui plaquant sa main sur la bouche. Le maître l'écarta violemment avant de poursuivre :

— Nous n'avons commis qu'un seul crime, si c'en est un, mais on nous y a forcés : pour sauver notre vie nous avons avoué des turpitudes imaginaires. Je demande pardon à Dieu de ces mensonges. Je les prends en charge, au risque de compromettre mon salut éternel, et j'accepte la mort. Je le répète : si nous nous sommes laissés aller à de fausses confessions, c'était par peur des tourments ! Nous sommes victimes des cajoleries du roi et du pape, qui nous ont poussés dans leurs filets et nous ont trompés.

Geoffroy de Charnay s'avança à son tour en repoussant le sergent qui lui interdisait d'approcher le bord de la tribune. Il parcourut d'un regard tranquille la foule d'où montaient des murmures qu'il couvrit de sa voix puissante, disant :

— Je le proclame à mon tour, haut et fort, et j'en prends Dieu à témoin : le Temple est innocent de ce dont on l'accuse ! Nos aveux nous ont été arrachés par la promesse et par la torture !

Sans doute ses confrères, Hugues de Pairaud et Geoffroy de Gonneville, eussent-ils pris à leur tour la défense du Temple, mais le sergent avait appelé du renfort et les maintenait immobiles. Leur intervention eût risqué de provoquer une émeute, car de lourdes vagues de colère passaient sur la foule. Des poings se tendaient, des voix lançaient des apostrophes favorables aux détenus. On entendait une autre chanson :

— Philippe... Clément... Imposteurs !

— C'est les juges qu'il faut jeter en prison !

— On a trompé le peuple !

— Libérez ces gens ! Ils sont innocents...

Pour ne pas risquer d'être débordés par la populace, molestés peut-être, les prélats jugèrent prudent de s'éclipser en confiant au prévôt le soin de transférer les prisonniers dans la cathédrale. On reprendrait plus tard cette cérémonie. Le lendemain, peut-être, le temps de retourner l'opinion en faveur du roi. Nogaret allait s'y attacher. On ferait de même en sorte d'inciter les détenus à un comportement moins agressif. Comme la nuit, dit-on, porte conseil, peut-être songeraient-ils au parti qu'ils pourraient tirer de leur silence ou d'une rétractation de leurs propos...

Beaucoup, s'étonnant que le roi Philippe ne fût pas présent, se demandaient où il se trouvait, et les raisons de son absence. De là à conclure qu'il se refusait à cautionner ces turpitudes...

Ce n'est pas la honte, m'a-t-on dit, qui retenait Philippe d'assister à cette cérémonie, mais la sainte horreur qu'il avait de la foule : elle lui faisait perdre ses moyens ; il n'eût pas supporté sa colère et moins encore son agressivité.

À l'heure où les quatre dignitaires du Temple comparaissaient pour une ultime confession publique, il jouait avec ses enfants, ses bâtards et ses chiens, dans le jardin du palais, à quelques portées de flèche du parvis. D'ailleurs, sa présence ne lui semblait pas s'imposer, tant il était sûr de son affaire : les détenus allaient renouveler leurs aveux de culpabilité, dans la crainte où ils étaient d'être conduits au bûcher. Le temps était beau et clair, les arbres scintillaient dans le soleil de toute leur verdure neuve, ses enfants étaient si beaux et paraissaient si heureux de vivre...

Il venait d'entreprendre avec l'aîné de ses fils légitimes une partie de palets, quand il vit surgir Plaisians, rouge de confusion, haletant et bégayant :

— Sire... Sire...

— Eh bien quoi, Plaisians ? Tu parais bien agité !

— Il y a de quoi, sire ! Les quatre hérétiques... ils... ils se sont rétractés !

Philippe lâcha son palet, s'avança vers son ministre.

— Que me dis-tu là ? Rétractés ? Comment est-ce possible ?

— C'est la vérité, sire ! Ils ont clamé leur innocence face à la populace, ils ont osé... ils ont osé vous mettre en cause. Molay et Charnay. Les deux autres : Pairaud et Gonneville, n'ont pas eu le temps d'intervenir.

— Et la foule, Plaisians, quelle a été sa réaction ?

— Elle les a d'abord houspillés, puis elle s'est retournée contre Votre Majesté et contre le Saint-Père. Elle a osé...

Philippe se laissa tomber sur un banc, soupira :

— La foule... la populace... versatile comme une femelle ! Quant à ces quatre rebelles, ils me paieront leur trahison. Fais appeler Marigny et tous mes conseillers. Il faut régler cette affaire sur l'heure !

Les colères du roi étaient réputées redoutables. Celle-ci, dans les heures qui suivirent, répandit la terreur autour de lui. Il hurlait :

— Pourquoi les avoir laissés parler ? Pourquoi n'êtes-vous pas intervenus, vous, mes ministres, les évêques, les archers ? Vous étiez assez nombreux sur cette tribune, il me semble ! Et Nogaret ? où était-il, ce maroufle ? Je veux qu'on en finisse aujourd'hui même !

— Certes, dit Pierre de Flotte, nous devons mettre un terme à cette rébellion. Le mieux serait peut-être de renvoyer les templiers à leur prison, d'ajourner leur confession publique et...

— ... et de retomber dans le même traquenard ! ajouta Plaisians. Ce n'est pas la bonne solution.

— La solution, dit le roi, et la plus expéditive qui soit, est de les brûler dare-dare ! La populace sera peut-être mécontente, encore qu'elle soit friande de ce genre de spectacle, mais elle oubliera vite.

— Les brûler tous les quatre, sire ? demanda Pierre de Flotte.

— Non. Simplement Molay et Charnay, puisque les deux autres ne se sont pas exprimés. Pour eux, ce sera le mur à perpétuité. Vous ne semblez pas d'accord, Marigny...

Marigny se grattait la barbe d'un air songeur.

— Cela demande réflexion, Sire. Certes, ces relaps méritent la mort par le feu, mais je crains que la population...

— Je vous le répète : elle oubliera !

— J'en suis moins sûr que Votre Majesté et vous en demande pardon. Elle est fort montée contre vous et les ministres que nous sommes, malgré les bienfaits que nous lui prodiguons. Une étincelle partant du bûcher pourrait se communiquer à toute la ville et l'embraser. C'est une image, mais un risque dont nous devons tenir compte.

— Vous exagérez, mon ami, objecta Pierre de Flotte. Quelques promesses, quelques mesures d'apaisement sur l'impôt et le peuple de Paris oubliera sa sympathie pour le Temple. En moins d'une journée, elle virera cul sur tête !

— Quelle date peut-on prévoir pour le bûcher, sire ? demanda Plaisians.

— Ce sera aujourd'hui même, mon ami, n'en déplaise à Marigny. En début de soirée. Un beau coucher de soleil sur la Seine et les tours de Notre-Dame ajoutera du pittoresque au spectacle. Faites réquisitionner sur-le-champ, au port au Bois, tous les fagots et toutes les bûches que vous y trouverez, et n'épargnez pas la quantité ! Je veux qu'on voie cette flambée de tous les points de la capitale, que le ciel en soit embrasé ! Comme pour la Saint-Jean d'été...

Restait à choisir le lieu du supplice. Le roi fit signe à son conseil de le suivre. Ils traversèrent le jardin dominant le logis royal, jusqu'à l'extrémité de l'île de la Cité et à la bâtisse fortifiée dressée au-dessus du fleuve. Il montra un îlot dénudé situé près d'un moulin batteur d'eau, où l'herbe commençait à reverdir par plaques sous le soleil de mars. On appelait cette langue de terre l'Île aux Juifs.

— C'est là, dit le roi, qu'aura lieu le supplice. Mes amis, faites le nécessaire. Vous n'avez que peu de temps.

Il ajouta en revenant vers le jardin :

— L'avantage de ce site, c'est que la foule ne pourra s'y rassembler. Elle devra se contenter d'y assister depuis les berges.

— Je reconnais là votre perspicacité, Sire... dit Pierre de Flotte.

Les conseillers se dispersèrent avec le sourire, la colère du roi s'étant résorbée. Enguerrand de Marigny resta seul avec Philippe. Chambellan de Sa Majesté et son conseiller le plus éclairé, il avait accumulé titres et fonctions. Il paraissait soucieux.

— Qu'avez-vous, Marigny ? demanda Philippe. Vous n'êtes toujours pas d'accord. C'est trop tard, mon ami : la machine est en marche...

— Je ne puis m'opposer à votre décision, Sire, mais nous allons nous mettre dans une mauvaise passe en violant la législation canonique. Je vous rappelle que seul le pape est en droit de décider du sort de ces misérables, ou, à défaut, ses cardinaux et ses légats. Les mettre devant le fait accompli est une décision grave. Il n'est pas bon de se mettre en porte à faux vis-à-vis de Sa Sainteté.

— Le pape Clément... bougonna Philippe. Il ne bronchera pas. Si l'on en croit ses médecins, sa mort est imminente. D'ailleurs il me craint trop pour m'affronter. En tant que relaps, ces maudits templiers étaient, de toute manière, promis au bûcher. Je ne fais qu'avancer leur exécution.

Peu avant la chute du jour, tout était prêt pour la crémation.

Quand on conduisit Jacques de Molay et Geoffroy de Charnay vers la barque qui allait leur faire traverser le fleuve, il fallut deux cordons d'archers pour les escorter, la foule prenant à partie le service d'ordre du prévôt. À plusieurs reprises, sous les insultes et les jets de pierres, les gardes durent faire front, lance pointée.

Le soleil amorçait sa chute entre les tours de Notre-Dame lorsque les deux condamnés montèrent sur le bûcher, pour être liés au même poteau, après s'être dépouillés de leur tunique et ne gardant que leur chemise. Ils paraissaient sereins, sans une parole ni un mouvement de révolte. Personne, d'ailleurs, ne s'attendait à les entendre proférer des invectives, comme ils l'avaient fait quelques heures avant. De toute manière la foule était trop éloignée d'eux pour les entendre. Quant aux curieux qui s'aventuraient sur des barques aux alentours de l'Île aux Juifs, quelques traits d'arbalète suffirent à les éloigner.

C'est donc dans une sorte de huis clos que se déroula le supplice. Il n'y avait autour des condamnés que le grand inquisiteur de Paris, Geoffroy Imbert, quelques moines et une compagnie de gardes.

Leur présenterait-on l'image du Christ ? Insisterait-on une dernière fois pour leur demander de renier leurs crimes ? Protestèrent-ils de leur foi inébranlable au moment de paraître devant Dieu ? Ont-ils, comme certains le prétendent, « convoqué le pape et le roi au tribunal de Dieu avant la fin de l'année en cours » ? J'ai tenté d'apprendre ce qu'il en était de cette malédiction mais je n'ai recueilli que des témoignages suspects ou des balivernes. Un chroniqueur allait raconter que « le courage et la sérénité des condamnés avaient frappé la foule d'admiration et de stupeur », ce qui ne nous apprenait pas grand-chose sur ce drame.

Aucun témoignage direct pour nous dire que la populace massée sur les berges eût manifesté par ses clameurs sa réprobation ou sa colère contre les bourreaux, sa pitié ou sa haine pour les victimes. De toute manière, on lui proposait son spectacle favori. Allait-elle faire la fine bouche ?

J'aimerais qu'après avoir obtenu qu'on leur déliât les mains pour une ultime prière, Jacques de Molay et Geoffroy de Charnay se fussent souvenus de cet article de la règle du Temple qu'il m'est arrivé souvent de méditer : « En la Vierge et en son honneur, s'il plaît à Dieu, sera la fin de notre existence et celle de notre religion. »

La famille royale, les dignitaires de la cour, les prélats assistèrent, du haut des terrasses du jardin, au bûcher sinistre qui mettait fin à un Ordre vieux de deux siècles. Tous gardèrent le silence. Il en était de même de la populace.

La nuit était tombée lorsque le roi marqua d'un simple geste la fin du supplice, mais la foule agglutinée sur les rives resta jusqu'à ce que la dernière fumée se fût dissipée sous le ciel lourd de mars et que s'éteignît la dernière étincelle.

Ma détention ne dura guère plus d'un mois, après cet événement tragique qui m'avait profondément affecté. Elle fut moins rude que par le passé, mais je la ressentais avec davantage d'intensité de jour en jour, dans l'angoisse où j'étais d'une nouvelle comparution devant la commission qui n'avait pas achevé ses audiences et confiait quotidiennement au bras séculier des irréductibles promis au bûcher. C'est ainsi qu'une quarantaine de nos frères, dont les témoignages avaient paru suspects ou dont les réactions avaient été violentes, finirent leurs jours sur de nouveaux bûchers, au cours de ce même printemps d'holocaustes.

Puis, un beau jour, la porte de notre prison s'ouvrit toute grande.

C'est maître Gautier lui-même qui vint nous annoncer la nouvelle de notre libération. Nous n'avions jamais rencontré auparavant cet homme courtois et disert, qui pétait de santé dans sa tunique, de même couleur que sa face apoplectique. Il nous confia que, s'il n'avait pas osé se montrer à nous avant ce jour, c'est qu'il se sentait surveillé, et que des marques de bienveillance à notre égard l'eussent dénoncé aux moines inquisiteurs. Qu'aurait-il pu faire, d'ailleurs, sinon nous apporter quelque réconfort verbal ? Nous étions surveillés de trop près pour qu'il se risquât à nous procurer de quoi améliorer notre ordinaire. Son épouse avait même interdit à sa fille, la petite Odierne, de s'entretenir avec nous par le soupirail de la cave.

On l'avait éloignée de Paris où l'air du printemps était malsain, pour l'envoyer dans la campagne de Saint-Denis.

Notre vinadier ne voulut pas nous laisser partir sans nous régaler d'un repas plantureux, où rien ne manquait de ce dont nous avions été privés durant des mois. Il me garda quelques semaines chez lui pour m'occuper, contre un modeste salaire, de son courrier et de ses comptes, mais, son épouse ne supportant pas d'héberger un hérétique, ce brave homme dut me donner congé, avec un pécule en guise d'excuses.

Je restai deux ans dans la capitale, incertain quant à la destination que j'emprunterais. Ce dont j'avais la certitude, c'est que je n'irais pas m'exiler, la trentaine passée, sur les terres arides de la Castille ou de l'Aragon pour me battre contre les Maures. J'écartai de même la perspective de finir mes jours entre les murs d'un monastère, après avoir vécu de longs mois entre ceux des prisons. J'avais gardé dans les épreuves ma foi intacte. Durant mes errances dans Paris, à la recherche de petits travaux qui m'aidaient à survivre, je ne manquais jamais, passant devant une église ou une chapelle, de m'arrêter pour une prière. Ce à quoi j'avais aspiré : une existence sans contrainte, un temps libre, l'espace et la lumière, tout cela m'était donné et je ne savais qu'en faire

Un jour de mai, deux mois après le supplice de Jacques de Molay et de Geoffroy de Charnay, je me décidai à passer la Seine pour aller me recueillir, en l'Île aux Juifs, sur l'endroit où ils avaient péri dans les flammes. Il ne restait du bûcher qu'un large espace où l'herbe avait repoussé. Une récente crue de la Seine avait emporté les cendres des deux martyrs. Je baisai la terre et priai.

Un pêcheur qui venait d'amarrer sa barque à la berge et s'apprêtait à lancer ses lignes à l'eau m'accosta et me dit :

— Vous n'êtes pas le premier à venir prier sur ce lieu. Une dizaine de personnes y viennent chaque jour, comme en pèlerinage. Certaines plantent dans le sable de petites croix de bois comme celle que vous voyez là. Je les enlève au fur et à mesure pour ne pas mettre la puce à l'oreille du prévôt. Cela m'ennuierait qu'on mette l'interdit sur ce bout de terre. Parce que j'y suis à l'aise pour pêcher, vous me comprenez ?

La malédiction proférée par le maître du Temple, à supposer que ce ne soit pas une légende, n'a pas tardé à se confirmer.

Le pape Clément a quitté ce monde en Avignon, le 20 avril de cette même année 1314, rongé de l'intérieur, dit-on, par toutes les avanies qu'on lui avait fait subir, se reprochant, peut-être, de n'avoir pas défendu avec suffisamment d'énergie ses *frères de dilection*, les chevaliers du Temple. Ce n'était pas un méchant homme, mais, irrésolu et mal en point qu'il était, il n'a pu tenir tête avec le courage nécessaire aux fauves qui l'assiégeaient. Il n'avait fait que pratiquer une politique de balance, aléatoire et dangereuse.

Le roi Philippe le Bel l'a suivi de peu. En novembre de la même année, alors qu'il chassait le sanglier dans la forêt de Fontainebleau, il a fait une chute qui a provoqué une blessure en apparence sans gravité mais qui s'est infectée, provoquant une gangrène et une mort inéluctable.

Enguerrand de Marigny s'est éteint à son tour, cinq mois plus tard, en avril. C'était un des plus grands personnages du royaume mais une âme sulfureuse. Grâce au trafic de la monnaie, il avait acquis une fortune considérable, mais s'était fait un ennemi d'un des fils de Philippe, Charles de Valois, qui déclencha contre ce gros matou la meute des barons. Il a été pendu au gibet de Montfaucon pour prévarication et sorcellerie.

Et le sinistre Nogaret dans tout cela ? Il a échappé de peu à la malédiction de Jacques de Molay et d'ailleurs, s'il n'était pas présent lors de la crémation, c'est qu'il était mort quelques semaines avant. Cet apôtre de la raison d'État, ce chien de garde des institutions royales, ce fossoyeur du Temple, n'a laissé que d'amers souvenirs. Qu'il soit maudit jusqu'à la fin des temps !

Le roi Philippe a connu, à quarante-six ans, une fin de vie lamentable, sinon digne de pitié. Quelques mois avant l'holocauste des templiers, il a eu à affronter un scandale qui a ébranlé son trône et a jeté l'opprobre sur sa famille.

Alors que, depuis la mort de son épouse, la reine Jeanne de Navarre, il menait une existence d'ascète, sans qu'on pût lui attribuer quelque liaison que ce fût, ses belles-filles se livraient sans le moindre scrupule à l'adultère : Marguerite de Bourgogne, épouse de Louis, qui allait succéder à son père, Blanche d'Artois, femme de Charles, Jeanne, sa sœur, qui avait épousé le jeune Philippe, fils du roi.

Ces trois fières garces s'entendaient comme larrons en foire pour berner leurs époux. Elle égayaient la sinistre forteresse du Louvre et les palais royaux de leurs rires, de leurs chansons, d'un tourbillon de fêtes qui portait ombrage à leur beau-père. Il faut dire qu'elles s'ennuyaient dans leur ménage, leurs époux n'étant que des benêts ou des impuissants.

C'est Isabelle, la fille du roi Philippe, qui cria la première au scandale. Mariée au roi Édouard d'Angleterre, elle était, malgré la bougrerie de son époux, ou peut-être à cause d'elle, de mœurs austères. Un voyage en France lui ayant mis la puce à l'oreille, elle informa son père de l'inconduite de ses brus. Pris par ses querelles avec le pape et par l'affaire des templiers, Philippe n'avait rien constaté d'anormal dans le comportement de ses belles-filles. Il frappa du poing sur la table et décida de sévir.

Il fit saisir les amants de Marguerite et de Blanche, les frères d'Aulnay, et les confia au bourreau : quelques tortures particulièrement raffinées pour leur faire reconnaître leur forfait, ce qui fut l'affaire de quelques minutes, une émasculation publique, une promenade, nus, traînés par des chevaux, sur des chaumes ras, tel fut leur châtiment. Comme ils vivaient encore, le bourreau leur trancha la tête et les pendit par les bras sur la place du Martroy, à Pontoise, près d'une des résidences favorites de Sa Majesté.

L'amant supposé de la troisième laronnesse fut, semble-t-il, épargné. Jeanne n'avait fait que jouer le rôle de confidente auprès de ces dames, sans compromettre son ami.

Restait à décider du châtiment à infliger à Marguerite et à Blanche. Elles furent, sur ordre de leur beau-père, tondues, conduites en robe de bure, dans une charrette recouverte d'étoffe noire, à la forteresse des Andelys. Enfermée quelques semaines au château de Dourdan, Jeanne fut acquittée.

On n'eut des nouvelles des deux premières captives que le jour de leur mort : Marguerite avait été empoisonnée par ordre de son époux, devenu le roi Louis le Hutin, et Blanche étouffée sous un matelas, on ne savait par qui...

Je n'ai pas lieu de me réjouir de ces tristes événements et de l'acharnement du destin sur une dynastie déclinante, qui n'allait pas tarder à sombrer dans les eaux obscures de l'Histoire. Voir ce pauvre royaume de France se désagréger lentement dans les scandales, les abus, les cruautés et la misère me serrait le cœur, car, à travers lui, c'est toute la Chrétienté qui souffrait. Ce qui, en revanche, me réconfortait, c'est la réaction, sensible à de nombreux signes, contre les fossoyeurs du Temple. Les grands barons d'Occident, les vétérans des croisades et des guerres de Syrie en premier lieu, pardonnaient mal à Philippe son injustice et sa perversité. Ils ne se gênaient guère pour proclamer que les maux qui hâtaient la déchéance du royaume étaient dus à l'acharnement dont lui et ses conseillers avaient fait preuve contre l'Ordre du Temple.

Je garderai en mémoire jusqu'à la fin de mes jours l'image de ce chevalier qui commit la folle imprudence de traverser Paris, en plein jour, jusque sous les murs du Châtelet et du Louvre, à cheval, sous le manteau portant la croix vermeille des templiers. C'était un vieil homme à barbe blanche, au visage tanné, couturé de cicatrices, auquel manquait un bras, et dont la large ceinture de cuir, à laquelle était attachée son épée, portait une boucle de façon syrienne. Il était suivi par des groupes de garnements qui se moquaient de lui, et d'adultes silencieux comme pour une procession ou une mise en terre. Il fut arrêté peu après la place de Grève par des archers en patrouille et conduit au Louvre. J'ignore qui pouvait bien être ce fantôme semblant surgir des sables pour se plonger dans le marécage de Paris et y disparaître.

Le destin — peut-être à la suite de l'anathème de Jacques de Molay — frappa de nouveau la famille royale alors que je me trouvais encore à Paris. Louis le Hutin, héritier du trône, ne régna qu'un peu plus d'un an. Après une partie de paume au cours de laquelle il avait présumé de ses forces, il avait bu de l'eau froide. Son épouse, la reine Clémence, fille du roi de Hongrie, était enceinte d'un enfant qui ne vécut que le temps de faire un sourire, ou une grimace, à la vie. Un autre fils de Philippe, qui portait le même prénom que son père, assura la régence et monta sur le trône un an plus tard, sous le nom de Philippe le Long. Il ne régna que peu de temps lui aussi...

Je ne me sentirai jamais un homme libre, tant que nombre de mes frères seront encore emprisonnés.

Qu'est devenu Hugues de Pairaud, qui m'a dispensé des conseils de sauvegarde avant de partir pour le mur perpétuel ? Où se trouvent aujourd'hui tous ceux de mes compagnons de lutte et de souffrance qui ont assumé, jusqu'au bout de leur résistance, leur foi et leur dignité ? En train de languir dans un cul de basse-fosse, immolés par le feu sur une place de province, contraints à se réfugier dans un monastère, à s'exiler vers l'Espagne et le Portugal où notre Ordre est encore respecté ?

La curiosité qui constitue le fond de ma nature m'a incité à m'enquérir de leur sort, à établir pour les victimes une manière d'obituaire. La crainte d'attirer sur moi une autre sorte de curiosité, un soupçon de lâcheté aussi, sans doute, m'en a dissuadé : je savais que les archers du prévôt ou ceux du roi avaient l'œil sur moi. Je me disais : plutôt mourir que de me retrouver emmuré pour le restant de mes jours, alors que je sentais la vie prête à s'épanouir de nouveau en moi.

J'avais espéré que la mort du roi Philippe le Bel et celle du pape Clément, qui semblaient confirmer l'anathème de Jacques de Molay, conduiraient à une mesure de clémence, sinon à la restitution de notre *trésor*, comme disaient les rapaces venus à la curée, alors que, de *trésor*, il n'y en eut jamais, du moins à ma connaissance — j'étais assez familier avec le maître du Temple pour m'en convaincre. Pas plus, sans doute, qu'il n'y eut de *trésor* des Cathares, après lequel on court encore, mais ces hérétiques étaient des pauvres gens, comme l'on sait.

L'année que j'ai passée dans la capitale, à la suite de ma libération, ne m'a pas donné envie d'y finir mes jours. Si la patronne supportait mal la présence dans sa maison d'un *hérétique*, en revanche, je n'avais pas à me plaindre de maître Gautier ni du travail que j'assumais et du salaire que j'en tirais. La petite Odierne traversait parfois, comme un rayon de soleil à travers la grisaille, mon cabinet de travail ; elle s'asseyait en face de moi pour griffonner un dessin ou écrire, sur des déchets de parchemin, un poème que lui avait appris son précepteur.

La présence de cette jeune et belle enfant m'a donné à réfléchir. J'étais encore en âge de convoler et d'avoir des enfants — la trentaine passée, on n'est pas encore un vieillard ! Et puis, je le confesse, la chasteté me pesait. Ce ne sont pas les catins de la rue de Paradis, où j'allais de temps à autre perdre un peu de mon argent et de mon âme, qui auraient pu m'encourager à persister dans le célibat.

Pour rassurer maître Gautier sur mon sort, je lui expliquai que j'avais en Provence des biens qui n'attendaient que mon retour pour fructifier. Il me fit cadeau d'une somme importante destinée à régler les frais d'un convoi vinadier qui se rendait sur le Rhône pour en ramener lourd un chargement de futailles. Je m'inclinai cérémonieusement, et avec un sourire narquois, devant son épouse et fis claquer deux baisers sonores sur les joues rebondies et humides de larmes de la petite Odierne.

Arrivé au terme du voyage, je m'insérai dans un groupe de pèlerins qui prenaient la route d'Avignon, puis, seul, je bifurquai à travers une contrée qui m'était inconnue. Je savais que je ne trouverais personne dans mon petit domaine de Moustiers, mon oncle étant mort de la peste, et sans descendance.

Le mas familial se trouve à une demi-lieue au sud du village de Moustiers. Je le trouvai en fort mauvais état, comme je l'ai dit. Après m'y être installé tant bien que mal et avoir fait un compte sommaire de mes biens, je me mis en quête d'une épouse. Je n'eus pas à chercher loin ni longtemps. Une fille de

Vénascle, une bourgade située à une heure de marche de Moustiers, accepta de joindre mon existence à la sienne. Jeanne était une forte fille au visage lisse et brun comme une olive, aux joues pommelées, à la croupe généreuse. Elle me donna une fille la première année de notre mariage : la petite Tiennette, qui fait encore le bonheur de mes jours. Une épidémie de peste me ravit ma compagne.

J'ai aidé Tiennette à monter sur l'échine de notre mulet, placé dans les bastes de menus présents pour Constance, et en route pour Moustiers ! Il fait un beau temps clair, avec de petites foucades de mistral qui sentent la menthe fraîche.

Comme souvent lorsque je prends la route de ces collines qui me rappellent celles de la Syrie de mon enfance et celles de Chypre de ma jeunesse, me reviennent en mémoire des images que le temps n'a pas effacées : les voiles latines, rouges comme des coquelicots épars sur la mer, celles, blanches, des caïques d'Égypte, celles, multicolores, des républiques italiennes... une femme indigène menant ses chèvres dans un nuage de poussière dorée... des filles à la fontaine, graciles canéphores droites comme des reines, leur cruche en équilibre sur la tête... les troupeaux de mouflons dévalant les pentes à mon approche, dans les parages de Kolossi... le tumulte des souks et des caravansérails d'Acre et de Sidon dans la grande chaleur de l'été syrien...

L'image la plus vivace qui reste dans mes souvenirs est celle de ce vieux sergent des templiers, ancien serviteur de mon maître, Jacques de Molay : un soir d'été, près d'une fontaine, au cours d'une halte dans la montagne proche de Limassol, en l'île de Chypre, alors que crépitaient encore cigales et criquets, il se dressa soudain et, ivre qu'il était, se mit à déclamer un psaume célébrant l'investiture des chevaliers du Temple. Je me le récite encore, de temps à autre, à haute voix, sur les chemins des collines :

« Il est bon, il est agréable d'habiter ensemble, ainsi que des frères. Cette amitié est comme une huile précieuse répandue sur notre tête et notre barbe, la barbe d'Aaron, et qui coule sur le bord de notre habit. Elle est comme la rosée, de l'Hermon qui descend des montagnes de Sion. C'est ainsi que le Seigneur nous accorde Sa bénédiction et la vie dans les siècles des siècles... »

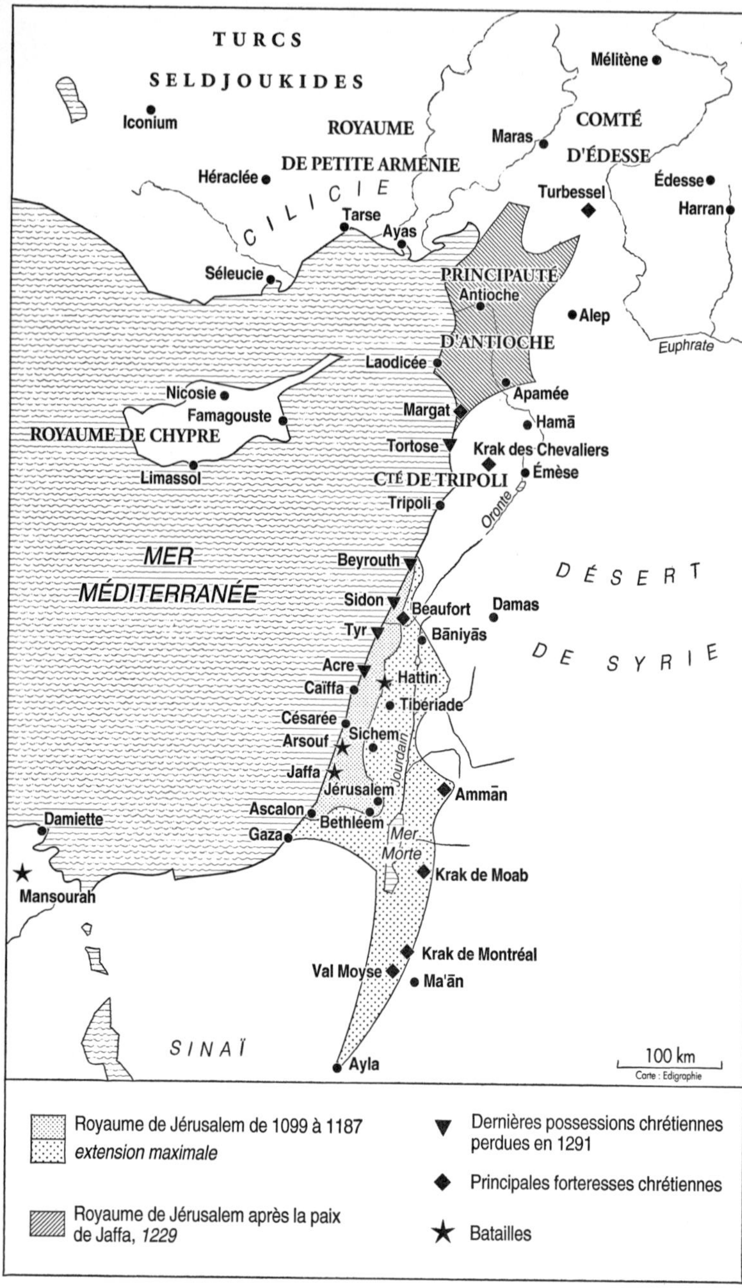

L'ORIENT LATIN
(XIIe-début du XIIIe siècle)

TABLE

Première partie
LES CROISADES DES FOUS

LIVRE I (1187-1197)

LIVRE II (1198-1221)

LIVRE III (1222-1244)

Deuxième partie
LE CALVAIRE ET LE SACRIFICE

LIVRE I (1248-1254)

L'auteur se plaît à rendre hommage à René Grousset, orientaliste éminent, membre de l'Académie française, qui a raconté en trois gros volumes, parus dans les années trente, l'*Histoire des Croisades.*

OUVRAGES DE MICHEL PEYRAMAURE

Grand Prix de la Société des gens de lettres
et prix Alexandre-Dumas
pour l'ensemble de son œuvre

Paradis entre quatre murs, Laffont.
Le Bal des ribauds, Laffont ; France-Loisirs.
Les Lions d'Aquitaine, Laffont, prix Limousin-Périgord.
Divine Cléopâtre, Laffont, collection « Couleurs du temps passé ».
Dieu m'attend à Médina, Laffont, collection « Couleurs du temps passé ».
L'Aigle des deux royaumes, Laffont, collection « Couleurs du temps passé » et Lucien Souny, Limoges.
Les Dieux de plume, Presses de la Cité, prix des Vikings.
Les Cendrillons de Monaco, Laffont, collection « L'Amour et la Couronne ».
La Caverne magique (La Fille des grandes plaines), Laffont, prix de l'académie du Périgord ; France-Loisirs.
Le Retable, Laffont et Lucien Souny, Limoges.
Le Chevalier de Paradis, Casterman, collection « Palme d'or » ; Lucien Souny, Limoges.
L'Œil arraché, Laffont.
Le Limousin, Solar ; Solarama.
L'Auberge de la mort, Pygmalion.
L'Auberge rouge, réédition en 2001.
La Passion cathare :
1. *Les Fils de l'orgueil,* Laffont.
2. *Les Citadelles ardentes,* Laffont.

La Lumière et la Boue :
1. *Quand surgira l'étoile Absinthe,* Laffont ; Livre de Poche.
2. *Les Roses de fer,* Laffont, prix de la ville de Bordeaux ; Livre de Poche.

L'Orange de Noël, Laffont, prix du Salon du livre de Beauchamp ; Livre de Poche, France-Loisirs et Presses Pocket.
Le Printemps des pierres, Laffont ; Livre de Poche.
Les Empires de cendre :
1. *Les Portes de Gergovie,* Laffont ; Presses Pocket et France-Loisirs.
2. *La Chair et le Bronze,* Laffont.
3. *La Porte noire,* Laffont.

La Division maudite, Laffont.
La Passion Béatrice, Laffont ; France-Loisirs et Presses Pocket.
Les Dames de Marsanges :

Ouvrages de Michel Peyramaure (suite)

1. *Les Dames de Marsanges*, Laffont.
2. *La Montagne terrible*, Laffont.
3. *Demain après l'orage*, Laffont.

Napoléon :

1. *L'Étoile Bonaparte*, Laffont.
2. *L'Aigle et la Foudre*, Laffont.

Les Flammes du Paradis, Laffont ; Presses Pocket et France-Loisirs.
Les Tambours sauvages, Presses de la Cité, France-Loisirs et Presses Pocket.
Le Beau Monde, Laffont ; France-Loisirs et Presses Pocket.
Pacifique-Sud, Presses de la Cité, France-Loisirs et Presses Pocket.
Les Demoiselles des Écoles, Laffont ; France-Loisirs et Presses Pocket.
Martial Chabannes gardien des ruines, Laffont, prix du Printemps du livre de Montaigut ; France-Loisirs.
Louisiana, Presses de la Cité, France-Loisirs et Presses Pocket.
Un monde à sauver, Bartillat, prix Jules-Sandeau.
Henri IV :

1. *L'Enfant roi de Navarre*, Laffont.
2. *Ralliez-vous à mon panache blanc !*, Laffont.
3. *Les Amours, les passions et la gloire*, Laffont.

Lavalette grenadier d'Égypte, Laffont ; France-Loisirs.
La Tour des Anges, France-Loisirs ; Laffont.
Suzanne Valadon :

1. *Les Escaliers de Montmartre*, Laffont ; Grand livre du mois.
2. *Le Temps des ivresses*, Laffont ; Grand livre du mois.

Jeanne d'Arc :

1. *Et Dieu donnera la victoire*, Laffont.
2. *La Couronne de feu*, Laffont.

Les Chiens sauvages, Laffont.
Vu du clocher, Bartillat.
La Cabane aux fées, Le Rocher.
Soupes d'orties, nouvelles, Anne-Carrière.
Le roman des Croisades :

1. *La Croix et le Royaume*, Laffont.

POUR LA JEUNESSE

La Vallée des mammouths, Grand Prix des Treize. Collection « Plein Vent », Laffont ; Folio-junior.
Les Colosses de Carthage. Collection « Plein Vent », Laffont.
Cordillère interdite. Collection « Plein Vent », Laffont.
Nous irons décrocher les nuages. Collection « Plein Vent », Laffont.
Je suis Napoléon Bonaparte. Belfond Jeunesse.

Ouvrages de Michel Peyramaure (suite)

ÉDITIONS DE LUXE

Amour du Limousin (illustrations de J.-B. Valadié), Plaisir du Livre, Paris. Réédition (1986) aux éditions Fanlac, à Périgueux.
Eves du monde (illustrations de J.-B. Valadié), Art Média.
Valadié (album, Terre des Arts).

TOURISME

Le Limousin (Larousse).
La Corrèze (Ch. Bonneton).
Le Limousin (Ouest-France).
Brive (commentaire sur des gravures de Pierre Courtois), R. Moreau, Brive.
La Vie en Limousin (texte pour des photos de Pierre Batillot), « Les Monédières ».
Balade en Corrèze (photos de Sylvain Marchou), Les Trois-Épis, Brive.
Brive (Casterman).
Les Montagnes du jour, éd. « Les Monédières ». Préface de Daniel Borzeix.
Sentiers du Limousin, Fayard.

Composition Graphic Hainaut
Impression réalisée sur CAMERON par

BUSSIÈRE CAMEDAN IMPRIMERIES

GROUPE CPI

à Saint-Amand-Montrond (Cher)
pour le compte des Éditions Robert Laffont
en octobre 2001

N° d'édition : 41909/01. — N° d'impression : 014437/4.
Dépôt légal : octobre 2001.

Imprimé en France